TOBIRA
GATEWAY TO
ADVANCED
JAPANESE
LEARNING THROUGH
CONTENT AND MULTIMEDIA

コンテンツとマルチメディアで学ぶ日本語

上級への とびら

# 中級日本語を教える
## TEACHING INTERMEDIATE JAPANESE

# 教師の手引き
## TEACHER'S GUIDE

[主筆]
近藤純子
Junko Kondo

岡まゆみ
Mayumi Oka

[英訳・文法監修]
筒井通雄
Michio Tsutsui

[副筆]
花井善朗
Yoshiro Hanai

石川 智
Satoru Ishikawa

江森祥子
Shoko Emori

Kurosio Publishers

# はじめに

　本書は『上級へのとびら』(以下『とびら』)を使って中級レベルの日本語を教える先生方に授業を行う際の指導法、留意点、ヒント、アイデアなどを具体例を交えて分かりやすく紹介・解説した教師のための手引きです。

　『とびら』の刊行後、お使いの先生方から「どのような時間配分で進めるのが適当か」「限られた時間の中で、何をどこまで教えるべきか」「文法はどのように教えたらよいか」「意見が出ない時は、どのように引き出したらよいか」「発展的活動としてどのようなことをさせるのがよいか」など、数々の質問をいただきました。本書では、こうした質問に答えるため、『とびら』を使って中級レベルの目標である「長文読解力」「生の文章への対応力」「スピーチレベルを正しく使い分けた実践的な会話力」「意見を言う・説明する・発表するなどのコミュニケーション能力」「文化能力」などを学習者に効果的に身につけさせるには、どのように教えたらよいかを、授業実践例を中心に詳しく解説しました。

　本書の構成は、中級レベルの指導における基本的な考え方や指導法を示した総論(第1章〜第6章)と、それに基づいた各課の具体的な指導案(第7章)と各課の英訳(第8章)の3部構成になっています。総論では『とびら』の全体を通しての基本理念や学習目標の設定、初級教科書から『とびら』への移行の仕方、中級レベルの授業での読み・漢字・語彙などの総括的な指導法、とびら関連教材(とびらサイト、LPO教材、『きたえよう漢字力』、『とびら文法ワークブック』(仮称))の利用法などを示しました。各課の指導案では課ごとの学習事項や指導のポイント、教材の導入の順序、授業を活性化させるアイデア、各文法項目の扱い方などを解説し、課全体の学習活動を俯瞰して計画的な指導ができるようにしています。更に、読み物に関しては該当ページの縮刷版に指導のポイントや補足的な内容を視覚的に分かりやすく示した他、第8章には読み物・会話文と文法ノート例文の全課英訳も掲載しました。

　日々の授業においては教科書にあることをそのまま教えるのではなく、教科書の内容を用い、学習者のレベルやニーズに合わせて最善の工夫をして教える必要があります。本書には授業ですでに実施して効果のあった指導法がまとめてありますので、先生方がご自身の教育現場に合った授業計画を立てる時や具体的な指導法を考える際の一助としてご活用下さい。

　なお、「とびらサイト」には授業の参考となるスケジュール、教案、プロジェクトシート、小テスト、試験などのサンプルが掲載してありますので、そちらも併せてご活用いただけます。また、皆様が実施された教室活動の例や作成された教材も是非「とびらサイト」にご投稿下さい。

　本書は、『とびら』を使って教える先生方が必要とされる情報や、指導に役立つ様々なアイデアやヒントを豊富に紹介しています。『とびら』をより効果的、効率的に使っていただくために、多くの皆様に「授業計画の友」としてご利用いただければ幸いです。

　最後に、本書の指導案作成に一部携わってくださったミシガン大学元専任講師の渡会尚子さん、貴重なフィードバックをくださったミシガン大学3年生担当の講師の皆さん、英訳の作成に多大な助力をいただいたSharon Tsutsuiさんに心よりお礼を申し上げます。また、本書刊行に際しては、くろしお出版編集部の市川麻里子さん、斉藤章明さん、荻原典子さんに大変お世話になりました。深く感謝申し上げます。

執筆者一同

# 目次 CONTENTS

# 第1章　『上級へのとびら』の特徴

『上級へのとびら』(以下『とびら』)は、初級を終えた学習者の四技能を含む言語運用能力を総合的に引き上げ、スムーズな上級への移行を促すことを目標に作成されました。本章は『とびら』の特徴についてまとめてあります。第2章以降で提案する具体的な教室活動にも関係していますので、ぜひご一読ください。

## 特徴1 ▶ コンテンツと文化を重視し、学習意欲を高める中級の日本語教科書

『とびら』は コンテンツと文化を重視し、幅広い話題を提供することで、言語学習と文化学習が並行して行えるように作成されています。トピックの内容は、学習者の知的レベルと言語学習の間にギャップが生じないように、大学レベルの学習者の知識や社会経験に合う話題を選びました。更に上級へ進む前に知っておくべき日本に関する一般常識的な情報を豊富に盛り込みました。学習者は、これらの様々な話題について学ぶことで知的好奇心を満たすと共に、自分の知識や意見や経験について話せるようになることで、言語学習への意欲を高め、言語能力を向上することができます。

## 特徴2 ▶ 紙メディア教材とウェブ教材を統合した教科書

『とびら』には大きい柱が2本あります。一つは教科書を中心とした紙メディア教材、もう一つは『とびら』の専用サイト(http://tobira.9640.jp/)から提供されるウェブ教材です。教科書の内容とウェブ教材は密接にリンクしており、教室内活動と教室外活動が相乗的に効果を上げるようにデザインされています。また、教科書ではより普遍性の高いコンテンツを扱い、サイトでは時代や社会環境の変化に対応したコンテンツを随時提供することにより、従来の紙メディアだけの教科書では望めなかった柔軟性を確保しました。

## 特徴3 ▶ 充実した補助教材

『とびら』には、漢字練習用ワークブック『きたえよう漢字力:上級へつなげる基礎漢字800』、『とびら文法ワークブック』(仮称、2012年刊行予定)、及び、この教師用指導書『中級日本語を教える教師の手引き』の3冊の補助教材があります。『きたえよう漢字力』には、個々の漢字を学ぶだけでなく、語彙学習と漢字習得を一体化させた問題や、漢字を覚えるためのスキル習得に焦点を当てた問題など、様々な練習問題が掲載されています。『とびら』と併用することで、上級に進むために必須の800字の定着を図ると共に、それ以後の漢字学習を効果的に進めるための基礎を築くことが出来ます。また、『文法ワークブック』は、文単位の基礎練習から応用練習、文章作成問題まで様々な形式の練習問題を通して文法を段階的に学習するように構成されています。『とびら』と併用して使用することで中級文法の理解を深め、運用力を強化することが出来ます。どちらの補助教材も学習者の自習の他に、授業内で使用したり、宿題として利用することも可能です。解答用紙のページは提出しやすくするために切り取り線を入れました。また、本書『教師の手引き』には、『とびら』を効果的に使うための方法や様々なアイデアが盛り込まれていますので、シラバス作成や授業計画立案時の参考にして下さい。

## 特徴4 ▶ インターネットの活用と「とびらサイト」による学習サポート

『とびら』はテクノロジーやインターネットを使った学習を効果的に取り入れることで、より効率のよい言語学習が出来るようになっています。オンライン辞書や読解補助ツールを使用した練習問題から実際のインターネット上のコンテンツを使った練習問題まで、インターネットを利用した様々な活動をすることによって、学習者は教科書以外のリソースを自分で探し活用する能力を身につけ、自立学習者へと成長することが出来ます。また、「とびらサイト」では対話型会話練習教材(Language Parter Online)やビデオ教材をはじめとする多様なマ

ルチメディア教材を提供すると共に、教科書利用者とのコミュニケーションを円滑に行うための機能も備えています。更に教師は、教師専用エリアに登録することで、教師専用のダウンロード可能な各種教材にアクセスが出来るようになり、コーススケジュール、プロジェクトワークシート、漢字リストなどの参考資料を得ることが出来ます。「とびらサイト」の詳細は第6章を参照して下さい。

# 第2章 『とびら』の目標

## 1. 到達目標レベル

```
─────── 『とびら』学習開始時 ───────
・初級-上～中級-下
・初級用教科書を終了した学習者
・250～300時間程度の学習を終えた学習者
```

```
─────── 『とびら』学習終了時 ───────
・中級-上～上級-下
```

『とびら』の到達目標は、全米外国語教育協会(American Council on the Teaching of Foreign Languages: ACTFL)の言語運用能力基準に基づき、初級用教科書を終了した(授業時間にして250～300時間程度)初級-上から中級-下レベルの学習者が、『とびら』の学習を終えた時点で中級-上から上級-下レベルに到達できるように設定してあります。そして、各課はその目標達成に必要なスキルや知識を段階的に習得できるように配列されています。

ACTFL (http://www.actfl.org)の言語運用能力基準では、話す・聴く・読む・書くの四技能をそれぞれ初級、中級、上級、超級の4レベルに分け、更に初級、中級、上級を下・中・上の3レベルに分けています。そして、ACTFLのガイドラインには各能力のレベルを判定するための基準が示されています。『とびら』が目標とする「中級-上」「上級-下」に到達するために必要な具体的な言語運用能力は、以下の通りです。

**ACTFL 言語運用能力基準 (Proficiency Guidelines)**

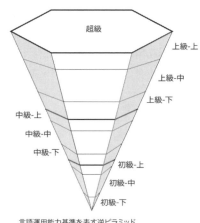

言語運用能力基準を表す逆ピラミッド

## 2. 『とびら』が目標とする言語運用能力

『とびら』の目標は、初級で習った文法や語彙・漢字を定着させつつ、四技能(話す、聴く、読む、書く)とコミュニケーションに必要な文化社会的知識を総合的に引き上げ、学習者を中級から上級レベルへスムーズに移行させることです。具体的には、以下のような言語運用能力の習得を目指しています。

### 話す・聴く

- 学習した語彙や表現を駆使しながら、複数の文法を組み合わせた意味のある文を作ることが出来る。
- 自分の考えや意見を、事前に準備したり、丸暗記した表現などに頼ることなく、自分の言葉で伝えられる。
- 自分の知識や経験を聞き手に誤解を与えずに説明できる。また、自己訂正や言い換えをしながら自分の意図を伝えられる。
- 聞き手を混乱させることなく「一人話し」や発表などのタスクが行える。また、それらを聴き取り理解することが出来る。
- 学習した言語的手段を用いて自分から会話を開始、維持、終了することが出来る。
- 身近な場面において、話題の内容を聴き取って理解し、状況に応じた質問・返答をしながら、様々なコミュニケーション・タスクに対応することが出来る。

- 学習したあらゆる手段を駆使して、複雑な事態や予期せぬ状況にもある程度対応することが出来る。
- 状況に合わせてスピーチレベルを使い分けることが出来る。また、それらを聴き取ることが出来る。

## 読む・書く

- 複数の段落で構成された文章を読んで、全体の内容を正確に理解することが出来る。
- 読み物によって、精読、情報取り、大意取りなど読みのストラテジーを使い分けることが出来る。
- 言語的にコントロールされていない文章であっても、中心となる話題・内容を理解することが出来る。
- 限られた話題において、学習した語彙、漢字、文法を使って正確な文章が書ける。
- 正しい時制を使いながら段落レベルの叙述、描写ができ、説明文が書ける。
- 自分の知識や経験、意見や考えを複段落のまとまった文章に表現できる。

## 3. 『とびら』の学習内容

　　『とびら』は、コミュニケーション能力だけに焦点を当てた教科書と異なり、ACTFLが他団体と共同で作成した全米外国語学習基準(Standards for Foreign Language Learning)の5Cs (Communication：コミュニケーション、Cultures：文化、Connections：つながり、Comparisons：比較、Communities：地域社会)と、その中に含まれる文化における3Ps (Products：所産・産物、Practices：生活習慣・慣習、Perspective：視点・観点)の内容をバランスよく扱い、学習者がこれらの領域での学習目標を十分に達成できるように編集されています。

　　5Csと3Psを日本語学習にあてはめると以下のようになります。

### □Communication：コミュニケーション（言語運用能力）

- 会話に参加し、情報や意見を交換し感情を伝える。
- 読解、聴解を通して情報を入手し理解する。
- 情報や概念、意見などを口頭、或いは文章などを通して発表する。

### □Cultures：文化

- 伝統的な考え方やものの見方 (Perspectives)に帰する文化的慣習(Practices)を理解する。
- 文化的所産 (Products)が文化的価値観をどのように反映しているかを理解する。

### □Connections：つながり

- 日本語の学習を通して、文化人類学や社会学、歴史学など他教科の学習を促進する。
- 日本語で情報を入手し異文化理解につなげる。

### □Comparisons：比較

- 母語と日本語を比較し言語を分析する能力を高め、言語に関する知識を深める。
- 自国の文化と日本の文化や他国の文化との比較を通して、個々の文化の特質を理解する。

### □Communities：地域社会

- 教室外でクラスメート以外の日本語学習者や日本語話者を相手に日本語を使用する。
- 日本語学習を生涯学習の一部とし、日本語が使用される国や地域の文化に長く深く接することで、高い言語能力を養う。また、文学や音楽、エンターテイメントなどを日本語で楽しみ、生活の質を高める。

　　『とびら』では、上述の目標を各課の様々な話題の中に繰り返し組み入れ、学習者の分析、評価、解釈などに基づく批判的な思考能力や、高度な内容を理解するためのストラテジーを徐々に養うことが出来るように構成しました。次ページでは、『とびら』の第12課を例に取り上げ、本教科書が5Cs/3Psをどのように組み込んでいるかの具体例を紹介します。

## ■ 第12課「日本の伝統工芸」(『とびら』pp.267〜288)

☐ **「本文を読む前に」(pp.268〜269)での達成目標：** Communication, Culture (Products), Comparisons

「本文を読む前に」では、自分が知っている自国の工芸品について**情報を交換**します。また、日本の**伝統工芸品の法的基準と自国の工芸品を比較**したり、日本の工芸品について調べたりすることを通して、**文化的所産とその価値について考えます**。

☐ **「読み物」(pp.270〜271)での達成目標：** Communication, Cultures (Products, Perspectives), Connections

「読み物」では、**文化的所産である「和紙」についての情報を日本語で理解**します。学習者はその歴史的背景、用途や機能、特徴について学びながら、日本人にとっての和紙の文化的価値について学びます。更に「和」という文字が持つ意味の説明を通して、**言語的な側面から和紙の特長についての理解**を深めます。

☐ **「会話文」(pp.274〜276)、「発表」(pp.279〜281)での達成目標：** Communication, Cultures (Products, Practices, Perspectives)

「会話文」では、**もの作り方を説明するための表現を学び**、その後、自分の好きなものを選んで**作り方を発表する練習**をします。また、鶴の作り方の紹介から発展し、千羽鶴、「原爆の子の像」、原爆、そして平和のシンボルという**文化的所産の価値**について学習します。学習者は、千羽鶴の言い伝えや「原爆の子の像」のモデルとなった佐々木禎子の話を読み、病気の回復や平和への願いを込めて千羽鶴を送る**日本人の気持ちや慣習**について学びます。そして、内容質問や「みんなで話してみよう」の中で、本文で学んだことについて**意見交換**をします。

☐ **「言語ノート」(p.273, p.286)での達成目標：** Communication, Comparisons

「言語ノート」では、「大きい」と「大きな」のニュアンスの違いを比べたり、文が無助詞になる場合を学んだりすることで、**言語的な理解**を深めます。

☐ **「文化ノート」(p.288)での達成目標：** Cultures (Products, Perspectives), Connections

「文化ノート」では、「ものづくりニッポン」という読み物を通して、江戸時代の伝統工芸品から現在人気の「ジャパンブランド」に至るまで、理念として生き続けて来た「ものづくりの精神」という**文化的概念**について学びます。そして、それが日本を救うと考えている人がいるほど、現代の日本にも影響を及ぼしていることの**文化的意味**を考えます。

☐ **「とびらビデオ」(「とびらサイト」内)での達成目標：** Cultures (Products)

「とびらビデオ」では、本文で学習した和紙についてのビデオを視聴し、製紙段階でデザインが描き込まれる特別な和紙の作られ方やその特徴を理解します。

☐ **教室外で期待される達成目標：** Communication, Cultures (Practices, Perspectives), Communities

このようにして学んだ「和紙」や「千羽鶴」などの文化的所産や慣習、「ものづくり」に対する日本人の考え方は、学習者の周りの人々にとっても興味深いものでしょう。学習者は授業内で得たこれらの情報について**教室外においても意見交換**をすることにより、日本文化だけでなく、**自国の文化理解**も深めることが出来ると期待されます。また、千羽鶴の話を知った後で、自分も千羽鶴を折ってみようと思うなど、**言語学習以外の面でも学習者の生活に影響を与え、異文化の所産や慣習を自分の生活の一部として楽しむ**ようになることも期待できます。

　上で述べたのは5Csと3Psを組み込んだ活動の一例ですが、『とびら』はこのように ACTFL 基準に基づいた学習を全15課を通して行うことにより、2.『とびら』が目標とする**言語運用能力**に挙げた目標が達成できるように構成されています。

# 第3章 『とびら』の構成と内容

## 1. 各課の構成と授業の流れ

　『とびら』各課は、まず前作業の「本文を読む前に」を行い、次に本作業の読み物と会話文から会話練習に進み、最後に後作業をして1課が終了という流れで構成されています。語彙・漢字・文法の導入と練習は、読み物と会話文を指導する際に前作業的に、或いは並行して行います。その他に必要に応じて、文化ノート、言語ノート、LPO教材も活用して下さい。後作業では「みんなで話してみよう」の中の設問について話し合ったり、調査をして発表するといったプロジェクトを行うことも出来ます。時間があれば、課外活動に出たり、インターネットで得られる情報を利用した作業を行うなどの発展練習をすることも可能です。各課の詳しい授業の流れは第7章の「各課の授業の流れと教え方」を参照して下さい。

### ■ 基本的な授業の流れ：

本文を読む前に ➡ 読み物 ➡ 会話文 ➡ 会話練習 ➡ みんなで話してみよう/プロジェクト ＋発展練習

前作業　　　　　　　　本作業　　　　　　　　　　後作業

### 前作業

　前作業というのは、本作業(中心となる教室活動)の前に行う準備活動のことです。内容中心の教材で授業を進める場合、取り扱うトピックについての予備知識の確認や動機づけは重要で、学習者の準備が整わないうちに本作業に入ると、トピックの内容や情報を教師が一方的に話すことになりがちです。その結果、学習者は発話の機会に恵まれず、受け身の状態で授業が進んでしまいます。このような効率の悪い授業の仕方を避けるために、前作業は必ず行うことをお勧めします。本作業を円滑に効率よく進めるための準備と思って下さい。

　『とびら』では「本文を読む前に」がこの前作業にあたります。主に以下の三つの目的のために行います。

- 扱うトピックに興味を持たせ、学習の動機づけをする。
- 扱うトピックに関する学習者の既知の情報や知識、関連語彙を確認する。
- 扱うトピックに関するブレーンストーミングをする。

「本文を読む前に」の設問に答えると、上の目的が自動的に実行できるように構成してありますので、授業でそのまま行うことをお勧めします。設問によっては、あらかじめ宿題として出しておいてもいいですし、すでに学習者の大半が知っていることであれば、割愛してもかまいません。その他にも、次のような教室活動を前作業として行うと効果があります。

- 課によっては、始めに内容に関連した動画を見せると話題に対する興味が高まると共に、本文の理解が増します。特に日本独自の文化や伝統を扱う課には特殊語彙や固有名詞が多いので、簡単な紹介ビデオや写真などを見せて背景知識を事前に与えておくといいでしょう。インターネットには日本の文化や伝統を分かりやすく紹介した様々な動画サイトがあります。どの課にどんな動画を使うと効果的かについては、第7章を参照して下さい。

- 課によっては、文化ノートを先に読んで日本の習慣や日本人の考え方を理解したり、学習者個人の考えや経験を述べさせてから本文に入るという方法も内容理解に効果があります。具体例は第7章を参照して下さい。

- 各課のとびらのページ(例：『とびら』p.1)の「主なトピック」に提示してある言葉から、その課でどの

ような内容を学ぶかを推測させたり、トピックの言葉をつなげて短い文章にしてみるのも前作業として
効果があります。

## 本作業

　本作業というのは、その課で指導したいこと、学習するべきことの根幹となる教室活動のことです。『とび
ら』では、以下の教室活動が本作業になります。

- 新出の語彙、漢字、文法項目の導入と練習（読解の前作業的な場合もありますが、話したり書いたりす
  る時に使えるようにならなくてはいけない重要度の高い項目もたくさんありますので、基本的には本作
  業の一部として行うのがいいでしょう）
- 本文（読み物と会話文）の読解
- 本文理解のための質疑応答や話し合い
- 内容質問と答えの確認
- 会話練習

それぞれの作業の効果的な進め方については、第7章を参考にして下さい。

## 後作業

　後作業というのは、その課で新しく学んだことの集大成として行う活動のことです。例えば、学んだことに
関連したトピックについて話し合う、話題や内容について更に調べて発表するといったプロジェクトなどで
す。作文や各課の「とびらビデオ」を見てワークシートを完成するといった活動を後作業にすることもできま
す。後作業は時間が十分にないと省略してしまいがちですが、学習者がそれまでに学んだことを駆使して行う
活動なので、これを行うことにより1課を終えたという達成感が生まれ、次の学習に進む励みにもなります。
また、教師にとっても学習者の伸びが確認できるよい機会ですので、できるだけ行うことをお勧めします。な
お、後作業は各課の終了時だけでなく、学期末の評価として利用することも出来ます。

　『とびら』では、後作業のために「みんなで話してみよう」「発表」「とびらビデオ」を用意しました。授業で
の利用の仕方は第7章を参照して下さい。「とびらサイト」の登録教師専用メニュー内「教師の手引き」には
発表説明のためのファイルがありますので、利用者の状況に合わせて自由に加工して使用して下さい。

## 発展練習

　発展練習は、余力のある学習者のために『とびら』で学んだことを更に発展させて指導するもので、以下の
ような場合に行うといいでしょう。

- 生教材をもっと使用したい。
- 最新の話題を材料にして指導したい。
- クラス内の学習者のレベル差に対応したい。特に、上のレベルの学習者の要求に応じたい。
- 学習者の個人的興味のニーズに応えたい。
- 学習者が、学んだトピックをもっと掘り下げて研究したり、調査することを希望している。

　『とびら』は中級レベルの学習者に焦点を合わせてありますが、上級レベルの学習者でも使用できます。そ
の場合、『とびら』で提示される言語活動は既習事項の復習や強化、弱点を改善する目的で利用し、発展作業
としては上級学習者に適した言語活動を提供することが望ましいでしょう。第7章には、発展練習の例も紹介
してありますので、参考にして下さい。また、教科書での学習をより発展させるために、「とびらサイト」の

登録教師専用エリアに、インターネット上のコンテンツなどを使って行う、タスク遂行型のワークシートをアップロードしていく予定です。

## 2. 語彙・漢字・文法の選定基準と提示の仕方

『とびら』では、語彙・漢字・文法を効果的に学習するために以下のような基準を設けました。

### □ 語彙

1. 新出単語は「覚えるもの」(太字)と「覚えなくてもよいもの」に分けて単語表に提示する。

   **覚える単語の選定基準:**
   - 旧日本語能力試験の主に2級レベル(2009年度の基準による)の語彙
   - 徳弘(2008)による学習指標値(=新聞での使用頻度や日本人のなじみ度)が高い語彙
   - その課のトピックについてディスカッションする時、使う機会の多い語彙
   - 使用頻度が高く、知っていれば役に立つもの

2. 単語数は各課60〜70語、全15課で約1000語を導入する。
3. 単語表に単語の品詞や一緒に使われる助詞など、使い方に関する情報を提示する。(例:(〜に)感謝スル)
4. 統語的・意味的特徴を元に、詳細な品詞情報を挿入。(例:u-V, ru-V, VN verb、イ・ナ・ノ形容詞)
5. 単語表内の英語の意味は、まず本文での意味に相当するものを導入し、その後にその単語の基本的な意味を紹介する。
6. 誤用が起こりやすい単語には補足説明を加えたり、一緒に使う語を提示する。(例:未来　future (a more distant future than 将来))
7. 共起する語彙を一緒に導入する。(例:影響する、影響を与える、影響を受ける)

### □ 漢字

1. 漢字は「読み方と書き方を覚える漢字=RW」と「読み方を覚える漢字=R」に分けて提示する。
2. 漢字数は各課35字前後(RW15字前後、R20字前後)、15課全体で503字を導入。既習漢字297字と合わせて800字を学習することが出来る。

   **導入漢字の選定基準:**
   - 初級日本語教科書『げんき』『なかま』『ようこそ』のうち、2冊以上で導入済みの漢字297字を既習漢字とする。
   - 旧日本語能力試験の主に2級レベルの漢字(2009年度の基準による)
   - その他、日常生活で使用頻度が高いと思われる漢字

   **RWの漢字の選定基準:**
   - 使用頻度の高い形容詞や動詞に使われている漢字(例:忙しい、静か、覚える、泣く)
   - 漢字の構成要素としてよく現れる漢字(例:共、義、果)
   - 接頭辞・接尾辞的用法のある漢字(例:非、無、以、位)
   - 既習漢字の組み合わせでもその漢字の字義から離れていて覚えにくいもの(例:不思議、勝手)、中級レベルでは読めればいいと判断できるもの(例:民主主義)はRの漢字とし、RWの漢字には入れない。

### □ 文法

1. 新規導入の文法項目は各課15から18項目で、全15課の総数は247項目。
2. 初級日本語教科書『げんき』『なかま』『ようこそ』のうち、2冊以上で導入済みの文法項目は、一部

の例外を除き、原則として既習事項とみなし、『とびら』では扱わない。

3. 文法項目の重要度を、「必ず習得すべき文法（❶で表示）」「できるだけ習得する文法（❶で表示）」「読み物の内容理解のために必要な文法（①で表示）」の３段階に色分けで提示。これにより学習者は選択的に文法を学べるので、文法学習に偏ることなく学習を進めることが出来る。

4. 話し言葉的表現と書き言葉的表現の両方を扱う。前者は 🎤 で、後者は 📖 で明示する。

5. 簡潔な解説と豊富な例文を提示する。

6. 文型のタイプは、初級で学んだ基本文型の形をType1, Type2, Type3と簡略表示し、文法ノートの「説明」を見やすくする。

7. 例文は日本文化や学習者が興味を持つ話題、使用してみたい語彙などを盛り込んだ文にする。

8. 定着が難しい、或いは理解が困難なもの、中級レベルで必ず習得すべき重要な文法事項については、「言語ノート」で分かりやすく解説する。

9. 全例文の英訳を本書、及び「とびらサイト」の登録教師専用メニュー内の教師専用とびら教材より提供する。

## 3. 言語 / 文化ノート

「言語ノート」には、学習者がつまずきやすい表現や文法項目について豊富な例文を交えた解説がしてあります。あいづちのような言語現象や「〜んです」のような分かりにくい表現などについて詳しい解説と使用例を読むことで、学習者はより深い言語的理解を得ることが出来ます。また、「文化ノート」には、各課のトピックに関連した短い読み物を用意しました。「お米の話」「ものづくりニッポン」「日本の皇室」など、日本の文化に関連した学習者の知的好奇心を刺激する話題を提供しています。

## 4. インターネットの活用

『とびら』では、インターネットを活用して以下のような教材を提供しています。

• **インターネットのツールやコンテンツの活用**

オンライン辞書や読解補助ツールを使用した練習問題から実際のインターネット上のコンテンツを使った練習問題まで、全課にインターネットを利用した様々な活動を段階的に提供しています。これによって学習者は、教科書以外のリソースを自分で探す手段を身につけ、自立学習者へと成長することが出来ます。

• **マルチメディア教材の活用**

授業の予習や教室活動の更なる発展のために、オンライン対話型会話練習教材（Language Partner Online）（第6章参照）やAnkiのプログラム（第6章参照）を使ったオンライン単語・漢字練習などのマルチメディア教材を紹介しています。学習者はこれらの教材を活用することで、教室外での自主学習を効率よく進めることが出来ます。

• **『とびら』専用ウェブサイト「とびらサイト」**

「とびらサイト」は，教材の提供や教科書利用者とのコミュニケーションを円滑にするための専用ウェブサイトです。「とびらサイト」では、学習者が自分で各課の音声教材を聞いたり、漢字練習問題をダウンロードしたり、ビデオ教材をストリーミングで見たりすることが出来ます。また、上述のLanguage Partner OnlineやAnkiへのアクセスリンクも提供しています。更に教師は、「登録教師専用エリア」に登録することで、「登録教師専用メニュー」から様々な教材をダウンロードしたり、情報を共有したりすることが出来ます。「とびらサイト」の詳細と利用の仕方は第6章を参照して下さい。

# 第4章 初級教科書から『とびら』への移行

## ■ 移行を円滑にするためのヒントと注意すべき点

### 1. 『とびら』に入る前に

初級の授業では教授法や教科書による違いはあるものの、基本的には文法・語彙・漢字などの言語要素を習得させることが第一の目標となっています。一方、中級の授業では、読む作業を通して読解力・語彙力を身につけると共に、話し言葉の運用能力を伸ばすことが主たる目標になるため、教材も授業の進め方も初級とは違ってきます。したがって、『とびら』に入る前にまとまった時間を取り、初級の教科書と『とびら』は何が違うか、『とびら』を使った授業では何を学ぶのか、これまでの授業とは何が変わるのか、どのように勉強したらよいかなどについて、学習者に十分に説明しておく必要があります。以下が事前説明の目的と理由です。

1. 『とびら』でどのようなトピックを扱うかを見せ、学習者の興味や学習意欲を高めておく。
2. 初級では文法の理解や口頭練習、会話練習が中心だったが、『とびら』では読解が中心となり読解で学んだことが会話練習などにも発展する学習になることを認識させる。
3. 単語や漢字、文法項目の扱いについて説明し、それらの数が増えることに対する不安を取り除く。
4. 教科書の構成や補助教材について説明し、効率よく予習・復習できるように導く。
5. 予習・復習の仕方を確認し、特に読み物の授業における予習の重要性を理解させる。

### 2. 教師が知っておくべきこと

初級と中級では教え方が大きく変わるため、教師も『とびら』に入る前に頭を切り替え、初級授業との内容やゴールの違いをはっきりと意識して教える必要があります。以下の表に初級の教科書と『とびら』の違いを挙げましたので参考にして下さい。

| 教室活動の内容 | 初級の教科書 | 『とびら』 |
|---|---|---|
| 読解 | 日常的、具体的、身近なことについて書かれた短い読み物を読む。 | 日本事情や日本文化を扱った読み物を読んで内容を理解し、日本での社会生活や日本を深く知るために必要な情報を得る。 |
| | [読み物の特徴]<br>既習漢字・語彙・文法を使用した短い読み物が中心。「です・ます体」が多い。 | [読み物・会話文の特徴]<br>中級レベルの文型、文法、語彙、漢字などを入れ込んだ書き下ろし文や生教材。漢字語彙を多く含む、書き言葉で書かれた読み物が中心。会話文には中級レベルのコミュニケーション機能や異なるスピーチレベルの自然な言い回しが盛り込まれている。 |
| 会話 | 身近な出来事について話したり、買い物、レストランで注文するなど、主としてサバイバルレベルの会話練習。 | 読み物の内容を説明したり意見を言ったりする練習。また、謝る、依頼するなど日常会話で必要となる機能会話の練習やスピーチレベルを使い分ける練習。 |
| 文法 | 基本の文法項目や主な文型の基本的な用法の習得を目指す。ドリル練習やコミュニケーションのための応用練習を通して習得。 | 使用できるようにする文法と理解できればいい文法がある。基本文法では表現できないもの、或いはニュアンスを含んだ表現(類義表現を含む)の文法理解と使用の仕方を指導する。文法のドリル練習、応用練習に割く時間は短くなり、練習はQ&A形式よりも短文作成などが中心になる。 |
| 語彙・漢字 | ほぼ全ての新出語彙・漢字を覚えさせる。 | その時だけ理解できればいい語彙もある。覚える語彙と漢字は双方を関連づけて覚えさせる。新出語彙を知っている日本語で言い換える能力も身につけさせる。 |

1.『とびら』に入る前に と 2.教師が知っておくべきこと を踏まえ、学習者には教科書の構成や記号の意味、「とびらサイト」の内容、授業の進め方や勉強の仕方について以下のことを説明しておくと、『とびら』への移行が円滑に進みます。学習者への説明用パワーポイント「初級教科書から『とびら』への移行」が「とびらサイト」の「登録教師専用メニュー内の「教師の手引き」」にありますので、ダウンロードしてご使用下さい。

### 教科書の説明

まず学習者に教科書冒頭の目次及びpp.viii～xxの「本書の使い方」を参照させて下さい。説明をする前に『とびら』を見ながら、これまで使っていた教科書との違いを言わせてみるのもよいでしょう。

1. 『とびら』で学ぶトピックの紹介

2. 各課の構成の説明： 本文を読む前に → 読み物＋単語表 → 会話文／討論＋単語表 → 内容質問 → 会話練習／発話練習 → 文法ノート → 漢字表 → 言語ノート → 文化ノート

3. 本文(読み物・会話文)ページ下の単語リストの説明
   • 各課で覚える漢字の単語が挙げてある。

4. 単語表の見方
   • 太字の単語だけを覚えればよい。覚える単語は旧日本語能力試験2級レベル(2009年度の基準による)の単語を中心に、使用頻度・なじみ度が高い語が選定してあるので、覚えれば役に立つ語が多い。
   • 単語表には単語の品詞や助詞の情報もあるので、単語を覚える時には意味だけでなく、それらも一緒に覚えるようにする。

5. 会話練習の丁寧度の表示
   会話練習には星の数で会話の丁寧度が示されている。☆はカジュアルスピーチ、☆☆はです・ます体、☆☆☆は敬語/です・ます体のスピーチレベルを表す。

6. 文法項目の扱い
   文法項目には黒丸(必ず使えるようにする文法：❶)、グレー丸(できるだけ使い方を覚える文法：❶)、白丸(読み物を理解するために必要な文法：①)がある。

7. 漢字表の見方
   • 漢字には読み方・書き方を覚える漢字(RW)と読み方だけを覚える漢字(R)がある。
   • 書き方を覚える漢字は各課15字前後なので、初級レベルの漢字導入数とあまり変わらない。
   • 覚える漢字は旧日本語能力試験2級レベル(2009年度の基準による)の漢字を中心に使用頻度・なじみ度が高い漢字が選定してあるので、覚えれば役に立つ漢字が多い。

### とびらサイトの説明

とびらサイトの説明はできれば実際にログインしてサイト(**http://tobira.9640.jp/tobiralogin**)を見せながら説明するのが分かりやすく効果的です。

1. ダウンロード：漢字練習シート、漢字練習問題、文法練習問題など

2. ビデオ：「とびらビデオ」、ビデオワークシート

3. リンク集：「本文を読む前に」で参考にするサイトへのリンクなど

4. Language Partner Online：コンピュータの画面上の人物と対話形式で会話練習ができる教材へのリンク

5. 音声教材：読み物、会話文、単語表、会話練習のモデル会話、文化ノートの音声

6. 単語・漢字：単語・漢字学習教材「Anki」へのリンク

## 授業の進め方

授業の進め方についても以下の点について簡単に説明しておくと、心構えができ、学習の助けになります。

1. 授業は読み物を読んで内容を理解し、そのことについて話し合う部分と、会話機能をスピーチレベルを使い分けて練習することが中心となる。

2. 文法のドリル練習、応用練習のための時間は少なくなる。反復練習はあまりせず、文法ノートの例文を読んでから、教室内での活動や宿題を通して文法の意味・機能を理解し、使い方を学ぶ。

## 勉強の仕方

　教室内での活動を効率よく行い学習効果を高めるために、予習・復習や勉強の仕方について以下のような指示を与えておくことも大切です。特に読み物については、予習をして来ないと授業での読み作業が文章の読解ではなく語彙理解に留まってしまい、＜読めない→話せない→効果的に学べない→力がつかない＞という悪循環に陥るので、予習の大切さを強調して下さい。

---

■ **読み物・会話文の予習**
   1. まず本文を一度読んで、何について書いてあるかを知る。
   2. 「とびらサイト」の音声教材を聞きながら読み、分からない漢字の読み方を書き取り、知らない言葉を見つける。
   3. 知らない言葉の意味を文脈から考える。
   4. 単語表を見て知らない言葉の意味を確認し、文の意味を考える。
   5. 声を出して読む練習をする。
   6. 予習して分からなかったことはノートに書き留めておき、授業で質問する。（予習の段階では全て理解できなくても構わない。）
   ↓
■ **教室活動**
   ↓
■ **読み物・会話文の復習**
   1. 授業の後で意味をよく考えながら、もう一度読んでみる。理解できないところ、分かりにくいところは分かるまで何度も読むことが大切。
   2. 内容質問で答えられなかったり間違えたりした問題がある場合は、もう一度答えを考える。
   3. 新しい単語は知っている日本語で言い換える習慣をつけ、関連語、反対語、類義語なども一緒に覚えるようにする。
   4. 新しい漢字は『きたえよう漢字力』の漢字基本情報を使って覚えるとよい。また、漢字は必ず単語単位で覚え、新しい漢字だけでなく既習の漢字も一緒に繰り返し勉強するようにする。
   5. 新しい単語、表現、文法を使って、勉強した内容を自分の言葉で説明してみる。また、課のトピックや読んだ内容について、自分の意見や感想を日本語で言ったり書いたり出来るようにする。

**会話練習の予習**

    1. 学習するコミュニケーション機能が「とびらサイト」のLanguage Partner Online（LPO）のユニットにある場合は、LPO教材を使って口慣らしをしておく。

    2. 「とびらサイト」の音声教材にあるモデル会話を聞いて意味を確認し、声を出して読む練習をしておく。

      ↓

 **教室活動**

      ↓

■ **会話練習の復習**

  もう一度、授業でした会話の練習をしてみたり、実際の場面を想定して会話を作ってみたりする。再度「とびらサイト」のLPO教材を使って練習するのもよい。

---

その他

  その他にも必要に応じて以下のようなことをしておくことをお勧めします。

1. 漢字・単語・文法などの小テストのフォーマットが初級教科書使用の時と変わる場合は、そのことも説明しておく。

2. 初級教科書使用のクラスと『とびら』を使ったクラスの間にギャップがある場合には、必要に応じて「つなぎ」の授業の時間を設ける。例えば、初級の授業で読む訓練をあまり取り入れて来なかった場合には、『とびら』に入る前に簡単な読み物を読む練習をする。『とびら』の復習漢字297字の中にまだ勉強していない漢字があったら、それらを導入してから、『きたえよう漢字力』の復習漢字の練習をさせるとよい。（『げんき』『なかま』『ようこそ』で導入されていない漢字については、「とびらサイト」の「ダウンロード」にある復習漢字297字の中に漢字対照表があるので参照して下さい。）

# 第5章 『とびら』を使った授業と指導法

## 1. 『とびら』による中級授業へのアプローチ

**目標1** 文法と語彙中心の指導を脱却し、内容中心の指導へと移行しましょう！

　　第4章で述べたように、中級の授業では読む作業を通して、読解力・語彙力を身につけると共に、話し言葉の運用能力を伸ばすことが主たる目標になります。また、ここでは文化理解も視野に入れた内容中心の指導が必要になってきます。

　　以下に『とびら』の1課当たりの教室活動における大体の時間配分をグラフにしてみました。グラフが示すように、文法・語彙・漢字指導（導入と練習）の割合はできれば全体の4割以下に押さえることを目標として下さい。各作業でどのような教室活動を行うかは、グラフの下にまとめてあります。具体的な教案については、第7章を参考にして下さい。

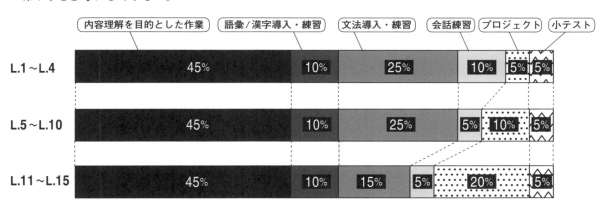

| | 内容理解を目的とした作業 | 語彙／漢字導入・練習 | 文法導入・練習 | 会話練習 | プロジェクト | 小テスト |
|---|---|---|---|---|---|---|
| L.1〜L.4 | 45% | 10% | 25% | 10% | 5% | 5% |
| L.5〜L.10 | 45% | 10% | 25% | 5% | 10% | 5% |
| L.11〜L.15 | 45% | 10% | 15% | 5% | 20% | 5% |

▶ 1課当たりの授業総時間の目安：
- ◎50分授業×10回＝500分
- ◎100分授業×5回＝500分
- ◎80分授業×6回＝480分
- ◎120分授業×4回＝480分

---

■ **内容理解を目的とした作業**
- 前作業「本文を読む前に」
- 読み物・会話文*・討論の読解
- 内容質問と内容理解のための話し合い
- 文化ノートの理解

（*会話文とは会話的読み物のことで、実際の会話練習ではありません。）

■ **語彙／漢字**
- 語彙導入と用法練習
- 漢字導入と漢字練習

■ **文法**
- 文法導入と練習
- 表現導入と練習
- 言語ノートの理解

■ **会話練習**
- 各会話機能の基本練習
- 各会話機能の発展応用練習

▨ **ディスカッション／プロジェクト**
- 各課のトピックを基にした習得内容の確認や応用

▧ **小テスト**
- 語彙・漢字・文法事項の確認テスト

第5章　『とびら』を使った授業と指導法

15

　　初級学習の指導段階では、学習者が日本語を習い始めたばかりでほとんど何も知らないので、多くの場合教師がイニシアチブを取る必要があります。しかし、学習者の日本語能力が高くなるに従って、教師は一歩しりぞき、学習者中心で授業が進むように授業を行うのが理想と言えます。そこで、『とびら』では、出来る限り学習者中心で授業が出来るように、随所に様々な工夫を盛り込みました（各課での具体的な授業のヒントは第7章を参照して下さい）。

## 2. 『とびら』を使った各学習活動の指導法

### 読解（本文／会話文）の指導法

　　読解指導で大切なことは、学習者の読み方を文章解読（decoding:暗号を解くように一語一文を読み解く）から文章読解（reading comprehension:内容を理解する）へと徐々に移行させることです。つまり、精読（一言一句の意味、一文ごとの構造を確認理解しながら読み進む読み方）からの脱出を目指します。中級になったら、生の教材や長文の読解、キーとなる情報だけ読み取れればいい読み方、大意が分かればいい読み方など様々な読み方を指導しなければなりません。精読が出来るのはもちろん大切ですが、精読するだけでは対応しきれない状況も出て来ます。また、精読にこだわりすぎると、語彙も文構造も分かったけれど、全体の内容が分からないという「木を見て森を見ず」の状態や、読解作業に大幅な時間を費やしてしまうという弊害も出て来ます。以下に中級での読解作業を指導するためのいくつかの方法をまとめましたので、初級の読解作業との違いを確認して下さい。 具体例は第7章の「各課の授業の流れと教え方」で扱っていますので、そちらを参考にして下さい。

### ◆いろいろな読み方

　　以下のような読み方がありますが、どの読み方で読むかは、読み物の内容や学習者のレベルによって柔軟に対応して下さい。

　　（1）精読で読み、文構造までしっかり把握させる。
　　（2）文全体や段落の大意取りをさせ、大枠の意味さえ分かればよいとする。
　　（3）まず、（2）の大意取りをさせ、次に（1）の精読をさせる。
　　（4）意見、感想文などでは、筆者の言いたいことは何かを考えながら読ませる。
　　（5）細部にこだわらず、必要な情報だけ探し出す。

　　例えば、「読み物」は精読で、「会話文」は大意取りで意味さえ分かればよいとしてもいいでしょう。母語では無意識のうちに行っている「大意取り」のようなスキルでも、外国語ではなかなか難しいので、読み作業に必要なスキルを始めから意識化させて訓練するといいでしょう。

### ◆読解の指導法と留意点
### 1. 読みに入る前に
- その日に読む部分の予習をして来させる。
  - 「とびらサイト」で音声を聞いて、漢字の読み方を確認する。
  - 「とびらサイト」の音声に合わせて音読する。
  - 単語の意味を予習する。
- 各読み物のタイトルから内容を推測させる。
- 読み作業に入る前に漢字や語彙はフラッシュカードなどを利用し、その日に読む部分の語彙をまとめて確認する。読む量が多い場合は、数段落ごとに分けて行ってもよい。

- フラッシュカードなどで確認した後、漢字・語彙の小テストを行う。学習者はあらかじめ漢字・語彙を覚えて来ることになるので、授業は文章理解の方に焦点が当てやすい。ただし、使い方に注意が必要なものや類義語などは、授業で学習してからテストに入れるようにした方がよい。
- 文法導入と練習は、その日に読む予定のページ、或いは、段落ごとに数項目ずつまとめて行う。文法だけ先にすべて導入してしまわないようにする。

## 2. 読解の教室活動の方法
- クラス内の読み作業では、ペア、グループ、全体などでなるべく音読をさせる。
- 音読や内容理解のための話し合いは、ペアやグループ、或いは教師主導、クラス全体で行うなど、多様な方法を併用するとよい。常に教師側からの一方的な問いかけは避けること。
- 本文理解のために内容質問のページを有効に活用する。本文を読ませてから内容質問をするだけでなく、先に内容質問を読ませ、答えを考えながら読ませることも効果がある。
- 本文を読んで理解したことが、その後のディスカッションに発展するように導く。

## 3. 文の内容を正確に理解させるために
- 文の時制に留意させる。
- 長い名詞修飾節がある場合は、修飾部分を確認させる。
- 文の主部と述部、動作主は誰かなどに留意させる。
- 文と文の接続関係を考えさせる。
- 指示詞や代名詞に注意し、それが誰・何を指しているかを把握させる。
- 長い文はいくつかの短文に区切って接続部分をはっきりさせ、前後の関係を考えさせる。
- 文末の表現に注意させ、読んだ文が意見なのか、事実を述べているのか、推測なのかなどを考えさせる。

## 4. 段落レベルの内容を理解させるために
- 段落ごとに切って読み、内容理解を確認する。
- 段落が接続詞で始まる場合は、その意味に注意して段落と段落の関係を考えさせる。
- 段落ごとにキーワードを見つけさせる。
- 段落の要点を自分の言葉で言わせる。
- 段落ごとに要約文を書かせて、内容が理解できているかどうかを確認する。

## 5. 読み物全体を理解するために
- 課によっては、いつも前から順に読むのではなく、時には、先に具体例を読んでから抽象論に戻る方法で、理解を助ける。（例：第7章の第8課、第13課）
- 各課の読み物や練習などの作業を前から順に追って進めるのではなく、内容理解を助けそうな作業を先にしてから、本文に戻る方式も内容理解を円滑にする。（例：第7章の第7課）
- 文全体の構成（序論・本論・結論／起承転結）を考えさせ、読解の手助けとする。（例：第7章の第4課、第12課、第14課）
- 語彙・文型ともに、話し言葉や書き言葉があることを認識させる。（例：第7章の第2課）
- 細部の理解にとらわれすぎないで、文章の中心的内容や筆者の言いたいことを把握するように促す。
- 分からない語彙・漢字やフレーズなどは文脈から推測させてみる、次にどんなことが続くかなども推測させながら読ませる。

## 6. 内容質問の答え方の指導

- 内容質問に答えるために、質問ごとのキーワードを見つけさせる。そのキーワードを使って答えるように指導する。
- 単語だけで答えるのではなく、きちんと文で答えられるようにする（日本語は質問部分と答えの部分を入れ換えれば解答文が作成できることが多いので、文章作成能力が弱い学習者には、質問文の文構造を再利用して答えるように導くことも出来る）。
- 特別な場合を除き、いわゆる「うなぎ文」を用いた答え方はなるべくしないように指導する。

  例）何が食べたいですか。　　×私はウナギです。→ ○ 私はウナギが食べたいです。

  　　何を注文しますか。　　×私はウナギです。→ ○ 私はウナギを注文します。

### 語彙の教え方

　『とびら』での学習を始める際に、語彙については単語表のページを見せて、太字の語彙「覚える単語」だけ覚えればいいと言って下さい。具体的に覚える単語の数を言ってもいいでしょう（数は1課当たり60語ぐらいですが、課によって多少増減があります）。単語表を見た時、一見量が膨大に見えますが、すべての語彙を覚える必要はないことを伝え、膨大な語彙量に対する学習者の圧倒感や拒否反応を取り除いて下さい。その際に、覚える語彙にマーカーで色付けさせるのも、語彙量の圧倒感を軽減する効果があります。

　語彙はフラッシュカードや絵カードを利用して導入するとよいでしょう。多人数のクラスでない限り、PPTは使わない方がいいでしょう。フラッシュカード使用時に行うと効果がある作業に以下のような練習があります。

- 必ず、共起する助詞や結びつきやすい語を導入、或いは、確認する。（例：影響を与える／受ける）
- 接頭語、接尾語がある語彙は、新規導入、既出の場合共に確認する。（例：未、無、不、的、式）
- 品詞を確認した方がいい語彙は、同時に共起する助詞や活用語尾なども合わせて導入する。（例：ノ形容詞＝普通の、最高の；スル動詞と間違えやすい名詞＝関心；形容詞の名詞化＝大きさ、痛さ）
- 既出の語彙を組み合わせた単語を導入する場合は、元の構成語彙を確認する。（例：信じる＋頼る＝信頼する）
- 既出の類義語、反意語、派生語などを思い出させる。（例：風景、景色）
- 既習の言葉で言い換えられる語彙はできるだけ言い換えさせる。（例：変化する→変わる、利用する→使う）
- 「とびらサイト」の「単語・語彙」にリンクのあるAnki（第6章参照）の語彙練習を活用しての自主学習を促す。

### 漢字の教え方

　漢字が分からないと本文の内容理解が困難になるので、読み物を読む前には、以下のような指導を行って下さい。漢字学習は語彙習得に直結するので、語彙練習と同時に行うと効果があります。漢字表の「RW/R」のマークに注意を払うように指示し、「読み方・書き方を覚える漢字」と「読み方を覚える漢字」の2種類があることを最初に徹底して下さい。

- 1課当たりに覚える漢字は、RWが15字前後で、Rが35字前後ですが、それらを一度にすべて覚えるわけではないこと、すべての漢字は読み物を通して実際に使いながら学習するので、十分習得できる数であることを強調して、安心させる。
- 漢字習得には時間がかかるので、『きたえよう漢字力』を使って自習学習をさせるようにする。
- その日に読む予定の読み物・会話文に出てくる新出漢字は、必ず『きたえよう漢字力』の漢字基本情報を見て来るようにさせる。
- 『きたえよう漢字力』の練習問題や「とびらサイト」にある漢字練習問題を宿題として活用する。（『きたえよう漢字力』は切り取って提出できる解答用紙つき。）

- フラッシュカードなどで漢字導入練習をする際に以下のような作業を行う。
    - 音読み・訓読み、送りがなを確認する。
    - 漢字の構成要素や部首(偏や旁)を確認する。
    - 漢字の構成から意味を推測させる(例：岩、悲など)。
    - 新出熟語でも既習漢字なら漢字の組み合わせから意味を推測させる(例：若者、教育、恋愛)。
    - 接頭語、接尾語、派生語は、既習の言葉も使って練習する( 例：不〜、〜的)。
    - 必要に応じて書き順や字形、手書きと印刷体の違いを指導する。
    - 同音異義、同訓異字、熟字訓などの指導や確認をする(例：特徴／特長、変える／替える／買える／帰る、昨日／今日)
- 授業のはじめの３分ほどで、簡単な漢字チェックゲームをしてもよい。(例１：黒板やノートなどに漢字を書かせて、学習者同士でチェックしあう。教師は学習者達が間違いに気づくように誘導する。例２：宿題で間違いの多かった漢字を教師が黒板に書いて間違いを見つけさせたりする。)
- 『とびら』各課の漢字表の単語は「とびらサイト」にリンクがある単語学習教材 Anki(第６章参照)で練習できるようになっているので、サイトを通しての自主学習を促す。

> ◉ 「とびらサイト」メインメニュー内「ダウンロード」にある漢字練習問題について
>    - 各課ごとの漢字表にあるすべての漢字の練習が可能
>    - 漢字練習が漢字の提出順に前半と後半に分かれているので、『とびら』を読みの授業と会話の授業に分けて使う場合などに便利
>    - プログラムの事情や進度に合わせて加工して使用することが可能

## 文法の教え方

　　初級段階で基本文法の学習はほぼ終えているので、語彙レベルが上がれば中級の文法項目を使わなくても何とか意思の疎通は可能です。しかし、いくら中級レベルの語彙を用いたとしても基本文法の使用ばかりでは中級レベルに到達することは望めません。また、学習者が作る文に、文法上の使い方は正しいのに不自然な文や、教師には意味は分かるが一般には通用しない文が多く見受けられるのも中級の特徴です。このような問題を解決するために、教師は各文法項目の導入に際して最も適切な例文と場面設定を用意し、丁寧度や話し言葉と書き言葉の使い分けなどにも注意を払って指導しなければなりません。具体的には、文法導入に際して次のことに注意して下さい。

- 共起しやすい言葉、類義表現、英語からの直訳などに起因する予測可能な誤用は、教師が授業前に必ず準備確認しておく。
- モダリティ(話し手の気持ち)に関わる文法(例：だろう、らしい、べき)を導入する際は、共起する副詞、それ自体の活用、前に入る文章との接続の仕方にも注意させる。
- 文法項目の提示後、練習に入る前に、文法ノートの例文を活用し、意味や用法の理解を徹底する。
- 文法の短文完成練習では、出来るだけその文法が使われる典型的な例を用いて文頭表現や文末表現のキューを与えたり、二つの句や文をマッチングするといった練習をする。
- 多くの使い方があるもの(例：〜に対する)は、それらをすべて一度に教えても学習者は混乱するだけなので、中級レベルで必要と判断した用法だけ選び、適切な場面設定や例文と共に、段階を踏んで導入する。
- 用法が複雑な文法は、その文法と共起しやすい語彙やフレーズを同時に与えて、決まった言い方として練習させるとよい。この方式はより典型的な使い方を身につけることが出来、誤用も極力回避できる。自由な使い分けは上級への課題とする。

- 文法指導では、教師の側もまず自分が勉強してから授業に望むことが多いので、学習者にも細かい文法規則や用例を講義してしまいがちである。しかし、学習者は日本語教師や言語学者になるわけではないので、文法の分析や説明をし過ぎないように注意する。基本的には『とびら』にある解説だけで十分なので、説明よりも、多くの例文を作らせて実践で学ばせるようにした方が学習効果が高い。
- 文構造は記号、色分け、図などを用いて、視覚的に認識させ、理解させるのも効果的である。
- 例文作成練習は個人練習だけではなく、ペアで話し合って作らせてもよい。中級では文型が複雑になって長くなることが多いので、順番に間断なく発話させる機械的ドリルは適当ではない。例文作成にはいくばくかの時間を与え、その際に無言の時間を避けるため、ペアやグループで協力しあって例文を作成させるようにするとよい。
- 同じ語彙や表現を使った文法事項でも使用法が異なる場合は、一度に導入しないで段階を踏んで練習する。例：第2課 ❻ の「ために」と ❼ の「ために」
- 対比して導入した方が定着しやすい項目は、なるべく同時に導入する。（例：「Noun と同じで／違って」「〜の上で／〜上」）
- 同じ文法や表現に複数の使い方がある（例：一応）、或いは、相反する意味を持つことがある（例：〜に対して）項目は、適切な例文と共に状況に応じた使い分けを指導する。
- 『とびら文法ワークブック』（仮称、2012年刊行予定）刊行後は、これを使って自習させたり、一部の練習問題を教室活動に使うことも出来る。

　『とびら』で導入する文法項目の難易度に関しては、以下のような基準を設けて提示してあります。文法学習の負担を軽減するために、この基準を参考に必修項目を選んで下さい。（なお、この基準はあくまで参考ですので、学習者の習熟度に合わせて臨機応変に対応して下さい。）

- ・ レベル1：黒丸ロゴ（❶）は必ず使えるようにする項目
- ・ レベル2：グレー丸ロゴ（❶）はできるだけ使えるようにする項目
- ・ レベル3：白丸ロゴ（①）は読解のために理解できればよい項目

　レベル1の項目でも下の例のように用法が難しいものは、レベル2、またはレベル3に落として指導するのも一案です。
　例1：　第3課の ❻ 「〜として」は、使用頻度が非常に高いためレベル1になっているが、用法が難しく学習者が非文を作りやすいので、レベル2に落とすことも一案。
　例2：　第11課の ⓲ の「まったく」はレベル2だが、使えるようにするのは「まったく〜ない」だけにし、誤用が起きやすい「肯定文のまったく」は意味が分かればよいことにする。

　使用頻度は高いけれど用法が難しく、他の言葉でも置き換えがきく文法はレベル3に設定してありますが、学習者に余力があるようであれば、レベル2に変更してもよいでしょう。（例：かえって、ほら）

## 「会話練習」の使い方

　会話の練習は出来るなら日本人とするのが理想ですが、授業内では非母語話者同士が日本語で会話をするという状況は避けられません。日本語は明確なスピーチレベルの使い分けが要求されるため、学習者同士で先輩と後輩になったり、教師と学生になったりして練習をする時は、丁寧度の使い分けに注意して練習する必要があります。『とびら』の会話練習では、それぞれの役柄を明確にし、使わなくてはいけない丁寧度を☆印の数で明示しました。これにより学習者は、くだけた話し方（☆）、です・ます体を使った話し方（☆☆）、敬語を使った話し方（☆☆☆）という三つのスピーチレベルの使い分けに注意を払いながら会話練習をすることが出来ます。個々の会話練習に入る前に、必ず自分の役柄に適した丁寧度を確認させて下さい。この方式に慣れてくると、教師が何も言わなくても学習者が自発的に自分の星は一つ、三つなどと言い合って、会話練習を始める

ようになります。また、Language Partner Online (LPO) では『とびら』各課で導入されるコミュニケーション機能に対応した、様々なスピーチレベルでの会話練習が提供されていますので、会話の自習練習を行うことが出来ます。LPO教材の使い方の詳細は第6章を参照して下さい。

## 1. 会話練習に入る前の準備

- モデル会話の状況の確認をする。例えば、
  - どのような場面か。
  - 誰と誰が会話をしているか。
  - 会話の目的は何か。
- コミュニケーション機能を明示的に確認する。例えば、
  - 誰かに何かを頼む時、どんな表現を使うか。
  - 「〜てくださいませんか」という表現はどんな時に使うか。
- フラッシュカードなどを使い、会話練習に必要な重要表現やあいづちを導入、或いは、確認をし、口慣らしをさせる。LPO教材を見ながら練習してもよい。
- 役柄と丁寧度を確認して、練習時にスピーチレベルを意識するように指示する。

## 2. 会話練習

- ペア、或いは、グループでモデル会話の音読をさせる。
- モデル会話のコミュニケーション機能がLPO教材にある場合は(『とびら』p.xiii参照)クラス内で見せて、自然な会話のスピードやジェスチャーを指導してもよい。
- 「とびらサイト」にあるモデル会話の音声教材をモデルとして聞かせてもよい。アクセント、イントネーションに注意させる。
- モデル会話の状況や内容を理解させる。内容確認をする必要があれば、適宜質問をする。
- 会話練習ページの練習問題の下線部分を自分の言葉で埋めながら、会話練習をさせる。できあがった会話を発表させてもよい。
- ある程度練習したら、役柄を入れ替えたり、ペアの相手を変えたりして同じ会話を練習させる。その際は、教科書を見ないで会話を進めるようにする。重要表現や文法はフラッシュカードを黒板に貼るなどしておくと、教科書を見なくても話せる。
- 最後に、モデル会話を発展させた自由会話練習やロールプレイを行う。クラスで演じさせてもよいし、成績評価材料にすることも出来る。
- ペアワークの設問について、くだけた話し方(☆)のスピーチスタイルでペアで会話をする。

### ディスカッションの指導法

中級レベルの重要なゴールの一つに、自分の言葉で意見や考えを述べたり、説明したりすることが出来るようになるというのがあります。そのため、『とびら』ではあらゆる場面にディスカッションに発展できる話題を設け、学習者同士がより多くの話し合いが出来るように設定してあります。「本文を読む前に」「内容質問」「みんなで話してみよう」の設問を活用して、学習者にできるだけディスカッションの機会を与えるようにして下さい(実際に『とびら』を使って学ぶ学習者の様子を見ていると、このディスカッションの時間が最も楽しそうで、クラスが盛り上がります)。なお、中級レベルでは討論が出来るまでの日本語力はまだ備わっていないので、あまり高望みはせず、とにかくまず自分の経験や説明したい状況などを学習した語彙や文法を使って正確に説明できること、自分の意見や考えが相手に分かるように言えること、相手の言っていることを正確に理解し、コメントしたり質問したり出来ることに重点をおいて下さい。上級レベルにつながる討論の仕方や賛否を表明するなどの練習は、第14課と第15課で紹介しています。

## 1. ディスカッションに入る前の準備

- 話し合いで使わせたい表現を確認しておく（『とびら』には順次いろいろな口頭練習が入ってきますので、それぞれの練習の前に既習の表現を復習するようにして下さい）。
- 課の仕上げのディスカッションを行う場合は、そのトピックの話し合いに必要なキーワードを学習者に聞く。学習者から出て来たキーワードを黒板に書いていく、或いは、フラッシュカードを黒板に貼っていく。学習者から出なかった重要キーワードは教師側が補う。
- 学習者のレベルによっては、授業内だけでは自分の意見をまとめるのが難しい場合もあるので、難しいトピックや考える時間が必要なものは事前にトピックを与え、自分の意見をまとめさせておくとよい。ただし、発表の際には書いたものを読ませないようにすること。

## 2. ディスカッションの進め方

- クラス全体で話し合ってから、小グループ／ペアに分かれてディスカッションをする。或いは、その逆の流れでもよい。グループ分けをする場合は学習者のレベルが偏らないように注意すること。
- グループに分かれて話し合った時は、話し合ったことを発表させてもよい。
- 教師はグループの間をまわって、話し合いがうまく進むように導く。
- 相手の言っていることがよく分からない場合は、質問したり、言い換えを頼んだりするように助言する。

### プロジェクト／発表の指導法

　『とびら』では、学習の総仕上げとして様々なプロジェクトを設定しました。プロジェクトには、学んだことについて更に調査してまとめる、日本人にインタビューをする、叙述・描写をする、手順を説明するなど、多様なタスクが盛り込まれています。プロジェクトにプレッシャーを感じる学習者もいるかもしれませんが、個人でするだけでなく、ペアやグループのタスクとして与え、助け合って行わせることも可能です。発表時には、聞いている人達によく分かるように発表することが大切で、そのためには、一般的な発表の注意点（例えば、大きい声ではっきり話すなど）に加え、以下のことに留意するように指導して下さい。

- 語彙の選択に気をつける。原則として、これまでに学習した語彙で発表すること。未習の語彙を使用する場合は、単語表やフラッシュカードなどを用意し、発表の際に語彙の説明をすること。未習語彙の使用には、10語以内などあらかじめ数を制限してもよい。
- 話の進め方や発表のための表現は、教科書や「とびらサイト」の登録教師専用メニュー内「教師の手引き」にある発表説明のためのファイルに沿って行うと、聞いている方も話の流れが見えて分かりやすい。
- 発表は指定された時間内で終えるようにする。
- なるべく原稿を見ないで、自分の言葉で発表すること。アウトラインやキーワードを書いたカードを用意し、それらを見ながら発表するとよい。
- 発表とその後の質疑応答が終了した後、自分の発表がよく理解されたかどうかを確認させるため、正誤問題やYES/NO質問のような、時間のかからない問題を2問ぐらい発表者に自分で用意させる。（教師は内容と文法語彙について、事前にチェックをしておいた方がよい。）
- 聞いている側は発表者の話をよく聞いて、なるべく質問をするようにする。教師は質問の時に使う表現を適切に使用できるように導く。
- 聞いている側にもタスクを与えると、聞くことに集中させることが出来る。（例：発表時に必ず2回は質問しなくてはならない。発表の後の簡単な確認問題に答える。）
- 質問への返答で更なる説明を求められた時は、例を挙げて答えるようにさせると分かりやすい。

学習者は発表説明のアウトライン（「とびらサイト」登録教師専用メニュー内「教師の手引き」参照）に縛られず自由に発表させることも可能ですが、聞き手のレベルが発表者のレベルに達していないと、発表者と教師以外は内容がよく分からないという状況になるので、このレベルでは発表説明のアウトラインを使用した方が無難です。学習者の自主性と判断にまかせた自由な発表形式は、上級のレベルまで待った方がいいでしょう。

## 読み物・会話文・文法例文の英訳の利用法

　第8章に、『とびら』各課の読み物・会話文・文法例文の英訳が掲載してあります。外国語教育における翻訳使用については様々な意見がありますが、翻訳を効果的に使用することは、学習者の理解を助け、効率のよい言語学習を促します。ただし、翻訳の多用は常に訳に頼らなければ言語が学べない学習者を産み出してしまう危険性もはらむため、使用に際しては、十分な注意を払う必要があります。

　本書では日本語教師の視点から、学習者が原文の文構造や文法表現・語彙のニュアンスをよく理解できるように配慮した英訳を用意しました。この英訳を使用する学習者側のメリットには以下のようなものが考えられます。

### 1. 読み物・会話文の英訳

- 特定の文、或いは段落について、自分の理解が的確だったかどうかを学習者自身で確認することが出来る。
- 英訳から逆に元の日本語を考えることで、日英語の表現の仕方の違いをより深く知ることが出来る。
- 『とびら』で自習する際に活用できる。

### 2. 文法例文の英訳（「とびらサイト」登録教師専用メニュー内「教師専用とびら教材」にも掲載されています）

- 例文の意味を学習者自身で確認することが出来る。
- 一つの文法や語彙に複数の意味があることを英訳を通して確認することが出来る。
- 語彙や文法の対訳が、そのままの形では文章上に使用できない場合もあることを知ることが出来る。
- 『とびら』で自習する際に活用できる。

　なお、学習者に英訳を与えるかどうか、与えるとしたらどの部分にするか、与えるタイミングはいつがベストかなどは、授業の内容や目的、学習者の理解度などを考慮して、慎重に判断して下さい。『とびら』での英訳使用はあくまでも学習の補助としてとらえ、主たる学習活動とすることは避けるべきでしょう。

　教師が授業の一環として本書の英訳を活用する場合には、以下のようなものが考えられます。

- 授業で問題が起きそうな文や段落を取り出し、英訳をさせることで理解を確認する。
- 『とびら』の読み物の部分は使用せず、会話文と会話練習だけに特化して授業を行う場合は、先に読み物の英訳を学習者に読ませ、その課のトピックを理解させておく。それにより、会話文の理解が深まり、会話練習も円滑に進む。
- 日本語を母語としない教師が教える場合は、この英訳で授業の前に意味を確認することが出来る。
- サンプル翻訳、またはモデル翻訳として使用できるので、『とびら』を使った翻訳クラスを開講することが出来る。

　外国語学習における翻訳利用は「両刃の剣」で賛否両論ありますが、昨今、その利点も見直されつつあります。効率よく日本語や日本文化が学べるのであれば、翻訳も手段の選択肢の一つとして取り入れてもいいのではないでしょうか。

# 第6章 「とびらサイト」の利用法

　「とびらサイト」は、マルチメディア教材とインターネットを最大限に活用し、時代に合ったより充実した教材を、学習者及び指導者に提供することを目的としています。

　とびらサイトには、自主学習や教室活動を助ける様々な教材をはじめ、自主学習用会話練習教材 Language Partner Online (LPO)へのアクセスリンク、『とびら』専用ビデオ教材「とびらビデオ」など、学習をサポートする様々なコンテンツがあります。また、教師のみアクセス可能な「教師専用とびら教材」や「教師の手引き」、投稿による共有教材など、教師のためのコンテンツも多数提供されています。

## 1. 「とびらサイト」の構成とアクセス方法

　「とびらサイト」は、ゲスト用エリア、登録ユーザー用エリア、登録教師専用エリアの三つのエリアから構成され、それぞれ主に次のような役割を担っています。

### 1) ゲスト用エリア

　ゲストのためのエリアです。『とびら』や各種補助教材の情報を提供しています。実際の教材にアクセスすることは出来ません。

#### ▶主なコンテンツ
- 『とびら』や補助教材に関する情報
- 『とびら』に関する各種お知らせ

#### ▶アクセス方法
**http://tobira.9640.jp** にアクセス

### 2) 登録ユーザー用エリア

　自己登録制のとびらサイトアクセスエリアです。ユーザーが各自自分で登録し、ユーザー名とパスワードを入力してログインします。

#### ▶主なコンテンツ
- 音声教材
- 学習者用のダウンロード可能な各種教材
- Language Partner Online(「とびらLPO教材」)へのリンク
- とびらビデオ教材
- 俳句・川柳の投稿コーナー
- 外部サイトへのリンク

#### ▶アクセス方法
①**http://tobira.9640.jp/tobiralogin** の「登録」から「とびらサイト」のためのアカウントを作成。登録フォーム送信後、登録したEメールアドレスに送られるEメール内の自己承認キーをクリックして登録を完了。
②**http://tobira.9640.jp/tobiralogin** から、登録したユーザー名とパスワードを入力してログイン。

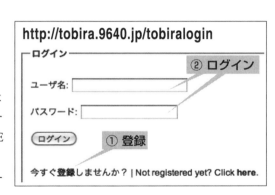

### 3) 登録教師専用エリア

　教師のみがアクセス出来るエリアです。登録ユーザー用エリアにある教師登録フォームを送信し、教師登録を完了することで使用可能になります。とびらサイト管理者側で教師確認が行われるため、学習者はこのエリアにアクセスすることは出来ません。

#### ▶主なコンテンツ

- 教師への各種お知らせ
- 教師専用のダウンロード可能な各種教材
- 登録教師の投稿による共有教材

#### ▶アクセス方法

1. とびらサイトにログイン後、ユーザーメニューの下にある「教師専用エリアへの登録」をクリックします。
2. 必要事項を記入し登録フォームを送信します。
3. とびらサイト管理者側での教師確認が完了した後、とびらサイトにログインすると、「メインメニュー」の下に「登録教師専用メニュー」が現れます。

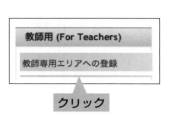

---

### 2. 「とびらサイト」のコンテンツ

　「とびらサイト」の主なコンテンツは以下の通りです。

### 1) 学習者が直接アクセス可能なコンテンツ

　サイトにログインした全ての登録ユーザーは、メインメニュー内にある以下のコンテンツにアクセスが可能です。

#### ① 「ダウンロード」内の教材

　「漢字リスト」や「漢字練習シート」、「漢字練習問題」など、学習をサポートする教材がアップロードされています。学習者はとびらサイトにログインし、自分でダウンロードすることが出来ます。

#### ② とびらビデオ

　各課のトピックに関連した『とびら』オリジナルビデオクリップがあり、登録ユーザーはストリーミングにより視聴することが出来ます。各ビデオクリップには、ビデオを見ながら問題を解くことが出来るワークシートが提供されています。ワークシートは、学習者が自分でダウンロードすることが出来、正誤判定問題や内容質問に答える、自分の経験や意見、考えを書くなどのタスクを行います。「とびらビデオ」は以下のように活用することが出来ます。

- 課が終了した後の総合練習として利用し、ワークシートは宿題として提出させる。
- 授業で見せ、内容やワークシートの答えについて話し合う。
- 本文に入る前の前作業として、その課のトピックに関する背景知識を視覚的に提供する。
- ディクテーションをさせる、口頭で内容について質問するなどして、聴解の練習として使用する。

　なお、ビデオナレーションのスクリプト(「とびらビデオスクリプト」)は、登録教師専用エリアの「教師専用とびら教材」からダウンロードが出来ます。

### ③ 音声教材

　『とびら』の読み物、読み物の単語表、会話文、会話文の単語表、会話練習のモデル会話、文化ノートが録音された音声教材です。メインメニューの「音声教材」からページにアクセスし、音声ファイルをダウンロードすることが出来ます。ファイルはMP3形式です。教科書内では、ロゴで音声教材があることを示しています。

音声教材のロゴ

### ④ 俳句川柳コーナー

　『とびら』では、第13課で俳句や川柳について学習した後、学習者が自分の作品を投稿できる「とびら俳句川柳コンテスト」を行っています。学習者はメインメニューの「俳句川柳コーナー」から投稿ページにアクセスし、オリジナル作品を投稿することが出来ます。優秀作品は、コンテスト毎にとびらサイトで紹介されます。

学生投稿作品

### ⑤ リンク集

　『とびら』の各課の始めにある「本文を読む前に」には、外部のウェブサイトを利用した様々な活動があります。「リンク集」はこれらのウェブページへのリンクを提供しています。また、その他に日本語学習に役立つ様々なサイトも紹介しています。

## 2) 教師のみアクセス可能なコンテンツ

　教師登録を完了することにより、教師は「登録教師専用メニュー」内のコンテンツへアクセスが出来るようになります。

### ①「教師専用とびら教材」

　教師専用とびら教材は、授業の準備や実際の教室活動で役に立つ教師専用の教材です。主な教材には以下のようなものがあります。

- 初級教科書から『とびら』への移行をサポートするパワーポイントスライドと移行の際の注意点
- 単語・漢字・文法の索引(「単語索引」「漢字リスト:基礎漢字800総画索引」「文法索引」)
- Language Partner Online 教材の会話スクリプト(「とびらLPO教材スクリプト」)
- とびらビデオのナレーションのスクリプト(「とびらビデオスクリプト」)
- 文法ノート例文の英訳

### ②「とびら:教師の手引き」

　本書『教師の手引き』に記載されている参考教材やウェブサイトへのリンクなどがあります。

### ③ 教材や情報の共有

　とびらサイトでは、『とびら』のために作成されたオリジナル教材や教師専用とびら教材を元に作成された編集教材を投稿し、他のとびら使用校の先生方と自作教材を共有することが出来ます。また、授業活動案や画像、動画の共有なども広く受けつけています。自作教材は「教材や情報の共有」を通して投稿、閲覧が出来ます。

## 3) 外部学習アプリケーションを利用した教材

　『とびら』は、学習者の教室外での学習をサポートするために、上記の教材の他にも、外部の学習アプリケーションを活用した自主学習教材（「Language Partner Online」（とびらLPO教材）、「単語と漢字の練習（とびらAnki教材））を提供しています。これらはすべて「とびらサイト」のメインメニューからアクセスすることが出来ます。

### ① Language Partner Online（「とびらLPO教材」）

　「とびらLPO教材」は、『とびら』の会話文・会話練習で学習したコミュニケーション機能を、画面上の人物とバーチャルな環境の下で、対話形式で練習することが出来る教材です。学習者は、学習したコミュニケーション機能を実生活で使えるようになるための橋渡し的な練習をすることが出来ます。「とびらLPO教材」は、メインメニューの「Language Partner Online」からアクセスして下さい。

#### 『とびら』の各コミュニケーション機能ととびらLPOユニットとの対応

| 教科書の課 | LPOユニットとコミュニケーション機能 |
|---|---|
| 第1課 | ユニット1: あいづちとフィラー<br>ユニット2: 言葉の意味を聞く／聞き返す |
| 第2課 | ユニット3: 短縮形<br>ユニット4: 謝る |
| 第3課 | ユニット5: 依頼する／お礼を言う |
| 第4課 | ユニット6: 相談する |
| 第9課 | ユニット7: ほめる／ほめられる |
| 第10課 | ユニット8: 情報を伝える／求める |
| 第13課 | ユニット9: 男性的表現 |
| 第14課／第15課 | ユニット10: 意見を言う／賛成する／反対する |

### ■「とびらLPO教材」による練習の基本的な流れ ……………………………………………

#### ① 練習したいユニットを選択

（例）

**U02 Asking for Definition or Clarification**
**U02 Kaiwa 01**

ユニット02　会話01
コミュニケーション機能:
　言葉の意味を聞く／聞き返す
　『とびら』第1課の機能と対応

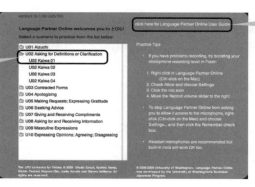

**Online User Guide**
英語でのLPO使用
方法が見られます。

## ② Overviewで第三者の視点から会話を視聴

学習目標となっているコミュニケーション機能に注意しながら、練習する会話を第三者の視点から視聴し、登場人物の関係や場面、状況、会話の意味を確認します。

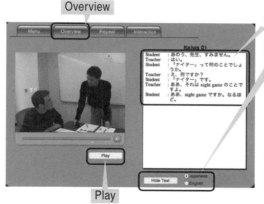

会話のテキストが表示されます。

Play
上の画面に会話全体が流れます。

会話テキストの表示を日本語、英語に切り替えたり、テキストを消したりすることが出来ます。②から④のどの練習段階においても、英語で会話の流れを確認しながら練習する、或いは会話テキストを消して実際の会話場面に近い状態で練習することが出来ます。

## ③ Repeatで各発話を練習

登場人物どちらかを選んでその人物の発話を繰り返し練習することが出来ます。Playを押すと画面上の人物の発話が始まり、発話後に場面が止まるので、直前に聞いた発話をリピート練習できます。また、Recordを使って自分の発話を録音し、発話直後に発音をチェックすることも出来ます。

Rocord

Repeat after:
◉ Student
○ Teacher

学生役の発話を練習する
学生役の発話をリピートする

Repeat after:
○ Student
◉ Teacher

教師役の発話を練習する
教師役の発話をリピートする

## ④ Interactionで対話を練習

登場人物のどちらかを選んでその人物と対話練習をします。Pauseを押さない限り会話は止まらないため、学習者は自然なスピードの対話を練習することが出来ます。この対話も録音可能で、うまく会話になっているかどうかをチェックすることが出来ます。

Interact with:
○ Student
◉ Teacher

教師との対話を練習:
この場合、学習者は学生役となり画面上の教師と対話をすることになります。

### ■「とびらLPO教材」で練習を始める前の注意点

「とびらLPO教材」は、学習者がターゲットのコミュニケーション機能をしっかり意識しながら練習することで、よりよい学習効果が得られます。実際に練習を始める前に、まずOverviewで会話を視聴しながら、以下の点を確認して下さい。

- 中心となるコミュニケーション機能は何か
- 登場人物同士はどんな関係にあるか
- どのような場面・状況設定か

### ■「とびらLPO教材」の教室内での活用法

「とびらLPO教材」は、教室外での自習用に会話タスクの予習や復習が出来るように作成されていますが、授業内で見せて練習することも可能です。例えば、次のような使い方が出来ます。

- クラスで会話を見せて、発音やイントネーションの指導に利用する。
- ユニットの会話を覚えて、クラスメート同士で同じ会話が出来るようにする。
- 場面に伴うジェスチャーの真似をする。
- 自分の会話を作成する。
    - ターゲットのコミュニケーション機能を使い、モデル会話をベースに登場人物や場面設定などを変えて、学習者自身の会話を作る。
    - 作成した会話を宿題として提出する。
    - クラス内でペアになって演じる。

- 会話を発展させる。
    - LPO教材のモデル会話の前後に自然な流れの会話を付け足し、長い会話にする。
    - 作成した会話を宿題として提出する。
    - クラス内で教室活動の一つとして演じる。

- 会話の試験に利用する。
    - 口頭試験の準備として各自練習させ、類似の状況設定で口頭試験を実施する。

### ② 単語と漢字の練習(「とびらAnki教材」)

『とびら』で導入する覚える単語(単語表では太字で表記)と漢字表の漢字語彙は、Ankiという学習プログラムで練習することが出来ます。Ankiは以下のような練習により、学習者の単語・漢字の学習をサポートします。(なお、「とびらAnki教材」へのアクセスについては、「とびらサイト」の「単語・漢字｜Voc & Kanji」を参照して下さい。)

---

**Ankiとは?**

Ankiは、Damien Elmes氏が開発した言語学習のためのプログラムです。詳しくは **http://ankisrs.net** にアクセスして下さい。

---

- フラッシュカード形式で単語、漢字、意味を確認する。
- 発音を聞いて単語、漢字、意味を確認する。または、逆に、単語、漢字、意味を見て発音を確認する。

「とびらAnki教材」は、次のような場合に役立てることが出来ます。

- 教室活動に向けた予習として新しい読み物・会話文に入る前に新出の単語や漢字を練習させておくことで、読解や会話の練習をより効果的なものにする。
- 読み物・会話文の学習時や学習後に、単語や漢字を続けて繰り返し練習させることによって更なる定着を図る。
- 学習履歴や学習進度をチェックする機能を使い、学習者が自分の単語や漢字の定着度を確認できるため、小テストや試験などの準備に活用できる。また、自分の習得レベルを知る手段にもなる。
- 単語や漢字の学習効果が学習者自身によって客観的に把握できるため、学習動機を保つ手段になる。

## 第7章　各課の授業の流れと教え方

　この章では、多技能と文化を統合的に教えるために授業の参考として、『とびら』本冊の各課の指導の流れや具体的な授業案、指導にあたっての留意点、関連資料など、学習指導案の作成に役立つ内容を解説しています。また、「文法ワンポイントアドバイス」では、指導が難しい文法項目や注意が必要な文法項目について、学習者がどんな間違いをしやすいか、どう対処すればよいかなどを具体例を挙げて説明しています。

### 各課の内容と見方

■ **第 X 課　課のタイトル【pp.X〜XX】** 注)本章文中のページは『とびら』本冊のページを示しています。

### 順　番

- 効率的に学習が進められる各課の教室活動の流れの一例が提示してあります。活動の順番は課によって異なります。
- 時間が十分にない場合は、教室活動のすべてを行う必要はなく、一部を省いても構いません。省いた部分は、宿題にする、自主学習をさせるなど、臨機応変に対応して下さい。

　一課の例：　　　本文を読む前に ➡ 読み物 ➡ 会話文１ ➡ 会話練習１ ➡ 言語ノート ➡ 会話文２ ➡ 会話練習２ ➡ 後作業／発展練習

　一課の一部を省略した例：本文を読む前に ➡ 読み物 ➡ 会話文１ ➡ 会話文２ ➡ 後作業の一部

- 一課当たりの各教室活動の指導にあてる時間の目安を以下に示しました。読み物・会話文の授業時間には、語彙・漢字・文法の導入と練習を含みます。所要時間はあくまで参考ですので、カリキュラムやスケジュールに合わせて変更して下さい。

| 前作業 | 本文を読む前に | 20分〜30分 |
|---|---|---|
| 本作業 | 読み物 | 200分〜250分 |
| | 会話文１／会話練習１／ロールプレイ | 50分〜80分 |
| | 会話文２／会話練習２／ロールプレイ | 50分〜80分 |
| 後作業 | みんなで話してみよう（話題に応じて適宜時間を調整。） | 50分〜80分 |
| | プロジェクト（内容説明に10分程度、発表は質疑応答を含んで1人10分から15分が適当。） | |
| | 文化ノート（読み作業は10分から15分以内で終了させる。ディスカッションは適宜。） | |

### 教室活動について

1. **本文を読む前に**

　▶目的　　　　前作業の「本文を読む前に」で行う活動の具体的な目的が書いてあります。

　▶授業のヒント　「本文を読む前に」の活動を行う時の留意事項や、「本文を読む前に」以外に読解の前作業として行うとよい具体的な作業が挙げてあります。

2. 読み物

▶目的　　　読み物の読解作業の具体的な目的が書いてあります。

▶授業のヒント　読み物で行う活動の作業例や留意点、学習者に注意させる点など、具体的な教え方が図示してあります。読み物を読みながら行うのに適したディスカッションの話題も提示してあります。

3. 会話文

▶目的　　　会話文を読む具体的な目的が書いてあります。

▶授業のヒント　会話文で行う活動の具体的作業や留意点などが解説してあります。

4. 会話練習

▶目的　　　会話練習の具体的な目的が書いてあります。

▶授業のヒント　会話練習で行う活動の具体的作業や留意点などが解説してあります。

5. 言語ノート
　 文化ノート

言語ノート・文化ノートは、教室内での指導や練習を効率化するために各作業の中に組み込んだ方がいい場合、授業外で宿題として読ませるといい場合、復習的要素が強く時間があれば読ませればいい場合など、各課によって効果的な使い方が異なります。全課に使い方が提案してありますので、参考にして下さい。

6. 後作業／発展学習

各課のまとめの活動として、後作業や発展練習で行える活動が注意事項と共に提案してあります。

## 文法ワンポイントアドバイス

- 各課の文法項目を導入する際に注意すべき点や誤用例、練習のヒントなどが提示してあります。『とびら』本冊の文法ノートと併せてお使い下さい。なお文法ワンポイントアドバイス文中の「例文X」は本冊の文法ノートに掲載されている例文の番号を示しています。

- ここで取り上げている文法項目は、中級レベルで使えるようになるべき文法(項目番号が黒丸・グレー丸)です。読み物を読むために理解できればよい文法項目(同：白丸)は、指導に特に注意が必要なもののみを取り上げました。

- 文法を指導する際、誤用を少なくするために、各文法項目の英訳の意味と使い方について、最初に学習者に以下の点によく注意するように言って下さい。

  1. 文法項目は文法ノートの英訳の意味だけで覚えるのではなく、説明と例文を読んで使い方を理解するようにすること。

  2. 文法ノートの英訳はあくまでも例文のコンテキストにおける英訳で、下の図のように日本語と英語の意味が重なる部分は一部であること。

  それに　　in addition

  3. 文法ノートにある英訳をそのまま当てはめて文を作ると不自然な文ができることが多いので、単純に置き換えた文を作らないように気をつけること。

  例)日本はそのエキスポにパビリオンを出します。{？それに／○さらに}、そこで最新のロボット技術を紹介します。

  ( Japan will set up a pavilion in the Expo. In addition, Japan will introduce the latest robot technology there.)

# ■第1課　日本の地理【pp.1〜23】

## 順　番

| 本文を読む前に | ➡ | 読み物 | ➡ | 会話文1 | ➡ | 会話練習1 | ➡ | 言語ノート | ➡ |

| 会話文2 | ➡ | 会話練習2 | ➡ | 後作業／発展練習 |

> 授業時間が限られた中で後作業を行いたい時は、会話練習は省き、読み物と会話文を読んだらすぐに
> 発展練習に入ってもよい。スピーチレベルを使い分けた会話練習は、第2課で正式に導入練習をする
> ので、本課では言語ノート1「あいづちとフィラー」(p. 23)を読み、**とびらサイト**LPO教材ユニット1
> を使用して、あいづちとフィラーの練習をしておくとよい。

## 教室活動について

### 本文を読む前に 【pp.2〜3】

#### ▶目 的

- 地図を見ながら日本や自分の国について話し合い、世界／日本の地理への興味を喚起する。
- 読み物で必要となる日本の地理に関する予備知識を与える。
- オンライン辞書の使用を促す。

#### ▶授業のヒント

- 世界地図、日本地図を準備する。(ネット検索、PPT、OHP、実物の地図など何でもいいが、できるだけ大きく、情報量が少ないものが適切)

- ③、⑤はペアワークで、④の単語表の語彙を使用しながら話し合うように促すとよい。

- ④では、始めに教師がオンライン辞書の使い方をクラスで実際に見せるとよい。

- ④の単語表の意味調べと言語ノート4「日本語の数字と単位」(p.97)は、宿題にして先に予習をさせておくと、授業が進めやすい。②の日本の人口の質問や本文に出てくる数字の読み方(年号、%、分数、度数)について質疑応答がしやすくなる。

- 時間があれば、学習者に自分の国の名物や名所の写真を持って来させて、説明し合うことも出来る。

## この読み物の目的

▶日本の地理的特徴、都道府県に関する情報、主な名所などについて知る。

▶地理や場所を説明するための基本的な語彙の復習や導入をし、定着させる。

**読み物**

# 日本の地理

p.4

1 　皆さんは日本の四つの大きな島の名前を知っていますか。日本はユーラシア大陸の東にある島国で国の70%は山です。日本には東京のような、世界によく知られている都市がたくさんありますが、皆さんはどんな都市の名前を聞いたことがありますか。下の地図を見ながら探してみましょう。

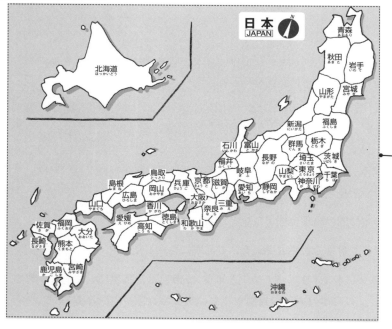

5 　日本の国土は、北海道、本州、四国、九州と呼ばれる四つの大きい島と6000以上の小さい島でできています。全体の大きさは、アメリカの25分の1、オーストラリアの21分の1ぐらいで、ニュージーランドやイギリスと同じぐらいです。

| 地理 | 島 | 東京 | 都市 | 地図 | 北海道 | 本州 | 四国 | 九州 | 全体 |
|---|---|---|---|---|---|---|---|---|---|
| ～分の～ | | | | | | | | | |

導入部(ll.1〜4) → 本論(ll.5〜30) → 終結部(ll.31 〜 33)という文章の型に着目させる。

修飾節に注意。[⇨**内容質問2**]

地図を見ながら、知っている、或いは、聞いたことがある都市の名前をペアで探させる。どうしてその都市の名前を出したかについて話させてもよい。また、都道府県以外にも「札幌、横浜、名古屋、神戸」などの主な都市の名前や場所について話し合うことも出来る。

本文に登場する都道府県名については、その都度地図で確認させ、その都道府県が四つのどの島に属するかを聞くと、日本の地理に関する語彙や、「都道府県」とは何か、土地の名前などが定着しやすい。

分数の読み方は言語ノート4(p.97)に説明があるので、分数の部分だけ先に練習をしておくと効率がよい。

[⇨**内容質問 1**]
＋日本の地理的特徴を考えさせる際には、「三つ以上」などと数を指定するとよい。

間接疑問文の「か」は落ちる傾向があるので、文中でしっかり認識させる。

修飾節に注意。[⇨内容質問3]

読み方に気をつけさせる。

**p.5**

　　日本には、47の都道府県(一都、一道、二府、四十三県)があります。一都は東京都
(首都)、一道は北海道、二府は大阪府と京都府で、その他は、静岡県や広島県のように
10　全部、県です。静岡県はお茶や富士山で有名で、広島県には戦争の恐ろしさと平和の大切
さを伝える原爆ドームがあります。

　　日本は南北に長い国なので、南と北では気候が大きく違い、沖縄や九州で泳げる時に、
北海道では雪が降っていることもあります。それから、同じ日の沖縄と北海道の気温の差
が摂氏40度以上になることもあります。だから、日本人が大好きな桜の花がいつ頃咲く
15　かは、場所によって違います。沖縄では1月の終わりに咲き始めますが、北海道では5月に
なってからです。桜の花が咲くと、人々はその木の下でお酒を飲んだり歌を歌ったりして、
花見を楽しみます。

　　日本には昔からの名所もたくさんあります。例えば、兵庫県にある姫路城は日本で最も
美しいと言われている お城で、1993年にユネスコの世界遺産に選ばれました。400年以上
20　前の白い壁が残っていて、建物の形が白鷺という白い鳥が羽を広げて休んでいるように見
えるので白鷺城(白露城)とも呼ばれています。姫路城は昔の映画やドラマを撮影する時に
よく使われています。

　　日本の名所と言えば、温泉も忘れることはできません。日本は火山が多いので、日本中
に温泉があります。温泉には観光やレジャーが目的で行く人が多く、温泉では大きいお風
25　呂に入ったり、おいしい料理を食べたり、浴衣を着たりしてリラックスします。日本人は
お風呂に入るのが大好きで、外の景色を見ながら入れる 露天風呂は特に人気があります。

　　たくさんある温泉の中で、愛媛県松山市にある道後温泉は日本で一番古い温泉で、3000
年の歴史があると言われています。『坊っちゃん』や『こころ』という小説を書いた夏目漱
石がよく行ったそうで、道後温泉にある旅館の3階には「坊っちゃんの間」という部屋が
30　あります。

　　皆さんは、日本に行ったらどんなことをしてみたいですか。どこに行ってみたいですか。
日本に行く前に日本の地理をよく調べて、楽しい旅行をして下さい。そして、お城を見学
したり、温泉に入ったりして、楽しい土産話を持って帰って下さい。

| 都/道/府/県 | 京都 | 平和 | 伝える | 泳げる | 日 | 気温 | 人々 |
|---|---|---|---|---|---|---|---|
| お酒 | 名所 | 最も | 美しい | 選ばれ | 建物 | 形 | 観光 | 目的 |
| 特に | 市 | 小説 | 旅館 | 階 | 見学 | | |

[⇨内容質問4]
＋気候の違いを使って、具体的な例を挙げて説明する練習をする。その後に、新出単語や文法を使って自分の国の気候について話させてもよい。自分のことを話す練習になるし、お互いの国の違いを比較し合うことも出来る。
　使用語彙・文法の例)
　〜によって違う、
　〜ように、こと{が／も}ある、
　V-masu+ 始める

指示詞に注意。[⇨内容質問5]

受け身形に注意。

修飾節に注意。

[⇨内容質問6]

写真を見せるとよい。或いは、**とびらサイト** 第1課の「とびらビデオ」で、実物の映像を先に見せておくのも本文理解を助けるのに効果がある。浴衣(l.25)、げた、帯、うちわなどの実物があれば、日本文化の一端を紹介することも出来る。

表現が難しいので、理解できているかどうかを確認するために、どんな建物か、絵を書かせてみてもよい。

読み方と意味に注意。

日本の温泉ではどんなことが出来るか、挙げさせながら内容質問8、9を確認。

読解後のまとめとして写真を見せながら、読み物で得た情報について話させる練習をしてもよい。(**とびらサイト** 登録教師専用メニュー内「教師の手引き」に参考PPTあり。)

「いれる」と読まないように注意。可能形であることも確認。

内容質問10と「みんなで話してみよう」1について話し合う。

動作主に注意。[⇨内容質問7]

## 会話文 【pp.8〜10】

### ▶目的

- 「質問をする／聞き返す」時に使う表現を学ぶ。
- 日本の伝統行事や名物、祭りについて知る。

### ▶授業のヒント

[会話文1]

- 「質問をする／聞き返す」のコミュニケーションに必要な表現とその機能を意識化させるために、ペアで読み合わせながら、それぞれの表現を見つけて下線を引くように指示する。(☆については、『とびら』p.ix参照)

  質問をする：〜について、お聞きしたいんですが・・・。(☆☆)
  　　　　　　〜というのは、〜のことですか。(☆☆)
  聞き返す　：すみません、〜て何ですか。もう一度おっしゃっていただけませんか。(☆☆〜☆☆☆)
  　　　　　　〜は〜んですか。(☆☆)

- 内容質問(p.13)1〜5の他に、会話文(ll.18〜22)の中から日本にある伝統的な行事を四つ挙げさせる。他にも知っている行事の話をするなどして、話し合いを発展させる。

- 「みんなで話してみよう」(p.13)の3について話し合う。学習者が挙げる行事を板書し、それぞれを「〜というのは、〜行事です」の文型を使って説明するように促す。

- 「桃太郎」の紙芝居を見せるとよい。まず桃太郎の歌を聴かせたり一緒に歌ったりして、どんなストーリーか推測させてから、ストーリーを読み聞かせると面白い。但し、市販の紙芝居は語彙や表現が難しいので、学習者のレベルに合わせて語彙や表現を変えた方が無難である。また、読み聞かせをした後で、正誤問題などで内容確認をし、物語に含まれる教訓について話し合うとか、再度紙芝居を見ながら自分達でストーリーを作り直させるといった活動も出来る。紙芝居がなければ日本昔話のサイトを見せてもよい。

- 昔話を紹介したサイトは豊富にあり、「鶴の恩返し」やその他の日本昔話をサイトで見ることも出来る。昔話を扱った教室活動はどのようにも発展できるし、宿題にすることも可能なので、時間があれば、取り入れるとよい。

[会話文2]

- カジュアルスピーチをまだ導入していない場合は、第2課「日本語のスピーチスタイル」で習う「くだけた話し方」の準備として音読させ、丁寧な話し方との違いなどを簡単に話し合っておくとよい。

- 内容質問(p.13)1〜5や「みんなで話してみよう」の4、5について話し合う。5の「絶対、おすすめ」は、物、場所、行事など何でもよいが、日本に行くと自分の国や出身地について話す機会が多いので、新出文法を使ってきちんと説明できるようにしておくとよい。

  文法例) 〜というのは〜だ ／〜と言われている ／〜で{有名だ／知られている} ／〜だけでなく、〜も etc.

- 「みんなで話してみよう」の4、5をペアでカジュアルスピーチを使って話し合わせてみてもよい。

## 会 話 練 習 【pp.14〜16】

### ▶目 的

知りたい話題について質問をし、説明を聞きながら知らない言葉の意味を聞いたり聞き返したり出来るようにする。

### ▶授業のヒント

- 予習として、**とびらサイト** LPO教材ユニット2で「言葉の意味を聞く／聞き返す」の機能表現を練習させておくとスムーズに練習に入れる。

- モデル会話を読む前に、言語ノート1「あいづちとフィラー」(p.23)を読んで、重要な日本語の会話のストラテジーを学び、**とびらサイト** LPO教材ユニット1「あいづちとフィラー」で実際に練習させておくとよい。これらの作業は、授業で行うことも、宿題として出すことも出来る。

[会話練習1]

- 始めに、登場人物とそれぞれの役の☆の数を確認する。

- ペアで役を交代しながら、モデル会話、練習問題と進める。

- パターン練習は学習者が教師に質問するという設定のため、教師の役割をする側が知っている話題、例えば、「行事」や「分からない言葉」などを取り上げるようにと指示を与えておくと、練習がスムーズに運ぶ。もちろん、自分達で色々なトピックを決めて話すことが出来ればベストであるが、その場合、質問する学習者側には、相手が答えられそうなトピックを選ぶようにと注意をすること。

- ロールプレイ1(p.16)は以下の流れで練習するとよい。時間がない場合は、自習にするか、或いは、口頭試験のタスクとすることも出来る。

  それぞれの役割のロールプレイカードを声に出して読み、☆の数を確認する。→ 会話練習1と同じ表現と流れで、何も見ないで会話をするように指示する。→ 役を交代する。

[会話練習2]

- 会話練習1(p.14)のモデル会話で使用されている機能表現、あいづち、フィラーなどについて簡単に話し合い、くだけた話し方の表現を意識させてから練習に入ると、より自然な会話が出来る。

- パターン練習は学習者同士の会話なので、かなり自由に話し合えるが、トピックに行き詰まるようだったら、読み物や会話文2で習った「温泉」「梅雨」などの例を挙げて、会話を促す。

- カジュアルスピーチでペアワーク(p.16)の会話をする。

- ロールプレイ2(p.16)は以下の流れで練習するとよい。時間がない場合は自習にするか、或いは、口頭試験のタスクとすることも出来る。

  それぞれの役割のロールプレイカードを声に出して読み、☆の数を確認する。→ 会話練習2と同じ表現と流れで、何も見ないで会話をするように指示する。→ 役を交代する。

## 後作業／発展練習

発展練習として、自分の町／国、或いは行ったことがある国／町について1分間スピーチを行うのもよ

い。その際は、突然スピーチをさせるのではなく、スピーチの内容について以下のような助けを与えるとスピーチ内容が作りやすく、他の学習者のスピーチも理解しやすくなる。

1分間スピーチの例）

| ＜スピーチで話す内容＞ | ＜使用文法＞ |
|---|---|
| 1. 場所／大きさ／気候 | ～分の～／～によって違う／Adjective-stem＋さ |
| 2. 有名な物／知られていること | ～で｛有名だ／知られている｝ ／～と言われている |
| 3. 旅行にいい季節はいつか | ～の｛初め／終わり｝ |

先にスピーチを考える準備時間を与えるようにして、なるべく書かないで頭の中で整理するように、そして、1分しか時間がないので、とりとめなく話さず、要点をおさえて話すように注意を与える。

## 言語ノート 【p.23】

- 会話文2に入る前にくだけた話し方で使用するあいづちとフィラーの練習をしておくとよい。

- 「あいづちとフィラーと表現」の各表現は、それぞれどのスピーチレベルで使うかも確認する。但し、会話文2にある例だけ練習し、後は紹介程度で十分。（とびらサイト登録教師専用メニュー内「教師の手引き」に参考PPTあり。）

## 文法ワンポイントアドバイス

**❶ Noun ｛で／から｝できる**

- ｛で／から｝の選択に迷う場合が多いので、「Nounで」はNounが材料、「Nounから」はNounが原料で、原料から製品になる過程において変化する物であることを説明する。
    - 例1) ＜ログハウスの絵／写真＞ → この家は木でできています。
    - 例2) ＜ぶどうとワインの絵／写真＞ → ワインはぶどうからできます。

- 「Nounで」は「～でできている」の形でものの特徴を言う時に使われることが多いことも言っておくとよい。

- 例文1、2、4のように、「Nounから」はどのようにして作るかを言うことに主眼があるので、「できている」ではなく「できる」が使用されるのが普通。

**❷ Adjective-stem ＋さ**

- 「大きい」「重い」などの客観的な状態を表す語彙や、「面白い」「すばらしい」「いい」「便利」などのように気持ちや主観的な評価を表す語彙に付いてその程度を表すが、すべての形容詞に「～さ」が付いて名詞になるわけではないので、よく使われるものをいくつか紹介するとよい。

- 「大きさ、重さ、高さ、速さ」など尺度を表す言葉になる場合は、「大きさ」「重さ」などの度合いの大きい言葉が使われ、「小ささ」「軽さ」などは一般にその程度を強調したい場合にのみ使われることに触れておいてもよい。
    - 例1) このノートパソコンの｛○大きさ／×小ささ｝は25cm x 15cm x 5cmです。
    - 例2) 荷物の｛○重さ／×軽さ｝は1kgです。
    - 例3) 今もっとも軽いコンピュータは、500グラム以下の軽さだそうだ。

**❸ ｛Noun の／ Verb｝ ように**

- 例文1、2の「チョコレートのように見える」「泣いているように聞こえる」のような用法は動作や様子を比喩で表し、よく似ていることを述べる表現なので、絵を用いて導入すると効果的で練習もしやすい。

- 例文 3 ～ 5 の用法は慣用的な表現になっているので、「～がおっしゃるように」「～ば分かるように」「～に書いてあるように」の形で導入し、後件を作らせる練習をするとよい。

### ❹ ～は～で{有名だ／知られている}

- この文型の「知られている」が受け身形であることを確認する。

- 「X は Y が有名だ」と言うべきところに「X は Y で有名だ」を使う誤用が見られるので、両者の意味の違いを説明しておくとよい。

  a. X は Y で有名だ。（X が Y を有名にしている）
  b. X は Y が有名だ。（X（の中／所有物）で有名なものは Y）

  例 1）　○エジプトはピラミッドやスフィンクスで有名だ。
  例 2）　? エジプトはアブ・シンベル神殿で有名だ。
  　　　　→ ○エジプトはアブ・シンベル神殿が有名だ。

- 「～は～として（第 3 課文法❻）有名だ／知られている」もよく使われるので、第 1 課か第 3 課で併せて導入してもよい。但し、「で」と「として」の混同による誤用が多く見られるので、両者の意味の違いをしっかり理解させる必要がある。

  例）　| X は Y で知られている（X ≠ Y） |　vs.　| X は Y として知られている（X ＝ Y） |

  東京は東京タワー {○で／×として} 知られている。［東京 ≠ 東京タワー］
  東京は日本の首都 {×で／○として} 知られている。［東京 ＝ 日本の首都］

### ❻ Verb-non-past こと {が／も} ある

- 経験を表す「～た（Verb-plain.past）ことがある」との意味の違いを確認する。

- ときどきすることでも定期的にしていることには、この表現は使わないことも確認しておくとよい。
  例 1）　毎週日曜日にテニスをします。→ × ときどきテニスをすることがあります。
  例 2）　毎年夏休みに祖母が住んでいる日本に行きます。→ × どきどき夏休みに日本に行くことがあります。

- 「たいてい／よく」と「ときどき」を対比させた文で、練習するとよい。
  例）　私は週末には {たいてい／よく} ＿＿＿＿＿＿＿＿が、ときどき＿＿＿＿＿＿＿＿ こともある。

### ❼ {Noun₁/Question-word ～か／～かどうか} は Noun₂ に {よって違う／よる}

- 「Noun₁ は Noun₂ に {よって違う／よる}」「Question-word ～かは Noun に {よって違う／よる}」「～かどうかは Noun に {よって違う／よる}」の三つの文型に分けて導入し、練習するとよい。その際、後件の名詞は全文同じものにし、文型の違いが認識できるようにする。
  例）　「好きな X」について文を作らせる。
  ①(好きな食べ物)は 人 によって違います。
  ②(どんな食べ物が好きか)は 人 によって違います。
  ③(ハンバーガーが好きかどうか)は 人 によって違います。

- ②③のような導入文を作成する時に「か」を落としてしまうことが多いので、「か」を忘れないように注意する。

### ❽ Verb-masu 始める

- 「V-plain+ 始める→×食べる始める」や「V-plain のを始める→×食べるのを始める」のような活用の間違いが多く見られるので、活用練習を行って、形に気をつけさせる。

- 例文 1 ～ 3 のような動作や出来事の開始を表す用法をまず練習するとよい。この用法では動作や出来事を表す動詞を使い、「寝る」「起きる」「座る」のように瞬間的な動作を表す動詞や、「ある」「いる」など状態を表す動詞とは一緒に使わないよう注意を促す。

- 本文の「咲き始める」の例は、例文 1 ～ 3 とは違い、同じ出来事や動作が何回も繰り返されたり次々と起き

たりするようになることを表す用法なので、この場合には瞬間的な動作や出来事を表す動詞も使えることに触れておくとよい。

- スル動詞の場合には「勉強をし始める」「勉強し始める」のどちらの形もあることも説明しておく。

## ⑨ Noun₁ ＋ Particle ＋ の ＋ Noun₂
「Noun₁のNoun₂」と比較し、意味の違いを理解させるとよい。
    例1)　友達へのプレゼント vs. 友達のプレゼント
    例2)　先生とのミーティング vs. 先生のミーティング

## ⑩ 〜は Sentence と言われている
- 「言われる」が受け身形であること、「言われている」はその状態が現在も続いていること、その状態が一般的な認識であることを理解させる。

- 「〜と言われています」を使って、自分の国や出身地、よく知っている都市などを紹介させる練習をするとよい。

## ⑫ 〜とか (〜とか)
- 「NやN」「VたりVたりする」に対し、「とか」は名詞でも動詞でも使えることを示し、どちらのパターンも練習するとよい。

- 例文1のように、「N₁とかN₂とか」の後に「を」「が」「に」「で」などの助詞が付く場合には、N₂の後の「とか」が落ちることがあることも確認しておく。

- 下の例のように過去にしたことについて具体的に話す時には、普通「V₁とかV₂とかする」ではなく「V₁たりV₂たりする」が使われることにも触れておいてもよい。
    例)　?ニューヨークでは市内を観光するとかミュージカルを見るとかしました。
        ○ ニューヨークでは市内を観光したりミュージカルを見たりしました。

## ⑬ 〜というのは {Noun のこと／ Noun ということ／ Sentence ということ／ Sentence という意味} だ
- この表現は単語の意味や何かの定義を説明する時によく使う表現なので、第1課で覚える単語をいくつか選び、この文型を使って説明させる練習をするとよい。

- 「XというのはY〜」の文型で、XがYの省略語や同義語になる場合は「Yということ」を使わないことにも触れておくとよい。
    例)　パソコンというのは、パーソナルコンピュータ {○のこと／×ということ} です。

## ⑭ 〜だけ {でなく (て) ／じゃなく (て)}、〜も
- 2文を1文にする練習をするとよい。
    例)　家賃が高い。＋大学から遠い。→ このアパートは家賃が高いだけでなく、大学からも遠くて不便だ。

- スピーチレベルや文の丁寧さにも注意させ、場面・状況に応じて「でなく」「じゃなく」の使い分けが出来るように指導する。

## ⑮ Noun って
- くだけた話し方ではtopic markerとして、「は」の代わりに「って」を使うことが多いことを説明する。(もともとは「というのは」の「いうのは」が落ち、「と」が「って」になったもの。)

- 「って」の機能は「取り立て」なので、質問する時には使えるが、答える時にもう一度それを繰り返すことは出来ないことを確認する。
    例)　A：Bさんの出身って、どこですか。
        B：私の出身 {○は／×って}、京都です。(または、「京都です。」)

- 「〜って何ですか」のように「って」は「です・ます体」の文で使われることもあるが、丁寧度は「〜という

のは何ですか」より低くなることを説明しておくとよい。全体が丁寧な会話では「って」を使わないように指導した方がよい。

**❶ 〜って {いう／聞く／書く／ etc.}**

- 文法❶の「って」は「は」の代わりに、❶の「って」は「と／という」の代わりに使われているので、同じ「って」でも意味が違うことをきちんと理解させる。

- 文法❶と併せて、「は」→「って」、「と」→「って」の言い換え練習をしてもよい。

   例1)　A：沖縄<u>は</u>（→って）どんなところですか。
   　　　 B：えっと、沖縄は青い海がきれいで、「東洋のガラパゴス」<u>と</u>（→って）言われているところです。
   例2)　A：田中さんは今日のパーティに来る<u>と</u>（→って）言ってた？
   　　　 B：ううん、来られない<u>と</u>（→って）言ってたよ。

# ■第2課　日本語のスピーチスタイル【pp.25〜51】

| 本文を読む前に | ➡ | 読み物 | ➡ | 会話文1 | ➡ | 会話練習1 | ➡ |

| 色々なスピーチスタイルの練習 | ➡ | 会話文2 | ➡ | 会話練習2 | ➡ | 後作業／発展練習 |

> 授業時間が限られている場合は、「色々なスピーチスタイルの練習」は宿題にしてもよい。また、「です・ます体」の会話は慣れているので会話練習1は省略し、「カジュアルスピーチ」の会話練習2に絞って練習することも出来る。

## 教室活動について

### 本文を読む前に【pp.26〜27】

#### ▶目的

- 自分の国の言葉との比較、或いは③の4コマママンガのセリフから日本語の特徴に気づかせる。
- 話す人によってスピーチスタイルが変化することを意識させる。

#### ▶授業のヒント

- ①は具体的な例を挙げながら話させるとよい。

- ②は様々な意見が出て効果的な前作業になるので、グループディスカッションをして、出た意見を発表させるとよい。

- ③はスピーチレベルの使い分けに気づかせる問題なので、各マンガのそれぞれの登場人物の関係や、誰が誰にどんなスピーチレベルを使って話しているかに注意を向けさせる。また、これまでに学習した話し方と違う話し方を見つけるように指示をすると意見が出やすくなる。カジュアルスピーチに慣れていない学習者の場合は、読み物を読んでから確認として行ってもよい。

- 言語ノート2「Sentence-final particles（終助詞）-Part 1」(pp.50〜51)に、終助詞の機能やイントネーションについて書かれているので、予習で読ませておく。

## この読み物の目的

▶説明文を読んで日本語の様々な話し言葉、書き言葉のスタイルについて理解する。

**読み物**

# 日本語のスピーチスタイル

**p.28**

1　皆さんはもう敬語は勉強しましたか。家族や友達と話す時に使うカジュアルスピーチ（くだけた話し方）も習いましたか。日本語には色々なスピーチスタイルがあることは知っていますね。実は、日本語は話す時も書く時も、スタイルがとても複雑で色々な決まりや習慣（しゅうかん）があります。この課ではそれについて勉強してみましょう。

5　1. スピーチレベル（丁寧（ていねい）さ）の使い分（わ）け
　　日本語はスピーチレベルがとても大切な言語なので、話す相手によって話し方を変えなければいけないことがあります。例えば、「さようなら」と「失礼（しつれい）します」や、「見せてね」と「見せていただけませんか」など、スピーチレベルの使い分けは日本語を勉強している人にとって最も難しいことの一つだと言われています。スピーチスタイルには、「とてもくだけた話し方」から「と
10　ても丁寧（ていねい）な話し方」まで色々なレベルがありますが、どの部分が違うでしょうか。次の文を見て考えてみましょう。

> ① あいつ、どこ、住んでる？　（男性が使うことが多い）
> ② あの人、どこに住んでるの？（女性が使うことが多い）
> ③ あの人はどこに住んでいますか。
> ④ あの方（かた）はどちらに住んでいらっしゃいますか。

　　皆さんは今までに何番の言い方を勉強しましたか。この四つの文を比べると、まず文末（ぶんまつ）に使われている言葉の形で「くだけた話し方」か「丁寧（ていねい）な話し方」かが分かります。でも、違いは文末だけに表（あらわ）れるのではありません。「どこ」を「どちら」にすれば、もっと丁寧な言い方になります。「あの人」の代わりに「あの方（かた）」や「あいつ」と言うことも出来ます。そして、「どこに住ん
20　でるの？」と「い」を言わなかったり、「どこ、住んでるの？」と「に」を落として言ったりすると、もっとくだけた感じになります。自然な話し方で話せるようになるためには、多くの日本人と色々な場面で話したり、日本の映画やドラマを見て、どんな場面で、どんな人が、どんな相手に、どんな話し方をしているかをよく観察（かんさつ）するといいでしょう。次のページの「色々なスピーチレベル」の表を見て、言い方を比べてみて下さい。

25　2. 男性と女性の話し方の違い
　　日本語の小説を読んでいると、話し方でそれが男性か女性かすぐに分かることがあります。特

---

サイドノート（右段）:

タイトルの「スピーチスタイル」とは何のことか、タイトルから想像してどんな内容だと思うか、どんな例があるかなど、本文に入る前に簡単にブレーンストーミングを行う。タイトルについて話し合った後、小見出しの1〜5番のトピックを紹介し、これから読み物を読んで学ぶことをあらかじめ整理して提示する。本文に入る前にこの作業を行うことにより、読み物が長いことに対する学習者の精神的負担を軽減すると共に、各トピックの内容理解も深まる。

指示詞に注意。

この課の本文は、このような問いかけに答えたり話し合ったりしながら読み進めるとよい。（l.16、l.28、l.68 にも同様に問いかけあり。）

まず、①と②の文だけを PPT/OHP 等で提示し、丁寧な話し方にするには、どの部分を変更するか考えさせる。その後、③と④の文を見せ、自分達が変更した文と比較をさせてみる。③と④の文だけを提示して逆のパターンを行ってもよい。

[⇨内容質問 1]
＋具体的な例を挙げて説明する練習をする。

内容を整理して理解させるために、以下のようなチャートを用意するとよい。

次ページ参照。

例）「丁寧な話し方」と「くだけた話し方」では何が違いますか。

| 違う点 | 丁寧な話し方の例 vs. くだけた話し方の例 | |
|---|---|---|
| 1. 文末 | ( | ) vs. ( ) |
| 2. ことば | ( | ) vs. ( ) |
| 3. 長い／短い言い方 | ( | ) vs. ( ) |
| 4. 助詞（particles） | ( | ) vs. ( ) |

「違う点」の1〜4も空欄にして話し合ってもよい。

にくだけた話し方では、男女の話し方に違いが見られます。下の会話は、男女のどちらが話しているか、考えてみて下さい。

A：「あ〜、お腹、すいたなあ」
30　B：「俺も腹へった。この辺にうまいトンカツの店があるんだぜ。食いに行こうか。おごるよ」
A：「いやよ、トンカツは。カロリーが高いから」
B：「なんだ、じゃ、俺、一人で行こうっと」
A：「あ、待って！　その店、おいしいんでしょ。やっぱり、私も行くわ！」
B：「じゃ、今から行くぞ！」

35　どうですか。言葉の使い方が随分違いますね。文字では分かりませんが、イントネーションもとても違います。友達や恋人や家族と話す時、男性は自分のことを「僕」とか「俺」と言い、女性はたいてい「私」を使います。最近は男女の差が小さくなって、上の例のように、文末に「わ」「わよ」を使う女性や「ぜ」「ぞ」を使う男性は少なくなっていますが、でも、女性が「俺も腹へった」と言ったり、男性が「いやよ！」と言ったら、びっくりされてしまいます。話し方の差
40　が小さくなっても、使わない方がいい表現もあるということを知っておいて下さい。

男女　文字　僕　例
だんじょ　もじ　ぼく　れい

▶色々なスピーチレベル

| とても丁寧な言い方 | 丁寧な言い方 | くだけた言い方 |
|---|---|---|
| あの方は先生でいらっしゃいますか。 | あの人は先生ですか。 | あの人、先生？ |
| あの方は先生でいらっしゃいます。 | あの人は先生です。 | あの人、先生(だよ)。 |
| あの方は先生ではございません。 | あの人は先生ではありません。 | あの人、先生じゃないよ。 |
| どんな食べ物がお好きですか。 | どんな食べ物が好きですか。 | どんな食べ物、好き？ |
| その映画は面白うございますか。 | その映画は面白いですか。 | その映画、面白い？ |
| 何かスポーツをなさいますか。 | 何かスポーツをしますか。 | 何かスポーツ、する？ |
| テニスをいたします。 | テニスをします。 | テニス、する。 |
| ゴルフはいたしません。 | ゴルフはしません。 | ゴルフはしない。 |
| どちらにいらっしゃるんですか。 | どこに行くんですか。 | どこ行くの？ |
| 図書館にまいります。 | 図書館に行くんです／行きます。 | 図書館に行く(の)。 |
| 今、何をなさっていますか。 | 今、何をしていますか。 | 今、何、してる？ |
| 今、弁護士をしております。 | 今、弁護士をしています。 | 今、弁護士、してる。 |
| 晩ご飯を食べにまいりませんか。 | 晩ご飯を食べに行きませんか。 | 晩ご飯、食べに行かない？ |
| 晩ご飯を食べにまいりましょう。 | 晩ご飯を食べに行きましょう。 | 晩ご飯、食べに行こう。 |
| メールを書いてくださいませんか。 | メールを書いてくれませんか。 | メール、書いてくれない？ |
| こちらをごらん下さい。 | これを見て下さい。 | これ、見て。 |

2. 男性と女性の話し方の違い（ll.25〜40）を読む前か後に、とびらサイト LPO 教材ユニット９「男性的表現」を見せるとトーンやイントネーションにおける男女の話し方の違いが分かりやすい。（注：LPO の会話には「ぞ」や「ぜ」は含まれていない。）

男女どちらの会話かを考える際に、どうしてそう思ったか理由を挙げさせるとよい。

［⇨内容質問2］
＋具体的な例を挙げて説明する練習をする。また、「みんなで話してみよう」2、3について話し合う。

学習者が実際に使うことがない表現もあるので、選んで読ませるとよい。

後の練習に関係するので、よく口慣らしをしておく。この時、イントネーションや助詞の脱落などについても確認する。

### 3. 文末の省略と言葉の短縮形

日本語のスピーチスタイルを考える時、文を最後まで言わないスタイルも知っておいた方がいいでしょう。日本人の会話には下の例のように、「~けど」や「~から」や「~し」などで文を終わらせる言い方が多く見られます。

45　「読み方が分からないんですけど…」(教えてくれませんか)
　　「何回も電話をしたんですけど、連絡がないので…」(困っています)
　　「私も忙しいし…」(出来ません)

これは言いにくいことをはっきり言わない言い方です。例えば、パーティーに誘われて断りたい時、「今週の土曜日は都合が悪くて、行けません」と言うより「今週の土曜日は、ちょっ
50　と…」のようにあまりはっきり言わない方が相手の気分を悪くしません。「…」の部分で、お願いや断りの意味を相手に分かってもらうのです。これは、相手の気持ちを大切にする日本人の考え方が日本語に表れている表現の一つですから、「…」が使えるようになると、会話が上手に聞こえます。また、話し言葉では、言葉を簡単に短くして言う方法もよく使われます。例えば、次のような例です。

55　「ユネスコというのは、何ですか」→「ユネスコって、何ですか」
　　「忘れてしまった」→「忘れちゃった」　　「飲んでしまう」→「飲んじゃう」
　　「買っておいた」→「買っといた」　　　　「見せてあげる」→「見せたげる」

英語でも "I want to go." が "I wanna go." となったり、"Ask him." が "Ask'im." となったりしますね。こういう言い方は英語が出来ない外国人には慣れるまで大変です。同じように、日本語の
60　短縮形も使えるようになるためには時間がかかるのです。

### 4. 文の倒置

日本語の会話では、文の倒置もよく見られます。

　　「ごめん、連絡しなくて」
　　「今晩のパーティーには行けないんです。宿題があるので」
65　「かさ持ってないんだ。雨、降ってきたけど」

上の文では一番言いたいことを初めに言って、その後で理由や状況を説明しています。このような話し方も日本語の特徴の一つです。この形は2.男性と女性の話し方の違いにも例が見られます。2.の会話文に戻って、どんな例があるか見てみましょう。

| 最後 | 連絡 | 困って | 忙しい | 気分 | お願い | 簡単 | 短く | 今晩 |
|---|---|---|---|---|---|---|---|---|
| さいご | れんらく | こま | いそが | きぶん | ねが | かんたん | みじか | こんばん |
| 理由 | 説明 | | | | | | | |
| りゆう | せつめい | | | | | | | |

短縮形の多様な形は、第7課で導入と練習をするので、ここでは初級で学習した短縮形の確認と復習にとどめる。また、短縮形はカジュアルスピーチだけでなく、「です・ます体」でも使われることについて簡単に触れておく。
例)「ユネスコって、何ですか。」
「宿題、忘れちゃったんです。」

使役の形と意味を確認する。

修飾節に注意。[⇨内容質問4]

形と文法と意味を確認する。

内容質問3と5を使って日本語の省略や短縮形についての理解を確認すると共に、自分の国の言葉と比較させる。

倒置が起こっていることを理解させるために、普通の文に直させる。

内容質問6を使って倒置について説明させると共に、自分の国の言葉で起こる倒置について考えさせる。また、読解のまとめとしてp.42のペアワークをしてみると、内容理解の確認が出来る。

第7章　各課の授業の流れと教え方　第2課

47

## 5. 書き言葉スタイル

70　　話し言葉に色々なスタイルがあるように、書き言葉にも色々なスタイルがあります。日本語が上手になるためには、書く時にどんなスタイルを使ったらいいかも勉強する必要があります。例えば、携帯電話を使って友達に短いメッセージを送る時には、その友達と話す時のようなくだけた表現を使うかもしれません。手紙を書く時は普通「です・ます体」、作文を書く時は「です・ます体」を使うことも「だ体」を使うこともあるでしょう。また、論文を書く場合には「だ

75　体／である体」を使うことが多いです。書くスタイルは、何を書くか、誰が読むかによって使い分けなくてはいけないため、どのスタイルを選ぶかだけでなく、言葉の選び方も大切です。例えば、「だ体／である体」の論文では「すごく面白い」とか「とても面白い」ではなくて「大変興味深い」と書いた方がいいのです。それは「すごい」や「とても」より「大変」の方が、そして「面白い」より「興味深い」の方が書き言葉的だからです。書く時には書くスタイルに

80　合った書き言葉的表現、そして、話す時には話すスタイルに合った話し言葉的表現があることを覚えておいて下さい。

| 必要 | 論文 | 場合 | 誰 | 合った |
|------|------|------|-----|--------|
| ひつよう | ろんぶん | ばあい | だれ | あ |

### ▶書き言葉スタイル

| | です・ます体(polite form) | だ体(plain form) | である体(expository form) |
|------|------|------|------|
| Noun | 学生です<br>学生ではありません<br>学生でした<br>学生ではありませんでした | 学生だ<br>学生ではない<br>学生だった<br>学生ではなかった | 学生である<br>学生ではない<br>学生であった<br>学生ではなかった |
| *na*-Adjective | きれいです<br>きれいではありません<br>きれいでした<br>きれいではありませんでした | きれいだ<br>きれいではない<br>きれいだった<br>きれいではなかった | きれいである<br>きれいではない<br>きれいであった<br>きれいではなかった |
| *i*-Adjective | 美しいです<br>美しくありません<br>美しかったです<br>美しくありませんでした | 美しい<br>美しくない<br>美しかった<br>美しくなかった | |
| Verb | 行きます<br>行きません<br>行きました<br>行きませんでした | 行く<br>行かない<br>行った<br>行かなかった | |
| ～んです | ～ん／のです | ～のだ | ～のである |

話す時に脱落しやすいので、文中でしっかり意識させる。

意味の理解が難しいので注意。「似合う」と混同しないようにする。

文型と意味を確認する。

[⇨内容質問 7、8]

「です・ます体」の部分を紙などで隠して、「だ体／である体」から「です・ます体」を類推させてみる。「です・ます体」を確認した後で、逆の練習を行ってもよい。

内容を整理するために、以下のようなチャートを用意するとよい。

| 書き言葉スタイル | 例えば？ | どんな時に使う？ |
|------|------|------|
| 1.（　　　　　　　　）体 | | |
| 2.（　　　　　　　　）体 | | |
| 3.（　　　　　　　　）体 | | |
| 4. ことば／表現 | | |

また、「みんなで話してみよう」4 について話し合う。

まとめとして、「みんなで話してみよう」1 を新出文法を使いながら、具体的な例を挙げて説明する練習をしてみてもよい。

## 会話文 【pp.34〜35】

### ▶目的

- 謝る表現を学ぶ。
- くだけた話し方における男女の話し言葉の違いや省略・短縮形を理解する。

### ▶授業のヒント

［会話文1］

- 「謝る」というコミュニケーション機能に必要な表現とその機能を意識化させるために、ペアで読み合わせながら、謝る表現を見つけて下線を引くように指示する。

- 木村大介が話している相手は誰か、二人はどんなスピーチレベルで話しているかを確認する。［⇨内容質問1］

- p.39の内容質問の他に、1.8、1.12の「…」の部分には何が省略されているかを考えさせる。

- 1.9の「ごめんなさいね」と1.15の「すみません」の違いについて確認する。

- 1.9の「ごめんなさいね」と1.17の「ごめんください」の意味と使い方の違いについて確認する。

- ［電話の会話で使う丁寧な表現］の各表現を口頭練習した後、実際に電話をかける練習をする。その場合には、できる限り現実の状況に近づけるよう、お互いの顔を見ないで背中合わせにした状況で練習させる。（時間がなければ、電話をかける練習は省いてもよい。）

［会話文2］

- ペアで読み合わせながら「謝る」表現の部分に下線を引かせる他に、短縮形、男性的話し方、女性的話し方、文の倒置の用法も探して下線を引かせ、スピーチスタイルの違いを認識させる。
  - 短縮形：1.30、1.36、1.38、1.39、1.40、1.42
  - 男性的表現：1.34
  - 女性的表現：1.37
  - 文の倒置：1.29

- p.39の内容質問1〜4について話し合う。

- 「うん／ううん／うーん」は発音の違いが難しいので、イントネーションや意味の違いに気をつけて練習する。また、フィラーの使い方などは、声に出してよく練習させるとよい。

- 会話全体、或いは一部を省略のない「です・ます体」に置き換える練習をしてもよい。

［色々なスピーチスタイルの練習］

- 『とびら』では、☆マークの数で丁寧度を表していることを再確認する。

- p.29の［色々なスピーチレベル］に戻り、くだけた話し方の基本的なルール、つまり☆☆と☆では何が変わるのかを見つけて下線を引かせ、違いを意識化させてから、p.36の練習に進むと効率よく練習ができる。（とびらサイト 登録教師専用メニュー内「教師の手引き」にカジュアルスピーチの参考PPTあり。）「☆から☆☆」「☆☆から☆」の双方向の練習をしておくとよい。

- 1の表の空欄部分の答えを確認する。授業で話し合って埋めるのがベストだが、時間がなければ、宿題にしてもよい。（とびらサイト 登録教師専用メニュー内「教師の手引き」に解答あり。）

- ②の会話の□□□や下線の部分の答えを確認する。授業で話し合って埋めるのがベストだが、時間がなければ、宿題にする、或いは、量が多いので、問題を選んで練習してもよい。（ **とびらサイト** 登録教師専用メニュー内「教師の手引き」に解答あり。）

- **とびらサイト** LPO教材ユニット3「短縮形」の会話1と会話2をまず聞かせて、次に文字で見せる、それから、口で言わせるのような練習法も効果がある。

## 会 話 練 習 【pp.40〜42】

### ▶目 的

- 先生や友達に理由や状況を説明し、謝りの言葉が言えるようになる。

### ▶授業のヒント

- **とびらサイト** LPO教材ユニット3「短縮形」、ユニット4「謝る」を予習しておくとスムーズに練習に入れる。

- モデル会話を読む前に、会話で提示された状況ではどのような謝る表現を使うか、また、謝るだけでなく、どんなことを伝えたいかを考えさせ、談話の流れとキーフレーズを確認する。

[談話の流れ]

| 話を切り出す | → | 謝る | → | 理由／状況の説明をする | → | もう一度謝る |

[会話練習1]

- 始めに、登場人物とそれぞれの役の☆の数を確認する。

- 役を交代しながら、モデル会話、パターン練習と進める。

- クラスを休む以外にも、遅刻する、宿題を忘れるなど、色々な状況での会話が可能。

[会話練習2]

- 練習の前に、[色々なスピーチスタイルの練習]（p.36）を参考に、カジュアルスピーチの疑問文のイントネーションや、あいづち、フィラー、短縮形など、フラッシュカードを用いて口慣らしを十分に行うとよい。

- 電話をかけて謝るタスクなので、できるだけ現実の状況に近づけるため、会話文を読んだ時と同じようにペア同士を背中合わせにするなどして、顔を見ないで話すように練習させる。

## 後作業／発展練習

- カジュアルスピーチに慣れるために、身近で話しやすいトピックを与えて自由会話練習を行うのもよい。
    トピックの例）　週末の予定、出身地、旅行した国・町について etc.

**❶ 〜なければ {いけない／ならない}；〜なくては {いけない／ならない}**

- 語形成に関わる間違い（例えば、前に来る動詞の形が間違っている、「なければならない」「なくてはいけない」そのものが正しく言えないなど）が多く見られるので、よく練習する必要がある。

- 学習者は英語のmustと同じ意味だと思ってしまう傾向があるが、日本語では他の表現を使う場合があるので注意が必要である。「なければならない」「なくてはならない」が義務や必要性を表すということを明示し、相手に助言する時や自分の願望を表す時に使うと不自然な文になることがあることを言っておく。

    例1）　？この映画はすごく面白いので、みんな {見なければなりません／見なくてはいけません}。
    　　→ ○この映画はすごく面白いので、みんな {見た方がいい／見るべき} です。［助言］
    例2）　？日本語が上手になるように、日本人の友達を {作らなければなりません／作らなくてはいけません}。
    　　→ ○日本語が上手になるように、日本人の友達を作りたいです。［願望］

- 自分の国の習慣やマナー、寮やアパートの決まりなどを、上の表現を使って説明する練習をするとよい。

**❷ 〜など**

- 「など」の後ろには様々な助詞が来るので、気をつけさせる。
    例1）　夏休みに、家族とロンドンやパリなどに行きました。
    例2）　昨日の晩、日本料理の店に行って、てんぷらやさしみなどを食べました。

- 「〜など」で例を挙げてから一般名詞が後ろに続く場合は、その名詞の後に助詞が付いているので、例示の名詞には助詞はつけない。
    例1）　日本語には「いらっしゃいます」や「召し上がります」など、（色々な）敬語がある。（例文5）
    例2）　このレストランではイタリア料理やフランス料理、インド料理やベトナム料理など、ヨーロッパやアジアの国々の色々な食べ物が食べられる。

- 例をいくつか並べる時には「や」を使う場合が多いが、「など」の場合は例が一つでもいいことを説明する。
    例1）　○ 飲み物はコーヒーや紅茶などを用意しておきます。
    例2）　○ 飲み物はコーヒーなどを用意しておきます。

- 人物を例示する時には友達や同僚といった人以外にはあまり使わないことを言っておく。
    例1）　○ 昨日、兄や姉などに会って来ました。
    例2）　× 昨日、先生や先輩などに会って来ました。
    　　→ ○ 昨日、先生や先輩達に会って来ました。

- 「など」の他の用法には「動詞辞書形＋などする」（色々あることの中から主なものを取り上げ、例として示す）もあるので、学習者のレベルによってはこの用法に触れておいてもよい。
    例）　休みの日は、好きな本を読むなどしてリラックスしている。

**❸ 〜は〜の一つだ**

- 例としてたくさんある事柄の中から、代表として一つを例示する表現であることを理解させる。

- まずトピックを決め、そのトピックに関連することをいくつか出させ、次にその中から一つを例として挙げさせる練習をするとよい。
    例1）　「日本語の勉強で大切なもの」を挙げさせる。
    　　漢字、文法、単語　→　漢字は日本語の勉強で最も大切なものの一つです。
    例2）　「好きな授業」を挙げさせる。
    　　日本語、歴史、政治　→　日本語は私が好きな授業の一つです。

**❹ Noun にとって**

- 「Xのため（に）(for the sake of)」やtopic markerの「は(as for)」との混同が非常に多く見られるので注意する必要がある。「Xにとって」はXにはどう感じられるかということを表す。

- 「Xにとって」の後に「好き／嫌い」などの直接的な感情表現を述べる誤用が見られるが、この文型では「好き／嫌い」「上手／下手」「能力の有無」「反対／賛成」を述べることは出来ないことを明示する。

- 「私にとって〜と思う／考える」という誤用も頻繁に見られるので、「思う」「考える」などを使う場合は、「私は〜と思う／考える」の文型になることを再確認しておく。

- 誤用を避けるために「大切／難しい／必要」などの評価を表す表現と合わせて練習するとよい。
     例）　Xにとって、Yは＿＿＿＿＿＿＿です。
             ↓                      ↓

| person,<br>country | important, necessary,<br>useful, good, difficult, etc. |

   Q1：〜さんにとって、一番大切な {人／もの／こと} は {誰／何} ですか。
   Q2：学生にとって、最も大変なことは何ですか。
   Q3：今、{アメリカ／日本／中国／？}にとって、一番大きな問題(issue)は何ですか。

❺ **Noun の代わりに**
- 「Xの代わりにY」が代替・交替 (in place of) の意味を表すことを確認する。
     例）　○ いつもは車でシカゴに行くが、チケットが安かったので、車の代わりに飛行機でシカゴに行った。
         ？ チケットが安かったので、車の代わりに飛行機でシカゴに行った。
       → ○ チケットが安かったので、車ではなく飛行機でシカゴに行った。(この場合は代替ではなく選択)

- 例文1、2のような使い方をすることが多いので、「N₁の代わりにN₂を〜」「N₁の代わりにN₂が〜をする」の形で練習するとよい。

- ここで扱っているのは「代わりに」が「名詞＋の」に付く場合だけだが、動詞に付く使い方(Xをするはずだけれど理由があってYをする)もあるので、学習者のレベルによってはこの用法に触れておいてもよい。
     例）　健康のために、エレベーターに乗る代わりに階段を使っています。

❻ **〜ため（に）[purpose]**
- 理由・原因を表す「ため（に）」（文法❼）」と混同しやすいので、目的を表す「ため（に）」は動詞の現在形と名詞のみに続くことを明示する。

- 「ために」の前には、後件で表される行為の目的(例文1、2、4)が述べられることを確認する。行為の目的を表す名詞には以下のような名詞が使われることも言っておくとよい。
     例1）　健康、将来、環境、平和［目的として価値があるもの］
     例2）　勉強、研究、調査［スル動詞のN］

- 名詞が人やグループの場合には、名詞が利益の受け手になる(英語では forや for the sake ofになる)ことも説明しておくとよい。但し、これは「目的」の用法ではない。
     例）　留学生のために、オリエンテーションが行われました。

- 「に」を省略して「ため」とすると少し硬い表現になるため、フォーマルなスピーチなどで使われる傾向があり、普通の話し言葉では「ために」を使うことを説明しておく。

- 目標や目的として分かりやすい例を出して、後件を発話させる練習をするとよい。
     Q1：日本語が上手になるために何をしていますか。
     Q2：大学に入るために何をしましたか。
     Q3：健康のために何をしていますか。

❼ **〜ため（に）[reason; cause]**
- 「ため（に）」の前には後件で表されることの原因・理由が来ることを明示する。

- 理由の「から／ので」を「ため（に）」で言い換える練習をしてもよい。
  - 例1）　昨日は雪がたくさん降ったので、どこにも出かけられなかった。
    - →昨日は雪がたくさん降ったため、どこにも出かけられなかった。
  - 例2）　外国語が苦手だから、海外旅行にはあまり行きたくない。
    - →外国語が苦手なため、海外旅行にはあまり行きたくない。

- 理由・原因の「ため（に）」は「から／ので」で言い換えが出来るため、話し言葉ではあまり使われないが、書き言葉でよく使われることを説明しておく。

## ❽ AかBか

- 例文5の「ジュースか水を飲む」のように「N₁かN₂＋助詞」になる場合に、「×ジュースか水か飲む」としてしまう誤用が見られるので注意させる。

- 選択肢が文の場合は従属節で「です・ます体」が使えないので、この練習のために、以下のようなQ＆Aの形で練習するとよい。
  - 例）　A：今晩、パーティに行きますか。
    - B：今晩、パーティに行くか、家で勉強をするか、まだ決めていません。

- 例文4の「便利か便利じゃないか」のように肯定／否定の組み合わせになる場合も練習しておくとよい。

## ❾ ～{でしょ（う）／だろ（う）}

下降イントネーションで使う場合と上昇イントネーションで使う場合は機能が全く違うこと、そして、上昇イントネーションの場合は、内容の確認、聞き手の賛同を求める目的で使うことを確認する。但し、相手に確認や賛同を求める場合に、終助詞の「ね」ではなく「でしょう」を使うと相手に確認や賛同を強要している感じを与えることもあるので、使い方に注意が必要なことも指導する。
  - 例）　× 名所というのは有名な所という意味でしょう？
    - → ○ 名所というのは有名な所という意味ですね？

## ❿ Noun が見られる

既習の可能形の「見られる」（例：あそこで日本の映画が見られる＝～を見ることができる）と、ここの用法である「何かが観察できる」（例：文化の違いが見られる）の意味の違いを理解させる。練習のために、「日本語をこれまで勉強してきて分かった日本語の特徴」などを言わせるとよい。
  - 例1）　日本語には外来語が多いという特徴が見られます。
  - 例2）　日本語には母音が少ないという特徴が見られます。

## ⓫ Verb ようになる

- まず「Adjective ／ Noun に＋なる」の復習を行い、その後で「Verb ようになる」を練習させるとよい。

- 動詞自体が変化の意味を持つ場合は、通常「ようになる」と一緒に使用しないので、注意させる。
  - 使用しない動詞の例）　太る、やせる、慣れる、増える、減る etc.
  - 例1）　× ジョギングをやめたら、急に太るようになった。
  - 例2）　○ ジョギングをやめたら、急に太った。
  - 例3）　○ ジョギングをやめたら、急に太ってきた。

- ある時点から変化が始まって（徐々に）現在の状態に至っているということを分かりやすく示すため、変化が起こる前の状態との比較（例1）、現在の状態に変化をし始めた時期（例2）などと組み合わせて練習するとよい。可能形と一緒に使用することが多いので、そのことにも注意させる。（例：できるようになる、書けるようになる、読めるようになる、食べられるようになる etc.）
  - 例1）　{子供の頃／高校生の頃}は_____が、{今／最近}は_____ようになりました。
  - 例2）　{大学生になってから／働き始めてから}、_____ようになりました。

⑬ ～必要 {がある／はない}

- 「必要」は名詞で「～必要 {がある／はない}」は名詞修飾の文型であることを確認する。

- 「Nounのため(に)」(文法❻)と組み合わせてQ＆Aの形で練習をしてもよい。
    - 例)　Q：環境のために、今、何をする必要があると思いますか。

⑭ ～場合 {は／には}

個人的経験の表出などにおいて特定の時間を表す「時」(例：私が着いた時には、もう映画が始まっていた。)との混同が見られるので、「場合」は条件を設定する表現であるという点を理解させる必要がある。誤用を避けるため、ある条件を「場合」で設定して文を作らせる練習をするとよい。
    - 例1)　1)～3)の話し方は、どんな場合に使いますか。
        - 1)　とても丁寧な話し方　2)　丁寧な話し方　3)　くだけた話し方
    - 例2)　{一人で／友達と} 住む場合には、どんなアパートがいいと思いますか。

⑮ A {では／じゃ} なく(て) B

- 間違った情報と正しい情報を与え、この文型を使って文を作らせる練習をするとよい。
    - 例1)　×「どうも」　○「ありがとうございます」
        - 先生には、「どうも」ではなくて「ありがとうございます」と言わなくてはいけません。
    - 例2)　×漢字　○文法
        - A：明日の宿題、漢字だった？
        - B：ううん、漢字じゃなくて、文法。

- 相手に関して正しい情報を知っている場合は、わざと間違った内容を聞き、相手に訂正をさせる練習もできる。
    - 例)　A：スミスさんの専攻は、経済学でしたね。
        - B：いいえ、私の専攻は経済学ではなくて、文学です。

⑯ {何／いく}＋Counter+か

- まず助数詞 (counter)の例を挙げさせてから、文型の練習を行うとよい。

- 「何～か」がどのくらいの数を指すかは母語話者の間でも揺れがあるが、概ね3～4前後の数を表していることを説明しておく。

# ■第3課　日本のテクノロジー【pp.53〜75】

## 順　番

```
本文を読む前に  ➡  読み物  ➡  考えてみよう  ➡  会話文1  ➡  会話文2  ➡
会話練習1  ➡  会話文3  ➡  会話練習2  ➡  言語ノート  ➡  後作業／発展練習
```

- 授業時間が限られている場合は「考えてみよう」は宿題にしてもよい。
- 言語ノート3「カタカナ語」(p.75)は、会話文1、2の後で行ってもよい。すべてのカタカナについて話し合うのは時間がかかるので、いくつか選んで話し合うとよい。

## 教室活動について

### 本文を読む前に 【pp.54〜55】

#### ▶目的

- ロボットについて調べさせ、読み物を読む意欲を高めさせる。
- インターネットを利用した読解補助ツールの使用を促す。
- カタカナ言葉に触れる。

#### ▶授業のヒント

- ①は、実際に読解補助ツールを見せながら、使い方を説明すると分かりやすい。

- ②は、調べたロボットについてペア、或いはグループで説明し合うとよい。この際、短文の羅列ではなく、まとまりのある段落で話すように指示する。必要であればひな型を与える。（同じロボットの説明にならないようにペアの組み合わせに注意すること。）
    - 例）　私が調べたのは〜というロボットです。〜の大きさは〜。形は〜て、〜。このロボットは〜たり〜たりすることができます。etc.

- ③は、ペアやグループでカタカナの言葉を出し合い、言葉の意味を考えさせる。或いは、学習者達に調べて来たカタカナを板書させ、それをみんなで声に出して読んだり、意味を考えるといった教室活動を通して、英語とカタカナ語の音の違いや表記の難しさなどを再確認させることも出来る。

- ①のウェブサイトの文を読んだ時、カタカナの言葉についてどんな印象を持ったか、読みやすさはどうかなど、カタカナで気がついたことについて簡単に話し合ってもよい。

## この読み物の目的

▶読み物を読んで、実際に日本の社会で活躍しているロボットについて知る。

> 「型」の読みが濁音になることに注意。言語ノート8「連濁」(p.156)を読んでおくように指示をしてもよい。

> 読み方に注意。

> 内容質問1を確認した後で、自分の国のロボットや、テレビ、雑誌などを通して知っているロボットについて簡単に話し合わせる。その際は、そのロボットが働くロボットとペット的なロボットのどちらに属するかについても考えさせる。紹介するロボットの簡単な絵か写真を見せながら説明させるのも分かりやすい。

**p.57**

読み物

# 人とロボット

日本はロボットの技術が発達していることで有名だ。ロボットのイベント会場に行くと、似顔絵を描いてくれるロボットや、注文を聞いて飲み物を出してくれるロボット、手術をするロボット、クモのように天井や壁を歩くことが出来るロボットなどが見られる。すでに実際に社会で活躍しているロボットもたくさんあって、留守番をしたり、重い物を運んだり、工場で車を作ったりして、人間の代わりに色々な仕事をしている。また、働くロボットの他にも、人と一緒に生活するために作られたロボットもある。ロボットと暮らしている人達の話を読んでみよう。

■『私の面白い家族』

私は、今、年を取った人達が住んでいるケアハウスで暮らしています。同じぐらいの年の友達と一緒に、家族のように生活しています。私が住んでいる所には「パロ」というちょっと面白い家族がいます。「ちょっと面白い」というのは、パロは実は人間ではなくてロボットだからです。パロはアザラシ型のロボットで、体には白い毛があって、とてもきれいで、触ると気持ちがいいんです。それに、触ったりほめたりしてやると、手とか足とか首を動かして、とてもかわいい声を出すので、パロの周りにはいつも人がたくさん集まっています。私は動物のアレルギーがあるので、犬や猫を飼ったことはありませんが、パロなら触っても大丈夫です。あっ、でも、パロは私達の大事な家族ですから、ロボットだとは思っていませんよ。パロは世界で最もセラピー効果があるロボットとして、ギネスブックに載っているんですよ。すごいと思いませんか。

■『私の犬』

私は犬が大好きです。でも、子供の頃、私達家族はマンションに住んでいて犬を飼うことが出来ませんでした。そこでは動物を飼ってはいけないことになっていたからです。私は「犬が欲しい」と言って泣いて、何度も両親を困らせました。私が高校の入学試験に合格した時、両親は「おめ

> ロボットが修飾されている名詞修飾文に注意。

> [⇨内容質問2]

> どうして「ちょっと面白い」のかについて質問し、理解を確認する。

> 何を触ったりほめたりするのかに注意。

> 動作主に注意。

> 誰を指すのかに注意。

> 誰が思ったり聞いたりしたのかに注意。

> [⇨内容質問4]
> ＋どんなことについて書いてある本か、知っている例を挙げて説明させてもよい。

> [⇨内容質問3]
> ＋パロの特徴を三つ以上挙げるように指示する。

> 困ったのは誰か、どうして困ったのかを説明させる。

[⇨**内容質問 7、8**]
＋内容質問 8 の前半の質問では、覚えたこと、出来るようになったことを四つ挙げるように指示すると答えやすい。

[⇨**内容質問 9、10**]
＋内容質問の後で、どんなペットを飼ったことがあるか、ない場合はどうしてか、どんなペットが欲しかったかなど、自分の経験について話す練習をする。

**p.56**

修飾節に注意。

動作主に注意。

[⇨**内容質問 6**]

[⇨**内容質問 5**]

掃除や洗濯をするのは誰か、最高だと思うのは誰か、それはどうしてか確認する。

修飾節に注意。

「みんなで話してみよう」1と2について話し合う。

でとう。子供の時から欲しがっていた犬を買ってあげたよ」と言ってお祝いをくれました。中にはAIBOという犬の形をしたロボットが入っていました。AIBOは世界で初めて作られたペットロボットでした。初めは本当の犬じゃなくてがっかりしたけれど、私はすぐにAIBOが好きになりました。AIBOは最初は立つことの他には何も出来ませんでしたが、すぐに歩くようになって、色々なことを覚えていきました。まず、私がつけた「ポチ」という名前と私と両親の顔を覚えました。それから、立ったり歩いたり始めて、私が言ったことが理解できるようになりました。私は毎日学校から帰ると、ポチと話したり遊んだりしました。ポチは私が家にいない時は、一人で部屋でボールで遊んだり、寝たりしていたようです。大学に入って家を出ることになった時も、ポチと一緒なら寂しくないだろうと思ったので、連れて行きました。ポチは三年前に動かなくなってしまったけれど、今も私のそばにはポチがいます。AIBOはもう作られていないそうで残念ですが、これからはもっと色々なペットロボットが生まれて、人々を楽しませてくれると思います。

パロやAIBOは、一緒に住めるペットのようなロボットだが、その他にも、犬の散歩をするとか、ダンスをするとか、楽器を演奏するとか色々なことが出来るそうだ。それに、まだ人型にはなっていないけれど、自分で考えたり学習するロボットもあるそうだ。近い将来、私達が人型のロボットと生活して、一緒にテレビを見て笑ったり食事をしたり、友達のように話したりする日が来るかもしれない。もちろん、掃除や洗濯もしてもらえたら、最高だけど。

## 考えてみよう 【p.58】

### ▶目的

- 読み物の発展としてロボットの利点、問題点等について考え、自分の意見を述べる。

### ▶授業のヒント

- ①では、アンドロイドのカラー写真や動画\*を見せて視覚的な情報を補足すると、賛成、反対共に意見が出やすい。(\* **とびらサイト** 登録教師専用メニュー内「教師の手引き」参照)

- ②の「ロボット三原則」は、①②③それぞれの状況の簡単なイラストを見せると答えが出やすい。また、アイザック・アシモフのロボット三原則の原文は色々な言語に翻訳されているので、インターネットなどで先にそれを読ませておくと理解が早い。

- ②のd、eの設問は、二足歩行ロボットの動画\*を見せてから話し合いに入ると、イメージが膨らんで意見が出やすくなる。(\* **とびらサイト** 登録教師専用メニュー内「教師の手引き」参照)

- [考えてみよう] の後で、ペアワーク(p.67)を行うとよい。(後作業／発展練習参照)


## 会話文 【pp.61〜62】

### ▶目的

- 依頼したり感謝したりする表現を学ぶ。
- カタカナ言葉について学ぶ。

### ▶授業のヒント

- 三つの会話の登場人物の関係とスピーチレベルの使い分けに注意させる。

- 「依頼する／感謝する」というコミュニケーション機能に必要な表現とその機能を意識化させるために、ペアで読み合わせながら「依頼する／感謝する」表現を見つけて下線を引くように指示する。同じ機能でスピーチレベルが異なる場合にどう言うかも確認すること。

  依頼する：　〜君、ちょっと、お願いがあるんだけど。〜てもらえない／くれる？（☆： 会話文1 ）
  　　　　　　先生、ちょっとよろしいでしょうか。〜んですが・・・。（☆☆〜☆☆☆： 会話文2 ）
  　　　　　　〜君、ちょっといい？〜てくれない？（☆： 会話文3 ）
  感謝する：　〜助かる。（☆： 会話文1 ）
  　　　　　　〜をどうもありがとうございました。（☆☆〜☆☆☆： 会話文2 ）
  　　　　　　〜てくれてありがとう。（☆： 会話文3 ）

- 各会話文に出てくるカタカナ語の説明をする際は、第1課で学習した文型を使うように指示するとよい。
  　例）〜というのは、{どんな意味／何のこと}ですか。
  　　　〜というのは、{〜という意味／〜のこと}です。

[会話文1]
- 本文に出てくるカタカナ語について、先に意味を考えさせてから読みに入ると理解がしやすいので、言語ノート3「カタカナ語」(p.75)の1)と2)を読んでから、会話文1のカタカナ語の意味について話し合うとよい。（会話文1のカタカナ語：ハイブリッド車、エコカー、エンスト）

- 本文の音読、内容質問(p.64)に加え、どんなフィラー、あいづちを使っているかも尋ね、意識化させるようにする。また、第2課の復習として、会話文1の1.5「教えてもらってる」、1.21「がんばらなくちゃ」の短縮形を確認すること。

- 本文を読んだ後、「みんなで話してみよう」の3について話し合う。

[会話文2]
- 言語ノート3「カタカナ語」(p.75)の3)を読んでから、会話文2のカタカナ語の意味について、話し合うとよい。(会話文2のカタカナ語：ハンドル、バックミラー、カーナビ、ペーパードライバー、アメリカンコーヒー、リサーチする)

- 本文を読んだ後、内容質問(p.64)に加え、「みんなで話してみよう」の4について話し合う。

[会話文3]
- 言語ノート3「カタカナ語」(p.75)を最後まで読んでから、会話文3のカタカナ語の意味について話し合うとよい。(会話文3のカタカナ語：サイト、インターネット、カーソル、バージョン、ニュース)

- 本文を読んだ後、内容質問(p.64)に加え、「みんなで話してみよう」の5について話し合う。

## 会 話 練 習 【pp.65〜67】

### ▶目 的

- 先生や友達に身近なことについて依頼し、感謝の言葉が言えるようになる。

### ▶授業のヒント

- モデル会話の練習に入る前に、モデル会話に提示された状況では、どのようなお願いする表現を使うかを考えさせ、口慣らしの練習を行うとよい。その後で談話の流れとキーフレーズを確認する。

[談話の流れ]

| 話を切り出す | → | 状況を説明する | → | 依頼内容を言って依頼する | → | お礼を言う |

- できれば場面ごとのイラスト(既存のものでOK)を用意し、練習問題の穴埋めをした後に、教科書を見ないで、イラストを見ながら会話を進める練習をする。

  イラスト例)
  
  会話練習1　学生が先生に日本語で書くレポートについて依頼している場面
  　　　　　お礼を言う場面
  
  会話練習2　友達に日本語で書くレポートについて依頼している場面
  　　　　　お礼を言う場面

- パターン練習に移る前に、まず先生/友達に今どんなことをお願いをしたいか挙げさせておくと、スムーズに練習に入れる。適当な相談内容が出ない場合は、ロールプレイ(p.67)を使って練習してもよい。ロールプレイでは、実際にカタカナ語や漢字の多い記事など、実物を使いながら行うとよい。

- 予習として、 とびらサイト LPO 教材ユニット5「依頼する/お礼を言う」で機能表現を練習させておくとスムーズに練習に入れる。

p.67のペアワークは、紙とマーカーを渡して大きい絵を描かせ、各グループが自分たちの考えたロボットについて発表するという教室活動も面白い。その際、なるべく新出文法を使って話すように指示をする。また、発表のひな型を与えて、それに沿って話すように指示をしてもよい。

使用文法例）　～形をした／～型、～と同じぐらい、～にとって、～が必要だ

　　　　　　　～ための／ために、～他に（も）／～他（に）は、それに、～なら

> 私たちが考えたロボットは～～です。
> ⇩
> 名前は～～で、～～（1～6の内容について話す）。
> ⇩
> 最後に自分の意見や感想などを言って終わる。

## 文法ワンポイントアドバイス

❶ **～他に（も）；～他（に）は**

- 「～他（に）は～ない」の用法は「～他（に）は」の前に来る情報だけがそうだという意味になることを説明する。
   - 例1）　日本語の他には何も勉強しなかった。→　日本語だけ勉強した。
   - 例2）　天ぷらの他には食べたい物はない。→　天ぷらだけが食べたい。

- 「～他（に）は～ない」の用法は、意味を確認しながら練習する必要があるので、以下のように前件や後件の一部を与えた文で練習をするとよい。
   - 例1）　昨日はとても忙しかったから、＿＿＿＿＿＿他（に）は何もしませんでした。
   - 例2）　明日は試験があるから、今晩は＿＿＿＿＿＿他（に）は＿＿＿＿＿＿。

- 「Sentence＋他（に）は」の形も練習しておくとよい。

❷ **（～と）同じ {ぐらい／くらい}**

- まず、「ぐらい／くらい」が大体の程度や数量、時間などを示すことを確認する。次に、「～と同じぐらい／くらい」は指示対象と比較する対象の程度や数量がだいたい同じという意味であることを説明する。

- 何かの程度や数量、時間などについて質問し、答えるといった練習をするとよい。
   - 例）　A：日本の大きさはどのぐらいですか。
   - 　　　B：ニュージーランドと同じぐらいの大きさです。

❹ **それに**

- 名詞を追加として付け加える場合や、客観的な説明や叙述に追加の情報を付け加える場合に使うことを確認する。また、「それに」は同じように並列の情報を付け加える表現の「そして」より添加の意味合いが強くなることに触れておいてもよい。

- 命令文や依頼文などには「それから」を使った方がいいことも説明しておく。
   - 例1）　早く宿題をしなさい。{×それに／○ それから}部屋も掃除しなさい。
   - 例2）　メールをして下さい。{×それに／○ それから}電話もかけて下さい。

❺ **～（の）なら**

- 「なら」の導入時に、「たら／と／ば」など既習の条件の表現を簡単に復習しておくとよい。

- 「なら」はあることがそうなる場合という「仮定」をもとにした用法なので、必ずそうなる状況や既に起こっ

たことが明らかな状況では使えないことを確認する。

例1）　×9時になるなら、授業が始まります。　→　○9時になったら、授業が始まります。

例2）　×図書館へ行くなら、先生に会いました。　→　○図書館へ行ったら、先生に会いました。

- 「たら」との比較をして、時間関係の違いを理解させるとよい。

例）　日本に{○行くのなら／×行ったら}、JRパスを買っておいた方がいいですよ。（例文6）

- 語形成に関わる間違いが多く見られるので、名詞やナ形容詞の後には「の」が付かないなど、形が正しく作れるよう指導する。

- 相手の言葉や情報を受けてアドバイスを与えるという使い方をよくするので、「～たらどうですか」「～方がいいですよ」「～がいいですよ」などの後件を使って、会話形式の練習をするとよい。

**❻ ～として**

- 「～として有名だ／知られている」と「～で有名だ／知られている」（第1課文法❹）との混同が見られるので意味の違いを確認し、例のように文を作らせてみるとよい。

| XはYで知られている（X ≠ Y） | vs. | XはYとして知られている（X = Y） |
| --- | --- | --- |

東京は東京タワー{○で／×として}知られている。［東京 ≠ 東京タワー］

東京は日本の首都{×で／○として}知られている。［東京 = 日本の首都］

例）　(place/person)は＿＿＿＿＿＿＿として知られています。

- 「Nとして」はその立場や役割、資格で何を{するか／したか}を述べることも多いので、例文3、4のように、役割や仕事を言わせる練習をするのもよい。

例）　A：将来、どこでどんな仕事がしたいと思っていますか。

B：＿＿＿＿＿＿で＿＿＿＿＿＿として働きたいと思っています。

**❼ Verb-non-past ことになっている**

- 「ことになっている」は決まりなどを述べる時に使うが、個人の日常生活での決まりや日々の予定だけでなく、国の法律や規則、習慣など様々な決まりについて述べる時にも使うことを確認する。

- 寮やクラスの決まりなどを挙げさせ、自分が決めたルールについて使う「ことにしている」との用法の違いを明確にして練習するとよい。

例）　日本語のクラスでは、授業に行く前にテープを聞くことになっている。だから、私は毎日、授業に行く前にテープを聞くことにしている。

- 「ことになった」（文法⑩）と併せて導入してもよい。

**❽ ～をしている ; ～をした Noun**

- 人や生物や物の特徴を表していることを理解させるために、例のように「～は～が～」を「～は～をしている」で言い換える練習をするとよい。

例）　象は鼻が長い。→　象は長い鼻をしている。

- 典型的な用法の練習として、「～をしている」の前によく使われる名詞（例：体の部分を表す名詞、声、形）を与えて人や生物の身体的特徴を言わせる練習をするとよい。

- 英訳のhaveに影響を受けた以下のような誤用を防ぐために、主語が無生物の場合は、形や色など、眼に見える、取り外しができない特徴に限られることを説明してもよい。

例）　×この車は、大きいタイヤをしている。

**❾ ～てくる；～ていく**

- 視覚的に時間の流れと話し手の基準時(次ページの例では今月)を見せながら導入すると、変化を表す「～てくる／～ていく」の概念が理解しやすい。

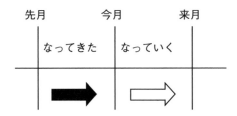

|  | 先月 | 今月 | 来月 |
|---|---|---|---|
|  | なってきた | なっていく |  |

- 「～てくる」は今まで現れていなかったある現象が自然に出現することを表すという点にも触れておくとよい。(例文4)

- 対象となる状況と時間(過去・現在・将来)の関係がはっきり分かるような練習をするとよい。基準時は現在の場合で練習すると理解しやすい。
    - 例) _____ は、前はあまり _____ が、最近 _____ ようになってきた。

**⓫ ～ように {頼む／言う}**

- 文型bの形は「～てくれる」(文法⓬)を導入後に練習するか、文型a、cの形を導入後に練習するとよい。

- 「～ように {頼む／言う}」は、依頼や命令の内容を間接的に引用する用法で、直接的な要求内容は「～」の部分であることを確認する。直接話法から間接話法へ置き換える練習が分かりやすい。
    - 例1) 先生は学生に「静かにしなさい」と言いました。→ 先生は学生に静かにするように言いました。
    - 例2) 先生は学生に「うるさくしてはいけません」と言いました。→ 先生が学生にうるさくしないように言いました。
    - 例3) 私は友達に「宿題を手伝ってください」と頼まれました。→ 私は友達に宿題を手伝ってくれるように頼まれました。

- 「～ないでください」「～てはいけません」を使った依頼／禁止は「～ないように」、「～てください」は「～てくれる」が付いて「～てくれるように」となることを指導する。

- 「言われました」「頼まれました」と受け身形になる場合は、誰が誰に頼んでいるのかを間違えないよう注意を促す。絵や写真を使って、人物を確定して練習するとよい。

- 直接話法から間接話法へ変える以下のような練習をしてもよい。
    - 例) 学生Aが学生Bに(小声で)依頼をする。「すみませんが、～てくれませんか。」
        - → 学生Cが学生Bに依頼内容を聞く。「Aさんに何を {頼まれた／言われた} んですか。」
        - → 学生Bが答える。「Aさんに～ (くれる)ように {頼まれました／言われました}。」

**⓬ ～て {くれる／くれない／もらえる／もらえない}？**

- 始めにそれぞれのスピーチレベルの依頼表現を提示し、この表現がくだけた話し方(☆)で使う依頼表現であることを確認しておくとよい。
    - 例) 辞書を見せていただけませんか。(☆☆☆)
        - ～てくださいませんか。
        - ～てもらえませんか。　(☆☆)
        - ～てくれませんか。
        - ～てもらえない？　　(☆)
        - ～てもらえる？
        - ～てくれない？
        - ～てくれる？

- イントネーションは全て上昇イントネーションであることを確認する。

- 「もらえる」は「もらう」の可能形であること、上昇イントネーションの「もらえない」は「もらえませんか」のくだけた言い方で、否定の意味はないことを確認する。

- 目上の人には使わないように注意を促す。

- やめてほしい行為や注意してほしい行動などを相手に言う場合にも使うことを確認する。(例文3)

### ⑬ Verb-non-past ようにする

- 目的を達成するために何かをする(またはしない)という意味を表すことを確認する。何かのために努力していることや気をつけていることを挙げさせる練習をするとよい。

    例) A：日本語が上手になるために、毎日していることがありますか。
    B：はい、＿＿＿＿＿＿＿＿＿から、毎日＿＿＿＿＿＿＿＿＿＿＿＿＿＿＿＿ようにしています。

- 現在継続して行っていることには「～ようにしている」を使うことに注意させる。

- 状況の変化を表す「～ようになる」(第2課文法⑪)との意味の違いにも触れておくとよい。
    例1) 私は毎日日本語を話すようにしています。
    例2) 子供が言葉を話すようになりました。

### ⑭ ～かな(あ)

- イントネーションや発音に注意させる。

- 「かなあ」が話し手が自分自身に向けた疑問を表す場合には、上昇イントネーションで発話されることはないことを説明しておくとよい。

- 「かな」は話し手自身に向けた疑問だが、聞き手の同意の答えも期待している場合に使うことを確認しておく。
    例) A：これ、おいしいかな。
    B：うん、おいしいんじゃない。

### ⑮ なるべく

「できるだけ」で言い換え可能な場合と言い換えると意味が変わる場合があるが、この段階では触れる必要はない。また、as much/often as possibleの他に、次の例のように、try one's bestの意味で使われることもあることを付け加えてもよい。

    例) 明日のパーティーにはなるべく行くようにします。

### ⑯ ～ようとした {が／けれど／ら}

「～ようとした {が／けれど／ら}」は、ある行為を行おうと試みたができなかった、失敗したという意味を持つことを確認し、実際にその行為を行ったことを示す「～てみた」とは意味・用法が異なることを説明する。

# ■第4課　日本のスポーツ【pp.77〜97】

本文を読む前に ➡ 読み物 ➡ 会話文1 ➡ 会話練習2 ➡ 会話文2 ➡

会話文3 ➡ 会話練習1 ➡ 言語ノート ➡ 後作業／発展練習

- 会話文1のスピーチレベルは☆なので、会話練習1より会話練習2を先に行う。
- 言語ノート4「日本語の数字と単位」(p.97)はよく使う基本的な表現なので、この課でなくてもよいが、必ず導入すること。1.数字の数え方と3.分数の言い方は第1課でしておいてもよい。
- 授業時間が限られた中で後作業を導入したい時は、会話練習は全部しなくてもよい。

## 教室活動について

### 本文を読む前に 【p.78】

#### ▶目的

- スポーツについて話し合い、話題に対して興味を持たせ、学習意欲を高める。
- 日本のスポーツに関する情報を与える。

#### ▶授業のヒント

- 始めに色々なスポーツの名前を日本語ではどう言うか確認してから①の作業をする。カタカナや漢字で書いたスポーツの名前を見せ、どんなスポーツか推測させてもよい。空欄に書き込んだ後、ペアやグループで話し合うことも出来る。

- ②に出ている相撲については、絵／写真／動画を使って、土俵、力士、相撲のルールなどについて簡単に説明しておくと本文が理解しやすくなる。

- 柔道、剣道、空手、合気道などの短い動画を見せて、日本の武道の特徴について気がついたことを話し合ってもよい。

- ③の表の設問について考え、話し合うことは、本文理解と本文を読んだ後のディスカッションに直結するので、必ず行う。特に「ルール／マナーを守ること」はどうして大切か、スポーツからどんなことを学ぶと人間として成長できるのかについて、具体例を交えて考えさせておくこと。この話し合いの時に答えを出させる必要はないが、本文理解の助けとなる。

## この読み物の目的

▶日本の武道の「礼に始まり礼に終わる」「心・技・体」という考え方を通して、日本人がスポーツに求める精神性を理解する。

> 「心を学ぶ」ということが何を指しているのか読む前に考えさせる。答えを出す必要はない。

### 読み物

## スポーツを通して学ぶ心

**p.79**

1　現代の日本人は、野球、サッカー、ゴルフ、スキーなど、色々なスポーツを楽しんでいる。若い人達だけでなく子供からお年寄りまでスポーツを楽しみ、そして、種類も、海や山、夏や冬のスポーツ、一人でするスポーツ、チームでするスポーツ、健康のためのスポーツなど、何でもある。テレビでも毎日のように、色々なスポーツ番組が見られるが、特に代表的なものは野球、

5　サッカー、ゴルフ、テニス、相撲などだ。日本国内の試合だけでなく、日本人野球選手が活躍しているアメリカのMLB（プロ野球のメジャーリーグ）や、サッカーのワールドカップ、オリンピックなどもすべてリアルタイムで見ることが出来、スポーツ観戦はとても人気がある。

　日本では試合で勝つことも大切だが、スポーツをすることで人間として成長することが、それと同じぐらい大切だと考えられている。例えば、日本の国技の相撲では、力士が相手力士に勝っ

10　た時、土俵の上で笑顔を見せたりガッツポーズをしたりするのは、いいことだと思われていない。だから、勝って嬉しくて大声で叫びたい時でも、負けてくやしい時でも、土俵の上でその気持ちを表現したり、試合の後のインタビューでべらべら話したりすることはあまりしない。もちろん、相手を笑ったり、ばかにしたジェスチャーをするなどは、絶対にしてはいけない。

　柔道や剣道、空手や合気道など、日本に昔からある武道では、まず「礼に始まり礼に終わる」

15　という考え方が大切だと教えられる。そして、この考え方は、武道がスポーツとして世界中で楽しまれるようになっても、変わっていない。例えば、武道を習う人は、まず道場に入る前に、道場に向かって礼をする。そして、練習が始まる前には、先生に向かって礼をする。練習する相手とも、お互いに礼をし合ってから始め、終わった時にも礼をする。そして道場を出る時にも、礼

20　をしなくてはいけない。この礼は、挨拶のためだけにするのではなく、相手に向かって尊敬や感謝の気持ちを表すという意味が含まれているのだ。そのため、子供が礼儀正しい人間に育つように、子供を武道の道場に通わせる親もいる。

柔道

### （右側の注記）

自分の国の様子と比較しながら読ませるとよい。例えば、ll.2〜3ならそれぞれのスポーツの例、ll.4〜7なら自分の国ではどんなスポーツ番組が見られるかなどについて話し合う。

接続の仕方（V-masu＝動詞の連用形）に注意。

[⇨内容質問1]

指示詞に注意。[⇨内容質問2]

試合に勝った時、自分はどんなガッツポーズをするかを実際にやらせてみると面白い。

誰が思っていないのかを確認。

動作主に注意。[⇨内容質問3]

相撲で力士がしないこと、その理由、そう考えられている理由を確認する。また、「例えば」（l.9）、「だから」（l.11）といった接続詞にも注目させ、文と文の関係を意識させるようにする。更に、試合に勝った時／負けた時、自分の国のスポーツ選手はその気持ちをどう表現するかなどについて質問をする。

道場にいる場面を想定して、いつ礼をするのかを実際に学習者にさせてみるとよい。

[⇨内容質問4、5]

### （下部の注記）

使役形に注意。誰が誰に何をさせるのか。

「礼に始まり礼に終わる」とはどういう意味か。どんな具体例が提示してあるかについて質問する。また、道場に向かって礼をするように、人以外に向かって動作で敬意を示す具体例を自分の国の例で考えさせる。

文章の流れを理解するのが難しいので、右の三つのキーワードについて話し合いながら、例を挙げさせるなどして、理解を助けること。チャートを作成してもよい。
始めに「技」と「体」は何を意味するかについて話し合う。次に文章内の例を追って「心」について話し合った方が読解がしやすい。

技 → 技術／能力（例：足が速い、高く飛べる、ボールをよく打つことが出来る、速く投げることが出来る、ボールを蹴るのがうまい etc.）
体 → 体力（例：あまり病気をしない、あまり疲れない、苦しくても頑張れる etc.）
心 → 強い精神力や人が人として持たなければならない心＝道徳的な考え方

・下の 1～3 の例は何を言っているか＝それを表している文は？
 1. MLB の日本人野球選手のインタビュー：
   グローブを投げたりバットを折ったりするようなことはしない
   彼が試合の後いつもすることは使った道具の手入れ ← なぜか
 2. 日本のプロ野球のピッチャーがデッドボールを与えた時
 3. 柔道の山下選手が若い選手に言うこと：
   弱い人や困っている人を助けてあげる＝柔道で学んだ精神
・筆者の言いたかったこと、結論を表す文は？

**p.80**

　日本のスポーツでは「心・技・体」という考え方もとても大切だ。「心」は精神力、「技」は
25 運動の技術や能力、「体」は体力のことで、どんなスポーツでもこの三つがなければ上手になら
ないと考えられている。「心」には強い精神力という意味の他に、人が人として持たなければな
らない「心」という意味が含まれている。日本のプロ野球で9年間プレーをして、今はアメリ
カのMLBで活躍しているある選手がインタビューに答えて、バッターが三振をした後に自分の
バットを折ってしまったり、ピッチャーが打たれた後にグローブをロッカーに投げたりするのを
30 見ると驚く、それを作ってくれた人達のことを考えたら、僕にはそんなことは絶対に出来ないと
言っている。試合や練習が終わって彼が一番最初にするのは、使ったバットやグローブやスパイ
クの手入れだそうだ。彼にとっては、野球のプレーだけではなく、彼に野球をさせてくれるもの
や、その後ろにいる人達も、とても大切なのだろう。その他、日本のプロ野球では、ピッチャー
がバッターにデッドボールを与えてしまったら、帽子を脱いでバッターに謝るが、これも「心」
35 を大切にする例の一つだと言えるのではないだろうか。

　1984年のロサンジェルスオリンピックで金メダルを取った柔道の山下泰裕選手は、若い選手
達を育てる時にこんなことを言うそうだ。「バスや電車に乗っている時に、お年寄りや赤ちゃん
のいる女性などが乗ってきたら、すぐに立って席を譲る、誰かが重い物を持っていたら代わりに
持ってあげる、困っている人がいたら迷わず助けてあげる。道場で学んだことをそういうとこ
40 ろで生かすのが柔道の精神なんだよ」。山下選手はこの考え方を「柔道の精神」だと言っている
が、実は彼の言葉は、日本人のスポーツについての一般的な考え方を分かりやすく表していると
言えるだろう。日本人にとってスポーツで大切なことは、試合に勝つことや健康になることだけ
でなく、「礼」や「心」についての考え方も学ぶことなのである。

| 精神（力） | 能力 | 折って | 打たれた | 投げた | 驚く | 彼 | 後ろ | 与えて |
|---|---|---|---|---|---|---|---|---|
| 金メダル | 育てる | 席 | 迷わず | 一般的 | | | | |

［⇨内容質問 7］
＋なるべく具体的な場面を挙げて説明するように指示する。

文が複雑なので、主部と述部、修飾語と非修飾語との関係などを文の構造を図示して理解させるとよい。
［⇨内容質問 8、9、10、11］

何／誰を表すかを確認。
［⇨内容質問 12］

［⇨内容質問 6］
＋答えが出にくい場合は「サッカー選手／ボクサー etc. にとっての心・技・体は？」のように、いくつか具体例で「心・技・体」について説明させてから日本のスポーツの場合を答えさせるとよい。

何／どこを表すかを確認。
［⇨内容質問 13、14］

文末表現にも注意を向けさせ筆者の考えを表す部分を確認。また、筆者の意見についてどう思うかを話し合う。

この場合の礼は挨拶だけでなく「感謝の気持ちや尊敬」の意味も含むことを確認。

文章全体の大意把握の確認として、日本でスポーツで大切だと考えられていること三つとその例を言わせる。「大切」という言葉を見つけてハイライトさせると答えが出やすい。また、「みんなで話してみよう」1 についても話し合う。

## ▶目的

- 相談する表現を学ぶ。
- 日本のクラブ活動における先輩と後輩の関係について学ぶ。

## ▶授業のヒント

- それぞれの会話文で、相談する時、お願いする時、質問する時に、どんな言い方や文末表現を使っているかを確認する。言語ノート6「がandけれど」(p.126)のf〜1を読ませるとよい。p.86の内容質問内のスピーチレベルに関する答えを話し合いながら、スピーチレベルが異なる場合はどう言うかも簡単にチェックするとよい。

    相談する　：〜君、ちょっと、相談したいことがあるんだけど。（☆）
    ［会話文1］　先生、ちょっと相談したいことがあるんですが。（☆☆〜☆☆☆）

    お願いする：すみません、ちょっとよろしいでしょうか。〜たいんですが。（☆☆〜☆☆☆）
    ［会話文2］　ありがとうございます。（どうぞ）よろしくお願いします。（☆☆〜☆☆☆）
    　　　　　　ちょっといい？　〜たいんだけど。（☆）
    　　　　　　ありがとう。よろしく。（☆）

    質問する　：〜さん、ちょっと聞いてもいいですか。（☆☆）
    ［会話文3］　先生、ちょっとお聞きしてもよろしいですか。（☆☆☆）
    　　　　　　ねえ、ちょっと聞いてもいい？（☆）

- p.86の内容を確認する質問に加えて、どんなフィラー、あいづちを使っているかについても尋ね、意識させる。

- 会話文2に出てくる「マネージャー」は、英語圏の学習者はGeneral Managerをイメージするようなので、クラブ活動のマネージャーの立場や役割について触れておくと会話の状況が把握しやすくなる。

- 剣道や空手などの武道経験者がクラスにいる場合は、帯の色について話してもらったり、実際に動きを見せてもらったりするとよい。

- 会話文1〜3を読んだ後、「みんなで話してみよう」4（p.86）について話し合う。その際、まず、自分自身のクラブ活動の経験について話させる。（例えば、なぜ入ったか、何が面白いか、大変か、何を学んだか、会話文の例のような先輩と後輩の関係があるかなど）　次に、学習者が日本社会の上下関係についてすでに知っていることを聞き出してキーワードなどを確認してから話し合いを始めると、ディスカッションが発展しやすい。

    例）日本社会の上下関係について聞いたことがあるか、それはどんな関係か、先輩・後輩の意味は何か、先輩はどんなことを後輩にさせるか、後輩はどんなことをしなければならないか、先輩・後輩の関係はどういうところで見られるか etc.

## 会話練習 【pp.87〜89】

### ▶目的

- 先生や友達に身近な問題について相談できるようになる。

### ▶授業のヒント

- モデル会話を読む前に、モデル会話に提示された状況では、どのような相談する表現を使うかを考えさせ、口慣らしの練習を行うとよい。その後で談話の流れとキーフレーズを確認する。

  [談話の流れ]

  話を切り出す → 状況を説明する → アドバイスをする／受ける → お礼を言う

- パターン練習に移る前に、先生／友達にどんなことを相談するかを挙げさせておくと練習にスムーズに入れる。適当な相談内容が出ない場合はロールプレイ(p.89)を使って練習してもよい。先生の役割で話し続けるのは難しいので、どちらも留学生とし、次のような場面設定に変えてもよい。

  A：留学経験の長い学生（留学生アドバイザーのアシスタントをしている）

  B：最近留学してきた学生

- 授業外、或いは授業内で、 とびらサイト LPOユニット6「相談する」の機能表現を練習させておくとよい。

## 言語ノート 【p.97】

### ▶授業のヒント

- 小数、分数は縦書きの例も見せること。

- 日本と関係がある面白い数字のデータ*などを使って、数字を読ませる練習をしてもよい。(* とびらサイト 登録教師専用メニュー内「教師の手引き」参照)

## 後作業／発展練習

- 「みんなで話してみよう」(p.86)の2〜5について話し合う。2で意見が出にくい場合は、皆が知っているスポーツ選手の名前を例に挙げて、その選手はなぜ人気があるのか、なぜ尊敬されているのかを話し合うようにするとよい。

- 「みんなで話してみよう」3は、スポーツに興味がない学習者が多いと意見が出にくいので、まず武道やスポーツ経験者に経験を話してもらうようにするとよい。意見が出ない場合は、子供の時、両親はどんなスポーツを習わせたか、それはどうしてだと思うか、そのスポーツを通して何を学んだか、スポーツで子供に教えたいことは何か、といった質問をすると意見が出やすくなる。

- 「フェアプレー」とはどういうことか、それから何を学ぶことが出来るかなどを具体例を交えて話し合わせてもよい。

# 文法ワンポイントアドバイス

**❶ 毎〜のように**

- 「毎日のように昼ご飯を食べます」などの誤用が見られるので、通常毎日することが当然と考えられるような行動については、話し手が毎日昼食を食べる習慣がないとしても、文としては適当ではないことを説明する。

- 「週に6回ぐらい食べる」を言い換えると「毎日のように食べる」になるが、これを「毎週のように食べる」とする誤用も見られるので、気をつけるよう指導する。

**❷ Sentence と {考えられている／思われている}**

この文型は文法説明にもあるように、社会やあるグループがある事柄について一般的に思ったり考えたりしている場合に使われる。例文のように、たいていその社会やグループは文から省略されているので、学習者には誰がこのように考えているかを文脈から判断するように指導する。

　　例）　~~（世界の人々に）~~日本人は一般的に丁寧だと思われている。

**③ 〜など(は)／〜なんて**

「など」のカジュアルフォームの「なんて」は、話し手の驚き、軽蔑、非難などのニュアンスを含むこともあるので、使用する際には注意が必要なことを一言言っておく。

**❹ まず**

「まず」は手順を説明する際にもよく使われるので、練習では物の作り方や何かの仕方などを「まず」「次に」「最後に」を使って説明させるとよい。

**❻ Verb-non-past ように**

- 目的の「ように」と「ために」(第2課文法❻)を混同しがちなので、両者の使い方の違いをしっかり理解させる必要がある。
  - (1)「XようにY」の動詞XはYの動作主がコントロールできない行為／状態／出来事を表す。
    - 例）　新しい車が買えるように、(私は)お金をためています。
    - 注意　「買う」の可能形「買える」は能力なので、動作主(私)はコントロールできない。
  - (2)「XためにY」の動詞XはYの動作主がコントロールできる行為や出来事を表す。
    - 例）　新しい車を買うために、(私は)お金をためています。
    - 注意　この文の「買う」は動作主(私)自身の行為なので、動作主がコントロールできる。

- 「ように／ために」を選択させる問題や適当な方を選んで使用する文完成の問題などで練習をするとよい。

- 「XようにY」の「X」には動詞の否定形、可能形をよく使うので、Xに可能形や否定形を使った練習をさせる。

- 「ように」は色々な用法があるので、a〜eの既習の「ように」の用法も簡単に復習しておくとよい。
  - a. 私の友達はスーパーマンのように強いです。
  - b. 小さいネコの声は、赤ちゃんが泣いているように聞こえます。
  - c. 日本人の友達ができてから、日本語が上手に話せるようになりました。(第2課文法⓫)
  - d. 先生は学生に予習をしてくるように言いました。(第3課文法⓫)
  - e. 健康のために、毎日野菜を食べるようにしています。(第3課文法⓭)

**⑧ Sentence {の／ん} {ではないだろうか／ではないでしょうか／じゃないかな}**

- 書き言葉の表現と話し言葉の表現を整理して提示し、使い分けに注意させる必要がある。
  - 例）　〜のではないだろうか。　　　書き言葉(「の」「では」は書き言葉)
  - 　　　〜んではないでしょうか。　　　↓
  - 　　　〜んじゃないかな。　　　　話し言葉(「ん」「じゃ」「ないかな」はすべて話し言葉)

- 「〜と思います」「〜だろう／でしょう」との違いを確認しておく。

第7章　各課の授業の流れと教え方　第4課

- 話し言葉と書き言葉の違いを意識させるために、授業内で口頭練習する際には、「〜んではないでしょうか／んじゃないかな」を使い、書き言葉の「のではないだろうか」は、始めに文を書かせてからそれを口頭発表させるとよい。

**❾ 〜ず(に)**
- スル動詞の活用「せずに」を間違えやすいので、注意を促す。

- 本文では「ずに」の「に」が省略された形で使われているが、「に」がいつ省略できるかは学習者には判断が難しいので、練習時には「に」を省略しないで「ずに」の形で練習させる方がよい。

- 説明に「ないで」と同義とあるが、「〜ないでください」「〜ないでほしい」の文型では「ずに」は使えないことにも触れておくとよい。

**⓭ 〜ん{だけど／ですが}**
- 言語ノート6「がand けれども」(p.126)を読ませると、この用法が理解しやすくなる。

- 教科書の会話練習1、2（pp.87〜88)の中にこの表現が使用されているので、この会話練習の中でフレーズ的に表現を練習させるとよい。

**⓮ それで**
- 「それで」を使うべきところに「そして」「だから」を使ってしまう誤用が見られるので、使い方の違いを次のように簡単に説明しておく。「それで」は後件に話し手の判断、依頼、命令などが使用される場合には使えない。
  (1)「そして」は時間的に後に来る行為・出来事を言う時、あるいは情報を加える時に使う。
  　　例1)　日本の文化に興味を持った。そして、日本語にも興味を持った。
  　　例2)　大学に入った。そして、日本語の勉強を始めた。
  (2)「それで」は「それで」の前が理由であることを示す。強い主張はない。後件に話し手の判断「〜方がいい」「〜べきだ」や依頼「〜てください」、命令「〜なさい」は来ない。
  　　例)　日本の文化に興味を持った。それで、日本語を勉強することにした。
  (3)「だから」は「だから」の前が理由であることを示す。強い主張がある。「それで」のような制限はない。
  　　例)　日本の文化に興味を持った。だから、日本語を勉強してみたいと思った。

- 次の例のように、先に過去の事実を聞き出し、その後に因果関係を「それで」を用いて説明するというような練習をするとよい。
  　　例)　A：週末のパーティーに行きましたか。
  　　　　　B：いいえ、残念ですが、行けませんでした。
  　　　　　A：そうですか。行けなかったんですか。
  　　　　　B：ええ、月曜日にテストがあって、週末は勉強しなくてはいけなかったんです。それで、パーティーには行けませんでした。

**⓯ Question Word 〜ても**
- 疑問詞によっては助詞が必要ないのに助詞をつけてしまう誤用が見られるので注意を促す。
  　　例1)　×いつにも行っても　→　○いつ行っても
  　　例2)　×何回も覚えても　→　○何回覚えても

- 練習時には様々な疑問詞や疑問詞＋数量詞(例：何度、何回、何時間etc.)を使って練習させるようにする。

**⓰ 〜うちに**
- ここでは「XうちにY」の用法のうち「Xの状態が続いている間に、その状態ではなくなる前にYを早くした方がいい」という意味を持つ用法のみ導入すればよいので、「話しているうちに上手になります」のように、「一つのことをしている間に別のことが起こる」という用法の文は練習から省く。

- 「時に」「前に」と混同しやすいので注意する。「XうちにY」の「うちに」は(1)Xには時間が来れば変化する事柄が来ること、(2)Xの状態が終わるまでにしてしまわないと後では実現が難しいから早くYをしなければいけないという意味があることを理解させる。

- Xには状態性の表現が来るため、動詞の「ている形／ない形」や形容詞が来ることが多い点を確認する。
    例） 日本に住んでいるうちに／雨が降らないうちに／明るいうちに

## ⓱ できれば; できたら
- 「できれば」「できたら」を使って話し手の希望や願望を話したり、誰かに何かを依頼したりする練習をするとよい。

- 「できたら」の方が「できれば」よりややくだけた言い方であることを説明しておく。

## ⓲ 〜たばかり
- ある動作や変化が完了してあまり時間がたっていないと話し手が主観的に感じていることを表す表現であることを理解させる。動作の完了からの時間には幅があり、例えば、例文2「この建物はできたばかりだから、新しくて、とてもきれいだ」では、建物ができたのが1週間前でも半年前でも、話し手があまり時間がたっていないと感じていれば「〜たばかり」を使って表現できることにも触れておくとよい。

- まだ出来事・行為の結果が継続していて完了していない場合には、「ばかり」は使えないことを確認する。
    例1） × 私は病気になったばかりです。
    例2） × 田中さんは学校に行ったばかりです。

# ■第5課 日本の食べ物【pp.99～126】

## 順　番

本文を読む前に ➡ 読み物 ➡ マンガ ➡ 会話文１ ➡ 会話練習２ ➡ 会話文２ ➡
会話練習１ ➡ 文化ノート ➡ 後作業／発展練習

- この課では、会話文１のスピーチレベルが☆なので、会話練習２を先に行うとよい。
- 言語ノート５「日本語の文字表記」(p.105)、６「がandけれども」(p.126)は各自で読むように指示してもよい。(「言語ノート」６のf～lの例は第４課の会話練習の前に読ませること。)
- 授業時間が限られた中で後作業を導入したい時は、会話練習は全部しなくてもよい。
- 『とびら』では「ファーストフード」と表記しているが、「ファストフード」と表記される場合もあり、表記法にゆれがあることに触れておく。

## 教室活動について

### 本 文 を 読 む 前 に 【pp.100～101】

#### ▶目 的

- 日本の食べ物について話し合い、話題に対して興味を持たせ、学習意欲を高める。
- 食べ物を説明する時に役に立つ表現、味を表す言葉を学ぶ。

#### ▶授業のヒント

- ①の食べ物はカラーの写真があれば、それも見せると分かりやすい。食べたことがあるものについて、どこでいつ食べたか、味はどうだったかなど感想を聞いてみるのもよい。

- ③、④は、pp.100～101の食べ物を説明する表現や味を表す言葉を使って話すように指示する。「Aの上にBがのっている」「Aの中にBが入っている」の他にも、「Aのような」「AにBをかけて食べる」なども提示するとよい。その場合、その食べ物の写真かイラストも用意すること。

- 話し合いの時に、読み物で出てくる新出語彙の一部を導入し(例：値段、若者、ヘルシーな、商品、一人暮らしetc.)、それらを意識して使って発話させるようにする。例えば、③について話す時、上で提示した語彙を使った発話を促すとより中級レベルらしい文章になる。

> 例) 値段が安くてすぐに食べられるのでハンバーガーは若者に人気がありますが、肉が嫌いなので、私はあまり食べません。一人暮らしをしているので、ヘルシーで料理が簡単なサラダをよく食べます。

## この読み物の目的

▶インスタントラーメンの歴史と世界中で食べられている理由などを知る。

読み物

# インスタントラーメン発明物語

p.102

1　世界中の人々に広く親しまれている食べ物、インスタントラーメン。世界ラーメン協会の
データによると、2008年に全世界で消費されたインスタントラーメンは、936.0億食だそうで
す。世界で一番インスタントラーメンをたくさん食べる国は中国で451.7億食、その次はイン
ドネシアの137.0億食、日本の51.0億食、アメリカの43.2億食、ベトナムの39.1億食、韓国の
5　33.4億食と続きます。一人当たりの消費量が最も多いのは韓国で、韓国人一人が食べたインス
タントラーメンは1年に約69食ということです。日本では、1年に一人当たり約40食を食べて
います。

　インスタントラーメンには袋入りラーメンとカップラーメンがありますが、多く食べられて
いるのは、カップラーメンの方です。皆さんも一度は食べたことがあるのではないでしょうか。
10　カップにお湯を入れて3分待てば食べられるカップラーメンは、値段の安さ、簡単さ、種類の多
さなどで、特に若者に人気が高く、一人暮らしをしている日本の学生の中には、カップラーメン
に毎日のようにお世話になっている人もいると聞きます。

　現在、東南アジアをはじめ南米、ヨーロッパ、アフリカなど世界80か国以上の国で食べら
れているカップラーメンですが、皆さんはこれが日本でできたということを知っていましたか。
15　カップラーメンは、今から30年以上も前に安藤百福という人によって発明されました。安藤が
一番初めに作ったカップラーメンは「カップヌードル」と言います。

　安藤は「カップヌードル」を発明する13年前に、世界で初めて袋入りのインスタントラーメ
ンも考えた人で、「ラーメンの父」と呼ばれています。1910年に生まれた安藤は、戦後あまり食
べ物がない時代に人々がラーメンの屋台の前に長い列を作っているのを見て、家でお湯さえあれ
20　ばすぐ食べられるラーメンを作りたいと思ったそうです。何回も失敗をくり返しましたが、48
歳の時、ついに「チキンラーメン」という袋入りインスタントラーメンの商品化に成功し、その
ラーメンは大ヒットしました。ところが、安藤の成功を見て他の会社でもインスタントラーメンを

| 発明 はつめい | 物語 ものがたり | 全- ぜん | 消費 しょうひ | 億 おく | 続き つづき | 当たり あ | 量 りょう | 約- やく | 袋 ふくろ |
|---|---|---|---|---|---|---|---|---|---|
| お湯 ゆ | 値段 ねだん | 若者 わかもの | 一人暮らし ひとりぐ | 現在 げんざい | 東南アジア とうなん | | | 南米 なんべい | -か国 こく |
| -以上 いじょう | 戦後 せんご | 時代 じだい | 列 れつ | 失敗 しっぱい | くり返し かえ | -歳 さい | 商品 しょうひん | -化 か | 成功 せいこう |

**［右側の注釈］**

文型についてどのような効果を
ねらった表現か質問してみる。そ
の後、体言止めについて簡単に
説明する。

何を指すかを確認。

受け身形と可能形の違いを確認。

修辞表現に注意。

意味に注意。［⇨内容質問2］

誰が聞くのか。どういう場合に
用いられる表現かに注意。

［⇨内容質問1］
＋袋入りラーメン、カップラーメ
ンの実物や写真を見せて、種類
の多さやどんな味があるかなど
を紹介するとよい。そこから自
分の国の商品と同じ点、違う点
についてのディスカッションへ
とつなげることも出来る。また、
自分がよく食べるインスタント
ラーメンを持って来させ、それ
について話させるのもよい。

他の言葉で何と言えるかを質問
する。「作られた／発明された」
という意味を確認する。

修飾節に注意。

**［下部］**

ll.17〜24 の内容を理解できているかどうかを確認するために要約をさせる。
ステップ1：キーワードを言わせる→その中から要約に使えそうなキーワードを提示する。（注：この
　　　　　時に、使用されている漢字の確認も同時に行うこと。）
　　　　　参考キーワード）失敗、成功、発明、競争、繰り返す、商品化
ステップ2：提示したキーワードを使って、内容を要約させる。

**p.103**

作り始めたため、2年ぐらいの間にインスタントラーメンを作る会社の数がとても増えて、競争が激しくなってしまいました。それで、安藤は日本国内から世界に目を向けたのです。

25 「おいしさに国境はない」と信じた安藤は、インスタントラーメンは国際的な商品になるに違いないと思いました。しかし、文化が違えば食習慣も違います。例えば、日本人は箸でラーメンを食べますが、箸を使わない国の人達もいます。「文化、伝統、習慣の違いを理解しなければ、国境を越えられない。」と考えた安藤は、インスタントラーメンを世界に広げるヒントを見つけるため、1966年にアメリカに行きました。そして、この旅行で得たヒントをもとに、5年後に

30 カップラーメンを作り出したのです。

では、カップラーメンがどうやって生まれたか、この話の続きは、マンガで読んでみましょう。

参考資料：世界ラーメン協会HP
http://instantnoodles.org/jp/
noodles/expanding-market.html

| 数 | 増えて | 競争 | 向けた | 国境 | 信じた | 国際的 | （食）習慣 | 伝統 |
|---|---|---|---|---|---|---|---|---|
| 広げる | 見つける | 得た | -後 | | | | | |

意味を確認。

意味に注意。[⇒内容質問3]
+「世界に目を向けた」に関しては、「世界に関心を持つ→世界でビジネスをする→つまり世界にインスタントラーメンを売る」まで内容を把握させること。

意味に注意。[⇒内容質問4]

各国／各文化の食習慣を比較し合ってもよい。

[⇒内容質問5]
+「国境を越える」は難しい比喩表現なので、まずどういう意味かを先に話し合い、次に文化や伝統が国境を超えるというのはどういうことか、具体例を出し合ってから、全文を考えると、この文が理解しやすい。

[⇒内容質問6]
+本文を読んだ後で安藤百福の写真を見せて、96歳で亡くなるまで毎日チキンラーメンを食べていたエピソードを紹介したり、チキンラーメンの実物を見せ、たまごポケットの説明をしたりするとよい。

「みんなで話してみよう」2の前半の設問について話し合う。その時に「本文を読む前に」で学んだ「食べ物を説明する表現」も使うように指示する。

話の流れが一般的な事柄（ラーメン）から、トピックの中心（安藤の発明）に移動していることを理解させる。
インスタントラーメン→カップラーメン→安藤について→安藤の発明→安藤の発明のマンガ

本文の内容と関連づけて、以下のようなディスカッションも出来る。
1. よくインスタントラーメンを食べるか。あまり食べないか。どうしてか。
2. カップラーメンはどうして世界中で食べられていると思うか。

## マンガ （カップヌードル）【pp.106〜109】

### ▶目的

- マンガを読んで大まかな情報を掴（つか）み、カップヌードルがどのように誕生したかを知る。

### ▶授業のヒント

- マンガを読むのが初めての学習者もいるので、どのコマから読み始めて、どのように読み進めるかを一番初めに必ず説明する。読み進める方向を間違えて、意味が全然理解できないという例が多々あるので、注意する。また、このマンガはページの設定上、開き方が一般の漫画本とは異なるので、実物のマンガの読み進め方はこのマンガとは違うことにも言及しておくこと。一般のマンガ本のページの掲載の仕方については 第7課で実例を交えて学ぶ。

- 知らない言葉があってもあまり気にせずに読み進めて話の流れを把握するように促す。ペアで音読させるとよい。その際、感情を込めて読むように指示を与えると、楽しく読める。読み始める前に各ページの下に未習単語の意味が挙げてあるので、それを見て語彙の意味を確認するように言う。

- マンガは長いので、二つに分けて読ませた方が理解させやすい。
  パート1：アメリカに行くまで(pp.106〜107)　　　パート2：アメリカに行った後(pp.108〜109)

- 内容確認は、内容質問7(p.113)に加え、以下のような正誤問題をしてもよい。

  パート1：
  1. 安藤はお金持ちになった時に、ラーメンを作ろうと思った。（×）
  2. 安藤の戦後の経験がラーメンを作るヒントになった。（○）
  3. チキンラーメンは天ぷらから得たアイデアをもとにして作られた。（○）
  4. 自分の子供がとり肉が好きだったので、安藤はラーメンのスープをチキン味にした。（×）
  5. 安藤はチキンラーメンを商品化し、日清食品という会社を作って、そのラーメンを売った。（○）
  6. 安藤が作ったチキンラーメンは日本中でよく売れた。（×）
  7. 色々な会社がインスタントラーメンを作って、消費者にインスタントラーメンは体によくないというイメージを持たれるようになってしまった。（○）

  パート2：
  1. アメリカはファーストフードの国だから、アメリカ人はインスタントラーメンの食べ方をよく知っていた。（×）
  2. 安藤はカップヌードルのアイデアを全部アメリカで得た。（×）
  3. 安藤は新しいラーメンを作るために、色々と考えたり、失敗したりした。（○）
  4. カップヌードルに入っているエビやタマゴには、フリーズドライという特別な技術が使われている。（○）
  5. 現在のカップヌードルのデザインは、1971年にカップヌードルがデビューした時のデザインと全然違う。（×）
  6. カップヌードルを売り始めた時、値段が安かったため、若者の間で大ヒットした。（×）

- マンガを読んで面白いと思ったコマや描き方について、話し合ってもよい。

▶目的

- 比較して説明したり考えを言ったりする表現を学ぶ。
- 日本のファーストフードや寿司について知る。

▶授業のヒント

[会話文1]

- 比べる時、食べ物の説明をする時、考えを言う時にどんな表現を使っているかを確認する。

- スピーチレベルが異なる場合は、どう言うかも簡単に確認するとよい。

  比べる　　：〜と同じで／〜と違って

  説明する　：〜って(いう)のは〜だよ

  　　　　　　〜の上に〜がのってる食べ物だよ

  考えを言う：〜かなあ

  　　　　　　〜って言えるんじゃないかなあ

  　　　　　　〜たらいいのになあ

- 内容質問(p.114)の1、2について確認し、「親子丼」の語源について考えさせてみる。[⇨内容質問3]

- 日本の「ご飯の国」に対して、自分の国は何の国と言うことが出来るかについて話し合うと面白い。[⇨内容質問4]　また、文化ノート1「お米の話」(p.125)をここで読んでもよい。

- 本文を読んだ後で、色々な丼ものの写真を見せたり、実際に食べたことがある学習者にどんな食べ物かを説明してもらったりするとよい。

- 「みんなで話してみよう」(p.114)の4について話し合う。

- 発展作業として、日本のファーストフード店のメニューを見せて、気がついたことや自分の国のファーストフードと違う点について話し合うことも出来る。メニューの実物があればベストだが、ファーストフード店のウェブサイトのメニューを使用してもよい。

[会話文2]

- アメリカで寿司が人気がある理由を三つ挙げさせる。[⇨内容質問2]

- 回転寿司についてはp.117の写真を見せる。回転寿司で寿司を食べたことがある学習者に簡単に説明をさせてもいい。

- 「ハイテク」の意味と、回転寿司がなぜ「ハイテク」かについて話し合う。[⇨内容質問3]

- 考えを言う時にどんな表現を使っているかを確認する。

  考えを言う：〜(ような)気がします。

  　　　　　　〜なんじゃないでしょうか。

  　　　　　　〜かもしれませんね。

- 「みんなで話してみよう」(p.114)の3について話し合う。答えが出にくい場合は、ファーストフードの特徴を考えるように言う。

## 会話練習 【pp.115〜117】

### ▶目 的

食べ物や食習慣などの身近な話題について、具体的に説明したり、説明を聞いてコメントをしたり出来るようになる。

### ▶授業のヒント

- モデル会話では、談話の流れとそれぞれで使う表現を確認し、意識させる。

  [談話の流れ]

  | 話題の提示をする | → | 答える／説明する ↔ 質問する | → | あいづち／コメントをする |
  | --- | --- | --- | --- | --- |

- できれば場面ごとのイラスト（手持ちのものの工夫でOK）を用意し、練習問題の穴埋めをした後に、教科書を見ないで、イラストを見ながら会話を進める練習をする。

  イラスト例）

  会話練習1　学生が先生に自分の国の食習慣について話している場面
  　　　　　（絵の一部を空白にして、動作の様子や話題の食べ物の写真などを貼付けて使うと練習がしやすい。）

  会話練習2　友達に日本のファーストフードについて聞いている場面とそれに友達が答えている場面

- 会話練習1のパターン練習に入る前に、家族でよく食べるもの／食事のマナー／最近変わってきたことなど、食習慣や食文化について簡単に話し合っておくと会話がしやすくなる。また、クラス内の学習者の背景が同国内などで似通っている場合は、最初の質問文の「国」を「家」や「地方」に変えると話が発展しやすくなる。

- 会話練習2のパターン練習では、できるだけ新出表現を使い、会話を発展させるよう指示を与える。
  トピックが出にくいようだったら、スポーツや食べ物のトピックで話させてもよい。

  説明する　　：〜と{同じで／違って}
  　　　　　　　〜のような／〜の上に〜がのっている／〜の中・間に〜が入っている／〜に〜をかけて食べる
  コメントする：〜なんて{〜的だね／らしいね}／〜気がする／〜たらいいのになあ

- ロールプレイ（p.117）は、回転寿司の店に行ったことがある学習者と行ったことのない学習者とでペアを組ませると、行ったことのある学習者が行ったことのない学習者に説明するという自然な状況が生まれるので、そのようなペアで行うとよい。　どちらも回転寿司に行ったことがない場合は、シェフが目の前で肉や野菜を焼いて料理してくれる鉄板焼きのレストランとか、日本料理ではなくても何かめずらしい方式のレストランを知っている学習者がもう一方の学習者に説明するという設定にするとよい。

## 文化ノート 【p.125】

- 宿題として自分で読む、或いは、 とびらサイト の音声教材を聴いて意味を聞き取る練習をさせてもいい。

- 時間があれば、以下の設問について話し合ったり、宿題として出してもよい。
    1. 「米」の漢字の由来について
    2. 米にまつわるエピソードについて
    3. 日本人はなぜ天気の話をよくするかについて
    4. アメリカは漢字で表すとどのように表記するか
    5. 日本における米のように、自分達の国にも特別な意味を持つ食べ物があるか

## 後作業／発展練習

- 「みんなで話してみよう」(p.114)の1、2、5などについて話し合う。1は、まずファーストフードと呼ばれているものにはどんなものがあるかを挙げさせてから話し合いに入ると特徴が出やすい。また、学習者の意見のキーワードを板書していくと、お互いの発言が刺激となって意見が出やすくなる。板書した特徴をもとに、ファーストフードのいい点／悪い点について話し合うことも出来る。

- 「みんなで話してみよう」5の食べ物 vs. 運動のディスカッションでは「〜と {同じで／違って} ／〜気がします／〜と言えると思います」などの表現を使わせるようにする。どうしてそう思うか、理由も述べるようにさせる。

## 文法ワンポイントアドバイス

❸ **Number（+Counter）は；Noun（だけ）は**
この用法はいろいろなパターンが作れるが、「は」には「少なくとも」の意味があることをしっかりと理解させる。そのためには「一度食べたことがあります」「一度は食べたことがあります」のように「は」のある文とない文を比較させ意味の違いを確認するとよい。

④ **Noun をはじめ**
例文1の「日本には本州をはじめ、四つの大きな島がある」のように「をはじめ」の前に来る名詞は、後ろの例で挙げるものの中で代表的なものになるので、その点に気をつけさせる。

❺ **〜以上／〜以下**
「〜以上／〜以下」の前には数詞＋助数詞または、「これ／それ」などの指示詞が使われる。この表現が名詞の前に使われる場合は「5人以上の学生」のように「の」で接続するように指導する。（例文3〜5参照）

❻ **Noun さえ Verb ば**
- 「〜さえ〜ば」は「行けさえすれば」のように、「さえ」の前に動詞を使う場合もあるが、ここでは、「さえ」の前が名詞の用法に限って練習する。

- 元の文の助詞が「が」「を」の場合は「さえ」と入れ替わるが、他の助詞、例えば「と」「に」などは下の例のように「とさえ」「にさえ」などのようになるので注意が必要になる。「さえ」に助詞を伴った文は学習者には難しいと考えられるので、学習者のレベルをみながら練習するかしないかを判断した方がよい。
    例）A：ニューヨーク市には危ない所がありますか。
    　　B：そうですね。夜、ハーレムにさえ行かなければ大丈夫ですよ。
    　　　　そして、変な人とさえ話さなければ大丈夫ですよ。

78

**❼ ついに**

「ついに」には「長い時間の後に起ったこと」という意味だけでなく、話し手の感情が含まれているので、その部分を理解させるようにする。例文1や2の使い方、すなわち「長い間待ちこがれていたことがやっと起こった」「長い間やりたいと思っていたことがやっとできた」のような気持ちを表す用法が一番多いので、まずこの使い方をしっかり練習させるとよい。

**❾ ところが**

- 「ところが」は接続詞で、自分の予想に反して起こった出来事が後に続くこと、そのため後件には話し手がコントロールできない出来事が来ることを説明する。

- 逆接の接続詞「しかし／けれども／でも」と比較すると、この表現には話し手の失望や驚きの気持ちが入るので、話し手の感情が表れるような状況を使って練習するのがよい。

**❿ 〜に違いない**

- 文法説明にあるように、会話文ではあまり使われないが、会話で練習する際は「〜に違いありません」「〜に違いないですね」のような形で練習させるようにする。

- 例文にもあるように、「違いない」の前には名詞、動詞／形容詞現在形、動詞／形容詞過去形など様々な形が使われるので、多様なパターンを練習する。

**⓫ 〜をもとに（して）**

- 例文2の「〜をもとにして」は後ろに「日本のマンガをもとにしてたくさんのアニメやゲームが作られている」のように動詞句が続き、例文4の「〜をもとにした」は名詞修飾の形で「経験をもとにした小説」のように後ろに名詞を伴うので、両者の文型の違いを理解させる。

- 「もとに（して）」はそれを素材に使ってという意味を持ち、後ろには「書く」「作る」「できる」などの動詞が使われることが多いので、そのような例を使って練習するとよい。

**⓬ Noun と {同じで／違って}**

- 本文のディスカッションなどで、何かと何かを比較して説明したり、意見を言ったりする時に使わせるようにするとよい。
- 「Sのと {同じで／違って}」はここでは扱わない。

**⓭ Noun らしい**

- 「らしい」には様々な用法があるが、ここでは「典型的な」という意味を表す用法に留める。推量判断の「らしい」は第6課文法❼で導入されている。用法の違いをよく把握させるために、練習で与える状況を混同しないように注意する。

- 「らしい」はイ形容詞と同じ活用をするので、「らしくない」「らしかった」になることに気をつけさせる。

- 一般的な共通認識として典型的と認められないものについて「Nounらしい」を使うと違和感が感じられるので、まずは共通認識を持ちやすい国や物の例などを挙げて練習するとよい。
  - 例）　日本人らしい考え方、アメリカらしい食べ物、大学生らしい生活 etc.

**⓮ Noun+的**

「〜的な」の形でナ形容詞として使用する場合と「〜的に」のように副詞的に使われる場合があるので、双方の練習をするとよい。

**⓰ ほとんど**

- 「ほとんど」「ほとんど〜ない」「ほとんどのNoun」の三つの使い方が出来るように指導する。

- 英訳のalmost に影響を受けた誤用が見られるので、英語のalmostと日本語の「ほとんど」の使い方は全く同じではないことに気をつけさせる。

**⓱ ～（ような）気がする**

- 「気」を使った慣用句は日本語には非常に多いが、「気」を使った慣用句を一度に導入するのは混乱と誤用を招くので、避けた方がよい。『とびら』ではこの表現の他に、第6課で「気がつく」、第11課で「気にする」、第12課で「気になる」の表現が順次導入されている。

- 「気がする」は話し手がはっきりと断定はできないけれど、たぶんそれが事実だろうと感じたことを表す。そして、それは話し手の論理的ではない直感的な判断に基づいているので、状況に注意して導入・練習する。

  例1）　田中さんは今日、元気がないような気がする。
  （理由を問われても、はっきりとした理由は述べられない。）
  例2）　? 田中さんは昨日全然寝ていないので、今日は元気がないような気がする。
  （寝ていない → 元気がないという論理的な思考が含まれているので不自然。）

- 「ような」があると不確かな気持ちの度合いがやや高くなることを説明に加えてもよい。

- 「（私は）熱があるような気がする」など、自分でも不確かな場合は自分自身のことについて使う場合もあるが、「（私は）すしが好きなような気がする」「（私は）日本に行きたいような気がする」など、自身の好き嫌いや願望など、自分で分かっていることには「気がする」は使えないことに気をつけさせる。

**⓲ Verb ところ**

- 例文1の「～ところです」のように文末に用いて、行為の状況（アスペクト）を表す使い方もよくするので、絵などを見せて「今からご飯を食べるところです」→「今、ご飯を食べているところです」→「ご飯を食べたところです」などのように、動作の連続によって「ところ」の前に来る時制が変わる練習をするとよい。

- 「～ところに～した」「～ところを見ました」などの形で、助詞や文型の誤用が見らるので、こういったパターンも練習しておくとよい。

  例1）　× シャワーをあびている<u>ところを</u>、家から電話があった。
  　　　　　　　　→ ところに
  例2）　× 昨日、先生が<u>デートするのを見たところです</u>。
  　　　　　　　　→ デートしているところを見ました

- 「ところに」と「時に」を混同する誤用が起こりやすいので注意する。「Verb ところに」を使う場合は「ところ」の前に来る行為の直前、真っ最中、あるいは直後の一時点に焦点がある。一方、単に時間関係を示すだけの場合には「時に」の方が自然になる。

  例1）　晩ご飯を食べ終わった｛○ ところに／× 時に｝友達が来た。
  例2）　晩ご飯を食べ終わった｛× ところに／○ 時に｝「ごちそうさまでした」と言う。

# ■第6課　日本人と宗教【pp.127〜150】

## 順　番

本文を読む前に ➡ 文化ノート ➡ 読み物1 ➡ 会話文1 ➡ 会話文2 ➡

会話文3 ➡ 発表 ➡ 読み物2 ➡ 後作業／発展練習

- 発表を行わない場合は、教科書の順に読み物1→読み物2→会話文1→会話文2→会話文3と進んでもよい。
- 言語ノート7「ものandこと」(p.150)は時間がない場合は、各自で読ませる。

## 教室活動について

### 本文を読む前に 【p.128】

#### ▶目　的

- 日本の主な宗教(神道と仏教)に関係がある事項や語彙に触れて、本文理解のための準備をする。
- 各国の宗教的行事や習慣について話し合っておくことで、宗教を話題にすることへの抵抗感を払拭しておく。
- 迷信について話し合い、この課の話題に対して興味を持たせ、学習意欲を高める。

#### ▶授業のヒント

- 宗教の話はタブーと言われている国もあるが、日本の場合、一般的な宗教の話をするのは問題ない。但し、個人的な信仰について話すのは避けた方がいい場合もあるので、注意するようにと言っておいた方がよい。

- 始めに世界の主な宗教にはどんなものがあるかを聞き、日本語での言い方を確認しておくとよい。キリスト教、イスラム教、ユダヤ教などをきちんと日本語の発音で言う練習をさせること。

- ③の迷信の話し合いは、文化ノート2「日本の色々な迷信」(p.149)を先に読んでからすると話し合いがしやすい。難しい語彙があるので、写真や絵を見せたり、トピックを選んで読ませるなどすると分かりやすい。迷信は国や地方によって色々な話があって面白く話し合いに参加しやすい話題なので、口が重い学習者の発話も促される。また、本文に入る前に迷信について話し合うことで、語彙の難しい読み物2「天の岩戸」の読解の準備も出来る。

## この読み物の目的

▶日本の宗教的習慣や年中行事、日本人の宗教に対する考え方を理解する。

### 読み物・1

# 日本人の生活と宗教

p.129

1　日本語には「苦しい時の神頼み」という言葉がある。何か苦しい事や困った事があると「神様、仏様、どうか助けて下さい」と言って一生懸命お願いするけれど、何もない時は、神様や仏様のことはあまり考えていないという意味である。また、家の中に神棚と仏壇のどちらも置いてあって、朝晩、神様と仏様の両方にお祈りをする人々もいる。神道も仏教も共に生活の中にあるのだ。

5　一つの神だけを信じている一神教の人がこのことを聞いたら、どうして神様と仏様を同時に祭ることが出来るのか不思議に思うかもしれない。

神棚

仏壇

神社の鳥居

　日本人の生活を見ると、神棚と仏壇を祭る他にも、もっと色々な宗教的習慣や行事があることに気がつくだろう。まず、お正月には「初詣」といって、人々は神社やお寺にお参りに行き、お守りやお札をもらう。そして、それを車につけたり財布の中に入れたりして、不幸が起きない

10　ように、幸福が来るようにと願う。2月には「節分」という行事があって、「鬼は外、福は内」と大声で叫びながら、豆をまく。これは、幸福は家の中に、不幸は外に、と祈る行事だ。また、春と秋のお彼岸や8月のお盆は、先祖を敬う日として、多くの人がお墓参りに行く。

　その他、11月には「七五三」という行事があり、男の子の場合は3歳と5歳、女の子の場合は3歳と7歳になると、親が子供を神社に連れて行く。元気な子供に育ったことを神様に感謝し、そし

15　て、これからも健康に育つようにと神様に祈るのだ。

お守り

七五三

節分

#### 日本の年中行事や宗教的行事や習慣

| | 行事／習慣の名前 | どんなことをするか |
|---|---|---|
| 1月 | | |
| 2月 | | |
| 春／秋／8月 | | |
| 11月 | | |
| 12月 | | |

「年中行事」という言葉を必ず補足導入すること。元は宗教的行事から発したものでも、最近は年中行事として行われる行事が多いため。（例：初詣、節分、桃の節句、子供の日など）日本は宗教的行事が多いという誤解を与えないようにすること。

意味を確認。[⇨内容質問1]
＋自分達も神頼みをすることがあるか、それはどんな時かを聞いてみる。

神棚と仏壇の置いてある場所について、並べて置いてあるわけではなく、普通、神棚は家の玄関に近いところ、仏壇は家の奥の方の部屋に置いてあることを説明する。ホームステイなどで見たことのある学習者にどこに置いてあったかを聞いてもよい。

[⇨内容質問4]
＋お守りは実物を用意し、色々な種類があること、中身を見てはいけないことなどを説明するとよい。お守りを持っている学習者がいれば、どこで買ったどんなお守りかを話してもらうとよい。

（次ページのl.19までを読んだ後で）[⇨内容質問3]
下のような表を提示して空欄を埋める作業をしてもよい。

[⇨内容質問6]

誰が誰に何をしてもらうのか
を確認する。

「お墓に入る」というのはど
ういう意味かを確認する。

[⇨内容質問5]
＋自分達の国の場合についても話
し合う。日本の葬式、結婚式の
写真を見せ、気づいたことを言
わせてみるとよい。

12月には、クリスマスの行事を楽しむ。キリスト教信者ではない人でも、クリスマスツリー
を飾ったり、クリスマスプレゼントを交換し合ったりして、クリスマスを祝う。また、結婚する
時には、式を教会で挙げる人もいれば、お寺や神社で挙げる人もいる。そして、死んだら、たい
てい仏教式のお葬式をしてもらって、お墓に入る。
20 　日本ではなぜこのように色々な宗教が共に存在することが出来るのだろうか。これは、日本に
昔からある神道について考えてみれば、分かるかもしれない。神道というのは多神教で、日本
では昔から海や山や木や石など、周りの色々な物や場所に神様がいると考えられてきた。720年
に書かれた「日本書紀（にほんしょき）」という古い歴史の本には、そんな神々についての物語がたくさんある。
その神話の神様達は、楽しく歌ったり踊ったり、怒って喧嘩（けんか）したりして、とても人間的だ。日本
25 全国にはそんな神様を祭（まつ）った神社がたくさんあって、日本人は何かがあると、その色々な神様の
ところにお参りに行く。
　例えば、家やビルを建てる時は土地の神様に、いい高校や大学に合格したい時は受験の神様に、
恋人が欲しい時は縁結（えんむす）びの神様のところに行ってお祈りをする。目的によって、それぞれお参り
に行く神様が違うのだ。最近では、インターネットビジネスのための「ITの神様」なんていう神
30 様も現れたらしい。
　このように、神道は、自然や場所、物など、あらゆるところに神様が存在するという日本人の
宗教的意識を作ったと考えられる。だから、外国から他の宗教や新しい神様が入ってきても、自
然に受け入れられたのかもしれない。そして、神道が人々の生活の中で生き続けてきたように、
仏教やキリスト教の行事なども、日本人の生活の一部になっているのだ。
35 　宗教についてのある調査で「あなたは何か宗教を熱心に信じていますか」という質問に「はい」
と答えた人は、日本国民全体の9％だけだったらしい。それでは、91％の人は宗教を全然信じて
いないと言えるだろうか。実は、日本人は宗教を強く信じているという意識はなくても、毎日の
生活の中でお参りしたり祈ったり祝ったりするなど、宗教的習慣や行事を大切にしている。そし
て、そんな人々の生活が、神様や仏様が一緒に存在できる社会を作っていると言えるのではない
40 だろうか。

II.7〜19に出てくる日本の宗教的
行事や習慣については、本文を読
んだ後で、写真*や動画などを見
せて簡単な補足説明を加えると、
学習者の興味を喚起でき、文化へ
の理解も深まる。（* とびらサイト
登録教師専用メニュー内「教師の
手引き」参照）

他の国で同じような例があるか聞
いてみる。例が出なければ、ギリ
シャ神話について話し合うと理解
がしやすい。ギリシャ神話にも海
の神、火の神など、多くの自然神
が存在する。一神教で唯一絶対神
を前提とする文化で育った学習者
には必要なブレーンストーミング
でもあり、神々が人間的であるこ
との理解にもつながる。

[⇨内容質問7]

どういう意味か。具体的にはどう
いうことか。具体的な状態が分か
らないようなら、内容質問7とも
関連づけて聞くと答えが出やす
い。

[⇨内容質問9、10]
内容質問9は、II.31〜40を接続詞に注意してよく読むこと、
理由は二つ書かれていることなどをヒントとして与えると
よい。
内容質問10は、「〜ように（と）お願いしに行きたいです」
のように新出文法を使って答えさせ、理由も言わせる。
また、最後に内容質問2を使って、本文のポイントを確認し、
自分の意見を言わせてもよい。

[⇨内容質問8]
＋神道の神様は複数
であることを再確
認させておくと答
えが出やすい。

「受け入れる」「一部」の単語導入
の際に「現在の私達の生活の中で
受け入れられたものは何か」「生
活の一部になっているものは何
か」「それらは人々に自然に受け
入れられたか」について話し合っ
ておくと、この文の理解がしやす
くなる。
例）インターネット、携帯電話、
　　フェイスブックなどは社会に
　　自然に受け入れられた。そし
　　て今は、生活の一部になって
　　いる。

「言えるだろうか」は言外に「言えない」という意味があると理解できないと、「91％
の人はどんな人か」がよく把握できないので、注意。先に「実は〜大切にしている」
の部分を読み、この文に戻って、91％の人はどんな人かを話し合うと理解が早い。対
して、「言えるのではないだろうか」は「言えると思います」という意味で4課で文
法項目として既習。それぞれ言外に含まれる意味が異なることを明示すること。

この読み物の目的
▶日本の神話を読んで話の筋を理解する。
▶日本の神様について知る。

p.133

【注】どうして昼だった世界が急に暗くなってしまったのかを確認。

読み物・2

日本の神話「天の岩戸」

日本の神話には、ギリシャ神話のように、人間的な神様がたくさん出てきて活躍する面白い話が多く残っている。その中に天照大神という神様についての有名な話がある。どんな話か読んでみよう。

昔々、大昔、日本には天照大神という、神様の中で最も偉い太陽の神様がいて、高天原という昔の日本を治めていました。天照大神には須佐之男命という弟の神様がいたのですが、須佐之男はとても乱暴で悪いことばかりするので、人々はとても困っていました。
ある日、須佐之男は天照の侍女を間違って殺してしまいました。それを知った天照は弟の乱暴に怒って岩の中に隠れて外に出て来ないように、世界は何日も真っ暗な日が続きました。困ってしまった他の神様達は、天照に岩の外に出て来てもらおうと、彼女が隠れている岩戸の前でお酒を飲みながら歌ったり踊ったり笑ったり

して、大騒ぎをしました。そうすれば、天照はみんなが何をしているんだろうと思って外に出て来ると考えたわけです。神様達は真っ暗な中で、一生懸命歌ったり踊ったり、笑ったりしました。その瞬間に思った天照が少しだけ岩戸を開けてみると、外の大騒ぎを不思議に思った天照を待っていた力持ちの神様が岩戸を全部開けて、天照を岩の外に出してしまいました。天照が外に出て来たので、世界は明るくなって、また昼が戻ってきたそうです。

この話は、昔の人が日食を説明するために作った神話ではないかと言われている。何も知らなかった昔の人々にとって、日食はとても怖いことだったのだろう。また、この神話からも分かるように、昔から神様は日本人にとって、人間と同じように笑ったり怒ったり喧嘩したりする親しみやすい存在だったのだ。
この天照大神を祭る神社は、日本全国に一万八千ぐらいあると言われていて、毎年多くの人々がお参りに訪れる。天照大神は二十一世紀の現在でも大忙し！ということだ。

【注】具体的にはどんな神様のことかを聞き、「人間的な」の意味を確認。答えがうまく出なければ読み物1の l.24 を参考にするように言う。

【注】誰が考えたかに注意。

【注】どうしてこのようなことをしたのか確認。

【注】指示詞に注意。

[⇨内容質問1、2、3]
＋内容質問3のひな型を使い、ストーリーを自分の言葉で説明させる。その後に、内容質問1、2に進んだ方が話し合いがしやすい。話を理解したかどうかみるため、内容質問を使って言葉で説明させる他に、ストーリーの簡単な絵を描かせるのも一案。学習者に絵を描かせた後に、「天の岩戸」の本の挿絵などを見せて、実際に神話で日本の神様の姿がどのように描かれているかを見せてもよい。また、この話の一部を教師が手引きをしながら、ミニスキットにして内容確認をしてもよい。

【注】どうしてか確認。

【注】簡単な日本語で説明させる。

## 会話文 【pp.135〜137】

### ▶目的

• 日本人の一般的な宗教観や信仰について学ぶ。
• グラフを使ってデータを説明する表現、自分の意見を言う表現を学ぶ。

### ▶授業のヒント

[会話文1]

• 自分の意見を言う時、どんな言い方や表現を使っているか尋ね、意識させる。(l.8、l.17、l.20など)

• 内容確認として、以下のような正誤問題をするとよい。×の答えはどこが違うのかも考えさせること。
  1. はるかはアメリカの宗教的行事と信仰について、モニカの意見を聞いた。（×）
  2. モニカもはるかもキリスト教信者じゃない人が教会で結婚式を挙げることを変だと思っているが、はるかの友達にはそう思っていない人もいる。（○）
  3. はるかによると、日本でキリスト教式の結婚式が人気があるのは、ロマンチックでウェディングドレスがきれいだという理由らしい。（○）
  4. モニカは、着物を着て神道式の結婚式を挙げてみたいと思っている。（×）
  5. モニカは、色々な宗教的行事が混ざっているのは、日本だけの特別な習慣だと思っている。（×）

• 非キリスト教信者がキリスト教の教会で結婚式を挙げることについてディスカッションすることも出来る。その際、p.141（3）〜（5）の自分の意見を言う／相手の意見に賛成する／相手Aの意見を認めながら、違う考えを言う表現を使うように指示をする。

[会話文2]

• 丁寧に質問する時、自分の意見を言う時に、それぞれどんな表現を使っているか尋ね、意識させる。
  質問する　：〜は〜んですが、どうしてでしょうか。
  　　　　　　〜は〜ということでしょうか。
  意見を言う：これは私の個人的な意見ですが、〜んじゃないでしょうか。
  　　　　　　私はそう思います。

• 内容確認として、以下のような質問をするとよい。
  1. モニカさんは森田先生に、何についてどんな相談をしましたか。
  2. それについて、森田先生は何と答えましたか。
  3. 森田先生によると、日本では初詣やお彼岸のお墓参りは宗教的な行事だと考えられていますか。（この質問の答えを導き出すには、キリスト教やイスラム教の信者が多い国では、年中行事、或いは宗教的行事として、どんなことをしているかを先に話し合ってから、この問題に入ると分かりやすい。）
  4. 日本人の信仰心について、森田先生はどんな意見を持っていますか。
  5. モニカさんは森田先生の意見を聞いて、どう思いましたか。

- 内容確認として、以下のような下線部分を埋める練習をすることも出来る。

    モニカは＿＿＿＿＿＿について発表しようと思っているが、＿＿＿＿＿＿ので、先生に質問しに来た。

<table>
<tr><td>モニカの質問</td><td></td><td>森田先生の答え</td></tr>
</table>

日本の宗教人口の数は＿＿＿＿＿＿＿
＿＿＿＿＿＿＿になっているが、どうしてか。　➡　それは、＿＿＿＿＿＿＿＿＿
＿＿＿＿＿＿＿＿＿人がいるから。

お正月に神社に初詣に行って、お彼岸にはお墓
参りに行くのは、＿＿＿＿＿＿＿＿
信じているということか。　➡　日本人は、初詣はお墓参りを＿＿＿＿＿
＿＿＿＿＿と考えていて、＿＿＿＿＿
＿＿＿＿＿という意識はあまり持っていない。

日本人は＿＿＿＿＿＿＿＿＿＿＿
のか。　➡　何か特別な宗教を信じていなくても＿＿＿＿
＿＿＿＿＿を信じている人は結構多いと思う。

モニカは先生の＿＿＿＿＿＿＿＿＿＿＿＿＿＿＿＿＿＿＿＿＿という考えに賛成だ。

### ［会話文3］

- 文法ノート⑰「～は～となっている」は、この会話を練習する時に導入する。

- まず始めに、p.137とp.140のグラフを使って「円グラフ、折れ線グラフ、棒グラフ」という三つのグラフの名称を導入する。

- 本文を読む時は、OHPやPPTで教科書のグラフを提示し、各文がグラフのどの部分を説明しているかを確認しながら、読み進めるとよい。グラフを説明する時の表現(下線)も確認しておく。

- 内容の確認として、以下のような質問をするとよい。
    1. モニカさんは何について発表しましたか。
    2. モニカさんの発表から、どんなことが分かりましたか。二つ挙げなさい。
    3. モニカさんの発表について、何か質問や面白いと思ったこと、驚いたことがありますか。

## 発表 【pp.140～141】

### ▶目的

- 興味のあるデータについて、グラフを使って説明できるようになる。

### ▶授業のヒント

- 発表では練習として発表例の表現を参考にしながらp.137やp.140などのグラフの説明をさせる。始めから一人でするのは難しいので、会話文3またはp.140の発表例の表現を参考にしながら、まずはペアで練習をしてみるとよい。

- 練習には p.137やp.140のBのグラフが使いやすい。前作業としてグラフからどんなことが分かるかを挙げさせてから、練習に移ると説明がしやすくなる。p.140のAのグラフは背景知識がないと分かったことの説明が難しいので、教師がモデルを見せる際に使用するとよい。他に、教科書の例を離れて、

その時のクラスの学習者が興味を持ちそうなグラフを使うことも出来る。

例) 世界各国の日本語学習者数の比較のグラフなど

- 学習者に個人発表をさせる場合は、会話文3とp.140の発表例を終えた後に発表についての説明\*をすると、何をすればよいかがイメージでき、精神的負担が軽減される。(\* **とびらサイト** 登録教師専用メニュー内「教師の手引き」参照)

- 個人発表を聞いた後の質問したり意見を言ったりする表現(p.141)は、学習者のレベルに応じて必要なものを選んで導入すること。その後で、その表現を使って意見を言うように促す。

## 文化ノート 【p.149】

- 文化ノートは「本文を読む前に」の中で前作業として用いることも出来るし、時間があれば独立した読み物として読んでもよい。

- **とびらサイト** の音声教材を聴いて、意味を理解するという聴解練習の宿題にしてもよい。

- 以下のことについて話し合うことも出来る。
    1. どの迷信が一番面白いか、或いは、変だと思うか。
    2. 自分達の国にはどんな迷信があるか。日本の迷信に似たようなものはあるか。
    3. どの迷信が宗教に関係すると思うか。
    4. 日本人には厄年を心配したり、8がラッキー番号だと思ったりする人がいるが、自分でも実はひそかに信じている迷信があるか。

## 後作業／発展練習

読み物2を読んだ後に、ギリシャ神話や自分の国の神話について話す作業をするとよい。(⇨「みんなで話してみよう」(p.139)の3、4) 突然、ストーリーを紹介するのは難しいので、前作業としてクラス全体で神話上の人物や神話のタイトル、出来事のキーワードなどを自由に挙げさせた後、その中から一つを選んで、ペアやグループでストーリーを作るように指示をする。その際には、以下のような質問を提示しておくと、ストーリーが話しやすい。

- 背景:いつ、どこで? どんな人たちが出てくるか? その人たちの関係は?
- 何が起きたか?
- その後、どうなったか?

## 文法ワンポイントアドバイス

**❶ 〜に気がつく**

「気がつく」は、「事故に気がつく」のように「Noun＋に気がつく」と、「宿題を忘れたことに気がつく」のように「Sことに気がつく」の二つの用法があるが、「Sことに気がつく」のパターンの方が難しいので、その用法を中心に練習するとよい。

**❸ Noun も Verb ば、Noun も Verb**

この文型は対照的な事柄や例を提示する用法であり、「Verbば」が使われていても仮定の意味はないことを理解させる。

④ 〜のだろうか
- 「〜のだろうか」は主に書き言葉として使われることを確認し、くだけた会話では「〜のかな(あ)」(第3課文法⑭)が使われることを説明しておく。また、「〜のだろうか」には本文の用例のように、答えは分かっているが、先に疑問の形で問題を提示するという用法もある。
- 「どうして／なぜ〜のだろうか」は話し手の疑問を提示するが、状況によって、不満、心配、驚きなどの気持ちを表すこともある(例文1〜3)。

❻ それぞれ
- 述語を修飾する文型aと名詞を修飾する文型bの使い方があり、文型bの場合は「それぞれ＋の＋名詞」の形になることに気をつけさせる。
- 例文1の「子供達」のように「それぞれ」が指す対象が前に明示的に示されている場合と、本文の例、例文2のように、指す対象が明示されない場合があることを確認する。後者の場合の対象は、本文は「お参りに行く人々」、例文2は「取って食べる人々」である。
- 「それぞれ」は「一人一人」「一つ一つ」などに言い換えられることを説明に加えてもよい。

❼ 〜らしい
- この「らしい」は推量判断の用法。通常「らしい」は読んだり聞いたりした第三者からの情報に基づいた推量判断であり、話し手が直接経験した事柄に基づいた推量判断ではないことに注意させる。最近のニュースやゴシップなどを「らしい」を使って報告する練習などをするとよい。
- 読んだり聞いたりしたことをほどんどそのまま伝える時にも「らしい」が使われることがあるが、この場合は伝聞の「そうだ」とほぼ同義になることを説明に加えてもよい。
- 「らしい」の前に来る接続の形を正しく理解させる。「名詞＋ナ形容詞＋だ」は「だ」が落ちること(例文4、5)、また命題部分が過去や否定を含む場合は「らしい」の前の文が過去形や否定形になり、「らしい」を過去形や否定形にはしないことを確認する。

❽ Verb-*masu* 続ける
ある動作の継続を表す用法であることを確認する。「〜ている」はある一時点(発話の時点、または過去・未来の一時点)で動作が継続していることを表すのに対して，「Verb-*masu* 続ける」はある一定時間その動作を意志的に途切れなく続けることを表すので、違いをしっかり理解させる。
   例1) 仕事のために、{今日本に行っている／先週日本に行っていた}。
   例2) 日本が大好きなので、地震があっても、これからも日本に行き続けると思う。

❾ 〜ばかり
「〜ばかり V」は一般に望ましくないことを表すことをしっかり理解させるために、練習をする際には状況・場面に注意を払う必要がある。下の例のように「〜しないで〜してばかりいる」の形で練習すると、「〜ばかり」の否定的な意味を更にはっきりさせることが出来る。
   例) 弟は勉強しないで、いつも{テレビばかり見ている／テレビを見てばかりいる}。
   (話し手は弟がいつもテレビを見ることを良くないと考えている。)

❿ 真(っ)＋*i*-Adjective-stem/Noun
文法ノートの説明にあるように、「真」＋形容詞と「真」＋名詞では意味が異なることを確認する。

⓫ 〜わけだ
- 例文を通して以下の三つの用法を確認する。
   (1) 自分が先に言ったことから出てくる当然の結果を表す用法(例文1)。
   (2) 聞き手から聞いた情報から出てくる結果を確認する用法(例文2)。
   (3) 新しい情報を得て、自身が思っていたこと、感じていたことに納得する用法(例文3〜5)。

- （3）の用法については、「だから～わけだ」「それで～わけだ」などの接続詞を伴うことが多いので、この形で練習してもよい。ある人物の情報、例えば、「朝よく授業に遅刻します」などを与えておいて、その後で「夜の2時までアルバイトをしています」などの追加の情報を与え、学習者から「ああ、だからよく授業に遅刻するわけですね」などの発話を引き出すようにすると、自然な状況で発話練習が出来る。

⑫ **Noun でよければ**

「Noun でよければ」は丁寧に相手に何かを申し出る場合によく使われるが、例文1のように実際の申し出の部分「使って下さい」などは省略される場合もあることを説明しておく。

⑬ **結構**

- 「結構」と次の項目の「なかなか」の使い分けを整理して指導するとよい。

- 「結構」は、本文の用例にあるように数量が多いことを表す時によく使われるので、練習でも「結構多い」「結構（たくさん）ある／いる」の用法を練習させるとよい。

⑭ **なかなか Adjective**

- 「なかなか」は「つまらない」「不便」などの否定的な意味を持つ言葉とは一緒に使えない。また、「なかなか」は動詞を直接修飾する語としては使えないので気をつけさせる。
  - 例1）　日本語と中国語は {○ 結構／× なかなか} 違います。
  - 例2）　夏休みにインターンシップをする学生が {○ 結構／× なかなか} います。

- 「結構」も「なかなか」も話し手の「自分が思っていた以上に程度が高い」というニュアンスがあり、目上の人に対するコメントとして使うと、目上の人の能力を低く評価していたという意味になり失礼になるので、使い方に気をつけるように指導する。
  - 例）　×（学生が先生に対して）先生は {なかなか／結構} 歌が上手ですね。

- 話し手自身のことについては通常は使わないことも確認しておく。例えば、下の例のように、「なかなか／結構」を自分についてのコメントに使うと、冗談を言っているか、うぬぼれているように聞こえるので、注意する必要がある。
  - 例）　？ 私は {なかなか／結構} 歌が上手です。

- 例文3「私は絵を描くのは得意じゃないけれど、これはなかなか上手に描けたと思う」は、話し手自身ではなく話し手の描いた絵について言っており、また「絵を書くのは得意じゃないけれど」と謙遜する前置きもあるので、このような使い方であれば問題はない。

- 「なかなか～ない」は第9課で導入されるので、ここでは否定文での「なかなか」には触れない方がよい。

⑮ **そう言えば**

例文では、会話中に相手の発話から何か思い出したことについて話す場合に「そう言えば」が使われているが、自分自身が話した事柄から何か思い出した場合にも使えるので、そのような例も紹介しておくとよい。
  - 例）　今年の夏休み、東京に行ったんですよ。あっ、そう言えば、田中さんの出身地は東京でしたね。

⑯ **～ということ**

グラフや図表などを説明する時に「～ということが分かる／言える／考えられる」のように使われることが多いので、この形で練習するとよい。

⑰ **～は～となっている**

- 「と」は「に」に置き換えることが出来るが、「と」を使った方が少し硬い表現になる。
  - 例）　映画は7時から {となっています／になっています}。

- 話し手がコントロール出来ない事柄や状況について説明したり、紹介したりする場合に使われる表現なので、使い方に気をつけるように言っておく。

# ■第7課　日本のポップカルチャー【pp.151〜176】

## 順　番

本文を読む前に　➡　読み物1　➡　読み物2　➡　会話文1　➡　会話練習1　➡

会話文2　➡　会話練習2　➡　言語ノート　➡　文化ノート　➡　後作業／発展練習

> 言語ノート8「連濁」(p.156)と文化ノート3「カワイイニッポン！」(p.176)は時間に余裕があるところで扱う。

## 教室活動について

### 本文を読む前に【p.152】

#### ▶目的

- 日本のポップカルチャーについて知っていることを話し合わせ、読み物に対する興味を持たせ、学習意欲を高める。
- 手塚治虫に関する予備知識をウェブサイトから得る。

#### ▶授業のヒント

- ①では、設問の他に、日本のポップカルチャーに対してどんなイメージを持っているか、簡単に言わせてみてもよい。

- ②を予習して来なかった学習者がいる場合は、して来た学習者として来なかった学習者を組ませ、予習をしてきた学習者から必要な情報を得るよう指示を与える。その後、して来なかった学習者の何人かにどんな情報を知ったかをクラス全体に説明させるとよい。

- 文化ノート3「カワイイニッポン！」(p.176)を①のキャラクターグッズの話題と関連づけて、前作業として読むことも出来る。

## この読み物の目的

▶日本のポップカルチャーの現状、マンガの魅力、手塚マンガの特徴を理解する。

---

### 読み物・1  p.153

# マンガの神様：手塚治虫
てづかおさむ

1　今、世界中で日本のマンガ、アニメ、ゲーム、キャラクターグッズ、Jポップなどのポップカルチャー・ファンが増えている。海外で「MANGA」といえば日本マンガのことを、「ANIME」と言えばディズニーなどのアニメーションではなく日本アニメのことを言う。また、日本で生まれたテレビゲームも「VIDEO GAME」として世界中に広まった。日本のポップカルチャーは

5　様々な国の経済や文化やファッションに影響を与え、ビジネスとしても大きいマーケットになっているのだ。

　では、そのポップカルチャーの元になっているものは何だろうか。それは、日本のストーリーマンガだと言えるかもしれない。今、日本のストーリーマンガは世界中で楽しまれていて、アジア、オセアニア、ヨーロッパなど色々な国の言葉に翻訳されて本になり、読者を広げている。そ

10　して、多くのアニメやテレビ番組やゲームなどがマンガの原作を元にして作られるため、マンガ、アニメ、映画、ドラマ、ゲームなどのファンがそれぞれお互いに影響を与え合いながら、ファンを増やしている。日本のストーリーマンガはメディアコンテンツとして、大きいビジネスになっているのだ。

**日本のアニメ市場**（億円）
（2007年メディア開発綜研発表）

**ゲームソフト市場（推定）**（国 / 億円）
（ファミ通ゲーム白書2006）

　その上、日本のマンガは欧米人の本の読み方さえ変えようとしている。アメリカでは2002年

15　に日本の少年マンガ週刊誌、次の年には少女向けのマンガ週刊誌が出版された。それまで欧米の本や雑誌は右から左にページをめくる読み方が一般的だったが、マンガファンの「右上から左下に読む日本のマンガと同じスタイルにしてほしい」というリクエストで、アメリカで売られる日本のマンガ雑誌も、日本と同じように左から右にページを開くスタイルで作られるようになったのだ。

20　それでは、日本マンガの魅力は何だろうか。そのことを考える時、一番初めに思い浮かぶのが手塚治虫の名前だ。昔は日本でも、マンガは子供のためのものと思われていたが、手塚はそれ

| 広まった | 様々 | 経済 | 影響 | 元 | 読者 | 増やして | 欧米 | 少年 |
| 少女 | -向け | 出版 | 開く |

---

手塚マンガになじみのない学習者が多い場合は、「マンガの神様：手塚治虫」というタイトルと一緒に本文のイラストを見せたり、手塚マンガの実物やキャラクターの絵などを見せたりしておくと、興味を喚起することが出来てよい。

[⇨内容質問1]
＋更に自分達の国で実際に影響を受けた物やことについて話し合う。

具体的な例を挙げて説明させる。

[⇨内容質問2、3]

[⇨みんなで話してみよう1]

[⇨内容質問4]
＋マンガ本の実物を見せて、ページのめくり方やコマを追っていく順番について確認すること。

第7章　各課の授業の流れと教え方　第7課

を小説や映画と同じような物語の表現方法の一つとして確立し、大人でも楽しんで読めるものに変えた。現在の日本のストーリーマンガの元を作ったのだ。

25　手塚治虫は第二次世界大戦後、医学部を卒業して医学博士になったが、医者にはならずに漫画家になった。そして、1989年に60歳で亡くなるまで700以上の作品を残した。本名は治だが、子供の頃から虫が好きだったので、ペンネームを治虫にしたそうだ。ベレー帽をかぶり丸い眼鏡をかけた丸い鼻がトレードマークで、彼のマンガには、自分と同じような人物がよく出て来る。

手塚治虫の写真

手塚が描いた自分自身のマンガ
©Tezuka Productions

鉄腕アトム
©Tezuka Productions

　手塚が描いたマンガの中で初めてテレビアニメになったのは、「鉄腕アトム」という少年ロ
30　ボットが活躍するSFマンガだ。60年代に子供達の人気を集め、その後の日本のSFアニメブームのきっかけにもなった。アジアの国々や、ヨーロッパ、アメリカのテレビでも放送されたので、知っている人も多いはずだ。その他にも、『ジャングル大帝』『リボンの騎士』『どろろ』『火の鳥』『ブッダ』『ブラックジャック』『アドルフに告ぐ』など、アニメや映画になったり、世界中の言葉に翻訳された手塚作品はたくさんある。

　手塚のマンガには、宗教、哲学、医学、芸術、歴史、SF、宇宙、自然など様々なテーマがあり、
35　難しい言葉や理論ではなくて、面白くて楽しい絵と分かりやすい言葉で、命の大切さ、自然の大きさ、戦争の無意味さ、人類の未来などについて教えてくれる。手塚のマンガの特徴であるオノマトペがたくさん入ったマンガを笑いながら読んでいるうちに、読者は人間が生きることや死ぬことについて深く考えさせられてしまうのだ。

　手塚がすばらしいのは、マンガを描くだけでなく、自分の後に続く漫画家達も育てたことだ。
40　彼は漫画家になるのを夢見て自分のところに集まって来た若者に、住む場所や仕事の世話などをして、多くの漫画家を育て、世の中に送り出した。そして、手塚や手塚に育てられた人達のマンガを読んで、次の世代の漫画家達が育っていった。現在の日本人漫画家で手塚の影響を受けていない人はいないはずだ。人々は、愛情と尊敬と、人間を超えた才能を持った人という気持ちを込めて、手塚治虫を『マンガの神様』と呼ぶ。もし、手塚治虫が存在しなかったら、今のアニメや
45　マンガのブームはなかったかもしれない。手塚の残したものが、今、世界中に影響を与えていることを、彼は空の上でどう思っているだろうか。

| 方法 | 第二次世界大戦 | 医学 | -家 | 亡くなる | 作品 | 頃 | 虫 | 丸い | 鼻 | 人物 |
| 活躍 | -年代 | 放送 | 芸術 | 命 | 戦争 | 人類 | 深く | 世の中 | 愛情 | 超えた |

---

右欄のメモ：

「手塚治虫というのは何をしたどんな人ですか。五つ以上挙げなさい。」のような質問をするとよい。

手塚マンガの実物や表紙の絵などを見せると、イメージが広がってよい。

宿題として、学習者の母語でインターネットなどで「ブッダ(宗教)」「ブラックジャック(医学)」「アドルフに告ぐ(歴史)」について読み、それぞれのマンガについての大まかな知識を得ておくように指示すると、次段落の文章理解が適確になり、話し合いもしやすくなる。

修飾節に注意。

[⇨内容質問 5]

ll.24〜38 で、手塚はどんな人か、手塚についてどんなことが分かるか、キーワードを出させて要約させる。設定として、手塚のことを知らない人に手塚について簡単に分かりやすく説明するというタスクを与えるとよい。

[⇨内容質問 8、9、10]
＋比喩的な表現で意味を理解するのが難しいので、注意する。自分の経験で世話をしてあげた／世話{になった・してもらった}ことについて具体例を話し合うとよい。(例えば、大学のキャンパスに引っ越して来た時に、誰にどんなことをしてもらったかなど)「世の中に送り出す」の意味が分からない時には、有名コーチがスポーツ選手を育てる具体例などを挙げて、補足する。

修飾節に注意。

---

[⇨内容質問 6、7]
＋更に、神様と呼ばれる人はどんなことをした人か、例えばどんな人が神様と呼ばれているかについて、話し合ってみてもよい。その際、「〜は〜の神様と呼ばれている／言われている」のような表現を使わせる。
　例) マイケルジョーダンはバスケットの神様と言われることがある。
　　　ジャズの神様、コンピュータの神様、物理学の神様など。

## この読み物の目的

▶日本語のオノマトペの種類、特徴、効果や用法について学ぶ。

---

p.157

**読み物・2**

# 日本語のオノマトペ

1　「雨がザーザー降る」とか「赤ちゃんがよちよち歩く」という面白い言葉を聞いたことがありますか。こんな言葉を使ったことがありますか。「ザーザー」や「よちよち」のような音や様子を表す言葉をオノマトペと言います。日本語のオノマトペには、擬声語＝動物や人間の声を表す言葉、擬音語＝物の音を表す言葉、擬態語＝動作や様子を表す言葉、の三つの種類があります。

5　次の言葉はどの種類に入ると思いますか。

> 1. 犬がワンワン（と）ほえる。　　2. チャイムがピンポンと鳴る。
> 3. お腹がすいてぺこぺこだ。　　4. 水をごくごく（と）飲んでいる。
> 5. 待たされてイライラした。　　6. ドアがバタンと閉まった。

　日本語は、オノマトペが世界一多い言葉だと言われていますが、どうしてこのように多く使
10　われるのでしょうか。実は、日本語はもともと動詞の数が少ない言葉で、例えば「笑う」という動詞に当たる言葉は日本語には「笑う」しかありませんが、英語にはlaugh, smile, giggle, grin, guffawと色々あります。この英語を日本語で表すとそれぞれ「笑う」「にっこり／にこにこ笑う」「クスクス笑う」「にやりと笑う」「げらげら笑う」となり、「笑う」の前にオノマトペをつけて表現することになります。オノマトペは動詞にバリエーションをつけるために使われる表現なのです。
15　また、オノマトペはフォーマルな場面で話す時や文を書く時にはあまり使われないという傾向もあります。

　ところで、オノマトペがとてもたくさん使われているのが、日本のマンガです。次のページのマンガにあるそれぞれのオノマトペは、どんな様子を表しているでしょうか。ちょっと考えてみてください。「シーン」というのは、音のない様子を表した言葉で、漫画家の手塚治虫が作った
20　と言われています。世界16か国で読まれている日本の人気マンガ「ワンピース」の中で「シーン」という言葉がどのように翻訳されているかを見てみると、英語版ではHMMMMMと全然違う意味になっていて、スペイン語版では何も書いてないそうです。中国語や韓国語やアラビア語では、何と書いてあるのでしょうか。みなさんは「シーン」を自分の国の言葉で表現するとしたら、どんな言葉を使ってみたいですか。
25　オノマトペは面白くて簡単そうに見えますが、実は、使い方にはとても複雑なルールがあるのです。例えば、初めに挙げた例を見て下さい。動詞の前に「と」があるものとなくてもいいもの、「する」と一緒に使われるもの、ひらがな書きとカタカナ書きのものなど、色々な例がありますね。

---

| 降る | 様子 | 動作 | 鳴る | 閉まった | 世界一 | 当たる | 傾向 | 挙げた |
|------|------|------|------|---------|--------|--------|------|--------|
| ふ | ようす | どうさ | な | し | せかいいち | あ | けいこう | あ |

---

本文を読む前に、どんな日本語のオノマトペを知っているか簡単に話させるとよい。その後、「人の気持ちや様子を表すオノマトペ」(p.161)を見て気がついたことを話し合う。

本文が読者に質問を投げかけるスタイルで書かれているので、その質問に答えたり話し合ったりさせながら、読み進めていくのがよい。

1. 擬声語　2. 擬音語　3. 擬態語
4. 擬音語　5. 擬態語　6. 擬音語

[⇨内容質問 1、2]

「シーン」を自分の国の言葉、或いは自分が思いつく他の音にしたら、どんな言葉で表現するかについて話し合う。

清音か濁音か、長音や促音があるかないかによって、状態や様子や印象が違うということを紹介するに留める。理解を助けるために絵や写真や実物を見せるのはよいが、違いについて時間をかけて説明や解説をし、練習問題に多大な時間を費やすのは避けること。オノマトペを適確に使用することは難しいので、この段階では、学習者にとって身近なオノマトペが理解できて、使えるようになることを目指せばよい。日本人でも日常あまり使わないようなオノマトペの練習までさせることは避ける。
　練習しておくといい例)
　　(心臓が)ドキドキする、頭がガンガンする、
　　{ニコニコ／ニッコリ} {する／笑う}、ワイワイ {話す／騒ぐ}、
　　バタバタ {走る／する}、おなかがペコペコだ

**p.158**

　また、清音か濁音かでもイメージが違ってきますし、長音があるか、促音(小さい「っ」)があるかでも、聞いた感じはずいぶん変わります。下の例の右と左ではどんな違いを感じますか。

本文を読んだ後で内容質問3をしてもよい。

30
例：ころころ　vs.　ごろごろ　　　し〜ん　　vs.　しん
　　さらさら　vs.　ざらざら　　　ブーブー　vs.　ブッブッ
　　しとしと　vs.　じとじと　　　ワッハッハ　vs.　ハハハ

「みんなで話してみよう」4のように、オノマトペを説明させる時に言葉だけで説明するのが難しいオノマトペは、簡単な絵を描かせて説明させるとよい。

　オノマトペが上手に使えるようになると、もっと日本語らしい話し方になります。それから、いい言葉が見つからない時に、イメージを音に置きかえて表現することで、こちらの言いたいことが相手に伝わることもあります。皆さんも機会があったら、「どんどん」オノマトペを使って
35　みて下さい。

▶実際のマンガのオノマトペの例：
　1) それぞれのマンガのオノマトペはどんな様子や音を表していると思いますか。
　2) 1b、2b、3a、4aのマンガは右と左のどちらのコマ(frame)から読まなくてはいけませんか。

読み物2を読んだ後、以下のような順番で進めるとスムーズにいく。
　・実際のマンガのオノマトペの例についての話し合い(pp.158〜159)
　　⇩
　・文法ノート⑫「Nounが〜する」を導入(p.173)
　　⇩
　・「人の気持ちや様子を表すオノマトペ」(p.161)
　　⇩
　・練習(p.160)

**1** a.

b.

©手塚治虫『ブッダ Vol.3―賢者への道の巻』
潮出版社(希望コミックス CASUAL)
／ 2002 / P.295,296

**2** a.

b.

©二ノ宮知子
『のだめカンタービレ　第1巻』
講談社／ 2002 / P.38, P.99

マンガの中のオノマトペを話し合う時に、使用されているオノマトペには普通どんな動詞が続くかを考えさせると、そのオノマトペがどんな動作や様子を表しているかはっきりする。
例)リンゴをムシャムシャ食べる。
　　虫がブーンブーンと飛んでいる。

伝わる　　　機会
つた　　　　きかい

## 会 話 文 【pp.163〜164】

### ▶目 的

- 身近な困った状況を説明したり苦情や不平を言ったりする表現を学ぶ。
- 話し言葉の縮約形を学ぶ。
- 血液型占いという文化について知る。

　注）「占い」は英訳ではfortune-telling としてあるが、「血液型占い」というのは、いわゆる「占い」ではなく、性格
　　　判断や相性診断のようなものだということを補足すること。

### ▶授業のヒント

[会話文1]

- 内容確認として、以下のような質問をするとよい。
  1. どんなオノマトペが使われていますか。それはどんな様子や音を表していますか。
  2. マイクさんが困っていることは何ですか。二つ挙げなさい。
  3. 大家さんはマイクさんが困っている二つのことについて、どうすると言いましたか。
  4. 大家さんはマイクさんのことをどう思っていますか。

- 本文のオノマトペは、それぞれの様子を実際に音を出してみたり学習者に実演させてみたりすると、使い方の確認が出来、理解もしやすくなる。

[会話文2]

- 内容確認として、以下のような質問をするとよい。
  1. モニカは、はるかに何について質問しましたか。どうしてそれについて聞きましたか。
  2. はるかによると、血液型でどんなことが分かるようですか。四つ以上挙げなさい。
  3. モニカは、はるかの話を聞いてどう思いましたか。あなたはどう思いましたか。
  4. 日本で血液型に関係した本や記事がよく見られるのはなぜですか。
  5. モニカはなぜ「血液型占い」は日本のポップカルチャーになるかもしれないと思ったのでしょうか。モニカの意見について、どう思いますか。

- 本文を読んだ後、「みんなで話してみよう」（p.166）の5について話し合う。話し合いをする前に単語表（p.165）にある性格を表す言葉（16〜21, 30〜36）を導入しておき、その言葉を使って自分の性格について話させるとよい。

## 会 話 練 習 【pp.167〜169】

### ▶目 的

- 先生や友達に身近な困った状況を説明できるようになる。

### ▶授業のヒント

[会話練習1]

- モデル会話を読む前に「下の部屋の人がうるさくて困っている状況」を大家さんに説明するとしたら、どう言うかを考えさせると、うまく言える部分と言えない部分が把握できてよい。うまく言えない部分については、表現の仕方を教えておくと会話練習がスムーズに行える。

- モデル会話で、談話の流れとキーフレーズを確認する。

  [談話の流れ]

  | 話を切り出す | → | 状況を説明する／苦情を言う | → | お願いをする | → | お願いに答える | → |

  | 話を切り上げる |

- できれば場面ごとのイラスト(既存のものの工夫でOK)を用意し、練習問題の穴埋めをした後に、教科書を見ないで、イラストを見ながら会話を進める練習をする。

  イラスト例) 学生が先生に教科書が買えない状況を話している場面

  学生(教科書が買えない)　　先生(他の本屋にも行ってみたか？)

- パターン練習に移る前に、p.169のペアワークで、今までに経験したことのある身近な困った状況(アルバイトや住まいで困ったことなど)を話し合わせておくと、会話練習にスムーズに入れる。先にロールプレイ2(p.169)の練習をしてもよい。

[会話練習2]

- 練習に入る前に縮約形の口慣らしをしておき、会話練習では縮約形を使うよう指示をする。

- モデル会話で談話の流れとキーフレーズを確認する。

  [談話の流れ]

  | 話を切り出す／問いかける | → | 状況を説明する | → | アドバイスする | → | お礼を言う |

- できれば場面ごとのイラスト(既存のものの工夫でOK)を用意し、練習問題の穴埋めをした後に、教科書を見ないで、イラストを見ながら会話を進める練習をする。

  イラスト例) 友達にコンピュータサーバの問題について話している場面

  学生1(サーバがダウンしている)　　学生2(何かアドバイスをしている)

## 文化ノート 【p.176】

- 文化ノートは「本文を読む前に」の中で前作業として用いることも出来るし、時間があれば独立した読み物として授業で読んでもよい。

- **とびらサイト** の音声教材を聴いて、意味を理解するという聴解練習の宿題にしてもよい。

- 問題の答) ①＝(c) ②＝(a) ③＝(e) ④＝(d) ⑤＝(b)

- 以下のことについて話し合うことも出来る。

  1. 日本語の「かわいい」という言葉はどんなもの、どんな様子に使われるか。
  2. 掲載してある五つの例の他に、何か日本のかわいいキャラクターを知っているか。
  3. 自分の国の言葉に日本語の「かわいい」に当たる言葉があるか。

注) 日本には他にもかわいいキャラクターや「ゆるキャラ」と呼ばれるキャラクターがたくさんあるが、著作権の関係で非掲載となった。授業では実物のキャラクターグッズや写真、イラスト、動画などを見せて、なぜ日本に「カワイイ文化」が発達したかを話し合うと色々な意見が出て面白い。

　「子供の好きなものを大人が好きでも許される文化」「急いで大人にならなくても許される文化」「子供の気持ちを持ち続けることを受け入れてくれる文化」などがうらやましいという学習者からの意見もある。

## 後作業／発展練習

- 読み物 1 の中のそれぞれのグラフを見て分かることについて話し合い、第 6 課で学んだ表現を使って説明させてもよい。

- 「みんなで話してみよう」4(p.166)について話し合う。言葉だけで説明するのが難しいオノマトペは、簡単な絵を描かせて説明させるとよい。

## 文法ワンポイントアドバイス

❶ Sentence。{では／それでは／じゃ}、Sentence。

- この表現には単に文と文をつなぐのではなく、前文を受けて新たな疑問を提示する(例文 2)、前文を受けて依頼や提案や意思を示す(例文 1)という働きがあることをきちんと理解させる。「じゃ」を発話するたびに意味もなく文頭に使ったり、文中であいづちのように頻繁に使う学習者がいるので、注意が必要である。

- 「では」「それでは」はフォーマルな形なので、日常の会話より商談やスピーチなどの場合で使われることが多い。「です・ます体」で話していても、教師が学習者に話す場合などには「じゃ」や「それじゃ」の方が多く使われることも言っておくとよい。

- 発表の時には、「では、次に」「では、続きまして」「では、三つ目の理由ですが」といった表現を使わせるようにするとよい。

❷ その上

- 「その上」に続く文には助詞の「も」が含まれることが多いので、そのようなコンビネーションで練習をさせるとよい。

  例) A：あのレストランは、いつも混んでいますね。

  　　B：ええ、あのレストランはとても美味しいんです。その上、値段も安いんですよ。

- 「その上」を「その上に」と言ってしまう誤用が見られるので、「その上に」ではないことを確認しておく。

❸ Noun(Particle)さえ

- 学習者によくある誤用に「さえ」の前に使われる名詞の選択の間違いがあるので、「さえ」の前に来る名詞は極端な例であることを理解させることが重要である。

  例) ブラウンさんは日本食が好きです。 × 寿司さえ食べるそうですよ。

  　　　　　　　　　　　　　　　　　 ○ 納豆さえ食べるそうですよ。

  (寿司は、最近一般的な食べ物になっているし、多くの外国人が好む食べ物になってきているので極端な例とは言えない。)

- 「さえ」の前に来る助詞の「が」「を」は省略されるが、その他の助詞は、省略可能な「に」「へ」も含めて「にさえ／でさえ／とさえ」のように入れて練習させるとよい。

❹ ～向け

- よく使うフレーズ(例：子供向け、学生向け、外国人向け、ビジネス向けetc.)が理解できればよいので、よく使うフレーズをいくつか選んで練習させるとよい。限られた人を対象に作られた物について、「Xはどんな人向けの商品ですか」「X向けのテレビ番組にはどんなものがありますか」などの質問をして練習するとよい。

- 「家族向けの手紙」など特定の個人には使わないことにも触れておくとよい。

## ⑤ 〜である

- 「〜である」は「だ」のフォーマルな言い方で、フォーマルな文章でよく使われることを理解させる。(第2課p.31参照)

- 「私の友達 {○である／×だ} 山田さん」のように、文型cの名詞修飾をする場合には「Nだ」ではなく「Nである」を使わなくてはいけないことを指導する。

- 「〜である」には否定形や過去形などの使い方もあるので、いろいろな状況を使って練習するとよい。

## ⑥ Verb-*masu* 出す

「Verb-*masu* 出す」は「出す」の前に来る動詞によって様々な意味になるので、「降り出す」「探し出す」のようによく使う動詞と一緒に結びつけて意味が理解できるようにする。

## ⑦ 〜ない〜は {ない／いない}

二重否定であり、意味は全肯定(例:手塚の影響を受けていない人はいない。 → 全ての漫画家が手塚の影響を受けている。)であることを理解させる。

## ⑧ XはYに当たる／Yに当たるX

- 「XはYに当たる」(例文1、3)と「Yに当たるXはZだ」(例文2、4)の二つの文型があることを確認する。

- 「〜に当たる」を使って日本語の言葉や日本で使われている単位(例:円、メートル、キログラム etc.)を他の言語では何と言うかを説明する練習をするとよい。

## ⑩ 〜(という)傾向が {ある／見られる}

- tendency という英訳から自分のことに使う誤用が英語話者の中に見られるが、日本語では自分のことについてこの表現を使うことはないので気をつけさせる。
    - 例) × 私はいつも日曜日は疲れているので、何もしない傾向がある。

- 「という」を入れず、ナ形容詞が先行する場合は「〜な傾向がある」、名詞が先行する場合は「〜の傾向がある」という形になることも確認しておく。

- 二つの事柄を比較させると練習がしやすい。
    - 例1) 日本人にはグループを大切にするという傾向が見られますが、アメリカ人は個人を大切にするという傾向があります。
    - 例2) 若者はにぎやかな町に住みたがる傾向がありますが、お年寄りは静かな所に住みたがる傾向があると思います。

## ⑪ (もし)Sentence としたら

- 例文1のように「〜としたら」は仮定を表すが、下の例のような可能性を想定した仮定には使えないことを指導する。
    - 例) × 明日雨が降るとしたら、テニスはできません。

- この用法は「もし〜の場合、どうなるか／どうするか」という意味なので、仮定の質問文を考えさせ、質問し合うなどの練習をするとよい。

## ⑫ Noun が〜する

- 日本語には第7課の読み物2にもあるように、色々なオノマトペがあるが、すべてを一度に覚えさせるのは無理があるので、この段階ではよく使うものを選んで覚えさせるようにするとよい。(第7課授業のヒント参照)

- オノマトペには、「Nounが [オノマトペ]する」(例:頭がずきずきする)の形になるものと「[オノマトペ](と)Verb」(例:きりきり(と)痛む)があるので、オノマトペだけを覚えさせるのではなく、どちらの形で使われるのかも一緒に覚えるように指導する。

⑬ ～くせに

- 「～くせに」は逆接の接続詞であるが、話し手の快くない気持ち(怒り、不満、非難、不同意など)が表出されるので、場面に注意して練習させる。自分のことには使えないことも説明しておくとよい。

    例) ×私は3年間も日本語を勉強しているくせに、まだあまり日本語が上手じゃない。

- 「～くせに」と「～のに」の違いに気をつけさせる。

    ～くせに：その人物や対象に対する不満や非難を表す。
    ～のに：驚きや意外な気持ちを表す。

    例1) 彼は学生なのに、高い車に乗っている。
    例2) 彼は学生のくせに、高い車に乗っている。

        (例1が単に話し手の意外な気持ちを表しているのに対し、例2は学生は働いていないから高い車に乗れる身分ではないはずなのに身分不相応に高い車に乗っているという話し手が相手を非難する感情を含んでいる。)

- 教科書の例文では人物だけが取り上げられているが、人物以外に店、会社、町、国などにも使えるので、そのことを説明に加えるとよい。

    例1) あのレストランは高いくせに、サービスが悪い。
    例2) この会社は社員に残業ばかりさせるくせに、給料は安い。

⑭ 話し言葉の縮約形(contracted forms)

色々な縮約形があるが、一度にすべてを習得することは無理なので、まずは学習者がよく耳にする可能性のある縮約形(文型a-d)を聞いた時に、意味が理解出来ればよい。その上で、友達との会話などを練習する際に、徐々に縮約形が使えるように時間をかけて指導していく。

⑮ ～（という）わけ{ではない／じゃない}

- 「～わけ」の前に言ったことを否定する時に用いる表現であることを理解させる。

- 状況や前に言ったことから予想されることを否定する時(例文1、4)や、聞かれたことを間接的に否定する時によく使われることを説明するとよい。

    例) A：あの人が嫌いなんですか。
        B：嫌いなわけではないんですが、デートしたいとは思いません。(例文5)

- 例文1のように「～わけではない／じゃない」の前に否定文が来る場合は二重否定になり、結果的に肯定の意味になるが、積極的な肯定ではない(つまり、普通の肯定文で言いたくない何かの事情がある)ことに注意させる。

# ■第8課　日本の伝統芸能【pp.177～198】

```
本文を読む前に  ➡  読み物  ➡  ペアワーク2  ➡  ストーリーを紹介する(p.185)  ➡
会話文(pp.184～185)  ➡  ペアワーク1  ➡  発表  ➡  後作業／発展練習
```

- 前作業でビデオ鑑賞の時間を取る。
- ペアワーク2は絵を見ながらストーリーを紹介する練習、ペアワーク1は会話でストーリーを紹介する練習のため、読み物の後にペアワーク2を行った方が練習の流れがよい。
- 言語ノート9「ノ形容詞」(p.183)は時間がなければ各自で読ませる。文化ノート4「日本の歌」(p.198)は時間に余裕がある時にやるとよい。

## 教室活動について

### 本文を読む前に 【pp.178～179】

#### ▶目 的

- 日本の代表的な伝統芸能の紹介と簡単な予備知識を与える。
- 自分の国の伝統芸能について知っていることを話し合い、読み物を読む意欲を高める。
- 一般的によく知られている話を改めて見直す作業を通して、ストーリー的な読み物の読解の準備をする。

#### ▶授業のヒント

- 学習者の興味を喚起し、日本の文化紹介にもなるので、始めに日本の伝統芸能を紹介するビデオを見せる。ビデオを見るために前作業が長くなるが、余分な時間がかかったとしても、本作業の読解をスムーズに行うためには必要な活動と言える。ビデオを見た後、「どれが一番面白かったか。どうしてか」「どんなことに気がついたか」「それぞれにどんな特徴があるか」などを簡単にディスカッションする。ビデオを見せる場合は、①は省いてもよい。

- 読み物に出てくる狂言「附子（ぶす）」も、一部をビデオで見せておくと本文の話が理解しやすくなる。

  > ・ 伝統芸能紹介のビデオ（38分）　The Tradition of performing arts in Japan [VHS] : the heart of Kabuki, Noh and Bunraku / produced by Shin-el inc. ; written and directed by Hajime Funatsu.
  > このビデオでは能、文楽、歌舞伎が紹介されている。伝統芸能の継承に関する部分など、能の一部は飛ばして見せればよい。
  >
  > ・ 狂言「附子」のビデオ（26分）　狂言でござる 野村万作狂言集 三巻 [DVD]
  > 一部を英語字幕付きで見せるとよい。

- 時間に余裕がなければ、③は省くか、宿題にすることも出来る。

## この読み物の目的

▶笑いの効果について学ぶ。

▶狂言「ぶす」の話の筋を理解し、風刺の面白さを味わう。

---

# 狂言と笑い
きょうげん

1　日本語では、笑いは様々な表現で表わされます。例えば、大声で笑う時は「ゲラゲラ」笑い、恥ずかしそうに小さい声で笑う時は「クスクス」笑います。他にも「きゃっきゃっ」と笑ったり、「ワハハ」と笑ったりします が、皆さんは、これらの「笑い」には不思議な力があることを知っていますか。実は、「笑い」は人間の健康と深い関係があり、その効果は科学的にも証明されて

5　いるのです。

　　糖尿病 (diabetes)という病気は、血液中の血糖値(blood-sugar level)が高くなることによって起こる病気ですが、ある科学者が、面白い話を聞かせた後の患者と難しい講義を聞かせた後の患者の血糖値を比べるという実験をしてみました。すると、難しい講義を聞いた後では平均123ミリグラムも上がった血糖値が、面白い話を聞いて笑った後では、平均77ミリグラムしか上がらなかっ

10　たという結果が出たそうです。

　　また、血液の中には、キラー細胞(natural killer cells)と呼ばれるユニークな名前の細胞があります。この細胞は名前の通り、ウイルスや癌細胞を壊す力を持っていて、キラー細胞が増えれば増えるほど、多くの悪い細胞が減るのですが、「笑い」にはこのキラー細胞を増やす効果があるということも分かりました。

15　さて、人間の健康にとって大切な行為である「笑い」、これを取り入れた日本の伝統芸能と言えば、一番に「狂言」が挙げられます。狂言というのは、歌や踊りがあまり出てこない、言葉を中心とした劇で、14世紀頃に劇の形が完成しました。狂言には、主人と家来、親と子、山伏など色々な人物が登場しますが、どの人物もどこにでもいる普通の人達ばかりで、スーパーマンのような超人的なヒーローは出てきません。また、悲劇の主人公のような人物も出てきませ

20　ん。この普通の人達が、失敗したり、うそをついたり、困ったりする様子を、言葉や動作でユーモラスに表現しているのが狂言です。

　　また、狂言には、話の途中で強い人と弱い人の立場が逆になってしまうという風刺的な面白さもあります。例えば、「主人」は自分の「家来」に簡単にだまされてしまいますし、偉そうにしていた「親」が「子供」にからかわれたり、超人的な力を持っているはずの山伏が実際は

---

（右側の注記欄）

「ぶす」の背景情報が分からないと読み物が理解できないので、ビデオを先に見せておく。全体を見せる必要はないが、ストーリーの一部を起承転結で抽出して、話の筋が分かるようにしておく。ビデオは各種あるので、手に入るものでよい。

第7章 各課の授業の流れと教え方　第8課

ll.15〜29の狂言の面白さの部分を理解しやすくするために、先にll.30〜41までにある「ぶす」のストーリー部分を読み、その後、l.1から読んでいくことも可能。

笑い声のオノマトペを簡単に確認する。（第7課の復習）

言語ノート6「が and けれども」(p.126)で "but" の意味ではない用法を確認。

血糖値は高いより低い方が好ましいという知識を与えること。そして、難しい話を聞いた時は血糖値の上昇が大きくなり、笑った時には血糖値はあまり上昇しないことを理解させる。

[⇨内容質問 1]　[⇨内容質問 2]

修飾節に注意。　[⇨内容質問 3]

ll.30〜41 を読んでからこの部分に戻るという方法で、狂言の持つ風刺的な面白さを理解しやすくすることも可能。

動作主と被動作主との関係を確認。

---

（下側の注記欄）

風刺とはどんなことをすることかを確認する。例えば、権力のある人や自分より力のある人をばかにしたり、からかったりすること。それらの風刺には超人的な人や絶対的な人は出てこないこと、超人的と自分で思っている人でも実は普通の人であるということを分からせる風刺もあることなどを確認する。そして、学習者の国では、風刺的なものにどんなものがあるか、どんなところに風刺が見られるか、具体例を挙げさせる。
例）米国ならアニメの「ザ・シンプソンズ」、雑誌の「ザ・ニューヨーカー」の表紙など。日米共通なら「1コママンガ」など。

「ぶす」のストーリーの内容理解の助けとして、p.179の③の表を利用するとよい。その際、内容質問の5〜8に答える形で主人と家来がしたことについてこの表を埋めさせると分かりやすい。

| 登場人物 | 主人 | 二人の家来 |
|---|---|---|
| したこと | ・（いつ、何をした）<br>・<br>・<br>・ | ・<br>・<br>・ |

**p.181**

25 無力で弱かったりするという話がよく出てきます。

　昔の日本は身分の差が大きく厳しい上下関係がありました。しかし、狂言の中では、身分が高くて立派だと思われている人が、バカなことをして身分が低い人に笑われるという話がよく出てきます。昔の人々は、狂言の中に偉い人や超人的な人が自分達と変わらない普通の人として描かれている点に、面白さを感じたのではないでしょうか。

30　代表的な狂言の一つ、「ぶす」という話を紹介しましょう。ある日、主人が二人の家来に、自分の留守中に「ぶす」という名前のおそろしい毒が入っている桶には絶対に近づかないようにと言って出かけます。しかし、「見てはいけない」と言われてますます見たくなってしまった二人は、我慢できずに桶のふたを開けてみました。すると、桶の中から、甘くておいしそうなにおいがしてきました。実は、桶に入っていたのは「おそろしい毒」ではなくて「甘くておいしい黒砂35 糖」だったのです。もちろん、二人はそれを全部食べてしまいました。

　さて、二人は主人に謝ったと思いますか。いいえ、二人は逆に、主人が大切にしていた掛け軸を破ったり、高い茶碗を割ったりしました。そして、主人が帰って来ると、泣きながら「大変悪いことをしてしまったので、ぶすを食べて死のうと思ったけれど死ねなかった」と言いました。自分が出かけている間に黒砂糖を食べられないように、毒だと言って、家来をだまそうとした主40 人。しかし、逆に家来に黒砂糖を全部食べられてしまい、その上、大事な掛け軸を破られ、高い茶碗も割られてしまったのです。

　皆さんはこの話のどんなところが面白いと思いますか。皆さんの体の中のキラー細胞は増えたでしょうか。このように、「笑い」は伝統芸能の中にも生きています。そして、芸術の中の「笑い」も、毎日の日常生活の中で生まれる「笑い」も、効果は同じです。皆さんも、身近な健康法とし45 て、「笑い」を見直してみませんか。

能舞台

狂言「ぶす」

©茂山狂言会

| 身分 | 立派 | 低い | 点 | 留守 | 毒 | 近づかない | 甘くて | 謝った |
|---|---|---|---|---|---|---|---|---|
| 破った | 割った | 日常 | 身近 | -法 | 見直して | | | |

［⇨内容質問4］

話の筋が理解できたかどうかを確認するために、最後にどんなストーリーだったかを自分達の言葉で話させてみるとよい。その際は、無言の時間を避けるため、ペアの作業にして、二人で話し合いながらストーリーを再構築させるようにすること。また、話の流れを示す言葉を提示して、適宜に使うように指示をする。それぞれの言葉の意味はあらかじめ確認しておくこと。

　例）ある日、しかし、すると、
　　それで、そして、それから、
　　その後で

話の筋の理解確認としては、ストーリーのミニスキットをさせてもよい。3人ずつグループを作り、登場人物の台詞も考えてスキットを作るように言う。スキットで使えそうな小道具（蓋つきの入れ物と中に甘い食べ物／掛け軸に似せて、カレンダーの1ページなど／茶碗（実物でなくイラストや写真の方が割るという疑似行為が出来る））をあらかじめ用意しておくと、演技がしやすい。難しい語彙が多く、内容も複雑なので読解の弱い学習者には、この話の理解は難しい。実際に登場人物を演じてみる、或いは誰かの演技を見ることで、どのような内容の話だったかがよく把握できるようになる。

［⇨内容質問9、10］
+内容質問10のどんな点が風刺的かという質問の答えが出ない場合は、ll.22〜29にあるヒントを見つけさせてもよい。

## ペアワーク２ 【p.189】

### ▶目 的

物語などのあらすじを話せるようにする。

### ▶授業のヒント

- 話の流れを示す言葉にどんなものがあるか、どんな場面で使うかを確認する。

    例）ある日、それで、そして、ところが、すると、その時 etc.

    p.189の「あらすじ」のひな型をそのまま使うと難しいので、話の流れを示す言葉は学習者のレベルに合わせて適当なものを選び、提示し直した方がよい。話の最後に使う「めでたし、めでたし」「おしまい」も、ここで導入すること。

- 6枚の絵を見ながら、ペアでストーリーを作る→コマの順番にコマの横に文を書く→発表する、の順に行う。赤ずきんちゃんの話は、赤ずきんちゃんの視点*、おおかみの視点、それぞれの視点から話す練習が出来る。(* とびらサイト 登録教師専用メニュー内「教師の手引き」に参考ワークシートあり。)

- 上記のアクティビティの後でペアを変えて、或いはグループで、自分達の赤ずきんちゃんのストーリーを作って発表させると、話の終わり方に様々なパターンが出てきて面白い。

## 会 話 文 【pp.184〜185】

### ▶目 的

狂言「くさびら」の話の筋を理解し、風刺に加えシュールな面白さも味わう。

### ▶授業のヒント

- まずp.185の「ストーリーを紹介する」で「くさびら」のストーリーを先に読み、その後、p.184の会話文に進んだ方が会話の内容が理解しやすい。

[ストーリーを紹介する]

- 内容確認として「くさびら」のあらすじを話させる。以下のような話の枠組みと場面展開を表す言葉をヒントとして与えておくと、話がしやすくなる。

    例）登場人物は？　いつ、どこで、どんなことをしていた時、何が起きた？　その後、どうなった？

    ①ある日、〜　②それで、〜　③そして、〜　④ところが、〜　⑤とうとう、〜　⑥［最後の言葉］

- 話の筋の理解確認としては、ストーリーのミニスキットをさせてもよい。「くさびら」の話を村人、山伏、きのこの3役でスキットを作らせる。その際、きのこ役にはきのこのイラストなどを与えて体につけるようにするとよい。登場人物の台詞やオノマトペ、動作などを自由に考えて演じるように促す。

[会話文]

- 本文を読んだ後で、内容質問(p.187)の1〜4について話し合ってみる。山伏のイラストを見せながら、どんなことを修行して、どんな特殊能力を持っているかについて予備知識を与えてもよい。動画などを見せることも出来るが、忍者と同じように、特殊な能力を持った山伏は現代の日本にはいないということも付け加えておく。

- 「みんなで話してみよう」(p.187)の3について話し合う。意見交換が活発に行われるので、ディスカッションとしてぜひ取り入れることを勧める。過去の自分の経験や見たり聞いたりしたことなど、具体的

な例を挙げながら意見を言わせるとよい。

- 会話文を終えた後に、時間があれば「茸（くさびら）」のビデオを見せてもよい。

> 狂言「茸」のビデオ　狂言でござる 野村万作狂言集 一巻 [DVD]

## ペアワーク1 【p.188】

### ▶目的

- 物語などのあらすじが話せるようになる。一人話が出来るようになる。
- 話を聞く時に、あいづちを適切に使えるようになる。

### ▶授業のヒント

- モデル会話を読む前に、あいづちの口慣らしをしておくと会話が自然になる。「へえー」「うん」「ううん」「ああ」などのイントネーションに注意させる。また、話を聞く時にどんなあいづちや言葉を使っているかにも注目させる。

- カジュアルスピーチでストーリーを話すのは難しいので、☆☆の丁寧度で練習してもよいが、その場合、モデル会話のカジュアルスピーチのあいづちがどのように変わるかを話し合っておく。

- パターン練習では、自分の知っている話を4、5文で紹介するように指示を与える。その際、ストーリーを話す時にどんな接続詞が使えるか、そして、その接続詞が「順接」「逆接」のどちらの機能を持つかを整理させ、それらの接続詞を使うように促すとストーリーが話しやすい。
  - 例）順接：それから、それで、そして、その後で、すると etc.
  - 　　逆接：しかし、でも、ところが etc.

## 文化ノート 【p.198】

- 文化ノートは「本文を読む前に」の中で前作業として用いることも出来るし、時間があれば独立した読み物として読んでもよい。

- **とびらサイト** の音声教材を聴いて、意味を理解するという聴解練習の宿題にしてもよい。

- 「春が来た」をクラスでみんなで歌ったり、その他の日本の歌を紹介してもよい。

- 時間があれば、自分達の国でみんなに親しまれている、誰でも知っている歌を紹介し合ってもよい。

## 後作業／発展練習

- 課のまとめのディスカッションとして、自分や自分の国の若者は伝統芸能についてどう思っているか話し合うことも出来る。次のような例を与え、意見を言わせるとディスカッションが発展する。
  - 例）古い、興味がない、おもしろくない、守った方がいい、素晴らしいと思っている、誇りを感じる etc.

- 笑いについてのディスカッションをすることも出来る。
  - 例）あなたの国には「笑い」を与えてくれる伝統芸能やパフォーマンスがあるか。それはどんなものか。

**❶ Noun は Noun {と／に} 関係がある**

「関係がある」の形だけではなく、例文3、4のように「関係がない」の形でも練習をしておくとよい。

**❷ ～（こと）によって**

- この表現には「こと」の前に述べられている状況によってそれぞれの意味が違うので注意する。
  - （1）ある出来事の原因を表す用法（例文1、2）
  - （2）ある行為の手段や方法を表す用法（例文3、4）
  - （3）フォーマルな発話で事実を述べる受け身文で動作主を表す用法（例文5）

- 「人によって考え方が違う」の「～によって」と混同しやすいので、注意する必要がある。

- 「～によると」「～にとって」など音の類似が見られる表現が数多くあるので、混同しないように注意を促す。

- 例文1、2のように「～によって」を原因の意味で使う場合には後件には結果を表す表現が来ることを説明しておく。（例：「起こる」「～（ように）なる」「～てくる」など）
  - 例） 中国の経済が強くなったことによって、中国語を勉強する人が×<u>多いです</u>。
    - → ○多くなりました／増えています。

**③ すると**

「すると」に続く文には、話し手が自分の意思ですることは続かないことに気をつけさせる。

**❹ ～通り（に）**

- 文型cの「N通り」の場合には、音が「どおり」に変わることに気をつけさせる。

- 英訳にaccording toとあるが、「～によると」との混用を避けるように注意を促す。
  （「～によると」は情報を伝える時の情報源を示すという意味でのaccording toである。）

- 「父の通りに」のように、それだけでは情報源の意味を表さないものを「通り」で示しても意味をなさないので注意する必要がある。
  - 例1） × 母の通りに作ったら、おいしいケーキができた。
  - 例2） ○ 母が教えてくれた通り（に）作ったら、おいしいケーキができた。（例文1）

**❺ ～ば～ほど**

- 動詞、イ形容詞、ナ形容詞、名詞で活用形が異なるので、それぞれの形を理解させる。特にイ形容詞の「～ば」の活用が学習者には難しいので、よく練習させる。

- 漢語＋スル動詞の場合は、「勉強すればするほど」のように二回目の漢語を省略することが出来ることも確認する。

- ナ形容詞の場合には、二通りの言い方があるので注意させる。文型bの方が話し言葉的であり、文型cのほうが少し硬い表現になることを説明する。

- 「朝、起きれば起きるほど」「結婚すればするほど」「生まれれば生まれるほど」など、通常その動作を一人の人が一度しか行わないものは、この文型を使って表現することは出来ないので気をつけさせる。（色々な人が結婚するという意味での「結婚すればするほど儲かる」は可能であるが、ここでは紹介しない。）

**❼ Noun を中心 {と／に} する**

- 助詞の「と」「に」が脱落して「中心している」となるような誤用が多く見られるので、注意を促す。

- {と／に}は、「と」を使った表現の方が「に」より硬い表現になる。

- 例文3、4は「～して」の部分が省略してあるため、助詞「に」は「と」に置き換えが出来ない。つまり、「Nを中心と」は言えないことを補っておくとよい。

- 「Xを中心としてYやZ」の場合、中心となるもの(X)の次に来る事柄(Y、Z)は、Xと強い関連のあるものでなければならないので、注意する必要がある。
    - 例1)　○ 私の専攻は日本研究で、日本文学を中心として日本文化や歴史も勉強しています。
    - 例2)　× 今、経済を中心として、音楽や英語を勉強しています。

### ❽ 逆〜
- まず「逆」がoppositeやreverseを意味する語であることをしっかりと理解させる。

- この文型を理解して正しく使用するのは難しいので、例文の一部を変えるような練習から始めると効果的である。

### ❾ 〜はず
- 「〜はず」は客観的な理由から当然そうだという話し手の推論を表すので、「〜から〜はずだ」のように理由と推論の結果を言わせ、そう推論できるだけの根拠があることを意識させるように練習する必要がある。

- 話し手自身の意思行動については「〜はず」を使って表現することはできないので、気をつけさせる。
    - 例)　私は来年、日本に留学する{×はず／○つもり}です。

  但し、話し手の行動でも自分の意志行動でない場合や予定と違った場合には「はず」が使える。
    - 例)　○ 私は来年日本に留学するはずだったが、奨学金の問題で行けなくなった。

- 否定形の形には「〜ないはずだ」と「〜はずが(は)ない」(例文5)の表現があることを確認する。通常「〜ないはずだ」より「〜はずがない」のほうが強い否定として使われることを説明しておく。

- 英訳のshouldから、時折、「〜なくてはいけない・ならない」(第2課文法❶)との混同が見られるので、その場合は「〜はず」はあくまでも推論を表す表現で、「規則などを守らなければいけない」といった意味ではないことを認識させる。

### ❿ 〜点
  「〜点」の前の「〜という」を使うか使わないかは学習者では判断しにくいので、「〜という点」の形で練習するのがよい。

### ⓫ ますます
- 「ますます」と「もっともっと」の混用が多いので気をつけさせる。文法ノートの説明にあるように、「ますます」の後ろには話し手が左右できる将来の行為は来ない。

- 「ますます」と「どんどん」(文法⓯)の違いにも触れておくとよい。「ますます」「どんどん」共に、変化が続いて程度が前よりいっそう進むさまを表すが、「どんどん」には物事が勢いよく進行するという意味がある。「ますます」にはそういったニュアンスはない。

### ⓬ Verb-*masu* 直す
- 「書き直す」「読み直す」「(電話を)かけ直す」「聞き直す」など日常生活でよく使われる表現で練習をさせる。

- 本文の「見直す」の「見る」は、目で見るという動作を表す意味ではなくて「考え直す」という意味なので、注意が必要である。

### ⓮ おかげ；せい
- 「おかげ」はいい結果の原因、「せい」は悪い結果の原因を表す表現であるが、使われる状況が限られているので、結びつきやすい語と一緒に練習して、状況と表現を同時に理解させるようにするとよい。
    - 例1)　おかげ：奨学金のおかげで、　先生が教えてくださったおかげで etc.
    - 例2)　せい　：病気のせいで、　隣の人がうるさかったせいで etc.

- 「せい」を使う場合は、下の例のように人(この場合は田中さん)を非難するようなニュアンスが生まれるので使い方に注意が必要なことを言っておく。
    - 例1)　△ 田中さんのせいで、クラスに遅れてしまいました。(田中さんを非難するニュアンスあり。)

　　　　　　　→ ○ 田中さんを手伝っていたので、クラスに遅れました。
　　　例２）　　○ バスの事故のせいで、クラスに遅れてしまいました。

**⓰ 〜たびに**
　　「〜たびに」は、何かを行うといつもある出来事が起こる（または、行為をする）ことを表す表現だということ
　　を確認する。

**⓱ とうとう**
　　• 長い時間の後の最後に起こった重大なことを表す時に使うことを理解させる。

　　• いいことにも悪いことにも使うので、両方を練習する必要がある。

　　• 文法ノートの説明にあるように、「とうとう」と「ついに」（第５課文法❼）の違いにも触れておくとよい。ど
　　　ちらも長い時間の後に最後に起こったことについて言う時に用いるが、「ついに」の方が改まった表現になる。

# ■第9課　日本の教育【pp.199〜222】

## 順　番

| 本文を読む前に | ➡ | 読み物 | ➡ | 会話文1 | ➡ | 会話文2 | ➡ | 会話練習2 | ➡ |

| 会話文3 | ➡ | 会話練習1 | ➡ | 会話文4 | ➡ | 文化ノート | ➡ | 後作業／発展練習 |

- 会話文1、2のスピーチレベルは☆なので、会話練習1より会話練習2を先に行う。
- 会話文4は会話練習1の前にやってもよい。
- 言語ノート10「という」(p.222)は時間がなければ、各自で読ませる。

## 教室活動について

### 本文を読む前に 【pp.200〜201】

#### ▶目的

- 日本の教育制度や学校で習う科目に関する基礎知識を与える。
- 自分が小中高校で学んだ学科、そして、現在学んでいる学部や学科について日本語で説明が出来るようになる。
- 学校で勉強したことや自分の受験の経験について話し合い、話題に関する興味を持たせ、学習意欲を高める。

#### ▶授業のヒント

- ①のそれぞれの科目について、学習者の母語を使用して構わないので、始めに簡単に確認する。日本語で説明できる科目については、日本語で説明をさせてみてもよい。学習者が調べていない場合は、漢字からどんな科目かを推測させることも出来る。ここでは日本の学校で習う科目と自分の国で習う科目との違いを話し合わせる他に、得意な科目や苦手な科目を聞いてみるとよい。

- ③では自分の学科／専攻が日本語で言えるように、自分にとって必要な言葉は必ず覚えて使えるようにと指示をする。また、「学部」「単位」「専攻」という言葉は大学生活でよく使うので、ここで導入して使えるようにしておくとよい。

## この読み物の目的

▶日本の教育制度の現状、いい点／問題点について理解する。

**読み物**

p.202

# 日本の教育の現状

1　皆さんの国の教育制度は、現在、どのような制度になっていますか。どんないい点、どんな問題点がありますか。自分達が受けてきた教育に満足していますか。この課では、教育について考えてみましょう。まず始めに、日本の教育制度や現在の状況について紹介しますので、その後で皆さんの国の教育について話し合ってみて下さい。

5　日本の教育制度は、6・3・3・4制と言われ、小学校が6年、中学校が3年、高校が3年、そして、大学が4年となっている。それぞれに公立と私立があり、小学校と中学校は義務教育だが、高校からは行っても行かなくてもよい。しかし、高校進学率は約98％なので、実際には高校に行かない人はほとんどいない。4年制の大学への進学率はだいたい50％ぐらいだが、短大や専門学校への進学率も含めると80％近くの高校生が、上の学校に進む。義務教育の後でも進学率が高い日本だが、教育の現状には問題点も多く、特に以下の三つのことが挙げられる。

10　　1.「学歴社会」と「受験戦争」

　　2.「いじめ」や「登校拒否」

　　3.「偏差値教育」対「ゆとり教育」

　1番の「受験戦争」というのは、中学や高校や大学の入学試験に合格するための競争は戦争のようだという意味だ。入学試験は普通1年に1回しか受けられない。生徒達はその1回のチャンスのために、
15　学校の後も塾に通ったりして、一生懸命に勉強する。そして、大学の入学試験に失敗した高校生は、もう一度、次の年の試験に挑戦するために「浪人生」になることが多い。「浪人」というのは、もともと「主人のいない侍」のことを意味したが、今は、希望の大学に入れなかったために予備校に行ったりしながら受験勉強をしている人達のことを指す。その他、受験の厳しさを表す言葉には「四当五
20　落」や「受験地獄」という表現もある。前者は、毎日4時間しか寝ずに勉強すれば大学に合格できるが、5時間以上寝たら試験に落ちるという意味、後者は、受験で苦しむのは地獄のようだという意味だ。そんな受験生がいる家庭では、家族も必死に協力する。自分達が見たいテレビを我慢したり、夜中まで勉強する子供のために夜食を用意したりして、受験生が勉強しやすい環境を作るのだ。また、受験に縁起の悪い言葉「すべる」「落ちる」などは使わないように気をつけ、受験の神様が祭ってある神社

語彙に漢語や抽象語が多く一見難しそうに見えるが、ひねりのない平易な説明文なので、語彙と使用文法が分かれば、読解はそれほど困難ではない。自分の経験や知識と比較・対比し、一文一文、自分の国の状況や実体験と関係づけながら読ませるようにすると、内容理解が深まる。また、学習者が自分の目線で意見交換が出来るトピックなので、自分の言葉で考えをまとめて話すことを促す。

この課では色々なディスカッションが出来るので、「なぜかと言うと〜からです」（第10課文法⑯）を導入し、意見を言う時に使わせるとよい。

既習語彙で単語の言い換えをさせる。それぞれについて自分の国ではどうかも話し合うとよい。

[⇨内容質問 1、2、3]
＋「　　　」の言葉の意味を確認する問題で、本文をしっかり読まずに漢字から意味を推測して答えてしまう場合があるので、本文には何と書いてあるかも答えさせるようにして、正確に読解が出来ているかどうかを確認すること。

動作主に注意。「気をつける」のは誰か確認する。

第7章 各課の授業の流れと教え方　第9課

[⇨内容質問 4]
＋なぜ「すべる」「落ちる」などの言葉を使わないようにするかについては以下のように、日本の文化的背景について説明を加えると文意が取りやすい。

日本には「言霊：言葉には話し手の気持ちが宿る」という文化的考えがある。声に出した言葉が現実に起こることに何らかの影響を与えると信じられ、良い言葉を発すると良いことが起こり、不吉な言葉を発すると悪いことが起こると考える。そのため、例えば結婚式では「切れる」「別れる」という言葉を使わないようにする。受験で「すべる」「落ちる」という言葉を避けるのもその意識のためである。

109

25 に行って合格を祈るといったこともする。

　　では、どうして日本ではこのような厳しい受験の状況が生まれたのだろうか。理由の一つとして「学歴社会」が挙げられるだろう。日本では、有名大学出身者はいい会社に就職しやすく、地位も早く上がり、給料もたくさんもらえるという傾向がある。一方、あまり有名ではない大学を出た人、あるいは、大学に行っていない人は、どん

30 なに能力のある人でも、能力のあることをなかなか認めてもらえない。つまり、学歴社会とは、その人がどんな学校を卒業したかによって人生が決まる社会、いい大学に入れば将来、幸せになる可能性も高くなるという社会なのだ。そこで、親達は自分の子供を塾に行かせ、受験をしなくても有名私立大学に進めるエスカレーター式の小学校や中学

35 校に入れようとする。2008年の文部科学省（文科省）の統計では、小学生の約37%、中学生の約62%、高校生の約43%が塾に通っているそうだ。

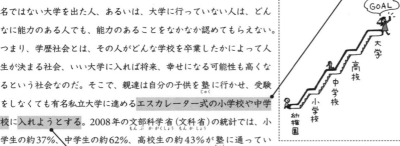

　　このような現状がある一方、今のような学歴社会をいいことだとは思っていない日本人もたくさんいる。子供が学校や塾の勉強で忙しすぎて、子供らしく外で遊ぶ時間がないことを心配する人、学歴

40 だけで能力を判断されることをよくないと思っている人は多い。日本では以前は、首相になる人はほとんど東京大学（東大）出身者ばかりだったが、最近は東大出身者以外の人も首相になるようになった。このことを歓迎する人が多いのも、学歴社会が決してよく思われていないからだろう。

　　2番目の問題は「いじめ」と「登校拒否」だ。「いじめ」では、ひどい場合はいじめられた子供が自殺してしまうことさえある。「登校拒否」というのは、いじめられたとか学校の勉強についていけない

45 という理由で、学校に行かなくなってしまうことだ。これらの問題の原因はたくさんあって複雑だが、日本社会の「他人と同じようであることが求められる」「他人と違うことがあまりいいことだと思われない」という意識と受験教育のプレッシャーが、いじめや登校拒否の主な原因だと言われている。

　　上に挙げたような問題から、日本の教育制度を見直そうと1980年代に「ゆとり教育」が取り入れられた。しかし、これが別の大きな問題を生み出す原因になってしまった。「受験のために偏差値

50 （学力を表す数字）を上げることを目的とした教育」に対して、「もっと子供達の心を成長させるプレッシャーのない教育」という考えで始められた「ゆとり教育」が、日本の子供達の学力を低下させてし

| 就職 しゅうしょく | 地位 ちい | 給料 きゅうりょう | 一方 いっぽう | 認めて みとめて | 人生 じんせい | 幸せ しあわせ | 可能性 かのうせい | 統計 とうけい | 判断 はんだん |
|---|---|---|---|---|---|---|---|---|---|
| 以前 いぜん | 以外 いがい | 決して けっして | 自殺 じさつ | 原因 げんいん | 求め もとめ | 他人 たにん | 主な おもな | 別の べつの | 生み うみ |
| 学力 がくりょく | 数字 すうじ | 対して たいして | 低下 ていか | | | | | | |

―――

**Annotations:**

ll.22〜25では「自分の国の状況や自分の経験と同じ部分はどこか。違う部分はどこか。」という質問もする。

[⇨内容質問5]
＋どういうものなのか分からない学習者が多いので、右のイラストを見て意味を考えるように指示する。それでも分からない場合は、分かる学習者に説明させたり、具体的な例を出すなどして補足説明をする。

エスカレーターの絵の理解と共に、日本では通常、高校に入る時と大学に入る時の2回受験をしなければならないこと、しかし、エスカレーター式の小学校や中学校に入れば、受験は1回だけで済むという背景情報を説明すると理解が深まる。

こういう母親のことを日本では「教育ママ」と呼ぶことも紹介してもよい。教育ママはどんなことをさせて、どんなことをさせないか、自分達の母親は教育ママだったかどうか、それはよかったかどうかについて話し合うことも出来る。

[⇨内容質問6]

[⇨教育について話し合ってみよう4]

「このこと」は何を指すか、「歓迎する」は比喩的用法で「いいことだと思う」という意味だが、誰が何をいいことだと思うのか、なぜそのことをいいことだと思うのかについて話し合う。

指示詞に注意。

受け身形であることを確認。「誰が誰に何を求めるのか」「誰が誰にどう思われるのか」を確認する。これらが理解できないと文意が取れない。

どういう意識か。具体的な例を考えさせる。
例）個人主義 vs. 集団主義

[⇨内容質問7]

[⇨教育について話し合ってみよう5a、b]

[⇨内容質問9]

✚図式化すると分かりやすい。各文の述部の部分をヒントとして与え、下線部分に言葉を入れて短文を完成する方式にするとあまり時間がかからず答えが出る。

解答例)

━━━━━━━━ 日本の教育の悪循環 ━━━━━━━━

受験戦争のプレッシャーをなくすためにゆとり教育を取り入れた。
↓
学校で教える内容が減らされた。
↓
子供達の学力が低下した。
↓
常識的に誰でも知っていることさえ知らない現象が出てきた。
↓
心配した親はますます子供を塾に行かせるようになった。
↓
もっと厳しい受験戦争や強いプレッシャーが生まれた。

**p.204**

まったのだ。以前は世界でもトップレベルだった学力が、今ではとても低くなってしまい、アジアの国で4番目か5番目ぐらいにまで下がってしまった。ゆとり教育で学校で教える内容が減らされたため、その教育を受けた子供達は常識的に誰でも知っているはずのことでさえ知らないという現象も出てき

55 た。例えば、円周率は一般的には3.14だが、「ゆとり教育」では円周率は3まで覚えておけばいいといったことを始めたのだ。その結果、自分の子供達の学力低下を心配した親達は、いい大学に合格するためには義務教育だけに頼ることは出来ないと思い、ますます子供を塾に送るようになった。悪循環と言えるだろう。そこで、2007年に「ゆとり教育」が見直されることになり、文科省で新しい教育の方法が話し合われている。

[⇨内容質問8]

どういう意味か。具体的な例を挙げて考えさせる。

60 　以上述べたように、日本の教育には様々な問題が存在するが、いい点もある。それは、日本国民である限り、誰でも、どこに住んでいても、どんな状況でも、義務教育が受けられるということだ。日本語の読み書きは大変難しいにもかかわらず、文字を読んだり書いたり出来ない日本人はほとんどいないし、計算が出来ない人も0%に近い。

　また、義務教育で使われる教科書は全部、国の検定を受けていて、日本国民に与えられる基本的な教

65 育には、住む所などで大きい差は出ない。誰でも教育が平等に受けられるというのは、日本の教育制度のすばらしい点の一つだ。問題は色々あるが、全体的には日本の教育レベルは高いと言えるだろう。

[⇨内容質問10]

[⇨教育について話し合ってみよう2]

　教育の問題はどの国でも最も難しい問題の一つで、なかなかいい解決方法は見つからないようです。これを機会に、皆さんも自分の国の教育を見直して、いい点と問題点を挙げ、できればどうやって解決したらいいかも考えてみてはどうでしょうか。

教育状況の国際比較をする場合は、学習者の興味に応じて統計データ*なども見せ、補足説明として活用するとよい。(*とびらサイト登録教師専用メニュー内「教師の手引き」参照)

【pp.207〜208】

### ▶目的

- ほめる時の表現、ほめられた時の表現を学ぶ。
- 謙遜するという文化について知る。

### ▶授業のヒント

［会話文１、会話文２］

- 本文を読む前に、どんな時に人をほめるか、その時に（例えば、①何かすごいと思ったことをほめる、②持ち物や服をほめる）どんな表現や言葉を使うか、また、ほめられた時はどう答えるかを簡単に話し合っておくとよい。

- 本文では、誰が誰のどんなことをほめたか、ほめる時／ほめられた時にどんな表現を使っているかを確認する。

- 持ち物や服をほめる時には、ほめる物の後には「は」も「が」も入らず無助詞になることを説明し、「ほめる物（φ）、コメント」の形を教えるとよい。無助詞については、言語ノート14（p.286）に説明がある。
    - 例１）　そのカバン、おしゃれでいいねえ。(l.16)
    - 例２）　このケーキ、おいしいね。

- カジュアルスピーチの文末表現（〜んだって、〜かな、〜んだけどetc.）は使い慣れないと、意味や機能を確実に把握しにくいので、それぞれが☆☆の場合はどのような文末表現になるかを確認しておくとよい。

［会話文３］

- 本文を読む前に、「日本語が上手ですね」「日本語が上手になりましたね」などとほめられた時にどう返答するか、実際に言わせてみると面白い。

- 本文では、ほめられた時どう答えているか、何か特別なジェスチャーをするかも確認する。

［会話文４］

- この会話の内容は、日本人のほめられた時の対応の仕方や謙遜の文化を知る上で役に立つので、状況をよく理解させること。自分だけでなく家族など身内のことについてほめられた時にも、わざわざその人物のよくないことを言ったりする傾向があるが、その人物との関係が悪いわけではないということを説明しておく。物をあげる時に「つまらない物ですが」と言って渡すという習慣もその延長線上にあることに触れてもよい。

- 本文を読んだ後で、「「ほめること」について話し合ってみよう」(p.210)の1、2について話し合う。

【pp.211〜213】

### ▶目的

- 場面／状況に合ったほめ方が出来るようになる。
- ほめられた時に謙遜の気持ちを表しながら返答できるようになる。

- 予習として、 とびらサイト LPO教材ユニット7で「ほめる／ほめられる」の機能表現を練習させておくとよい。

[会話練習1]

- モデル会話で、談話の流れとキーフレーズを確認する。

  [談話の流れ]

  | ほめる | → | 答える／謙遜する | → | いい点を言う | → | お礼を言う | → | 励ます | → | 励ましに答える |
  |---|---|---|---|---|---|---|---|---|---|---|

- できれば場面ごとのイラスト(既存のものの工夫でOK)を用意し、練習問題の穴埋めをした後に、教科書を見ないで、イラストを見ながら会話を進める練習をする。

  イラスト例） 先生：学生の発表をほめている場面

  学生：謙遜している場面

[会話練習2]

- 会話文2の後、会話練習2に入る前にペアワーク(p.213)を行うとよい。会話文2をモデルにして、ほめられた時に謙遜しつつ少し良いことも言ってみるという練習をする。会話練習2はこのペアワークの後にすると、スムーズに進む。

- モデル会話で、談話の流れとキーフレーズを確認する。

  [談話の流れ]

  | 話を切り出す／質問する | → | 答える | → | ほめる | → | 謙遜する | → | さらにほめる | → | お礼を言う |
  |---|---|---|---|---|---|---|---|---|---|---|

- 会話文1と2で確認したカジュアルスピーチの文末表現について、先に簡単に練習してから、会話練習に入ると、会話がスムーズに進む。

- 謙遜する部分で新出文法「～って言っても」も使わせると、より自然な会話になる。

- できれば場面ごとのイラスト(既存のものの工夫でOK)を用意し、練習問題の穴埋めをした後に、教科書を見ないで、イラストを見ながら会話を進める練習をする。

  イラスト例） 学生1：友達にスピーチコンテストの結果を聞いている場面

  学生2：優勝したことを謙遜しながら話している場面

  談話の流れは色々あるので、提示されている談話の型にとらわれず、臨機応変に対応する練習をするとよい。

- パターン練習の状況の例） いい発表をした／試験でいい成績をとった／就職が決まったetc.

## 文化ノート 【p.221】

- 文化ノートは「本文を読む前に」の中で前作業として用いることも出来るし、時間があれば独立した読み物として授業で読んでもよい。

- とびらサイト の音声教材を聴いて、意味を理解するという聴解練習の宿題にしてもよい。

- 会話文との関連で、各文化のほめられた時のジェスチャーについて話し合うことも出来る。

- (a)～(d)の日本や他の国々のジェスチャーの仕方について、実際に動作を見せて実演をし合うとよい。

- 日本独特のジェスチャーは数多くあるが、日本人は一般的には会話の最中に、あまり身振り手振りを使わないということについても触れておく。

## 後作業／発展練習

- 「「教育」について話し合ってみよう」(p.210)の1や3について話し合う。1-cの教育の問題点については、まず、クラス全体で問題点をいくつか挙げさせて、それらを板書する。その後、板書した問題点の中から個人的に関心があるトピックを選ばせ、それぞれのトピックごとにグループに分かれて話し合わせると、議論が活発になる。

- 「「ほめること」について話し合ってみよう」(p.210)の3や4について話し合う。自分の国ではほめられた時にどのように対応するのが一般的かについて話し合うと面白い。また、日本に住んだことがある学習者に、彼らがどんな時にどのようにほめられたかの実体験やその時にどう対応したか、日本に行く前に思っていたことと違っていたこと、気がついたことなどを話させるとよい。

- 教育問題は学習者にとって身近なトピックであり、理由や対策などを考えることによって論理的に発話する練習がしやすい。論理展開の型を与えて、論旨が構築できるような練習をさせてもよい。

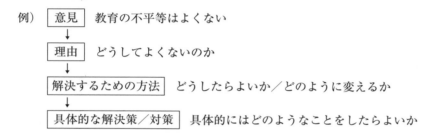

例）　意見　教育の不平等はよくない
↓
理由　どうしてよくないのか
↓
解決するための方法　どうしたらよいか／どのように変えるか
↓
具体的な解決策／対策　具体的にはどのようなことをしたらよいか

## 文法ワンポイントアドバイス

**❶ ～ても～なくても**
- イ形容詞・ナ形容詞・名詞との接続に誤用が多く見られるので、それぞれの「～ても」「～なくても」の形をよく練習させる。例えば、「日本語が好きなので、どのような条件下でも日本語のクラスを取りたい」という状況を与え、色々な品詞での形を口慣らしするとよい。
    - 例）｛忙しい／先生が厳しい／授業が大変／先生が日本人／友達がいる／いい成績が取れる／留学できる etc.｝ても、～なくても、日本語のクラスを取りたいです。

- スル動詞の場合には「結婚してもしなくても」などのように、否定形のテ形の前に来る名詞は省略されることが多いので、そのことも説明しておくとよい。

**② 前者は～、後者は～。**
　非常にフォーマルな表現なので、書き言葉として理解できればよい。

**❹ 一方(で)；Sentence 一方(で)**
　「一方(で)」には、文頭に使われる用法(例文1、2)と、文中に使われる用法(例文3～5)があるが、まずは文頭での対比の用法のみを使えるよう練習させ、文中での用法は理解できればよいとすると指導がしやすい。

**❺ あるいは**
- 文型a「N₁、あるいはN₂」と文型b「S₁か、あるいは、S₂か」では、パターンが少し違うので注意をする。文型bはS₁、S₂共、文の後ろに「か」を使わなければいけないが、落としやすいので、気をつけさせる。

- よく目にする表現ではあるが、書き言葉的なので、文を書かせてからそれを口頭発表するなどの工夫をして、

通常の会話ではあまり使わないことを意識させる。話し言葉では「または」などを使うことにも触れておくとよい。

**❻ なかなか～ない**

- 既習の「なかなか＋形容詞肯定形（例：なかなか面白い）」（第6課文法❹）のような肯定形と結びついた用法を簡単に復習してから、この「なかなか＋否定」の用法を導入するとよい。

- 「なかなか＋動詞の否定形」には、話し手が期待していることが簡単に起こらない、出来ない、時間がかかるという意味があるので、話し手のこの気持ちが理解できないと、以下のような誤用が出てしまうので、注意する。
  例）×田中さんは、なかなか病気にならない。
  話者が田中さんに早く病気になってほしいと思っている場合なら、上の文が使える。そうではない場合の言い方は、「田中さんは病気になりにくい（体質をしている）」であることを付け加えてもよい。

- 例文2、3のように、可能動詞と結びつくことが多いので、それを使って練習するとよい。

**❼ つまり**

「つまり」は前文や前の語句を言い換える時に使われるので、例文4、5のように、「つまり」を使ってこの課の新出語彙の言い換えをする練習をするとよい。（例：義務教育、浪人生、四当五落、受験地獄、学歴社会etc.）

**❽ そこで**

「そこで」は前件の状況に対して何かを行う時に使われるので、後件に使われる文に注意して教えるようにする。また、前件に来る事柄は日常生活でよく起こることではなく、多くの場合、何か特別な事柄であることを説明に加えてもよい。
  例）友達が日本からアメリカに来ました。そこで、二人でシカゴに遊びに行くことにしました。
  （友達が日本から遊びに来る→特別な出来事）

**❾ ～以外 {の Noun ／に}**

- 「～以外のNoun」は「～を除いたNoun」という意味で、「～以外に」は「～の他に」という意味なので、二つの文型の意味の違いをしっかり把握させる。

- 「他に」と違って、「以外」は文頭には使うことが出来ないことを確認する。

- 「それ／これ以外のN」には、「その／この以外のN」という誤用が多く見られるので、気をつけさせる。

- 文法ノートでは「N以外～」のパターンしか紹介されていないが、「S以外～」の用法もあるので、学習者のレベルを見ながら説明してもよい。

**❿ 決して～ない**

「決して～ない」は話し手の強い否定の態度や気持ちを表す表現で、「全然～ない」とは言い換えが出来ない場合も多いので、違いを説明しておくとよい。
(1)意思文・禁止文：「全然～ない」は不可。（例文1、4）
(2)状態の否定：「全然～ない」は全否定、「決して～ない」は強い否定だが、全否定ではない。（例文2、3）

**⓫ Sentence という理由で**

理由を表す表現の一つだが、主に書き言葉で用いられるフォーマルな表現であることを確認する。

**⓭ ～に対して**

- 文法❹の「一方」と同じように、前件と後件を対比する機能を持つので、「一方」と同じ機能であることを先に言っておくとよい。第10課文法❹に他の色々な「～に対して」の使い方についての説明があるので、ここでは対比の用法に絞る。この課で紹介している対比の用法の使い方はあまり難しくない。

- 例文2～4のような「Sのに対して」の文型では「の」が脱落しやすいので、注意を促す。ナ形容詞が前に来る場合の「～なのに対して」（例文4）という形も正しく理解させる。

⑭ 〜限り

- 例文1の「私の知っている限り」のように、「〜限り」の前に知識／経験の範囲内において判断する意味の文が来る場合は、「私が知っている限り〜ことがない」「私が調べた限り〜ない」など、後続文に否定形が来る形で練習するとよい。「限り」の前に来る動詞の例としては、「見る、聞く、知る、調べる」など情報に関係した語彙を用いると自然な文が作りやすい。

- 例文3のように「条件を満たさない状況」を表す否定形で使われる場合も多いので、この用法でも練習をする。
    - 例1) 日本の国民でない限り、日本の選挙で投票することはできない。
    - 例2) 漢字を千以上読み書きできない限り、JLPTの一級に合格することは無理です。

- 例文4のように、「その状態が続いている間」を意味する「〜限り」は、後件にしなければならないことや、できないことなどが続くことが多いので、そのような文で練習するとよい。
    - 例1) この夏のプログラムで勉強している限り、いつも日本語で話さなければならない。
    - 例2) このアパートに住む限り、ペットは飼ってはいけない。

⑮ 〜にもかかわらず

- 後件には、前件の出来事や事態から一般に予想されることとは違う事実が続き、驚き、意外、不満などの気持ちが表れることを説明する。「にもかかわらず」は「けれど」「でも」などと同じ逆接の接続詞であるが、それらに比べるとやや硬い表現でビジネスや時事問題などの話題に用いることが多い。

- 「のに」より客観的かつ書き言葉的な表現で、会話ではやや不自然になることを言っておく。
    - 例) A：試験できた？
      B：ううん、すっごく勉強した {○ のに／？にもかかわらず} あんまり出来なかった。

⑯ せっかく

- 例文1〜3の「せっかく〜のだから」「せっかく〜のに」の二つの用法を状況を説明しながらよく理解させる。

- 「せっかく〜のだから」は、「せっかく」に続く状況や状態を話し手は簡単には起こらないことと捉えている。これから「めったにないいい事態」というニュアンスも出てくる。文末には希望の「〜たい」や提案の「〜た方がいい」「〜ましょう」などが使われることが多いので、練習の際にもこのような文末を与えて練習させるとよい。
    - 例) せっかくこんなに雪が降ったんだから、スキーに行こうよ。

- 「せっかく〜のに」(逆接の接続)は、「せっかく」に続く事柄を「努力や苦労をして行った(或いは、めったにないいい事態である)にもかかわらず、話し手にとって何か残念な状況が生まれてしまった」という場合に用いることを理解させる。
    - 例) せっかくこんなに雪が降ったのに、忙しくてスキーに行けなかった。

- 例文4、5の用法は学習者のレベルを見ながら、余力があれば導入すればよい。

⑰ 〜{と／って} 言っても

- 自分自身が言ったことに説明を付け加えたり、相手が言ったことについてコメントする場合に「と言っても」を使うと、自慢に取られないように謙遜したいという話し手の気持ちを表すことが出来る。会話文、会話練習で「ほめる／ほめられる」の練習をする時に、この表現を使わせて練習するとよい。
    - 例) A：アラビア語が出来るそうですね。
      B：いや、出来ると言っても、それほど上手くはありません。

- 相手が言ったことについてコメントする場合に相手への反論、或いは口答えのように取られてしまう場合があるので、使い方に気をつけるよう言っておく。
    - 例) A：クラスメートのスミスさん、スピーチコンテストで優勝したんだって？
      B：そうらしいね。でも、優勝したって言っても、8人しか出なかったんだって。

# ■第10課　日本の便利な店【pp.223〜242】

## 順　番

| 本文を読む前に | ➡ | 読み物 | ➡ | 文化ノート | ➡ | 会話文１ | ➡ | 会話練習２ | ➡ |

| 会話文２ | ➡ | 会話練習１ | ➡ | 後作業／発展練習 |

- 会話文１のスピーチレベルは☆なので、会話練習１より会話練習２を先に行う。
- 自動販売機の発展は日進月歩なので、最新の自販機の情報を与えるようにする。学習者に余裕があれ
ば、ビジネスの話題に発展させてもよい。

## 教室活動について

### 本文を読む前に【p.224】

▶目 的

- 日本のコンビニについての予備知識をウェブサイトから得る。
- 便利な店や自動販売機について話し合わせ、興味を持たせ、話題に対する学習意欲を高める。（日本の
コンビニや自販機は世界でも例を見ないサービスの良さと品揃えで、独特のサービス文化を形成してい
るが、本文を読む前にその一端に触れさせておくと読解がしやすい。）

▶授業のヒント

- ①では、その店やものを選んだ理由も話させる。

- ②の日本のコンビニについては、サイトで調べさせる代わりにコンビニの店内の様子が分かるニュース
動画などを見せ、コンビニの商品やサービスについて気がついたことを話させることも出来る。②は本
文に入る前の前作業としてではなく、会話文に入る前の前作業として行った方が、課全体の流れがス
ムーズになる。

- 文化ノート６「標準語と方言」(p.242)を始めに読ませておくと、読み物第３段落の「おしゃべり自販機」
の理解の助けになる。

## この読み物の目的

▶日本の自動販売機の特徴、日本で自動販売機が普及した理由、自動販売機の便利さと問題点を理解し、便利さを追求することについても考えてみる。

### 読み物

p.225

# 自動販売機大国ニッポン
たいこく

1　東京の街を歩く。次々と目に入ってくるカラフルなデザインの自動販売機。日本を訪れた外国人は自動販売機が街中にある風景に驚くらしい。アメリカでは自動販売機はたいてい建物の中にあって、外に置かれていることはほとんどないが、日本ではどこにでも自動販売機がある。街の中だけでなく、田舎の誰も通らないような道や、山の中にさえ、自動販売機が置いてあるほどだ。

5　自動販売機はどこの国でも発達しているわけではなく、100万台以上ある国は世界でもアメリカと日本、そしてドイツだけだ。2005年のデータでは、アメリカが世界一（783万台）で、日本が世界二位（558万台）だったが、人口と国の広さを考えた場合、普及率は日本が世界一と言えるだろう。自動販売機による売り上げも日本が世界一で、日本一忙しい自動販売機は、1台で1か月に2万5000本の飲み物を売り、その売り上げは300万円にもなるという。

10　「お茶を買ったら温かかった」「自動販売機が話してびっくりした」というのは外国人からよく聞く話だ。日本の自動販売機は、夏には冷たい飲み物、冬には温かい飲み物というように、気温の変化に合わせて、飲み物を冷たくしたり、温かくしたりして出してくれる。また、話す自動販売機もある。例えば、ある飲み物のメーカーが関西地区に置いている「おしゃべり自動販売機」は、関西弁で話をするそうだ。お客が自動販売機の前に立つと、「いらっしゃいませ」ではなく
15　「まいど！」と言い、おつりがない時は「すんません。今、つり銭切らしてますねん」と、まるで関西人のように話すらしい。

この他にも、ひいたばかりの豆でコーヒーを入れるとか、冷凍食品を電子レンジで温めてから出す、カップラーメンにお湯を入れて出すといった自動販売機もあって、日本の自動販売機は驚くほど賢い。自動販売機で売っている商品も色々で、飲み物や食品は言うまでもなく、タバコか
20　らマンガ、週刊誌、CD、花、ネイルアート、ストッキング、おもちゃ、そして名刺までもある。
では、日本では、なぜこのように広く自動販売機が普及したのだろうか。一番の理由は、犯罪が少なくて安全だということだろう。泥棒にとって無人の販売機は「ここにはお金が入っているから、盗んで下さいよ」と言っているように見える。したがって、犯罪が多く危険な所では、販売機は壊され、中の現金はすぐに盗まれてしまう。日本は以前ほど安全ではなくなったと言われているが、海外の多くの国と比べれば、まだそれほど危険というわけではない。だから、自動販売機が外に置いてあっても、壊されるようなことはほとんどないのだ。

---

始めにタイトルの「自動販売機大国ニッポン」を文に直させて、何について書かれている文章かを推測してから読み始めるとよい。

意味に注意。他の言葉で言い換えさせる。

この文の理解が難しいので、「〜さえ〜ほどだ」は通常の状況や常識ではありえない状況を表すことを下のように明示すると分かりやすい。
[日本で自販機が置いてある場所]

山の中にさえある。
誰も通らない田舎の道にさえある。

↓

異常な状況：「〜さえ〜ほどだ。」（日本でしか見られない特別な状況）

山の中にさえあるほどだ。

意味と「も」の文法的機能に注意。

［⇨内容質問 1］

実際の例＊を聞かせるとよい。
（＊ とびらサイト 登録教師専用メニュー内「教師の手引き」参照）

［⇨内容質問 2］

［⇨みんなで話してみよう 2］

下のような質問をし、意味が正しく理解できているかどうかを確認する。
・昔の日本の安全性と現在の日本の安全性を比べると？
・現在の日本の安全性と海外の国々の安全性を比べると？
・「それほど〜ない」の意味は？
・何がそれほど危険というわけではないのか？

『自動販売機の文化史』という本の著者である鷲巣力氏は、日本が自動販売機大国となった理由として、「技術に対する信頼感」と「自動化を好む社会」の二つを挙げている。確かに日本の高い技術力は世界的にも認められていて、日本製のものは車でも冷蔵庫でも性能がよく、なかなか壊れない。したがって、機械に対する信頼も高い。また、日本人は自動化されたものが好きだというのも事実だろう。タクシーに乗れば、ドアが自動で開いたり閉まったりするし、電車の切符を自動改札機に入れれば、すぐに改札を通ることが出来るし、手をたたけば電気がつく電気スタンドまでもある。

ビジネスという点から考えると、コストがあまりかからないことも自動販売機が普及した理由の一つだ。自動販売機は、無人で24時間ものを売ることが出来る上に、街の中に置いてあるから商品の宣伝にも役に立つというわけだ。面白いことに、パリの街の主な通りには自動販売機が1台もないそうだ。日本が自動販売機大国になったのには、日本社会の特徴や日本人の考え方が大きく影響しているのかもしれない。

自動販売機はいつでも利用できて便利だという一方で、エネルギーの無駄遣いとか未成年者も酒やタバコが買えるなどといった批判がある。だが、このような批判に対しては、すでに様々な対策がとられている。例えば、省エネ対策の代表的なものには、エコベンダーと呼ばれる缶入りの飲み物のための自動販売機がある。エコベンダーは、夏の間(7月～9月)は午前中に商品を冷やしておき、電力消費がピークになる午後には冷やすのをやめるという省エネ型自動販売機で、現在、ほとんど日本全国で使われている。このシステムの導入によって、1年の電力消費量が10%～15%減ったそうだ。未成年に酒やタバコを売らない対策としては、深夜の販売を規制するとか、IDカードや特別なICカードがないと買えないようにするといったことが行われている。

日本中のどんな所にもあって、日本の特徴の一つと言える自動販売機。ある調査によると、日本人の8割以上が生活に必要なものだと答えている。最近では飲み物を買うと募金が出来る「チャリティー自販機」も増えているそうだ。便利なだけでなく、楽しくて、社会の役にも立つ自動販売機!これからも日本の自動販売機はどんどん進化を続けていくだろう。将来、どんな自動販売機が出てくるか楽しみである。

コウノトリ支援の自販機

参考:『自動販売機の文化史』/鷲巣力(著)/2003年/集英社新書

日本に行ったことがある学習者がいたら、気がついたことを言ってもらってもよい。
例)タクシーのドアを乗客が開け閉めする必要がない、
自動ドアが多い、
自動トイレ etc.

[⇨内容質問 4]
+パリの街と東京の街の写真を見せると、イメージがわいて、意見が出やすい。

[⇨内容質問 3]
+正しい答えが出ない場合は、「理由」という言葉を見つけるようにヒントを与える。理由と実例の部分を答えさせ、文章の構成を意識させるようにする。
例) 理由1 [　　] 例 [　　]
　　理由2 [　　] 例 [　　]
　　理由3 [　　] 例 [　　]
　　理由4 [　　] 例 [　　]

IDカードとICカードは、違いが分からない学習者もいるので簡単に説明する。

ll.47～54 を読んだ後に、社会の役に立つ自販機のビデオクリップや最近の自販機の写真*を見せておくと、「みんなで話してみよう」4でどんな自動販売機を作ってみたいかを話し合う時にイメージを膨らませやすくなる。(*とびらサイト 登録教師専用メニュー内「教師の手引き」参照)

[⇨内容質問 5]
+問題点とその対策は、図式化して示し、答えさせるとポイントが明確になる。
例) 批判/問題点 → 対策 →その対策の効果
1. [　　] → [　　] → [　　]
2. [　　] → [　　] → [　　]

最後にキーワードを与えて内容のまとめを自分の言葉で言わせ、文章全体の大意が把握できたかどうかを確認するとよい。
キーワードの例)
日本、自動販売機、発達、理由、いい点、批判、対策

第7章 各課の授業の流れと教え方 第10課

## 会話文　【pp.229〜230】

### ▶目的

- 情報を求める／情報を伝える表現を学ぶ。
- 日本のコンビニの様子や日本のサービス文化について知る。

### ▶授業のヒント

[会話文1]

- 情報を求める／伝える表現やあいづちで、どんな表現を使っているか尋ね、意識させる。

    情報を求める：〜んだけど〜んだって？／〜だろう？／〜って〜のこと？
    情報を伝える：〜ところによると〜らしいよ／〜んだって
    あいづち　　：そうなんだ／へええ／なるほどね

- 内容確認として、内容質問(p.232)の1、3の他に、以下のような質問をするとよい。

    1. 勇太はマイクについて、先生からどんなことを聞きましたか。
    2. そのことについて、マイクはどんな心配をしていますか。それはどうしてですか。
    3. マイクの心配について、勇太は何と言いましたか。
    4. 日本のコンビニについてどんなことが分かりましたか。四つ以上挙げなさい。
    5. コンビニはなぜ人気があるのですか。理由を三つ挙げなさい。

- コンビニのおにぎり、お弁当、オリジナル商品などの写真を見せるとよい。

- 本文を読んだ後で、アパートや家を探す時、何が近所にあることが一番大切か、それはなぜかを話し合うことも出来る。


[会話文2]

- スピーチレベル、どんな敬語表現、情報を求める／伝える表現を使っているかを確認する。

    敬語　　　　：なさっていた／〜でしょうか／おっしゃって
    情報を求める：〜って〜らしいですね／例えば、どういうことでしょうか／それは〜からですか
    情報を伝える：〜んです／〜からなんです
    話のお礼　　：勉強になりました／どうもありがとうございました
    あいづち　　：そうですか／そうなんですか／なるほど

- 内容確認として、内容質問(p.232)の2に加え、以下のような質問をするとよい。

    1. 先生はどうしてコンビニのことをよく知っていますか。
    2. コンビニの仕事には、どんなことがありますか。
    3. コンビニが消費者心理を考えてしているのは、どんなことですか。二つ挙げなさい。

- 本文を読んだ後で、消費者心理の例について話し合うと色々な例が出て、面白い。

    質問の例）　スーパーやデパートなどでは消費者心理を考えて行っていることがたくさんある。
    　　　　　　例えば、どんなことがあるか。

## 会話練習 【pp.233〜235】

### ▶目的

- 聞いたり習ったりしたことについて、情報を求めたり伝えたり出来るようになる。

### ▶授業のヒント

- 予習として、 **とびらサイト** LPO教材ユニット8で「情報を伝える／求める」の機能表現を練習させておくとよい。

- モデル会話で談話の流れとキーフレーズ、あいづちの表現を確認する。

  ［談話の流れ］

  | 話を切り出す（情報を求める） | → | 答える／説明する | → | コメントする |

  ［会話練習1］

- 学習者が教師役をするのが難しい場合、パターン練習はロールプレイ1（p.235）をするとよい。

- 話を聞き出す側に、話のきっかけとなる相手の情報がないと会話が出来ないので、先に共通の話題について情報を得ておいてからパターン練習を始めると、会話がスムーズに進む。

  ［会話練習2］

- パターン練習のトピックの例）　学校の授業や行事、専攻のこと、最近のニュース、日本語の授業で習ったことetc.

## 文化ノート 【p.242】

- 文化ノートは「本文を読む前に」の中で前作業として用いることも出来るし、時間があれば独立した読み物として授業で読んでもよい。

- **とびらサイト** の音声教材を聴いて、意味を理解するという聴解練習の宿題にしてもよい。

- 以下のことについて話し合うことも出来る。
    1. 自分の国のアナウンサーはどんな言葉で話しているか。標準語と呼ばれる言葉があるか。それはどのようにして定められたか。
    2. 自分の国にはどんな方言があるか。いくつぐらいあるか。どんな例があるか。
    3. 家族と話す時、友達と話す時、公式の場で話す時、どんな言葉で話すか。
    4. 「方言」と「なまり」の違いは？
    5. 文末の「方言の笑い話」は何が面白いのか。「えらそう」は普通どんな意味で使われるか。

## 後作業／発展練習

- 「みんなで話してみよう」（p.232）の1や4について話し合う。

- 周りの様々な物が自動化することについて、昔の生活と比較しながら、利点と問題点について話し合ってみても面白い。その他、星新一のショートショート「ゆきとどいた生活」を読む、或いは、そのビデオクリップ（約2分）＊を見せて、自動化の功罪について話し合うことも出来る。（＊ **とびらサイト** 登録教師専用メニュー内「教師の手引き」参照）

**❶ 〜ほど〜**

- 状態や動作の程度を具体的な物や人や行為を指して示す表現であること、否定の「〜ほどではない」は程度がそこまでは高くないことを表す表現であることを理解させる。

- 例文1、2には「XほどY」と「YてXほどだ」の二つの文型が提示されているが、例えば、例文4の「私はチョコレートが死ぬほど好きだ」を「私はチョコレートが好きで死ぬほどだ」とするとしっくりこないように、「YてXほどだ」の文型が不自然になる場合もある。ここでは、まず「XほどY」を使えるようにし、「YてXほどだ」は意味が分かればよいということにした方が教えやすい。

- 肯定にも否定にも用いられるが、肯定文の場合と否定文の場合を整理して指導する。
  (1)［肯定文：XほどY］　とても疲れた、宿題が多いなどの様子が分かる絵を見せて、それがどの程度なのかを具体的な例を挙げて説明させるといった導入練習をするとよい。（例文にある状況をイラストや写真などで見せると分かりやすい。）また、「死ぬほど好きだ／嫌いだ」はこの形で好きなものや嫌いなものについて話させる。

  (2)［否定文：Xほどではない］「外国語は何ができますか」→「日本語を話すことは話しますが、通訳ができるほどではありません」などのように、前置きの文「〜が／けれども」＋「〜ほどではありません」のパターンで練習するとよい。

- 肯定文の場合には「ほど」の代わりに「くらい」「ぐらい」も使えるが、否定文の場合には「ほど」しか使えないことを必ず説明し、できれば練習もしておいた方がよい。
  例1）　泣きたい{ ○ ほど／○ くらい} 宿題が多い。
  例2）　日本のカレーは、インドのカレー{ ○ ほど／× くらい} 辛くない。

**❸ Noun に合わせて ; Noun₁ に合った Noun₂**

- 意味・用法の理解が難しい表現なので、最初に「AをBに合わせる(adjust A to B)」という言葉の意味を図で説明したり、「Sサイズが体に合う」などの例を挙げてsuitable, match という意味があることを理解させたりしておくとよい。

- 「〜によって(depending on something)」と混同するなど誤用が起こりやすく、「〜に合わせて」の前に来る名詞が適切でない場合が多い。この表現はなかなか上手に使えないので前に来る名詞として、気温、季節、学習者のレベル、スケジュールなどよく使うものを挙げて、練習させた方がよい。

**❹ まるで〜よう{に／な／だ}**

- たとえを使って何かを説明する表現だが、母語によってたとえの方法や用いる語彙が異なるので、「まるで〜ように」を使って表しても、時に日本語としてしっくりこない場合もある。そのことに注意し、導入では日本語で使われる典型的な例を紹介し、練習も限定するとよい。
  例）　まるで子供のように／まるで死んだように／まるで夢を見ているようにetc.

- 「まるで」はたとえを強調する表現なので、「まるで」がなくても文の基本的な意味は変わらないことを説明しておく。

**❼ Noun₁ でも Noun₂ でも**

  例文1、2、4のようにincluding X and Yの意味を表す場合は、後に「何でも／誰でも／みんな」がないと不自然な文になることがあるので、始めから「Noun₁ でも Noun₂ でも {何でも／誰でも／みんな} 〜」の形で練習するとよい。
  例）　× コンビニにはお弁当でも缶ジュースでもあります。

**❾ 〜というのは事実だ**

  文末に「〜というのは事実だ」が使われるのは非常に硬い表現であるが、例文3のような「〜というのは事実だが、〜」という言い方は、会話でも時々使うことがあるので、「〜というのは事実(なん)ですが、〜」の

ような形で練習するとよい。

例）　日本に住んだことがあるというのは事実なんですが、子供の時だったのでほとんど覚えていません。

## ⑩ Noun という点から考えると

「Xという点から考えると」のXには通常、抽象的な名詞（例：教育、環境、ビジネス、便利さ、面白さetc.）が使われ、人や具体的な名詞は入らないので、注意する。

例1）　× 学生という点から考えると、宿題は少ない方がいい。

例2）　× iPhoneは電話という点から考えると、それほど使いやすくない。

## ⑪ Sentence 上に

- 単に「付け加えて」(in addition)という意味で「S上に」を使う誤用が起こりやすいので注意する。基本的には「その上」(第7課文法❷)と同じ使い方だが、この用法の場合は「〜だけでなく、それに」という意味になり、「S$_1$上にS$_2$」では、S$_1$がいいことの場合はS$_2$もいいこと、S$_1$が悪いことの場合はS$_2$も悪いことでなくてはいけないので、そのような使い方を指導する。

- ナ形容詞と名詞が前に来る場合の接続の形に注意させる。

- 後ろの文には命令、禁止、依頼などの相手に働きかける表現は使えないことに触れておいてもよい。

## ⑬ Sentence$_1$。だが、Sentence$_2$。

白丸の文法項目で、使い方を覚える文法には指定されていないが、発表などで使う学習者もいるので、「です・ます体」で話す時には「だが」は「ですが」になることを言っておく必要がある。

## ⑭ Noun に対して

- 対比の意味の「〜に対して」(第9課文法⑬)とは意味・用法が異なるので、混同しないように指導する。

- 「〜について」や「〜にとって」、直接目的語「を」との混同などが見られ、使い方の理解が難しい。「〜に対して」は動作や感情、態度が向けられる対象を表すことを理解させる。対象が人の場合、「〜に対して」は相手に直接動作や感情が向けられる時に使う(例文2)。

- 述語に話し手の評価や判断、感情などを表す形容詞が来る時には「〜に対して」ではなく「〜にとって」が使われることに気をつけさせる。

例）　× 外国人に対して、敬語は難しい。

- まずは、地球温暖化やいじめなど、何かの問題に対する対策を話させたり(例文1の用法)、日本語を勉強して興味が強くなったこと、考え方や見方が変わったことなどを話させたり(例文4、5の用法)して練習するとよい。

## ⑮ Verb-non-past こと（は）ない

ここでは例文1〜4のように、励ましや忠告に使う用法を練習させ、目上の人に使うと失礼になることを説明する。

## ⑯ 〜かというと

- 「どちらかというと」「なぜかというと」「いつかというと」など、同じ「かというと」の表現であっても全く意味が違うので、それぞれに練習する必要がある。

- 「なぜかというと〜からです」は「からです」が抜ける誤用が多いので、注意を促す。

## ⑰ それなら

例文3のように、一人話でも使われるが、会話の中で使われる方が多いので、会話の中で練習させる。

相手の発話に対して、「もしそれが本当だったら」という意味があり、後件には助言、要求、話し手の推測などが続くことが多いので、そのような形で練習するとよい。

例）　A　：ジョンはスペインに3年間住んでいたんです。

○B1：それなら、スペイン語が話せるのかな？

×B2：それなら、スペインの生活は大変でしたね。(Aの発話からの推測ではない)

# ■第11課　日本の歴史【pp.243〜265】

■第11課　日本の歴史【pp.243〜265】

## 順　番

本文を読む前に ➡ 読み物 ➡ 文化ノート ➡ 会話文1 ➡ 会話練習1 ➡

会話文2 ➡ 会話練習2 ➡ 発表 ➡ 後作業／発展練習

- 前作業でビデオを見せるなどして、語彙や固有名詞に慣れさせておく（覚える必要はない）と本文の理解がしやすい。
- 発表を行う場合は、会話練習は発表の後に回し、発表で聞いたトピックを会話練習で使用するとよい。
- 発表を行わない場合は、読み物の後に文化ノート7「カレーライスって日本料理？」(p.264)を読ませておくと、会話練習の際のトピックとして利用できる。
- 言語ノート11「ちょっと変わったイ形容詞」(p.262)、12「副詞（句）の名詞修飾」(p.265)は時間がない場合は、各自で読ませる。

## 教室活動について

### 本文を読む前に【p.244】

#### ▶目的

- 読み物で学ぶ日本の歴史に関して、あらかじめ予備知識を与えておく。
- 学習者が日本や自分の国の歴史に関して持っている情報を引き出し、話題に対する興味を持たせ、学習意欲を高める。

#### ▶授業のヒント

- ①では、答えを確認しながら日本の各時代の名称の口慣らしをし、「平成」まで紹介する。歴史的表現として、過去に起きた出来事ではあっても、現在形で書くことも説明する。

- ②の問題をする前に、「鎖国」と「明治維新」について学習者の母語で構わないのでインターネットなどで調べさせておく。また、「大名、将軍、幕府、千利休」などについても簡単に説明しておくと読み物が理解しやすくなる。

- 初めて日本の歴史に触れる学習者が多い場合は、子供向けに作られた簡単なビデオを見せるとよい。日本の歴史的出来事、人物に関する短いビデオクリップ*は色々あるので、適当なものを選んで見せる。ビデオクリップを後作業として使うことも可能。適当なビデオクリップがない場合は、写真や絵でもよい。本文に関係する場面を抜粋して見せるとよい。（例：戦国時代、本能寺炎上、信長の最後、禅、茶道 etc.）(* とびらサイト 登録教師専用メニュー内「教師の手引き」参照)

## 読み物【pp.245〜246】 日本の輸入の歴史

### この読み物の目的

▶日本がいつ、どのように、どんな外国の文化やものを取り入れたか、また、それをどうやって日本独自のものにしていったかを理解する。

### 読み物

p.245

# 日本の輸入の歴史

1 　日本には様々な文化や伝統的な習慣がありますが、それらのすべてが日本で独自に生まれたものなのでしょうか。答えは「いいえ」です。現在、一般的に日本の伝統的習慣や文化と考えられているものの中には、もともとは外国から入って来て日本的に変化したものが少なくありません。例えば、ひらがなやカタカナは古代中国から入って来た漢字をもとにして日本人が作り出したものですし、和食
5 の代表的な料理である天ぷらも、ポルトガルのtemperoという揚げ物料理が日本に伝わって変化したものなのです。この課では、日本の歴史を通して、日本人がどのように外国の文化を取り入れ、それを日本独自のものにしていったかを見てみましょう。

　日本人が初めて外国から輸入したものは、米だと言えるかもしれない。米の発祥地は中国の雲南からインドのアッサム地方にかけてだと言われている。日本の時代で言うと縄文時代の後期(約四千年
10 前)の間に、中国や朝鮮半島を通って日本に米の作り方が伝わったそうだ。その後、弥生時代になって各地に広がり、日本人の主食になった。そして、米は主食になったばかりでなく、もっと後の時代には、税金として集められたり給料として武士に支払われたりするようになり、日本の経済になくてはならないものになった。日本人は季節や天候の変化を大変気にするが、これは日本人が米作りを非常に大事なことと考え、どうやって効率よく米を生産するかが、日本人の生活の仕方や考え方に強い影響を
15 与えてきたことと関係があると言われている。

　弥生時代に続く古墳時代から奈良時代にかけては、日本は中国や朝鮮の影響を強く受け、法律をはじめ、建築、服装、料理などをこれらの国から輸入した。神道中心だった日本の宗教を大きく変えた仏教が伝わったのも、この古墳時代だった。日本の歴史書によると、朝鮮半島にあった百済という国の王が日本に仏像と教典を送ったのが日本での仏教の始まりだそうだ。
20 　奈良時代の次の平安時代は、外国との交流がほとんどなくなり、それまで日本に伝わった様々なも

**右側の注釈:**

長い文や固有名詞が多く、理解するためには精読する必要があるので、何回か読ませた方がよい。

読解に入る前に動画や写真などを見せて固有名詞の意味を確認しておく。

修飾節に注意。

[⇨内容質問 1]

「みんなで話し合ってみよう」の1について話し合ってもよい。

「それ」が何を指すか。平安時代の前までにということを確認。「それまで」の後に「に」を入れて読ませると理解しやすい。

ll.8〜30では、内容が理解できたかを確認するために、いつ、どこから、何が伝わったかと、その影響を表に整理しながら読ませ、確認するとよい。

それはどんな時代か、各時代のキーワードも確認。読む時に年表(p.244)に戻り時間軸にそって授業を進める。トピックやエピソードごとにそれがいつの時代かを言わせる。

**下部の表:**

ll.8〜30 を読んで、次の表を完成しましょう。

| 入ってきた時代はいつ？ | どんなものが？ | どこから？ どのようにして？ | 日本人の生活の仕方や考え方に与えた影響は？ |
|---|---|---|---|
| 縄文時代の後期 | ・ | ・ | ・<br>・ |
| 古墳時代から奈良時代にかけて | ・<br>・<br>・<br>・ | ・<br>・ | ・神道→ |
| ___時代 | ＿＿＿＿＿＿＿＿が<br>ほとんどなくなり<br>何も入ってこなかった。 | それまでに日本に伝わった様々なものが＿＿＿＿＿していった。<br>[例]・<br>・<br>・ | |
| 平安時代の終わり頃 | ・<br>・ | ・ | |

のが日本的に変化していった時代である。ひらがなができたのもこの時代で、中国風の服装が着物に変化したり、仏教の新しい宗派が生まれたり、源氏物語というひらがなを用いた世界一古くて長いと言われている恋愛小説が書かれたのも、平安時代だった。

ところで、禅という言葉を聞いたことがあるだろうか。禅は「禅宗」という仏教の宗派の一つなの
25　だが、禅と聞くと日本の国を思い浮かべる人は多いに違いない。しかし、実は禅の始まりは日本ではなく中国で、平安時代の終わり頃に中国に留学した栄西という僧によって日本に紹介されたのだ。その時、禅と共に伝わったのがお茶を飲む習慣で、それが日本の代表的文化である茶道へと発展していった。

**p.246**

平安時代の次の鎌倉時代は武士の力が強くなった時代で、彼らが禅とお茶を好んだため、日本全国に禅やお茶を飲む習慣が広がった。そして、その後、千利休によって茶道が確立され、少しずつ変
30　化しながら、現代のような茶道の形になったのである。

さて、古代から室町時代に至るまで、日本は主にアジアの国々から強い影響を受けてきたが、日本中で多くの大名が戦った戦国時代から16世紀後半の安土桃山時代になると、ポルトガル人やスペイン人がキリスト教の布教や貿易を目的に日本を訪れるようになった。そして、日本の文化の中にヨーロッパの影響が現れるようになった。その当時の日本人は彼らのことを「南蛮人」、つまり「南に住む
35　野蛮な人々」と呼んだので、その文化も南蛮文化と呼ばれていた。今で言う西洋文化のことだ。

戦国時代に日本統一を目指した織田信長という人物は、特に南蛮文化に興味を持った大名で、キリスト教の布教を許し、ワインを飲んだり、マントを着たりして洋風の生活様式を積極的に生活の中に取り入れたそうだ。ヨーロッパから入って来た鉄砲を大名同士の戦いに最初に用いたのも信長である。

次の江戸(徳川)時代は鎖国の規制によって、長崎の出島という場所以外では、外国人が自由に日本
40　を訪れたり、日本人が外国のものを輸入したりすることが出来なかった。江戸時代は約250年も続き、当時の江戸(今の東京)は世界中で一番人口の多い、独自の芸術文化が発達した清潔で文化レベルの高い都市だったと言われている。

江戸時代が終わり明治維新が始まると、日本は、洋服や靴、郵便制度、法律など、欧米のものや制度や文化を積極的に取り入れ、近代化を目指した。その中の一つに肉を食べることがある。日本では
45　仏教の影響で平安時代から江戸時代までは、特別な場合以外は肉を食べることは禁止されていた。しかし、明治政府は日本人も欧米人のように肉を食べるべきだと考え、国民に肉を食べることを勧めた。そんな状況の中で牛肉を使った日本の代表的な食べ物「すき焼き」が生まれたのである。

このように、長い歴史の中で日本は数多くの国々の影響を受けてきた。日本独特の習慣や文化に見
50　えるものでも、実はその元になるものは外国から入ってきたものが少なくないのだ。今ではクリスマスやバレンタインデーなども一般的な日本の行事になっているが、それらも欧米の習慣を取り入れながら、日本独自の方法で祝っている。

ときどき日本の文化は真似ばかりで独自の文化がないと言われ、批判されることがある。しかし、日本に輸入された文化やものは長い年月をかけて日本的に変化し、日本の伝統文化となり、歴史となり、習慣となったのだ。日本人はこれからも多くの外国の文化やものを輸入し、それらに日本的な味
55　を加えて発展させていくだろう。そして、今度は日本が世界に向かって新しい文化を輸出するようになっていくはずだ。すでに日本の寿司が世界中で食べられ、アニメやマンガ、ゲームなどが世界の若者文化に大きな影響を与えているように。

いつのことか確認。

栄西と利休の写真を見せて、場所ではなく人物の名前だということを確認しておく。

戦国時代の日本地図*を見せると理解しやすくなる。(*とびらサイト 登録教師専用メニュー内「教師の手引き」参照)

いつの時代か確認。

戦国時代というのはどんな時代か、この時代に日本文化にはどんな変化が起こったか、それはなぜかを確認する。

南蛮人というのは、どんな人達のことか。日本人はなぜ彼らをこういう名前で呼んだのか。[⇨内容質問2]

織田信長という人はどんな人だったか。→ 信長がしたことを三つ挙げさせる。

江戸時代はどんな時代で、何年続いたか。→ 江戸の町の特徴を四つ挙げさせる。

明治時代はどんな時代だったか。→ この時代に日本が外国から取り入れたものや習慣を五つ挙げさせる。

[⇨内容質問3]

比喩的な表現なので、意味を確認する。→「日本的に変える」ということ。

倒置文の確認。

[⇨内容質問4]
+文末表現に注目させ、事実の部分と筆者の考えに分けて整理させるとよい。筆者の意見にはどんな文法が使ってあるか、線を引かせて確認してもよい。

まとめとして「みんなで話してみよう」の2〜4について話し合ってもよい。

## 会話文　【pp.249～251】

### ▶目的

- 過去の出来事を人に伝えたり、それについての感想や推測を言う時の表現を学ぶ。
- 日本の歴史の上でよく知られている人物である信長・秀吉・家康について知識を得る。

### ▶授業のヒント

[会話文1]

- 過去の出来事について話す時どんな表現を使っているか、線を引かせ、意識させるとよい。

    表現の例）　その当時、今で言う

    　　　　　　～と言われているよ／～らしいよ／～って書いてありました／

    　　　　　　～からすると～だったようです

- 本文に出てくる信長とホトトギスは、絵か写真を準備する。

- 内容質問（p.253）に加えて、信長の「ホトトギス」の句についての話し合いをここでしてもよい。或いは、会話文2を終えてから、信長・秀吉・家康の3人の句について、まとめて話し合ってもよい。その際、次の予備知識を与えておくと意味が理解しやすくなる。

    - 倒置文になっていること。
    - 「殺してしまえ」が命令の表現であること。
    - ホトトギスは鳴き声が美しいことで有名な鳥だということ。
    - 日本には、昔から鳥や虫の鳴き声を鑑賞して楽しむという文化があること。そのため、「鳴かないホトトギスは役に立たない」という含意があること。

    質問の例）

    1. 「鳴かぬなら 殺してしまえ ホトトギス」というのは、どういう意味の句か。
    2. この句からすると、信長はどんな性格の人だったと思うか。

[会話文2]

- 本文に出てくる信長、秀吉、家康、明智光秀、ホトトギスは、絵か写真を準備すること。

- ll.54～57の本能寺の変の場面は、前作業で見せるビデオの中に入れておくと状況が分かりやすい。

- 「ホトトギス」の句について話し合う時は、これまでに学んだ文法や表現を使うように促す。

    使用文法の例）

    　　　　～ところによると～だったらしいから～／～からすると～、おそらく～だろうと思います

    質問の例）

    1. 「鳴かぬなら 鳴かせてみせよう ホトトギス」「鳴かぬなら 鳴くまで待とう ホトトギス」というのは、それぞれどういう意味の句か。
    2. この句からすると、秀吉、家康は、それぞれどんな性格の人だったと思うか。
    3. 信長・秀吉・家康の中で、誰に一番魅力を感じるか。どうしてか。

【pp.254～255】

▶目的

- 過去の出来事について尋ねたり、説明したり出来るようになる。

▶授業のヒント

- モデル会話で談話の流れとキーフレーズを確認する。

  ［談話の流れ］

  | 話を切り出す(情報を求める) | → | 答える／説明する⇔質問する | → | コメントする |

- パターン練習のトピックの例）授業で習ったことや文化ノート7「カレーライスって日本料理？」 (p.264)の内容についてなど。歴史についての発表(p.256)をした後であれば、発表を聞いて知った各国の歴史的な出来事・人物について話すことも出来る。

発 表 【p.256】

- 「歴史」についての個人発表を行う場合は、「とびらサイト」内の発表の説明*を参照。発表を聞く時にはキーワード・キーポイントや質問したいことなどのメモを取らせるとよい。(*とびらサイト 登録教師専用メニュー内「教師の手引き」)

文化ノート 【p.264】

- 文化ノートは「本文を読む前に」の中で前作業として用いることも出来るし、時間があれば独立した読み物として授業で読んでもよい。本文の書き出しが、タイトルの質問文の答えから始まっていることに注意。

- とびらサイト の音声教材を聴いて、意味を理解するという聴解練習の宿題にしてもよい。

- 以下のことについて話し合うことも出来る。
    1. カレーのCM「インド人もびっくり」のキャッチフレーズはどんなことを表しているか。
    2. 日本のカレーを食べたことがあるか。世界で一般的に食べられているカレーと何が違うか。
    3. 日本のカレーライスについての意見「西洋のものと東洋のものが混じって存在する」で、「西洋のもの」は何で、「東洋のもの」は何だと思うか。
    4. 「カレーライスは日本人の性格をよく表している料理だ」という文があるが、カレーライスに表れている日本人の性格とはどんな性格だと思うか。

後作業／発展練習

- 「鳴かぬなら ～ ホトトギス」の中の句に適当な言葉を入れて自分の性格を表すホトトギスの句を作らせて、句と理由を発表させると面白い。

  　　　　　　　　例）「鳴かぬなら それでいいじゃん ホトトギス」(織田信長の子孫、フィギュアスケートの織田信成選手が実際に作った句)

  　　　学習者が作った例）「鳴かぬなら 代わりに歌うよ ホトトギス」

  　　　　　　　　　　　　「鳴かぬなら 他のをさがそう ホトトギス」

  　　　　　　　　　　　　「鳴かぬなら 逃がしてあげよう ホトトギス」など

- 「みんなで話してみよう」(p.253)の1～4について話し合う。

- その他に、本文と関連づけて鎖国(ll.39～42)についてのディスカッションをすることも出来る。
    質問の例)
        1. 鎖国のいい点、悪い点にはどんなことがあると思うか。
        2. 江戸時代の鎖国が200年以上続いたことについて、どう思うか。

## 文法ワンポイントアドバイス

**❶ 少なくない**

文法説明にもあるように、「少なくない」が二重否定で、肯定の意味になることを理解させる。また、「少なくない」は文末に使う表現で、「少なくない人」のように名詞の修飾語としてはあまり使わないので、気をつけさせる。

**❷ Noun を通して**

- 「Xを通してYする」という形で用い、Xには媒介となるものが来るので、例文1～5で媒介となる手段、間に立つ人やものを図示して説明するとよい。

- まずは「Xを通してY」でよく一緒に使われる語の例をいくつか提示し、文を作らせるようにすると練習しやすい。
    Xに来る名詞の例)インターネット、スポーツ、日本語の勉強、～の経験、先生・友人 etc.
    Yに来る動詞の例)知る、学ぶ、考える、広がる、知り合う etc.

- 「Xを通して」には期間を表す名詞と共に用いる「Nounの間ずっと」という意味を表す用法もあるが、ここでは取り上げない。(例:ハワイは一年を通して暖かい。)

**❹ Noun で言うと**

ある表現や事柄を異なる単位(例文1、4)、基準(例文2、3)、言語(例文5)に置き換えて言う時に使う表現であることを確認する。下のような誤用が見られるので、注意する。
    例1)  {× 大学生活で言うと/○ 大学生活では}、いい成績を取ることが大切だ。
    例2)  {× 人口で言うと/○ 人口の点では} インドは世界で2番目に多い。

**❺ 各＋Noun**

- 「それぞれのNoun」と同じ意味であるが、「各」の後に来る名詞が限られているので、学習者がよく使う語に絞って導入した方がよい。
    例)  (世界)各国、(日本)各地、(アメリカ)各州、各学年、各先生、各セクション、各自 etc.

- 「各＋Noun」は指示対象が決まっているかどうかによって英訳が異なるので、そのことにも注意させる。
    指示対象がはっきり決まっている場合 → each (例文1、2)
    指示対象がはっきり決まっていない場合 → various (例文3、4)

**⑥ XばかりでなくY(も)**

第1課文法❶「～だけでなく～も」の硬い表現であることを説明する。

**⑦ Noun ＋風**

- 「X風」は「あるスタイル・様式・様子の」という意味で、より具体的には、あるものの特徴、雰囲気、味わいを持った、などの意味を表す。文法説明にあるように、Xに来る名詞によって意味が変わる点に注意する。
    例1)  和風の旅館 → 日本式のホテル(styleという意味)
    例2)  サラリーマン風 → サラリーマンのように見える(looks likeの意味)

- 白丸の文法項目だが、よく使う「洋風」「和風」「[国名]風」は教えておくとよい。名詞を修飾する時には「和風のレストラン」のように、「$N_1$風の$N_2$」となることにも気をつけさせる。

第7章 各課の授業の流れと教え方 第11課

- 学習者から「-的」との違いについて質問が出ることがあるので教師は違いを知っておく必要があるが、このレベルの学習者に詳しい説明を与える必要はない。それぞれの典型的な例をいくつか挙げて、使い方の違いを見せておくとよい。

    N₁風(のN₂)
    意味：「そういうものの特徴が知覚できる」の意
    N₁　：主として国・地域、時代、人のグループを指す名詞に限られる
    N₂　：具象物(知覚できるもの)の名詞が入る
    品詞：ノ形容詞を作る
      例）　日本風の庭園、関西風の味、ゴシック風の建築、ヤクザ風の男

    N₁的(なN₂)
    意味：「そういうものの性質を持っている」の意
    N₁　：広く名詞を形容詞化する
    N₂　：抽象的な名詞も入る
    品詞：ナ形容詞を作る
      例）　日本的な食べ物、日本的な考え方、政治的な意図、実用的な教え

## ❾ ～ずつ

「助数詞＋ずつ」で「決まった量や数を単位として何かを行うこと／何かが起こること」という意味になることを説明する。例文2、4の「一人ずつ」「少しずつ」は慣用的表現として導入し、練習するとよい。

## ❿ Noun₁ から Noun₂ に至るまで

学習者のレベルによっては、文法③「Noun₁ から Noun₂ にかけて」との違いについて触れておいてもよい。「Noun₁ から Noun₂ にかけて」は時間や場所の範囲を表す場合にしか使えないが、「Noun₁ から Noun₂ に至るまで」は例文3の「子供から大人に至るまで」のように、もっと一般的な範囲にも使える。また、「Noun₁ から Noun₂ に至るまで」は「範囲が広い」ことを強調するコンテキストで使うことが多い。

## ⓫ Noun ＋ 同士

「～の間で」という意味を表すが、「X同士」のXには、多くの場合、人を表す名詞が来ることを説明する。Xの使用語彙が比較的限られるので、頻度の高い例を使って導入するとよい。

    Xに来る名詞の例）友達、恋人、親、兄弟、男、女、アジアの国 etc.

## ⓬ Verbべき

- 「べきだ」の結合や活用など、形の間違いがよく起こるので、以下のような間違いに気をつけさせる。特に否定形は明確に提示し、よく練習する必要がある。

    例1）　{× 謝り／× 謝った／○ 謝る}べきだ。(「べき」の前は動詞の辞書形)
    例2）　{× 謝るべき／○ 謝るべきだ}と思う。(「と」の前に来る時の「だ」の脱落)
    例3）　{× 謝るべきのこと／○ 謝るべきこと}だと思う。(名詞の前の不必要な「の」の付加)
    例4）　{× 謝らないべきだ／○ 謝るべきではない}。(否定形は「べきではない」)

- スル動詞の場合は「すべきだ／するべきだ」の両方の形があることも確認する。(例文1、4、5)

- 例文1、2の「べきだ」と例文3、4の「べきだった」という過去形の用法では意味が異なるので、用法の違いをしっかりと理解させる。

    べきだ　　：主に話し手が聞き手や第三者に対して「～ {する／しない}のが当然だ」「～しなければならない／してはいけない」と強く忠告したり勧めたりする時に用いる。「私は宿題をすべきだ」のように話し手自身の行為については使わない。

    べきだった：過去のことについて後悔の気持ちや批判を表す。この場合は聞き手や第三者の他に、話し手自身の行為にも「べきだった」が使える。

- 「べきだ」の練習では、現在問題になっていることについて、国や大学がどうすべきかを話させるといった練習をするとよい。その際、「べきだ」の方が「〜た方がいい」よりも語調が強いことにも触れておくとよい。

- 「べきだ」と「なければならない」の使い分けについては、規則や予定などを言う場合には「べきだ／べきではない」は使えず、「なければならない／なくてはいけない」を使うよう指導する。
  - 例1)　日本では高校生は制服を {× 着るべきだ／○ 着なければならない}。
  - 例2)　今度の日曜日はアルバイトに {× 行くべきです ／○ 行かなくてはいけません}。

- 「はずだ」(第8課文法❾)と「べきだ」は状況が似ている場合が多く、どちらも英訳にはshould が入っているので学習者が混同しやすいが、両者の違いは以下のように説明するとよい。

  はずだ＝話者が自分の知識や記憶に照らして「当然そうなる、または、そうだ」と考えられる場合
  べきだ＝話者が「そうすることが当然だ／正しいことだ／義務だ」と考える場合
  - 例)　(謝るのが普通だから、当然謝るだろうと言いたい時)

    約束を守らなかったのだから、スミスさんは謝る {× べきだ／ ○ はずだ}。

    ↓状況：でも、スミスさんは謝らなかった。

    (謝るのが当然の正しい行為だと言いたい時)

    約束を守らなかったのだから、(スミスさんは)謝る {○ べきだ／× はずだ}。

## ⑬ Noun からすると

- 「ある情報源や基準から判断／推測をするとどうであるか」を言う時に使う表現であることを確認する。

- 「〜からすると」は後ろに話者の判断／推測／感想などを表す文が続くのに対し、同じく情報源を言う時に用いる「〜によると／〜によれば」は、後ろにはその情報源が伝えている内容やその情報から分かることを伝える文が続く。従って、前者は主観性の高い文に、後者は客観性の高い文に用いられる傾向がある。
  - 例1)　『信長公記』からすると、信長は若い頃、不良だったようだ。(話者の推測を述べる)
  - 例2)　『信長公記』によると、信長は若い頃、不良だったそうだ。(情報源の内容を伝える)

## ⑮ Noun の上で ; Noun 上(で)

- この表現は色々な意味の用法があるので、整理して導入する必要がある。
  (1)「Nounが与える情報によると」という意味を表す用法(例文1〜3)
  (2)「Nounの点で／面で」という意味を表す用法(例文4)
  (3)「Nounの中で」という意味を表す用法(例文5)
  使い分けが難しいので、比較的理解しやすい(1)の用法を主に練習させ、その他は、「歴史上」「法律上」のように語彙項目として導入する程度に留めておいた方がよい。

- 「歴史の上で」と「歴史上」では「上」の発音が違うことにも気をつけさせる。

## ⑯ Noun と並んで

「〜と同じように」という意味を表すが、just likeという英訳があるためか「このロボットは人間と並んで話せる」のような誤用が見られるので、気をつけさせる。
  - 例1)　アラビア語は、[日本語やロシア語と並んで] 難しい言葉だと言われている。
    　　　 X　　　　　　　 X以外のYの代表例　　　　　　　　 Y
  - 例2)　この大学のビジネス学部は、[医学部と並んで] 入るのが難しいらしい。
    　　　　　 X　　　　　　 X以外のYの代表例　　　　 Y

## ⑰ おそらく〜(だろう)

- 「〜だろう」など、推量を表す文で使う副詞であることを説明し、話し手がそのことについて推量する表現であることを確認する。「おそらく〜でしょう／と思います」などの形で練習するとよい。

- 日常会話では「おそらく」の代わりに「たぶん」を用いることが多いことにも触れておくとよい。

**⑱ まったく**

- 「まったく＋肯定形」では「本当に」を使った方がいい場合に「まったく」を使うなどの誤用が多く見られる。英訳にある totally, completely と同じように使えるわけではないので、注意を促す。

　　例1）　一日中歩いたので、｛× まったく／○ 本当に｝疲れた。

　　例2）　この部屋は｛× まったく／○ 本当に｝静かだ。

　上手く使えるようになるのは難しいので、この段階では「まったく同じ」「まったく違う」を練習し、後は意味が分かればよい用法としておいてもよい。

- 全否定の意味の「まったく＋否定形」はきちんと使えるように指導する。「全然〜ない」と「まったく〜ない」では「全然」の方が話し言葉でよく使われることにも触れておくとよい。

## 順　番

本文を読む前に ➡ 文化ノート ➡ 読み物 ➡ 会話文 ➡ 発表（文）➡

発表 ➡ 後作業／発展練習

> 言語ノート13「大きいvs.大きな」(p.273)、14「無助詞」(p.286)は、時間がない場合は各自
> で読ませる。

## 教室活動について

### 本文を読む前に 【pp.268〜269】

#### ▶目的

- 日本の伝統工芸品とはどういうものかを知り、日本に古くからある文化に興味を持たせる。
- 自分の国の伝統工芸品についても考えさせ、伝統工芸という学習者に日頃あまりなじみのない話題に対する興味を高める。

#### ▶授業のヒント

- ①では黒板などに自分の国の伝統工芸品の絵を描かせ、「伝統工芸品の基準」に合っているかどうかを話させてもよい。

- ②では招き猫、茶筅、雛人形などは実物があれば用意する。招き猫、羽子板、つくばいは由来の説明を加えるとよい。ちなみに、右手を上げた猫はお金を、左手を挙げた猫は人を招くと言われている。

- 順番は②→①の順でやってもよい。②を先にやると、工芸品がどういうものかがイメージしやすくなる。

- 伝統工芸品に対する興味づけのために、文化ノート8「ものづくりニッポン」(p.288)を始めに読ませてもよい。その際、からくり人形のビデオ*を一緒に見せるとよい。(* とびらサイト 登録教師専用メニュー内「教師の手引き」参照)

## この読み物の目的

▶和紙の歴史、特長、利用法、和紙からのメッセージとは何かを理解する。

タイトルの意味を考える時に、和紙や和紙で作られた物を見せたり触らせたりして、簡単に印象を話させてもよい。普通の紙と和紙の両方を準備して比較させると分かりやすい。

読み物

p.270

# 和紙からのメッセージ

1 　皆さんは「和紙」という言葉を知っていますか。和紙の「和」という字には色々な意味がありますが、その一つに「日本」「日本風」「日本製」という意味があります。例えば、皆さんもよく知っている和室は日本風の畳の部屋のことで、和服は日本の服、つまり着物のことです。だから和紙は日本の紙ということになります。では、日本の紙である和紙とは、いったいどんな紙な

5 のでしょうか。

　紙は紀元前176〜141年頃に中国で発明されたとされています。この紙の作り方が奈良時代に朝鮮半島から日本に伝わってきました。中国で発明された紙がなぜ「和紙」と呼ばれるようになったかというと、日本にしかない植物を原料にしたり、日本独特の「流しすき」というやり方で紙を作ったりするようになって、原料や作り方が日本風に変わってきたからです。

10 　和紙の第一の特長は、薄くて強いことです。その強さに関するエピソードの一つに、江戸のある商人が火事の時、大事な帳簿が燃えないように井戸の中に隠し、火が消えた後、井戸から出して乾かして、また使ったという話が残っています。つまり、和紙は水にぬれても破れず、もう一度乾かせば前と同じように使えるほど強かったということです。これは、現在、私達が日常生活で使っている紙では考えられません。

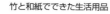
竹と和紙でできた生活用品

電気スタンド

扇子
©ニッポン高度紙工業／平凡社『NIPPONIA』No.15

[⇨内容質問1]
1.「日本、日本風、日本製」の意味の「和」のつく言葉にどんなものがあるか。→和紙、和式、和服、和食、和菓子、和風、和室 etc.
2.「和」には日本という意味の他にもどんな意味があるか。和の入った言葉を挙げて考えてみる。→ 平和、和える（料理の時、調味料と何かを混ぜる㋁マヨネーズで和える）、和む（やさしく暖かい気持ちになる㋁子猫を見て気持ちが和む）、和らぐ（おだやかになる㋁寒さが和らぐ、痛みが和らぐ etc.）→「和」はいくつかの物事が互いに調和し合うこと、協調し合って円満であるという意味を持つ。

英語の episode と違う使い方なので注意。

何を指しているかを確認。

それぞれ「帳簿は和紙でできていて和紙は水にぬれても破れず〜」「火事で井戸に隠す前と同じように〜」という意味であることを確認。

この段落を読む前に、火事になったら何を持って逃げるかについて話し合っておくと理解が深まる。また、この段落は省略部分や現在使われていないもの（帳簿、井戸など）が多いので、まず次のことを紹介してから読解に入るとよい。
・火事の対応の仕方→建物を壊して延焼を防ぐ。
・江戸の井戸はあまり深くない。
・「帳簿」とはどういうものか。また、それぞれのものの江戸時代の写真などを見せると分かりやすい。

「帳簿を」ということを確認。

文を理解したかどうか確認するために、なぜこのエピソードから和紙の強さが分かるかを説明させる。

意味を確認。

新出文法の「生かす」はキーワードとして本文で数回使われているので、「生」を使った既習の言葉「生きる／生まれる」などから漢字の意味を確認し、その後「生かす」の意味について推測するという導入の仕方をするとよい。

意味を確認。

p.271

15 　和紙には強さだけでなく柔らかさや温かさもあります。日本人は昔からこれらの和紙の特長を生かし、籠や皿のような小さい生活用品から箪笥などの大きい家具まで、日常生活に必要な様々なものに和紙を使ってきました。竹や木と和紙で作られた籠、皿、箪笥などは、どれも軽くて丈夫な上に手触りもよく、和紙の温かさが感じられます。また、和紙を通した光は柔らかく優しくなることから、障子や電気スタンドにも使われています。そして、何度も閉じたり広げたりし

20 なければならない傘や扇子には、和紙の強さと柔らかさの両方の特長が生かされています。
　和紙の使い方は時代と共に、もっと多様になってきました。例えば、和紙の新しい利用法を開発しようとした技術者達は、その薄さと強さをさらに改良し「電解コンデンサ紙」というものを生み出しました。この電解コンデンサ紙は、私達が日常的に使っているテレビ、ビデオ、携帯電話、コンピュータなどに不可欠なもので、ほとんどの電気製品がこれなしでは動かないのだそう

25 です。
　実は、面白いことに、和紙の「和」の字には、「仲良くする」「うまく混ざる」という意味もあります。日本特有の紙であり「仲良くして、うまく混ざる」という意味を持つ「和紙」は、昔も今もその特長を生かしながら、他のものと上手に混ざり合って違うものに生まれ変わっています。和紙のこのような生かされ方を考えると、和紙は私達に「調和」のメッセージを送って

30 くれているような気がしませんか。

実際に普通の紙と和紙を使い、光を通してみてどうなるかを見せると、実感できる。

受け身の形を確認。また、「感じられる」の「感じる」のは誰かを確認。

［⇨内容質問2、3］
＋内容質問3は、それを見たり、触ったりしたことがあるかなど、自分の経験も話させる。

何を指すか確認。

他の言葉で言い換えさせてみる。

受け身形に注意。

どのようなことを指すか確認。

紙の手すきの様子

電解コンデンサ紙

障子

©ニッポン高度紙工業／平凡社『NIPPONIA』No.15

全体の大意把握の確認として、以下のようなキーワードを与え、内容のまとめを自分の言葉で言わせるとよい。
キーワードの例）
和紙の歴史、和紙の特長、和紙の利用法、「和」の字の持つ意味

| 柔らか | 生かし | 家具 | 竹 | 軽くて | 丈夫 | 通した | 光 | 優しく | 閉じた |
| やわ | い | かぐ | たけ | かる | じょうぶ | とお | ひかり | やさ | と |
| 広げる | 開発 | 改良 | 不可欠 | 製品 | 仲良く | 混ざる | | | |
| ひろ | かいはつ | かいりょう | ふかけつ | せいひん | なかよ | ま | | | |

和紙は日本の伝統工芸の他に、どんなものに利用されているかを言わせる。

## 会話文 【pp.274〜276】

### ▶目的

- 折り紙の鶴の作り方を読んで理解し、実際に折ってみる。
- 千羽鶴という習慣が生まれた背景やそれが持つ意味について学ぶ。

### ▶授業のヒント

- 会話文の前半(ll.1〜40)は折り紙を用意し、ペアで本文を読みながら実際に説明の通りに鶴を折らせてみる。(一人が本文を読んで、一人が実際に折ってみるという方法もある。これは後で行う発表の模擬練習にもなる。) 鶴が完成したら、学習者達に自分の折った鶴を順番に糸でつながせ、クラス全体で千羽鶴の一部を作ってみるとよい。
- 会話文の後半(ll.41〜64)を読んだ後で、内容質問1〜3(p.278)について話し合う。

## 発表(文) 【p.279】

### ▶目的

- ものの作り方の手順を説明する要領を学ぶ。
- 作り方の説明を読んで、自分でも説明できるようになる。実際に発表してみる。

### ▶授業のヒント

- 本文を音読させた後、教科書を見ないで作り方を説明するように指示を与える。作り方の説明の練習は、用意するものを数セット持参し、学習者同士で説明し合ったり、或いは学習者に読ませて、他の学習者か教師がその通りに実演してみたりするやり方も出来る。
- 手順を説明する時に使う接続詞や表現を確認する。
- 学習者にものの作り方の個人発表(p.281)をさせる場合は、発表についての説明をする前に、この部分を読ませておくと、心理的負担も軽減されるので、発表のための前作業として扱ってもよい。

## 発表 【p.281】

「ものの作り方」「何かの仕方」についての個人発表を行う場合は、「とびらサイト」内の発表の説明*を参照。発表を聞く時には手順のステップや質問したいことのメモを取らせるとよい。(*  とびらサイト 登録教師専用メニュー内「教師の手引き」)

## 文化ノート 【p.288】

- 文化ノートは「本文を読む前に」の中で前作業として用いることも出来るし、時間があれば独立した読み物として授業で読んでもよい。からくり人形の動画はインターネット上にたくさんあるので、実際に動いている様子を見せると、日本の技術の巧みさが実感できて面白い。
- とびらサイト の音声教材を聴いて、意味を理解するという聴解練習の宿題にしてもよい。
- 以下のことについて話し合うことも出来る。
    1. 日本製品や文化の中で、かっこいい(cool)と思うものに何があるか。どうしてそう思うか。

2. 「ものづくりの精神」は、なぜ日本を救うと考えられていると思うか。

3. あなたの国の問題点を救う精神は何だと思うか。

後作業／発展練習

- 会話文の内容質問(p.278)の4について話し合う。

- 「みんなで話してみよう」(p.278)の核の利用法についてのディスカッションは、以下の要領で進めると話し合いに持っていきやすい。また、核兵器保有国や核の利用法については、教師側でも簡単に下調べをしておくと、学習者から出てきた意見に対応がしやすい。話し合いではp.141の「意見の表現」を使わせるようにする。

    進め方の例）　核に関連する(a)〜(d)の語彙の意味を確認する。 → 核を持つことによるいい点と問題点について、或いは核の平和的利用、非平和的利用法として何があるかを挙げる。 → 核兵器保有国を挙げる。 → 自分の国が核を持つことについてどう思うかを話し合う。

## 文法ワンポイントアドバイス

② **Sentence とされている**

　　「〜と言われている」「〜と考えられている」と同じ意味であることを説明する。

❸ **第一(の／に)**

- 「第一に」には例文1のように「順序の一番初めに」という意味があるが、手順や順序を説明する時には「まず」や「初め」を使った方が自然な場合が多いことを言っておく。混乱を招く場合もあるので、例文1は飛ばしてもよい。

    例1)　家に帰ったら、{○ まず／○ 初めに／? 第一に}手を洗います。

    例2)　空港に行くなら、{○ まず／× 第一に}地下鉄で東京駅まで行って、そこからJRに乗ればいいですよ。

- まずは、例文2のような「一番大事なこと」という意味の用法を定着させる。文型bの「第一のN」と文型aの「第一にV」の用法の違いを、同じ意味の文を使って説明してもよい。

    例)　試験に合格できた第一の理由は、覚えた言葉や漢字が全部試験に出たことだ。(例文2)

    　＝ 試験に合格できた理由として第一に考えられることは、覚えた言葉や漢字が全部試験に出たことだ。

- 今の大学に入った理由、いじめの原因などをいくつか挙げさせ、その中の一番重要な理由、原因を「私がこの大学に入った第一の理由は〜」「いじめの原因として第一に挙げられることは〜」といった文型で言わせる練習をするとよい。

- 文型cの「第一N」は、語彙として「第一条件」「第一印象」などを教えておくとよい。

❹ **Noun に {関する／関して}**

- 例文1、2の「N₁に関するN₂」は「N₁に関係があるN₂」「N₁に関係しているN₂」、例文3の「Nに関してV」は「NについてV」という意味を表すことを説明する。

- 名詞を修飾する場合は「〜に関する＋名詞」の形になることを確認する。この他に「〜に関しての＋名詞」という形を使うこともあるので、紹介しておいてもよい。

    例)　日本語の授業で和紙{× に関して／○ に関する}利用の仕方を学びました。
    　　　　　　　　　　　　　　　　　　　被修飾語

- 「〜に関して」は後述のように細かい使用制約があって使い方が難しいので、この段階では意味が分かればよい用法とし、まずは「〜に関する」のみを使えるように練習してもよい。「〜に関して」も使えるようにする

なら、以下の点に気をつけて指導する必要がある。

＜「Nounに関して」の留意点＞
- 「〜に関して」は「は」と同じような主題提示は出来ないことに注意する。
    - 例1） インターネットの発達{× に関して／○ は}、人々の生活にどんな影響を与えているだろうか。
    - 例2） コンピュータの知識{? に関して／○は}、彼が一番だと思う。

- 「は」の付いた「Xに関しては」は主題提示的に使えるが、その場合は、Xやそれに関連したことについて先行文脈ですでに言及されていなければならない。
    - 例1） コンピュータのことで分からないことがあったら、スミスさんに聞くことにしている。
        <u>コンピュータの知識に関しては</u>、彼が一番だと思う。（例文4）
        既知情報（コンピュータのことがすでに話題になっている）
    - 例2） このサイトはとても役に立つけれど、<u>セキュリティに関しては</u>、問題が多い。（例文5）
        （サイトに関連する話題）

- 「〜に関して」は情報と関係する動詞と一緒に使うのが普通で、「考える」「心配する」などの思考に関する動詞とは一緒に使えないこと、また、英訳のregardingやconcerningは意味の範囲が大きく、「〜に関して」をこれらの英語の意味で覚えてしまうと誤用が起きやすいので気をつけるように言っておく。
    - 例） 卒業後の将来{× に関して／○ について} 心配している。

- 「〜に関して」と「〜について」は用法が似ているが、「〜に関して」の方がやや硬く書き言葉的な表現になる。また、「〜に関して」は直接動詞が続くと不自然な文になることがあるが、「〜について」はこのような制限がないので、学習者のレベルによってはこの違いに触れておいてもよい。
    - 例）? 授業で日本の歴史に関して {読みました／話しました／書きました／発表しました}。
    - ○ 授業で日本の歴史に関して {面白い本を読みました／学生達に話しました／論文を書きました／クラスで発表しました}。
    - ○ 授業で日本の歴史について {読みました／話しました／書きました／発表しました}。

❺ 考えられない
「考える＝think」という意味から来る「考えることができない」という文字通りの意味の他に、「想像できない」（例文1、2）、「不可能だ」（例文3）、「受け入れられない」（例：休日も仕事をさせるなんて考えられない。）という意味もあることを説明する。

❻ 生かす
「能力、経験、アイディア、ものの特性などを何かのために効果的に使って役立てる」という意味を持つことを理解させる。英語の make the most of には「大いに楽しむ」「満喫する」といった意味もあるが、この意味で「生かす」を使うと、不自然な文になるので注意を促す。
    - 例） まだ結婚していないので、独身生活を{× 生かしている／○ 楽しんでいる}。

❽ Nounなし
- 名詞句として用いられ、「Nなしで」「Nなしの」「Nなしだ」という三つの使い方があるので、使い方の違いを言い換えなどで確認しておくとよい。
    - 例1） 大学生は<u>コンピュータがなかったら</u>、生活できません。
        ＝コンピュータなしで（は）
    - 例2） <u>コンピュータがない生活</u>は考えられない。
        ＝コンピュータなしの生活
    - 例3） このコースは<u>試験がない</u>そうですが、レポートがあるそうです。
        ＝試験なしだ

- 例文2の「〜なしの生活は考えられない」のように、文法❺の「考えられない」と一緒にした文を作らせてみるとよい。

**⑨ こそ**

- 「こそ」の前に来る人や物事、動作、理由などを強調するという意味はすぐに理解できるが、どこに「こそ」を置くかが難しく、誤用が起こりやすい。この段階では使えるようにする表現を限定して導入し、後の用法は意味が分かればよいということにしてもよい。

   使えるようにするとよい表現の例）　こちらこそ、今年こそ、今度こそ etc.

- 文型 b「V てこそ」も練習する場合には、「何かをすることによってそれで初めてよい結果が生じる」という意味になり、プラス評価の表現が後ろに来ることを説明する。

   例）　お金は使ってこそ意味がある。貯めるばかりでは価値がない。

**⑩ Verb-masu 込む**

   「-込む」の意味は前に来る動詞によって変わるので、よく使う「飲み込む」「書き込む」「話し込む」や本文に出てくる「吹き込む」などを単語として覚えさせるとよい。

**⑬ ずっと**

- 「ある時点からある状態や行動が続いている／行動を続けている」という意味を表すことを確認する。

- 「（子供）の時からずっと {～ている／～が好きだ／～てきた}」のような形で練習するとよい。文末の形の誤用が多く見られるので、気をつけさせる。

   例 1）　子供の時からずっとピアノを {× 続ける／○ 続けている}。
   例 2）　子供の時からずっとピアノを {× 続けた／○ 続けてきた}。

- 提示されている例文や英訳には含まれていないが、未来に続く行為に用いられる場合もあるので、練習してもよい。

   例）　卒業してからもずっと日本語の勉強を続けるつもりだ。

**⑮ ～まま**

- 文型 a の「N のまま」から、文型 b の「DemA まま」、文型 c と d の「Adj まま」、文型 e の「V-たまま」まで色々な使い方があるので整理して導入する必要がある。「～まま」が状態を表し、「その状態が変更されずに続いている」ことを示すため、絵などを用いて文を作らせ、よく理解させる。

- 特に「V-たまま」という表現をどういう状況で使うのかを理解するのが学習者には難しい。絵などを見せながら、文の言い換えの練習をするとよい。その際、「～ままだ」「～ままで」という二つの文型があることを確認する。

   例）　ニュースを見るためにテレビをつけました。ニュースを見た後で、テレビを消しませんでした。
   　　　→　テレビをつけたままです。／　テレビをつけたままで、消しませんでした。

- 「寝坊して、ひげをそらないまま学校に行った」のように動詞の否定形に「まま」が付く形もあるが、「電気を消さないまま寝ました」「温めないまま食べました」といった言い方はあまり使わないので、この段階では否定形を使う場合には「～ずに」を使うように指導した方が誤用が起こりにくい。

   例 1）　電気を {? 消さないまま／○ 消さずに／○ つけたまま} 寝てしまいました。
   例 2）　お弁当を {? 温めないまま／○ 温めずに／○ 冷たいまま} 食べました。

- 「N のまま」についても、同じ状態が変わらずに続くという意味を理解させ、まずは「昔のまま」「今のまま」といった表現を使えるようにするとよい。

- 「このまま」「そのまま」は絵などを用い、「{このまま／そのまま} にしておいて下さい」の形で定型表現として教える。

- 「Adj まま」は「温かいまま」「冷たいまま」「きれいなまま」などの使い方の例を提示するとよい。

- 「まま」には「先生に言われるまま（に）、間違いを直した」のように、「その通りにする」という意味を表す用法もあるが、ここでは取り上げない。

# ■第13課　日本人と自然【pp.289〜314】

本文を読む前に①　➡　読み物１　➡　本文を読む前に③　➡　本文を読む前に②　➡　読み物２

➡　言語ノート　➡　会話文　➡　俳句の鑑賞　➡　文化ノート　➡　後作業／発展練習

> インタビューのプロジェクト(pp.304〜306)を実施する場合は、教室外活動とその報告発表として
> 別に時間を取った方がよい。俳句や川柳について日本人にインタビューをするプロジェクトなので、
> 日本での集中学習やホームステイの機会がある場合に適している。

## 教室活動について

### 本文を読む前に【pp.290〜291】

#### ▶目的

- 子供の頃のことを思い出させ、読み物１を読む準備をする。
- 松尾芭蕉と小林一茶に関する予備知識をインターネットから得る。
- 俳句を鑑賞するために、景色を描写する練習をする。

#### ▶授業のヒント

- 読み物１を読む前に①の話し合いだけをし、③は読み物１の後作業として行う。②は読み物２の芭蕉と一茶の句を鑑賞する前にした方がつながりがよい。

- ②をする時に俳句における「わび・さび」についても簡単に知識を与えておく。文学の授業などで「わび・さび」について勉強したことがある学習者がいる場合は、その学習者に説明してもらうとよい。単語表(p.298)にある説明を読ませたり、「侘しい・寂しい」と関連があることに触れる。

- ③は絵ではなく写真を使ってもよいが、場所、季節、時間、見えたものとその感想について述べるようにさせると、まとまった発話になる。「〜があった。よかった。」と言った単純な描写になりやすいので、その景色の何が印象に残っているか、その時どんな気持ちになったかなどを話すように指導する。また、感情表現の復習、及び、景色を描写する語彙や表現をあまり学習していない場合には、基本的な描写表現を補足紹介すると表現が豊かになる。(例：遠くに見える、目の前に広がる etc.)

## この読み物の目的

▶自然や事柄、気持ちを描写する叙述文を読み、そのイメージをつかむ。

この読み物は新聞記事から取った生教材(聞き書きの記事)で文章や語彙のコントロールは一切していない。そのため、未習語彙・表現が多く、文体や文末も不統一である。また、内容は筆者の気持ちや情景描写が中心で、説明文に慣れてきた学習者にとってこれまでに読んだことのない新しいタイプの読み物と言える。内容的に不整合な部分もあり、文章をすべて理解するのは難しいので、精読は要求せず、大意が取れ、自然描写の部分が理解できればよい。すべてが理解できなくてもよいことを学習者にも伝える。

紹介文を読ませて、石森がどんな人だったかについて分かったことを話し合う。彼のマンガや第7課で読んだ手塚治虫の弟子だったことなどについて簡単に確認、説明をする。

**p.292**

いしのもり しょうたろう
一九三八年～。本名、小野寺章太郎。ペンネームは出身地の宮城県中田町石森からとる。高校を卒業後、上京して手塚治虫のもとで修行。主な作品に『サイボーグ009』『仮面ライダー』『マンガ日本経済入門』など。

### 読み物・1

# 私と先生

石ノ森章太郎
漫画家

**あらゆる感性を育ててくれたのは故郷の四季だったと思っている**

終戦の時、私は小学校の一年生でした。校舎が足りず、青空教室で勉強しました。印象に残っているのが、小学校四年と五年の時の担任だった女の先生です。

菊地先生といって、二十代の優しい先生でした。もんぺ姿だったかなあ、よく僕んちの前を通りかかると、中をのぞいては声をかけてくれたものです。

暮れなずむ秋の夕暮れ。その景色を作文に書いたことがある。だんだん日が落ちて、辺りが紫色から、だいたい色に変わっていく刻一刻変わる自然描写を、暗くなる夕餉の灯りも。

「細かく観察して、よく書いています」と、先生はものすごくほめてくれたんです。丸坊主の頭をなでてくれた手は温かった。今でも思い出します。勝手なもので、ほめられたこととしか覚えていません。それで文章を書くことに興味を持てられ、「それじゃあ、小説家になろう」というのが、僕の夢になった。

中学に進んでから、いたずらをして両手にバケツを持って立たされたことがある。怒られただけで、その先生から何かを得たという印象はないですね。

高校を出て上京し、マンガ家になるために手塚治虫のところへ行った。最初に「君はコスモポリタンだね」って言われたんです。どこの国に出しても通じる、という意味の最大のほめ言葉でした。

僕は田舎から出て来たばかりで、東北なまりが気になり、コンプレックスを持っていたけど、それを全部ひっくり返してくれた。

もうひとつ、僕にとっての先生というのは、四季の移り変わりだったのではないかなあ。僕んちのそばに、ちっちゃい小川が流れていた。春はメダカとかフナとか、ナマズもいた。秋になると落ち葉が流れて来て、ものすごくきれいなんですね。冬は氷が張り、竹を割ってスケートを作ってすべったりした。

学校の帰りがけに見た、鳥が横一列になって飛んで行く光景も思い出します。心の中で「しっかり飛んで行けよ」とはげましていたんでしょうね。

自然の厳しさとか、相手に対する思いやりとか、そういった自然との触れ合いで、子供は育って行くんじゃないかなあ。あらゆる感性を育ててくれたのは、故郷の四季だったと思っている。

菊地先生は野山をかけまわる子供の姿を温かく見つめていてくれたのだと思います。あの人を含めた故郷全体が僕の先生だったということかなあ。

『私と先生』石ノ森章太郎(著)
一九九〇年一月二〇日 朝日新聞

昔の日本の田舎の家では、昼間は玄関を開けっぱなしにしておく習慣があって外から家の中が見えたので、外を通る人が家の中にいる人に向かって挨拶をするというのが普通だったということを説明するとよい。状況を絵に描いて見せると分かりやすい。

何の戦争か分からない学習者がいるので、第二次世界大戦を指すことを確認する。

絵や写真などを見せて説明する。

[⇨内容質問1の前半]

何を指しているかを確認。

文を理解したかどうかを見るために、簡単な絵を描かせ、説明させるとよい。紙、色鉛筆、クレヨン、サインペンなどを用意する。

[⇨内容質問1の後半]

このほめ言葉の意味について考えさせる。

動作主に注意。誰が何を励ましたのか。

[⇨内容質問2]
＋学校の先生以外に、自分にとっての先生は誰か、或いは何か、どんな出来事かについて話し合ってもよい。また、作文に書かせることも出来る。

## この読み物の目的

▶俳句の規則、作り方、鑑賞の仕方を学ぶ。

▶芭蕉、一茶の俳句を鑑賞し、句の持つ意味を理解する。

p.295

読み物・2

# 俳句：世界一短い詩

1　皆さんは俳句を作ったり、鑑賞したりしたことがありますか。俳句は17の音だけで作られる世界で最も短い詩です。日本語だけでなく、色々な国の言葉で楽しまれていて、世界各国の小・中学校の教科書にも紹介されています。あまりにも一般的になってしまい、俳句がもともと日本のものだということを知らない人達さえいるほどです。皆さんの中にも小・中学校の時に、自分の国の言葉で俳句を作った人がいるのではないでしょうか。最近は、日本語を勉強している人達が日本語で俳句を作ることも多くなりました。下に挙げたのは、アメリカの大学生が日本語の授業で作った俳句の例です。

> 静かだね　　雪の音しか　　聞こえない
> 子が母が　　呼び合うごとく　　蝉の鳴く　（ごとく＝ように）
> 秋の歌　　落ちた木の葉に　　書いてある
> 10　春の午後　　ホームレスたち　　昼寝して

どうですか。それぞれの俳句から、どんな情景が浮かんできますか。作った人のどんな気持ちが感じられますか。この俳句に詠まれている季節はいつでしょうか。自分達と同じように日本語を勉強している若い人達の俳句だと思うと、皆さんも「ちょっといい俳句」が作れるような気がしませんか。

俳句を作るにはいくつか規則がありますが、主なものは次の三つです。

15　① は＝はっとした感動、発見の喜び、想像の楽しさなどを詠み込む
② い＝いつ：季語により四季の自然や季節感を表す
③ く＝組み立て：五七五の17音で表す

①の「はっとする」というのは、何かに突然気がつくとか、驚くとか、感動するといった意味のオノマトペです。②の「いつ」を表すのは俳句を作る時の最も大切な要素で、そのために「季語」と呼20　ばれる季節を表す俳句独特の言葉があります。季語は俳句の中に必ず一つ入れなくてはいけないという決まりがあるのですが、だいたい次の四つのカテゴリーに分類できます。括弧の中の言葉はどの季節を表していると思いますか。

> 1) 直接季節を示す（春の海、夏に入る、秋の宵）
> 2) 自然現象（残雪、枯れ野、五月晴れ、北風）
> 25　3) 動物・植物（赤とんぼ、猫の恋、木の芽、もみじ）
> 4) 行事・生活（田植え、こいのぼり、お正月）

③の「組み立て」で大切な五七五という音のリズムは、日本語の文の構成や語調に合っているようで、俳句だけでなく、短歌も五七五七七の決まりで詠まれ、諺、歌詞、標語などにも五七五のリズムがよく使われます。また、俳句には「かな」「けり」「や」といった言葉がよく見られますが、これ

---

それぞれの俳句の「季節、場所、目に浮かぶ情景、作者が感じたこと、作者が言いたいこと」について話し合う。

それぞれの季語の例がどの季節を表すか話し合う。絵や写真などを見せてから季節を考えさせることも出来る。

自分が住んでいる国や地域ではどんな季語が考えられるかについても、話し合ってみる。
進め方の例）
まず、季節感について話し合ってみる。
↓
{今自分が住んでいる場所／自分の国}のそれぞれの季節からどんなものやどんなことをイメージするか。それを元にして、季語を考えてみよう。

春：　　　　　　夏：
秋：　　　　　　冬：

例えば、秋にはどんな行事があるか、天気は？、おいしくなる食べ物は？、自然の変化は？

上に出した例から季語を選ぶとしたら、どの言葉を季語として選びたいか。

日本語の「拍／モーラ」について簡単に説明すると分かりやすい。その後、五七五の音の数え方を練習する。会話文の内容質問2の練習をする。言葉を追加して練習させるとよい。
例）ニューヨーク、ハートマーク、平和、準備、通り etc.

---

本文を l.31 まで読んだ後、俳句の規則のまとめとして、以下のような穴埋めをさせるとよい。

1. 俳句には、はっとした（　　　）や発見の（　　　）などを詠む。
2. 俳句では、一つの句に季節を表す言葉（＝　　　）を必ず（　　　）つ入れる。
3. 俳句は（　　　）の17音で表す。
4. 俳句の「　　　」「　　　」「　　　」といった言葉は切れ字と言い、作者の感動や言いたいことを強く表す。

これらの俳句は、次のような手順で進めると鑑賞が深まる。俳句は縦書きにして見せ、区切るところを考えながら声に出して読ませるとよい。

進め方)
①俳句の鑑賞の仕方を読む(ll.44〜56)
　↓
②俳句の鑑賞／ディスカッション(ll.33〜36)
　↓
③句の説明を読む(ll.37〜43)

ペアやグループで鑑賞の仕方に沿って話し合った後、クラス全体で意見を出し合いながら句から浮かぶ情景を絵に描いていくと発想を刺激し、かつ理解も深まる。絵は、絵を描くのが得意な学習者に黒板に描かせるとよい。カラーチョークも用意しておく。教師は適宜質問を投げかけ、ディスカッションを助けること。

**p.296**

30　らは「切れ字」と言って、俳句独特の表現です。切れ字は俳句のリズムにおける休みのようなもので、使っても使わなくてもいいのですが、季語と同じで一つの俳句に1回しか使えません。

　[俳句の形式の例]

②
切れ字　　　季語
古池や　　かわず飛び込む　　水の音　　　松尾芭蕉
　—5—　　　　—7—　　　　　—5—

35
季語　　　　　　　　　　　　切れ字
雪溶けて　　村いっぱいの　　子供かな　　小林一茶
　—5—　　　　—7—　　　　　—5—

　　松尾芭蕉も小林一茶も江戸時代の俳人ですが、彼らの俳句は現在でも広く親しまれていて、多くの日本人が彼らの句をいくつか暗唱できるほどです。芭蕉は現代の俳句の形を作った人で、俳句の中に
40　人生の「わび・さび」の心を表して、俳句を芸術性の高い文学として確立しました。上の句は、山の中の古い静かな池が持つ「わび・さび」と、それに対する新しい命の誕生に感動した気持ちを表しています。一方、一茶は子供や動物など、小さいもの、弱いものに対する優しい気持ちを詠んだ句が多く、上の句もその一例です。皆さんの心の中には、一茶のこの句からどんな情景が浮かんできますか。一茶のどんな気持ちを感じますか。

③

　　俳句は言葉の数が少ないため、理解や解釈が大変難しいと言えます。俳句も含めて詩の解釈とい
45　うのは、本来個人の感性に頼った自由なものですから、どのように鑑賞してもいいのですが、作者が意図した意味を理解できるかどうかもまた、とても大切なことです。

　　それでは、俳句は何をもとに、どんなことに注意して鑑賞したらいいのでしょうか。次は俳句を鑑賞する時に、注意すべき点です。

①
　　1) どんな場所、情景が目に浮かぶか
50　　2) 季節はいつか。それはどの言葉で分かるか
　　3) 作者が見たり、聞いたりしている物事は何か
　　4) 作者はどんなことに感動したと思うか
　　5) 作者のどんな気持ちが伝わってくるか
　　6) 作者のどんな性格が表れているか
55　　7) どんなメタファーが使われているか
　　8) 面白い、うまいと思った表現は？

　　この鑑賞の仕方は、自分で俳句を作る時にも参考になります。日本では、俳句は昔から人気があって老若男女、様々な人達が俳句を作って楽しんでいます。携帯電話で俳句を送り合って遊ぶ若者もいますし、外国人が日本人以上にすばらしい俳句を発表することもあります。

60　皆さんもこれを機会に、いろいろな俳句を鑑賞してみてはどうでしょうか。そして、自分でも作ってみませんか。「世界一短い詩」の面白さを味わうことで、日本語を学ぶ喜びや楽しみがまた一つ増えると思います。

後作業として俳句(や川柳)を作らせ、「とびらサイト」に投稿させてもよい。

第7章　各課の授業の流れと教え方　第13課

143

## 会話文 【pp.299〜300】

### ▶目的

- 俳句と川柳の違いや標語について学ぶ。
- 川柳を鑑賞し、句の持つ意味や面白さを理解する。
- 追加質問をしたり、感想を言ったりする表現を学ぶ。

### ▶授業のヒント

[会話文1]

- 本文を読む前に言語ノート15「終助詞」の4(p.314)を読んでおくと、質問をしたり感想を言ったりする時の終助詞の使い方についての基礎知識が備わってよい。

- 本文で追加質問をしたり感想を言ったりする時に使われている表現について確認する。

  追加質問をする：えっ、〜って(何ですか)？

  　　　　　　　　へえ、〜んですか。

  　　　　　　　　思ったんですが、〜っていうのは、どうでしょうか。

  感想を言う　　：へええ、じゃ、〜{です／ます}ね。

  　　　　　　　　〜ですね。

  　　　　　　　　それなら、〜{です／ます}ね。

- 会話文の内容(社会風刺、浦島太郎の話、標語、だじゃれ)に関する前作業的な教室活動*をしてから会話文に入ると、会話文が理解しやすくなる。(* とびらサイト 登録教師専用メニュー内「教師の手引き」参照)

- 俳句と川柳の違いについて話し合う。以下のような表を用意すると比較がしやすい。[⇨内容質問1]

| 特徴や決まり | 俳句 | 川柳 |
|---|---|---|
| 季語 | | |
| 書き言葉／話し言葉 | | |
| 音の数 | | |
| 昔作った人達(作者) | | |
| 詠むこと／もの | | |

- 社会風刺については、第8課の「狂言」で学んだ風刺の面白さについて思い出させて話し合ってもよい。

- p.300の川柳五句は切れ目に「／」を入れさせ、どんな状況や出来事を詠んだ句か、どんなところが面白いと思うかを話し合わせる。[⇨内容質問3]

- 単語表にはないが「カメ」の意味も導入しておいた方がよい。「浦島太郎」「意見よりくしゃみが多い会議室」など背景知識がないと理解するのが難しいものもあるが、イラストを使ったり、社会・文化的背景についての補足説明を加えたりしながら、句の意味が正しく理解できるように導く。

- 「ペンネームと合わせて見ると面白い」(l.31)のはなぜかについて話し合う。

- 交通標語(ll.40〜41)は理解が難しいので、どういう状況における誰に向けたメッセージか、何のための標語か考えさせるとよい。「〜な」が禁止の意味を表すことはあらかじめ教えておく。

- 時間があれば、クラスで川柳を作らせてみてもよい。詠む内容としては、学校、家庭、自分の経験など身近な話題を与えると作りやすい。

## 俳句の鑑賞 【pp.302〜303】

### ▶授業のヒント

- 俳句の鑑賞は難しいので、あまり踏み込まず、季語を見つける、音の数を数える、切れ字を見つけるといった俳句の決まりを確認させるだけでもよい。

- 「有名な俳句を鑑賞してみよう」の俳句は、句の意味が分かっても分からなくてもまず声に出して読ませてみて、音やリズムを鑑賞するという試みをするとよい。俳句鑑賞には音の要素も大きいので、音の響きが好きな句を選んでみることも出来る。

- 未習語彙には英訳が入っているが、「菜の花、柿、鐘、法隆寺、桐一葉、朝顔、つるべ、梅一輪」などは絵や写真を見せた方が情景がイメージしやすい。或いは、　　　の語は季語なので、まず各句の季語を見つけさせ、その後、絵や写真を見せて、どの句の季語に当たるかを選ばせて確認するというやり方も出来る。

- 鑑賞は「有名な句を鑑賞してみよう」の手順に沿って進め、時間がない場合は句を選んで鑑賞作業を行う。7番と10番の俳句は、具体的なイメージが描きやすく、鑑賞も困難ではない。

- 余力があれば、いくつか自分の好きな句を選ばせ、その句について「鑑賞の仕方」(p.296)に沿ってペアやグループで話し合わせた後、発表させることも出来る。作者が意図した意味を理解するのが難しい句もあるので、学習者に発表させた後、正しく理解できていなければ一般的な解釈も簡単に紹介する。

- 好きな俳句を縦書きに書いて情景の絵を描く作業は宿題にして、提出させてもよい。

- 設問5の作者について調べる作業は、時間と余力があったらでよい。

## 文化ノート 【p.313】

- とびらサイト の音声教材を聴いて、意味を理解するという聴解練習の宿題にしてもよい。

- 内容確認として、以下のような正誤問題をするとよい。
    1. 和歌とは五七五七七で作る詩のことで、明治時代に短歌と呼ばれるようになった。（○）
    2. 和歌／短歌の歴史より、俳句の歴史の方が長い。（×）
    3. 『万葉集』というのは和歌を集めた本で、一般の人達が詠んだ歌だけが載っている。（×）
    4. 『万葉集』には恋の歌から社会問題、ファンタジーまで色々あり、歌を通して当時の人々が考えていたことや感じていたことを知ることが出来る。（○）
    5. 短歌の中には川柳のように話し言葉で書かれているものもある。（○）
    6. 短歌も俳句のように季語を入れなくてはいけない。（×）

- 時間がない場合は、短歌を読ませるだけでもよい。短歌は俳句より言葉数が多く、決まりも少ないので、学習者にとっては鑑賞も作成も俳句より容易だと言える。俳句に入る前に短歌を先に紹介するという方法もある。

## 言語ノート 【p.314】

- 3のGendered particlesを読ませた後、とびらサイト LPO教材ユニット9「男性的表現」を使用して練習するとよい。

## 後作業／発展練習

- 俳句や川柳を作ってみる。俳句の季語の使い方や言葉の選び方、川柳のペンネームのつけ方などが難しいので、宿題*として出させた後フィードバックを与え、できれば作り直させるとよい。（*　とびらサイト　登録教師専用メニュー内「教師の手引き」に参考宿題シートあり。）

- 宿題で作った作品をまとめて俳句川柳コンテストを行うと、作成意欲が高まる。いい句を作った学習者には　とびらサイト　の俳句川柳コーナーへの投稿を勧める。

- 日本人にインタビューをして、俳句や川柳について聞くという活動をする。その際、p.304の会話のモデルとpp.305〜306のインタビューのひな形を利用すると活動がしやすい。

- 実際のインタビューは録音して提出させることも出来る。その際、音声録音と一緒に「インタビューの報告」(p.306)を提出させると、「話す／聞く／書いてまとめる」の作業が一貫した言語活動となり、プロジェクトとして評価することも可能となる。

## 文法ワンポイントアドバイス

### ❶ 〜代

- 「〜代」と「〜年代」の混同が見られるので、意味の違いをしっかりと把握させる。

- 「〜代」は例文1、2のように人生のプランを話させる練習、「〜年代」は歴史的な出来事や興味のある時代について話させるといった練習をするとよい。「〜(年)代 {前半／後半}」という表現を同時に練習してもよい。

- 「〜代 {で／に}」「〜年代に」の助詞の脱落や誤用が見られるので、注意を促す。

### ② 〜(の)姿

「姿」を英語のfigure やappearanceと置き換えて、まったく同じように使えるわけではないことを確認し、「形」や「様子」との混同による誤りに注意させる。
　　例1)　この線の通りに布を切ると、クマのような {× 姿／○ 形} ができます。
　　例2)　今日は学生達が疲れた {× 姿／○ 様子} だった。

### ❹ Verb たものだ

ここで取り上げているのは、以前によくしたことを回想する時に使う用法だが、英訳のused toは必ずしもそういったニュアンスばかりではないので注意する。練習では、お年寄りが過去の思い出を話している場面を提示するなどして心情を理解して文を作らせるようにするとよい。
　　例)　{昔は／子供の頃}、{よく／毎〜のように} 〜たものです。でも、今は＿＿＿＿＿＿＿＿＿＿。

### ❺ だんだん

- 変化を表す文に用いる副詞で、変化が少しずつ起こる状況を表す。これに対して、「どんどん」(第8課文法⑮)は変化が速い速度で起こる状況を表すので、両者の違いを図示して説明するとよい。

- 変化を表す文型や表現と一緒に練習させるようにする。
　　例1)　外国語は毎日＿＿＿＿＿＿ば、だんだん {Adjなります／Vようになります}。
　　例2)　私は日本語を3年間勉強して、だんだん {Adjなってきました／Vようになりました／Vようになってきました}。

- 状況によって「だんだん」と「どんどん」のどちらかを選ばせるような練習をしてもよい。

⑦ **Verb-*masu* 上げる**

「上げる」には up という意味があることを説明する。「書き上げる」「し上げる」「読み上げる」「持ち上げる」「立ち上げる」など、よく使われるものを語彙として覚えさせるとよい。

❾ **〜だけで**

- 「だけ＋で(copula)」との混同が見られるので、この「だけで」の「で」は手段・方法を示す助詞であることを説明する。

  例1）　試験の前にしたのは漢字の勉強だけで、他には何もしなかった。

  　　　　　　　　　　　「だ」のテ形

  例2）　漢字の勉強だけで、日本語の本を読めるようにはならない。

  　　　　　　　　　手段・方法を示す「で」

- 「XだけでY」のYには可能形や「いい」「十分だ」などが使われることが多いので、そのような文型で練習するとよい。

  例）　明日の試験は13課を復習しておくだけで、十分だ。

- 「XだけでY」のXの時制は例文2〜4のようにYに合わせ、Yが現在形なら現在形、過去形なら過去形を用いるというように説明しておくと、不自然な文にならない。

  例）　スミスさんは自分で{? 勉強するだけで／○ 勉強しただけで}、日本語が話せるようになりました。

⓫ **〜には**

- 「そうするためには」の意味で、目的の「ために」(第2課文法❻)と同じような意味という説明が分かりやすい。

- 「には」の前には動詞の辞書形あるいは名詞のみが来ることを確認する。

- 文法ノートの説明にもあるように、「XにはY」のYには自分の判断を表す文が来ることが多く、動作や行為を表す場合には「ために」を使わなくてはならないので、その点に気をつけさせる。

  例1）　日本語の本を買うには{○ インターネットが便利だ／× インターネットを使っている}。(判断文)

  例2）　日本語の本を買うために{× インターネットが便利だ／○ インターネットを使っている}。(叙述文)

- 「〜には、{〜が便利だ／〜が一番だ／〜が必要だ／〜なければならない}」のような、判断を示す文を作る練習をさせるとよい。

⓬ **だいたい**

- 例文1のような「だいたいV」という文型で、「ほとんど」や「たいてい」との混同が見られるので注意する。

  例1）　夏休みの間に、習った漢字を{× だいたい／○ ほとんど}忘れてしまいました。

  例2）　朝ご飯は{× だいたい／○ たいてい}食べません。

  まずは不自然な文になりにくい文型c「だいたい＋数・量」(意味は「ほぼその程度・量である」、用例は例文4、5をしっかりと定着させるようにする。

- 数量や分量の大部分という意味を表したい場合には、「だいたい」ではなく「ほとんど」を使うように指導した方が誤用が起こりにくい。

  例1）　{× だいたい／○ ほとんど}の日本人が毎日お米を食べます。

  例2）　その授業は{× だいたい／○ ほとんど}分かりませんでした。

- 学習者は例文4、5のような用法で「だいたい20％の学生」や「だいたい3分の2まで」という言い方をしがちだが、「ぐらい／くらい」をつけた方が自然なので、「だいたい Number/Amount {ぐらい／くらい}」の形で練習するとよい。

⓭ **Noun に {おける／おいて}**

場所、場面、時点を表す表現だが、正しく使うのが難しい表現なので、この段階では書き言葉的な表現で「場所で」「時に」の改まった言い方であるという程度の説明に留めておけば十分である。

# ■第14課 日本の政治【pp.315〜337】

本文を読む前に ➡ 読み物 ➡ 討論 ➡ 会話練習 ➡ 文化ノート ➡
後作業／発展練習

言語ノート16「〜んです」(p.337)は、時間がない場合は各自で読ませる。

## 教室活動について

### 本文を読む前に 【p.316】

▶目 的

• 日本の政治制度に関する基礎知識を得る。
• 政治に関係がある基本的な言葉を学ぶ。
• 自分の国の政治制度や政治について話し合い、学習意欲を高める。

▶授業のヒント

• 本課は特に語彙理解が読解に直結するので、まず①、②で必要になる政治関係の言葉を導入し、口慣らしの練習をしてから話し合いに入ると、語彙の定着が図れ、読解での理解度も深まるのでよい。
　　　導入する語の例)
　　　　　政治、政治家、政党、総理大臣、大統領、国会、議員、知事、市長、選挙、選挙権、投票 etc.

• ①を行う時に日本の現首相の名前、政権政党も確認する。写真も用意しておくとよい。

• 学習者の国のトップに立つ政治家の呼び方や、誰がその人物を選ぶかなどを質問すると、おのずと新出語彙を使用することになるので、語彙の定着が図れる。
　　1. 大統領／国家主席がいる国　　2. 大統領と首相がいる国　　3. 首相がいて、王族がいる国
　　4. 大統領や首相の選ばれ方　　　5. いつ選挙が行われるか etc.

• ②の有名な政治家の紹介では、写真などを持って来させて説明させると分かりやすい。

• 色々な国の出身者がいる場合は、それぞれの国の政治制度について簡単に説明してもらい、他の学習者から質問させることも出来る。但し、自分の国の政治用語を日本語に正確に翻訳し、かつ説明を加えるには、かなりの日本語能力が必要なので、学習者のレベルを見て対応する。

• 政治にあまり関心がない学習者が多い場合は、日本の選挙運動や当選した時の様子など(例えば、だるまに目を入れる、万歳をする、ボードにある名前に花をつけるなど)、興味を呼び起こしそうな動画や写真を見せて、気がついたことを話し合わせるのも一案である。

• ③の「政治家になる前にどんな仕事をしていた人が多いですか」「選挙で勝つためにはどんなことが必要だと思われていますか」は本作業で学習者がディスカッションする教室活動と重複する部分があるので、ここでは省いてもよい。

## この読み物の目的

▶日本の政治家、政治家になるための条件、選挙の仕方や問題点について理解する。

始めにタイトルの「政治家になるための条件」から、「自分の国の政治家になるための条件は何か」を簡単に話し合ってもよい [⇨みんなで話してみよう1]。また、「条件」の英訳は condition となっているが、日本語には「満たさなければいけないこと」「必要とされること」のような qualification という意味も含まれることを説明する。

**読み物**

# 政治家になるための条件

p.317

自分達が知っている日本の政治家、或いは世界の政治家の名前を挙げさせてみる。

以下のような内容質問をするとよい。日本の政治家が国際的に知られていない理由を本文から二つ挙げなさい。また、それ以外に、どんな理由が考えられると思うか。

1 　あなたは今の日本の総理大臣の名前が言えるだろうか。他の日本の政治家の名前は？ 残念ながら、おそらく多くの外国人は日本の政治家の名前をあまり知らないだろう。アジアの一部の国を除いて、日本の政治家は国外ではほとんど知られていないようである。なぜ国際的に知られている日本の政治家は少ないのだろうか。それには、二つの理由が考えられる。一つは、外国では日本の経済状況
5 には関心が持たれるけれど、政治への関心は低いためにメディアが日本の政治についてあまり報道しないということがある。もう一つの理由としては、日本の政治家の関心は国内に向けられることが多く、地球温暖化や貧困地域の子供の教育など、世界的問題に関してリーダーシップをとれる人物がいない、つまり、世界的に注目される政治家がいないということである。

難しい漢字語彙が多いので、フラッシュカードなどを使い、よく口慣らしをして意味を確認する。

　さて、日本ではどんな人が政治家になる、あるいは、なれるのだろうか。日本の政治の基本は議
10 会制民主主義で国会は衆議院と参議院で構成されている。人々から政治家として認められる一番
の方法は、選挙で選ばれてこの衆議院議員か参議院議員になることだ。しかし、このような国会議員になることはとても難しく、「選挙戦」、すなわち、選挙のための厳しい戦いに勝たなければならない。

受け身形に注意。誰が誰を認めるのか。

[⇨内容質問1]
＋日本で選挙に勝つために必要だと言われている三つの大切なものについて本文に何と書いてあるかを確認する。表に書き込むようにしてもよい。「すなわち」や「つまり」といった接続詞やそれぞれの文のつながりも意識させる。（この段階になると本文を離れて自分の意見を言う傾向が出てくるので、まずは本文の読解がしっかり出来ているかどうかの確認を行うこと。その後、個人的な意見があれば、その話し合いに移行する。）
　また、自分の国の政治家の名前（数人でよい）を挙げさせて、その人物は三バンのうち、何を持っている／いたかについて話し合ってみるとよい。

　では、どうすればこの戦いに勝てるのだろう。日本では昔から、選挙に勝つためには「ジバン、
15 カンバン、カバン」の三つが大切だと言われてきた。まず、「ジバン」というのは立候補をする地域のことで、候補者がその場所に地縁や血縁などの縁があれば選挙に勝てるという意味である。縁というのは「何かとのつながり」といった意味で、「ジバンがある」というのは、すなわち、出身地や出身校、知り合い、友達、親戚などを通してその地域に強いネットワークを持っているということだ。次の「カンバン」は看板のことで、候補者が有名人である、いい学歴や経歴があるなど、国民に強くアピールする個人的な条件のことを言う。例えば、テレビタレントやスポーツ選手
20 や大学教授がよく選挙に出るのは、強い「カンバン」を持っているからだ。そして、最後の「カバン」は鞄の中に入っているお金、つまり選挙のために使えるお金のことである。選挙に使うことが出来るお金は一応法律によって決められているが、実際はそれ以上のお金が必要で、以前は「二当一落」と言って、2億円で当選、1億円で落選と言われてきた。現在は選挙制度や法律が改正され、昔ほどお金がかからなくなったが、それでもたくさんのお金が必要なのは事実だ。

　ここまで読んで少し不思議に思った人がいるかもしれない。選挙で勝つための条件の中に、国民

何を指すかを確認。

受け身形を確認。

| 三バン | 意味 | 具体例 |
|---|---|---|
| ジバン | | |
| カンバン | | |
| カバン | | |

第7章　各課の授業の流れと教え方　第14課

149

政策公約（マニフェスト）というのは何か、具体例を交えて文章を完成させる。下線部分にどんな例を入れられるか、自分が政治家になったとしたら、どんなマニフェストを出してみたいか話し合う。
例)
マニフェストというのは、政策の具体的な実行計画のことです。私のマニフェストは、1千万円でジョギング者の多い公園にエコベンダーの自販機を設置することです。（← ①目標を数字で示す）お金は自動販売機に飲み物を入れる会社とジョギングシューズの会社からもらってきます。（← ②どこからお金をもらってくるのか）雪が溶けて公園がオープンする4月までに実行します。（← ③いつまでに実行するのか）

また、マニフェストはなぜ選挙に必要だと思うか。選挙で投票する時、マニフェストの内容を重視して投票するかどうか質問する。

---

にとって一番大切なはずの政策が入っていないからだ。もちろん候補者は選挙演説で、議員になったらどのような政治をしたいか、政治家として何を目指しているかといったことを話すが、残念ながら、日本で選挙の結果を左右するのは、政策よりもやはりどのぐらい強い「三バン」があるかなのだ。

30 　そのため、強い「三バン」を持っていて何回も当選したことのある有名議員が政治家をやめる時には、その子供が後をついて立候補するということがよくあり、そういう人達は二世議員と呼ばれる。また、議員の中には、二世議員ばかりでなく世襲議員も多く見られる。例えば、戦後、総理大臣になった鳩山一郎の場合は、子供も孫達も政治家になったし、最近では最も長く総理大臣を務めた小泉純一郎もそんな世襲議員の一人で、祖父、父共に政治家であった。驚いたことに、2000

35 年の衆議院議員選挙で当選した候補者の約七割が二世議員や世襲議員だったというデータもある。

　しかし、21世紀に入り、日本でもようやく政策の大切さが問題にされるようになってきた。そのため、政党や議員候補者達は、マニフェスト（政権公約）を発表して選挙を戦うようになった。マニフェストというのは、政策の具体的な実行計画で、目標を数字で示し、どこからお金をもらってくるのか、いつまでに実行するのかなどを国民に分かりやすく約束するものである。最近では、国

40 政選挙だけでなく、知事や市長などが立候補する地方の選挙でも、このマニフェストが発表されるようになった。

　このように、日本の政治家達の選挙活動の仕方や内容は少しずつ変わってきている。しかし、未だに「ジバン、カンバン、カバン」に頼る候補者が少なくないのも事実だ。選挙のたびに、政治経験のない有名人、例えば、テレビタレントやスポーツ選手などが候補者になったり、引退する議員

45 の子供が親に代わって立候補したりする。そして、毎回お金に関係した選挙違反のニュースも流れる。いかに日本の選挙が「ジバン、カンバン、カバン」と結びついているかということだ。

　もちろん、二世議員や世襲議員、あるいは、有名人から議員になった人でも、政治家として立派な人はたくさんいる。しかしながら、政治は国民みんなの生活を左右するものであるから、父や家族が議員だったから、テレビで有名になったからという理由だけで、その人たちが政治家になれ

50 るとしたら、かなり問題があるのではないだろうか。また、議員を選ぶ側も、政治家の子供だから、有名人だからという理由だけで投票するといった態度を考え直す必要があると思う。今のままの状態が続くと、将来、日本の政治はある一部の人達だけのものになってしまい、ますます国民から離れてしまう。

　日本はせっかく民主主義の国なのだから、政治家は国民一人一人が責任を持って選んでいかなけ

55 ればならない。いつか、日本人政治家の中にも世界で尊敬され、名前を知られるような人物が現れるようになるには、まず日本国民一人一人の意識を変えるべきなのだろう。

参考：『日本の論点2004』／文芸春秋（編）／2003／文藝春秋

---

形と意味を確認。

[⇨内容質問2]
+「二世議員」と「世襲議員」の違いについて確認する。その後、下のような質問をする。
二世議員や世襲議員についてどう思うか。どんないい点、問題点があると思うか。例えば、アメリカにも二世議員や世襲議員がいるが、（例えばアメリカならブッシュ、ケネディ、インドならガンジー、北朝鮮ならキムなど）その人達のことを頭に浮かべて、考えてみよう。

[⇨内容質問3]
+自分の国の昔と現在で選挙活動の仕方がどう変わってきたか。→インターネットを利用した選挙運動など。

形と意味に注意。

誰のことを指すか注意。

仮定条件に注意。

筆者が問題だと言っていることを確認する。
質問の例)
この文章を書いた人が問題だと言っていることを三つ挙げなさい。
問題1 [　　　] 理由1 [　　　]
　　　　　　　　　2 [　　　]
問題2 [　　　] 理由 [　　　]
問題3 [　　　] 理由 [　　　]

## 討 論　【pp.321〜323】

### ▶目 的

- 意見を言う／賛成する／反対する表現を学ぶ。
- 無党派、タレント／スポーツ選手議員のいい点と問題点などについて、様々な意見を理解する。

### ▶授業のヒント

- 本文の音読をさせる時は5人グループを作り、それぞれの役を決めて読み進めると討論の流れがよく分かる。また、役の名前を紙に書いて胸に貼るなどすると、誰が誰の役をやっているか分からなくなるという混乱が避けられる。

- p.322のl.33の「ところで」の前までと、その後で区切り、二つの部分に分けて読ませるとよい。一度に読ませると、長過ぎて意味が追えなくなってしまうので、注意する。

- 会話に出て来るキーワードの意味を確認する。自分の言葉で説明させると定義付けの練習にもなる。
  キーワードの例）　選挙権、無党派、投票する、投票率、国民の義務、政治のプロ、マニフェスト

- 内容質問(p.325)の1、2について話し合う。内容質問2は「選挙の投票率」「テレビタレントやプロレスラーが政治家になること」「政治のプロとは」について、誰の意見に賛成か、反対か、本文に下線を引きながら読むように指示を与える。また、論点をはっきりさせるため、討論参加者のうち誰がどんな意見を持っていて、他の誰と同じ／違う考えなのかを黒板に整理してから、個人の意見を言わせてもよい。

| 登場人物 | 背景（年齢／国籍 etc.) | 主な意見 | 同じ意見の人 |
|---|---|---|---|
| 市川 | | | |
| 吉田 | | | |
| 中村 | | | |
| 林 | | | |
| ミラー | | | |

- 自分の国の「無党派」について、話し合うことも出来る。
  1. 無党派は増えているか。それは選挙の結果を左右するか。
  2. 政治に無関心な人が多くなったら、どんな問題が起きるか。
  3. なぜ若い人達は政治にあまり関心を持たないのか。なぜ選挙の投票に行かないのか。
  4. 投票率を上げるためには、何をしたらいいか。
  「日本の選挙の投票率の推移」や「主要国の投票率の推移」のグラフ*を見ながら、話し合うことも出来る。(*とびらサイト 登録教師専用メニュー内「教師の手引き」参照)

- p.322のl.33の「ところで」の後を読んでから、「みんなで話してみよう」(p.325)の4〜6などの話し合いをするとよい。

- 「みんなで話してみよう」4のタレントやスポーツ選手の話と関連づけて「テレビタレントやスポーツ選手が議員になることについてどう思うか」も話し合ってもよい。この時、まず、いい点と問題点を挙げさせる。また、賛成派と反対派に分かれるようなら、討論形式で話し合うことも出来る。その場合は対立点を明確にし、対話の方向付けをする。賛成派と反対派にうまく分かれない場合は、座談会形式で話し合いをするとよい。

- 政治に関しては色々なディスカッションが出来るが、学習者が政治に関心があるかどうかで意見の出方

第7章　各課の授業の流れと教え方　第14課

がかなり変わるので、学習者の関心の高さや興味に応じて、意見が出そうなトピックを提示する必要がある。

## 会話練習 【pp.326〜329】

### ▶目的

- 意見を言う／賛成する／反対する表現を使いながら、議論をする練習をする。

### ▶授業のヒント

- モデル会話で談話の流れとキーフレーズを確認した後、練習問題の会話を作らせる。

［談話の流れ］

| 話を切り出す／話題を提示する | → | 話題を展開する［質問する⇔答える］ | → | 意見を言う | → |

| 賛成する | → | 話を切り上げる |

- 相手の意見を認めながら自分の意見を言う練習は大切なので、意見の表現（p.141）を使うように促す。また、「私もそう思います」といった賛成の表示だけで終わらせないで、「なぜかというと〜からです」など、更に自分の言葉で意見を追加する、違う視点から意見を述べるなどの練習をさせるとよい。

- 会話練習2（p.327）とディスカッション2（p.329）は、丁寧度☆の第15課討論の会話文（pp.351〜352）の後で練習すると流れがよい。（トピック例は「後作業」の項参照）

- 会話練習の予習として、**とびらサイト**LPO教材ユニット10「意見を言う／賛成する／反対する」を使用するとよい。

## 文化ノート 【p.336】

### ▶授業のヒント

- 天皇や皇室について不正確な知識を持っている学習者もいるので、授業で簡単に扱うことを勧める。現在の皇室の動画を見せて、天皇や皇后の動静を紹介してもよい。

- 文章は難しくないが、漢語や特殊な言葉が多く、語彙が難しいので、写真やビデオクリップなどを使って、語彙の説明をしてから読ませると理解が深まる。

- 本文を読む前に「日本の皇室」について知っていることを簡単に挙げさせてもよい。

- 時間があれば、以下のような内容確認の正誤問題をしてもよい。
    1. 『日本書紀』によると、日本の皇室は2500年以上続いている。（○）
    2. 皇室の結婚式では、新郎と新婦は特別な着物を着る。（○）
    3. 天皇は法律で日本国民の象徴だとされている。（○）
    4. 天皇とその家族は政治的な活動をしたり意見を言ったりすることが出来、選挙権もある。（×）
    5. 天皇とその家族は伝統的な宗教的行事をしていない。（×）
    6. 皇室の主な仕事には国内の災害地を訪れたり外国を訪れたりすることがある。（○）

## 後作業／発展練習

- 政治関連のトピックについて話し合う。話し合いの前に、ディスカッション1 (p.328) の表現を使って、意見を言ったり質問したりする時の表現を簡単に練習してから始めた方がよい。但し、ここにあるすべての表現を使うのは難しいので、実際に話し合いをする時には、この中から言いやすいものを選んで使ってみるように促す。

- 話し合ってみたいトピックの例（すでに本文で扱ったトピックも含まれているが、これらのトピックの話し合いは、どの段階で行ってもよい。学習者の様子を見ながら、臨機応変に対応する。）

  1. 「みんなで話してみよう」(p.325) の1～3について話し合ってみる。3で意見が出にくい場合は、「例えば、オバマ大統領は選挙の時、どんなことを話しましたか」のように、身近な例を挙げて考えさせるとよい。
  2. 選挙に行くかどうか。なぜ行くか／行かないか。どんな時に行って、どんな時に行かないか。
  3. 選挙ではどんな考えを持つ人に投票したか。マニフェストに左右されたか。
  4. 自分の国では無党派の人が多いか。増えているか。なぜそう思うか。
  5. 政治に関心があるか、ないか。それはなぜか。
  6. 将来、政治家になりたいか。なったら、どんなことをしたいか。
  7. 自分の国の若者は政治に関心があるか。若者が政治に関心を持つようにするには、どうしたらいいか。
  8. インターネットの普及は政治活動にどんな影響を与えているか。

## 文法ワンポイントアドバイス

### ① ～を除いて
例文1～3の「Xを除いて」「Xを除く」はY excluding Xの意味の「X以外のY」（第9課文法❾）に置き換えることが出来るが、besidesの意味の「Y以外に」とは置き換えることは出来ない。
> 例1)　私が重い病気だということは、<u>両親を除いて</u>誰も知らない。（例文1）
> 　　　　　　＝両親以外の
> 例2)　留学中、<u>沖縄を除く</u>日本全国各地を友達と一緒に旅行した。（例文3）
> 　　　　　　＝沖縄以外の
> 例3)　週末は<u>勉強以外に</u>テニスをしたり映画を見たりします。
> 　　　　　　×勉強を除いて

### ② すなわち
「すなわち」は「つまり」（第9課文法❼）と同じように前の語句や文を受けて、それの言い換えをする時に使われる表現だが、「つまり」より書き言葉的であることを説明しておく。

### ❸ 一応
色々な用法があるが、「一応」の基本的な意味は「100％じゃないけれど」「完全とは言えないが」という意味であることをまず説明する。その上で、使用頻度の高い例文4～8の「完璧じゃないかもしれませんが、～しました／します」（英語でのalthough not perfectly）と「必要かどうか分かりませんが、心配なので～」（英語でのjust in case）の意味で使えるように指導する。

### ④ 左右する
「左右する」は文字通り、左に行ったり右に行ったりする揺れを表すので、英訳のinfluenceと同じ意味ではない。そのまま置き換えると、以下のような誤用が起きるので、気をつけるように言う。

例1） タバコは人々の健康 {× を左右する／○ に影響を与える}。

例2） 兄に {× 左右されて／○ 影響を受けて}、政治に興味を持ち始めた。

❻ （期間の表現）に入る
- 「Xに入る」のXに来る期間の表現にどんなものを使うかが学習者には難しいので、期間の表現にはどんなものがあるかを尋ね、その中で「〜に入る」と一緒に使えるものと使えないものを確認しておくとよい。

  例） ○ 〜年代、〜世紀、（江戸）時代、（インターネット）の時代、今年、今月、今週、休み ＋ に入って

  × 春、大学生活 ＋ に入って

- 例文にあるように、「〜に入って（から）」の後ろには「変わった／Adjなった／Vようになった」のような変化を表す表現や「始まった」などがよく使われることも言っておくとよい。

❼ 〜を問題にする ; 〜が問題にされる ; 〜が問題になる
- 「Xを問題にする」と「Xが問題にされる」「Xが問題になる」の意味の違いをきちんと確認しておく。

- 現在自分の国で問題になっている政治・社会問題を「〜では、〜が問題になっています」という文型を使って言わせるような練習をするとよい。

⓫ かなり
- 「かなり」が「非常に」「とても」ほどではないが、それに近い程度を表す言葉であることを説明する。

- 「結構」（第6課文法⓭）と「かなり」の違いは微妙で日本人の間でも語感のゆれがあるので、このレベルで的確な使い分けをさせる必要はないが、以下の点を指摘しておくとよい。

  「結構」は事前に期待していたレベルとの相対的な関係によって使用が決まるが、「かなり」は「とても」「非常に」などと同じく、何かの程度を示す時に用いられる言葉である。つまり、「結構」には「思いのほか」というニュアンスがあるのに対して、「かなり」にはそういった話者の期待のニュアンスは含まれない。違いを説明する場合は、以下のような例を挙げるとよい。

  例1） この間の試験はかなり難しかった。（単に相当難しいという程度を表す。）

  例2） この間の試験は結構難しかった。（予想していた以上に難しかったというニュアンスがある。）

⓬ Verb {れる／られる}
- ここで取り上げる受け身形は尊敬の用法であることを確認する。但し、文法ノートにあるように、丁寧度は「お V-masu になる」の形よりも低い。

- 「V ている」の受け身丁寧形は「V ていられる」ではなく「V ておられる」になるので、注意する。

- 誰かにインタビューをするという状況で練習するとよい。

⓭ Noun 次第
- 例文1〜3のように「{N₁ ／ Question-word 〜か／〜かどうか} は N₂ 次第だ」の形で練習するとよい。

- 例文4、5「N 次第で」は「〜に対応して何かが変わる・決まる・異なる」という意味になり、一緒に使われる表現が限られる場合が多いので、始めから使用語彙を提示して練習するとよい。

  例） N 次第で ＋ 変わる、決まる、Adj {く／に} なる、V ようになる etc.

⓮ 〜とは限らない
- 「全部〜ではない」「必ず〜ではない」の意味で部分的に否定する言い方であることを確認する。一緒に使用されることが多い語や表現も合わせて提示した方がよい。

  例） {いつも／みんな／必ず／全部／いつでも／どこでも／何でも} ＋とは限らない

- 「〜から〜とは限らない」（例文1、2）、「〜ても〜とは限らない」（例文3、5）、「〜が〜とは限らない」（例文4、6）などの文型でよく使われるので、こういったパターンで使えるようにするとよい。

- 導入練習としては下のような質問をし、「～とは限らない」を使って答えさせ、文型を確認するといった方法がある。

  Q1：お金持ちはみんな幸せですか。

  　A：いいえ、{お金持ちでも／お金持ちだから／お金持ちが} みんな幸せだとは限らないと思います。

  Q2：高い店の料理は何でもおいしいですか。

  Q3：若者はみんなFacebookを使っていますか。

  Q4：学校の成績がよかったら必ず社会で成功しますか。

- 「～とは限らない」も「わけではない」（第7課文法⑮）も「全部～ではない」「必ず～ではない」という部分的な否定を表すが、両者の違いを説明する場合は、以下のような例を挙げるとよい。

  例1）　日本人がみんな寿司が {○ 好きだとは限らない／○ 好きなわけではない}。

  例2）　私は一年中忙しい {× とは限らない／○ わけではない}。忙しいのは授業がある時だけだ。

  「とは限らない」は一般的に言われていることの例外を言う時に主に使われる。「わけではない」は一般論だけでなく個人的な考えや経験に基づいたこと否定する時にも使うことが出来る。

### ⑮ ちゃんと；きちんと

「ちゃんと」と「きちんと」は意味的に非常に近く、どちらでも使える場合が多い。違いは、「ちゃんと」には「するべきことや期待されていることなどをその通り行う」、「きちんと」には「よく整っている」「不完全なところがない」という意味が含まれる。

  例1）　授業を休む時は {○ ちゃんと／? きちんと} 連絡して下さい。

  例2）　彼女の部屋の本棚には、ファイルが {? ちゃんと／○ きちんと} 並べてあります。

# ■第15課 世界と私の国の未来【pp.339〜361】

## 順　番

本文を読む前に① ➡ 読み物１ ➡ 読み物２ ➡ 本文を読む前に② ➡ 読み物３
➡ 本文を読む前に③ ➡ 討論 ➡ 会話練習 ➡ 後作業／発展練習

> 言語ノート17「たとえ／メタファーの表現」(p.361)は時間がない場合は、各自で読ませる。

## 教室活動について

### 本文を読む前に 【p.340】

#### ▶目的

- 世界の社会問題に関して知っていることを話し合い、第15課で扱う内容に関連した話題について意識を高めておく。
- ワンガリ・マータイさんに関する予備知識をウェブサイトから得る。
- 「もったいない」という言葉の意味を理解する。
- リサイクルについて話し合い、その必要性と仕方について関心を高めておく。

#### ▶授業のヒント

- ①を読み物１／読み物２に入る前、②を読み物３の前、③を討論の前にすると、つながりがよい。

- ②に出てくる「もったいない」について意味を選ばせるだけでなく、「自分が、或いは社会がどんな時にどんなことをするともったいないと思うか」について具体例を挙げさせると、更に理解が深まる。

  > 参考教材：もったいない［単行本］プラネット・リンク（著）マガジンハウス

- ③の「どんなことをしていますか」「何をすればいいと思いますか」は、討論(pp.351〜352)を読みながら学習者がディスカッションする教室活動と重複する部分があるので、ここでは省いてもよい。

# 世界がもし100人の村だったら

## この読み物の目的

▶ 世界の現状や問題について知り、自分の言葉で表現できるようにする。

『世界がもし100人の村だったら』がどのように広がった話かを知らない学習者もいるので、このメールをもらったことがあるか聞いて、この読み物の出所やメールのいわれについて簡単に説明しておくと、l.40 の文の意味が理解しやすい。(とびらサイト 登録教師専用メニュー内「教師の手引き」に "If the world were a village of 100 people" の背景情報あり。)

p.341

## 読み物・1

# 世界がもし100人の村だったら

1 　20年後、自分はどこに住んで何をしているだろうか。50年後、私たちの国はどんなふうになっているだろうか。世界の未来はどうなっているだろうか。誰もが少なくとも一度は、このような疑問を持ったことがあるのではないだろうか。しかし、この疑問に答えることは簡単ではない。明るい未来を予測する人もいれば、暗い未来を予測する人もいる。未来は決まっているものではなく、現在の私たちの行

5 動次第で、明るくもなれば、暗くもなる。この課では三つの読み物を通して、今の私たちの周りにある問題を考えながら、自分の国と世界の未来、そして、これからの可能性について考えてみよう。

### 『世界がもし100人の村だったら・総集編』
池田香代子・マガジンハウス［編著］
（一部抜粋）

世界には67億人の人がいますが、もしもそれを100人の村に縮めるとどうなるでしょう。

10 　100人のうち、50人が女性です。50人が男性です。

28人が子どもで、72人が大人です。そのうち、7人がお年寄りです。

90人が異性愛者で、10人が同性愛者です。

83人が有色人種で、17人が白人です。

60人がアジア人です。14人がアフリカ人、14人が南北アメリカ人、11人がヨーロッパ人、

15 あとは南太平洋地域の人です。

33人がキリスト教、20人がイスラム教、13人がヒンドゥー教、6人が仏教を信じています。

5人は、木や石など、すべての自然に霊魂があると信じています。

23人は、ほかのさまざまな宗教を信じているか、あるいはなにも信じていません。

17人は中国語をしゃべり、8人は英語を、8人はヒンディー語を、7人はスペイン語を、4人は

20 ロシア語を、4人はアラビア語をしゃべります。これでようやく、村人の半分です。あとの半分はベンガル語、ポルトガル語、インドネシア語、日本語、ドイツ語、フランス語などをしゃべります。

疑問　予測　行動　人種　白人　南太平洋
ぎもん　よそく　こうどう　じんしゅ　はくじん　みなみたいへいよう

[⇨内容質問 1、2]
＋『世界がもし100人の村だったら』に入る前の前作業として、話し合うとよい。

本の実物があれば、どんな本かを見せて冒頭部分（メールのいわれ）を読んで聞かせてもよい。

l.24 までで自分が思っていたのと違った数字があったか、どうしてそう思っていたのかを話させるのもよい。

[⇨内容質問 3]

第7章 各課の授業の流れと教え方

第15課

この読み物は数字が多く出てくるので、内容を正しく理解したかどうか確認するために、本文の内容を円グラフに示すという作業をさせる。あらかじめ空欄の円グラフを用意しておくと教室活動が円滑に進む。一人でも出来るが、ペアで日本語で話し合いながら作業を進めると、読解が発話につながり更に学習効率が高まる。但し、数が多いので全部する必要はない。また、この割合は2008年度の数字なので、今現在の数字\*を紹介したければウェブサイトで調べることも可能。（\*とびらサイト 登録教師専用メニュー内「教師の手引き」参照）
↓
グラフを完成した後に、一番驚いた事実とその理由を言わせたり、自分の国の現状について話し合うことも出来る。

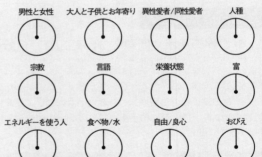

男性と女性　大人と子供とお年寄り　異性愛者/同性愛者　人種
宗教　言語　栄養状態　富
エネルギーを使う人　食べ物/水　自由/良心　おびえ

**p.342**

いろいろな人がいるこの村では、あなたとは違う人を理解すること、相手をあるがままに受け入れること、そしてなにより、そういうことを知ることがとても大切です。

> 意味を確認。

25　また、こんなふうにも考えてみてください。

村に住む人びとの100人のうち、14人は栄養がじゅうぶんではなく1人は死にそうなほどです。でも14人は太り過ぎです。

すべての富のうち、1人が40%をもっていて、49人が51%を、50人がたったの1%を分けあっています。すべてのエネルギーのうち19人が54%を使い、81人が46%を分けあっています。

30　82人は食べ物の蓄えがあり、雨露をしのぐところがあります。でも、あとの18人はそうではありません。18人は、きれいで安全な水を飲めません。

> 意味を確認。

村人のうち、1人が大学の教育を受け、18人がインターネットを使っています。けれど、20人は文字が読めません。

もしもあなたが、いやがらせや逮捕や拷問や死を恐れずに、信条や信仰、良心に従ってなに
35　かをし、ものが言えるなら、そうではない48人より恵まれています。

もしもあなたが、空爆や襲撃や地雷による殺戮や武装集団のレイプや拉致におびえていなければ、そうではない20人より恵まれています。

> 誰を指すかを確認。

1年の間に、村では1人が亡くなります。でも、1年に2人赤ちゃんが生まれるので、来年、村人は101人になります。

40　もしもこのメールを読めたなら、この瞬間、あなたの幸せは2倍にも3倍にもなります。

> この文章はメールが元になっていることを確認する。

なぜならあなたには、あなたのことを思ってこれを送ってくれた誰かがいるだけでなく、文字も読めるからです。

けれどなによりあなたは生きているからです。

『世界がもし100人の村だったら・総集編』
池田香代子＋マガジンハウス（編著）/
2008年 / マガジンハウス文庫/ pp.9-45

読み物２【pp.344〜345】　日本村 100 人の仲間たち

## この読み物の目的

▶ 日本社会の特徴や問題について知る。
▶ 日本村の話から自分の国の現状や問題について考える。

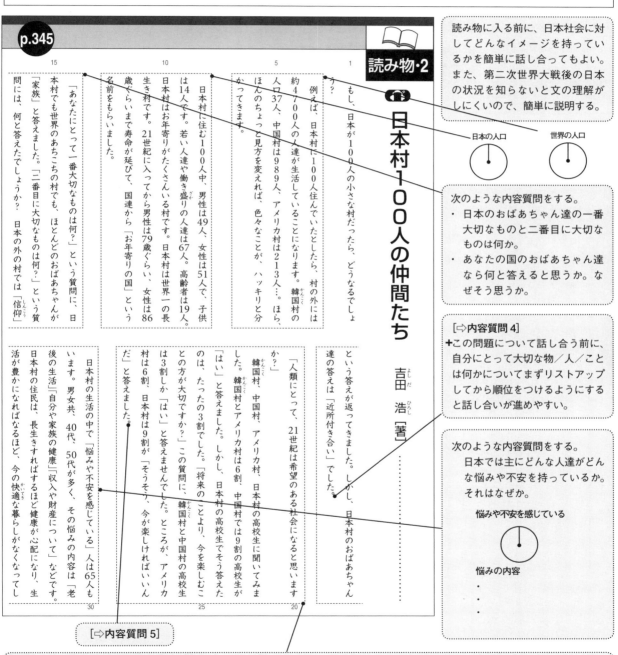

**p.345**

### 日本村100人の仲間たち

吉田 浩〔著〕

もし、日本が100人の小さな村だったら、どうなるでしょう？

例えば、日本村に100人住んでいたとしたら、村の外には約4700人の人達が生活していることになります。韓国村の人口37人、中国村は989人、アメリカ村は213人…。ほら、ほんのちょっと見方を変えれば、色々なことが、ハッキリと分かってきます。

日本村に住む100人中、男性は49人、女性は51人で、子供は14人です。若い人達や働き盛りの人達は67人。高齢者は19人。日本村はお年寄りがたくさんいる村です。日本村は世界一の長生き村です。21世紀に入ってから男性は79歳ぐらい、女性は86歳ぐらいまで寿命が延びて、国連から「お年寄りの国」という名前をもらいました。

「あなたにとって一番大切なものは何？」という質問に、日本村でも世界のあちこちの村でも、ほとんどのおばあちゃんが「家族」と答えました。「二番目に大切なものは何？」という質問には、何と答えたでしょうか？ 日本の外の村では「信仰」という答えが返ってきました。しかし、日本村のおばあちゃん達の答えは「近所付き合い」でした。

「人類にとって、21世紀は希望のある社会になると思いますか？」韓国村、中国村、アメリカ村、日本村の高校生に聞いてみました。日本村の高校生でそう答えたのは、たったの3割でした。「将来のことより、今を楽しむことの方が大切ですか？」この質問に、韓国村と中国村の高校生は3割しか「はい」と答えませんでした。ところが、アメリカ村は6割、日本村は9割が「はい」と答えました。韓国村とアメリカ村は6割、中国村の高校生では9割が「はい」と答えたのに、「そうそう、今が楽しければいいんだ」と答えました。

日本村の生活の中で「悩みや不安を感じている」人は65人もいます。男女共、40代、50代が多く、その悩みの内容は「老後の生活」「自分や家族の健康について」「収入や財産について」などです。

日本村の住民は、自分や家族の健康が心配になり、生活が豊かになればなるほど、長生きすればするほど、今の快適な暮らしがなくなってし

---

読み物に入る前に、日本社会に対してどんなイメージを持っているかを簡単に話し合ってもよい。また、第二次世界大戦後の日本の状況を知らないと文の理解がしにくいので、簡単に説明する。

日本の人口　世界の人口

次のような内容質問をする。
・日本のおばあちゃん達の一番大切なものと二番目に大切なものは何か。
・あなたの国のおばあちゃん達なら何と答えると思うか。なぜそう思うか。

[⇨内容質問4]
＋この問題について話し合う前に、自分にとって大切な物／人／ことは何かについてまずリストアップしてから順位をつけるようにすると話し合いが進めやすい。

次のような内容質問をする。
日本では主にどんな人達がどんな悩みや不安を持っているか。それはなぜか。

悩みや不安を感じている
悩みの内容
・
・
・

[⇨内容質問5]

・それぞれの国の高校生の答えの結果を表にまとめさせてもよい。
・この結果を見てどう思ったか、また、今の高校生の割合はこの結果と違うと思うかどうか聞く。

| | 韓国 | 中国 | アメリカ | 日本 |
|---|---|---|---|---|
| 21世紀は希望のある社会になると思う | % | % | % | % |
| 将来のことより今を楽しむことの方が大切 | % | % | % | % |

次のような内容質問をする。
・日本の人達や日本を表すキーワードは何だと思うか。
　性格 [　　　　　　　　　　　　] 国の特徴 [　　　　　　　]
・「物質の時代」「精神の時代」というのは、どんな時代のことか。例を挙げてみよう。
戦後の日本の物がない時代について説明すると分かりやすい。第5課の安藤百福の話を思い出させてもよい。

これらの比喩的意味を文脈から考えさせる。

[⇒内容質問7]
＋この質問に入る前に「便利になってかえって問題になっていること」などについて話し合っておくとよい。
例）携帯電話への依存、人間関係が希薄になっていること etc.

[⇒内容質問6]

■の新出語彙が理解できないと文章が理解できないので、以下のような前作業を行い、語彙の意味を確認した後で、本文を読ませるとよい。

下の言葉の中で自分の国を表していると思う言葉を選びなさい。
　安全　危険　明るい　暗い　勤勉
　誠実　平等　不平等　冷たい　温かい
　自由　不自由　長生き　富（お金）
　健康　希望　衛生的　信仰

**p.344**

うのではないかと不安で不安でしかたがなくなるのです。

日本村の村人はとても「勤勉」で「誠実」な性格だったので、「労働」と「貯金」に励み、ついに「長生き」と「富」の両方を手に入れました。こんなことは日本村が始まって以来、初めてのことです。村人達の仲間意識が、村人すべてを幸せにしたのです。村の人達みんなが幸せになれるなんて、昔は一度もなかったことです。この村は「安全」で「衛生的」で、何から何まであらゆることが「平等」です。日本村は、とても住みやすい村になったのです。

しかし、飢えず、渇かず、戦争で死ぬ危険もない社会では、うつ病や自殺が増えています。日本村は豊かになるために物を求めた「物質の時代」から、いろいろ満たされることによってかえって悩んでしまう「精神の時代」に入りました。日本村は今、悩み、苦しみ、迷路の中をさまよっているのです。

日本村の中には問題が山積みですが、日本の外の村はもっともっと多くの大変な問題を抱えています。しかし、日本村の人々はそれらに真剣に目を向けようとしていません。今、日本村に求められていることは、もっと世界に目を向けることかもしれません。

現在、世界には65億人近くの人がいて、日本には1億人以上の人が住んでいます。1億人の中で、人間がたった1人で出来ることは、とても小さなことです。しかし、もし日本が100人の村だったら、どうでしょうか。1億分の1なら、1人の声でも村人全員に届くはずです。そして、その声が日本村の100人の耳に届いて、その100人がまた声を出せば、今度は村の外の1000人にも届くでしょう。そして、それらの声はいつか世界中の人たちに届くに違いありません。

日本人が「日本村」の住民として何よりも大切なことは、村人一人一人が「日本村」の住民であると同時に「世界村」の一員であることを決して忘れてはならないということです。日本村がもう一度心の健康を取り戻すためには、世界に目を向けることが、今一番大切なことだと言えるのではないでしょうか。

[注] 本文中の社会背景は2002年当時の日本をもとにしている。

「日本村100人の仲間たち」 吉田浩（著）
平成14年　日本文芸社　（教科書用に改訂）

ここから筆者の視点が日本から世界に移っていることに注意を向けさせる。

筆者の伝えようとするメッセージは何か確認する。

誰の声かを確認。

本の現物があれば、本文の内容と関連するページのイラストなども見せるとイメージが広がってよい。

自分の国にはどんな問題があるか、日本と共通する問題があるかなどを話し合ってもよい。

これらの比喩的意味を文脈から考えさせる。

学習者がこの本が書かれた時代背景について知らない場合もあるので、補足説明する。

## この読み物の目的

▶ ワンガリ・マータイさんや「もったいない」運動について知る。

### 読み物・3 マータイさんのMOTTAINAI キャンペーン 🎧

p.347

1 ■ノーベル平和賞受賞者が広める「もったいない」運動

　2004年に環境分野で初のノーベル平和賞を受賞したケニア人女性、ワンガリ・マータイさん。マータイさんが、2005年に来日した時に最も感動した言葉が「もったいない」という日本語でした。

5 　　　「環境 3R + Respect = もったいない」

　Reduce(ゴミ削減)、Reuse(再利用)、Recycle(再資源化)という環境活動の3Rをたった一言で表せるだけでなく、大切な地球資源に対するRespect(尊敬の気持ち)が込められている言葉「もったいない」。マータイさんはこの美しい日本語を環境を守る世界の共通語「MOTTAINAI」として広めることにしました。日本に昔からある「もったいない」の精神が世界に広まれば、

10 地球環境問題の改善に役立つばかりでなく、資源の分配が平等になり、テロや戦争の抑止にもつながると考えたそうです。マータイさんのおかげで、日本で生まれた「もったいない」という言葉が、世界をつなぐ合言葉「MOTTAINAI」になったのです。

15 　ワンガリ・マータイさんは1940年、ケニアの農家に生まれました。六人兄弟で家は決して裕福ではなく、他の多くのアフリカ女性と同じように、学校教育を受けられる環境ではありませんでした。しかし、マータイさんの兄が両親を説得して学校に通わせてくれ、60年に政府留学生に選ばれました。

20 その後、米ピッツバーグ大学で修士号を取得。ドイツに留学した後、71年にナイロビ大学で生物分析学の博士号を取得しました。

一方でマータイさんは、祖国の貧困や環境破壊に心を痛め、1977年貧しい女性たちと「グリーンベルト運動」という植林

○ワンガリ・マータイさん
ケニアの前環境副大臣。生物学博士。環境保護活動家。MOTTAINAIキャンペーンを始めた人。2002年にケニアの国会議員に初当選。03年には環境副大臣に任命される。04年、環境や人権に対する長年の貢献が評価されノーベル平和賞を受賞。

---

この読み物は、情報取りの読み方でよい。時間がなければ、宿題にすることも出来る。

---

日本的な価値観を表す「もったいない」には、英語でいう waste of の範疇に入らない概念があることも説明を加えるとよい。例えば、せっかくの機会を生かしきれていない時や感謝の気持ちを表す時にも「もったいない」を使う場合があることを説明しておく。
例)
・せっかく何年も日本語を勉強して話せるようになったのに、やめてしまうのはもったいない。
・地震災害の時、世界中の人々から多くの助けをいただき、本当にもったいないと思った。

---

[⇨内容質問 8]

✛この論理の展開が分かりにくいようであれば、キーワードを挙げさせて、それについて話し合い、もったいない運動の成果がどのように展開していくかを図式化して見せると話し合いがしやすくなる。

質問1)「もったいない」とは何をすることか。四つ挙げなさい。
質問2) 質問1で挙げた四つは、◯◯◯の下の三つの何と関係があると思うか。線で結びなさい。
質問3) 質問2でそれぞれを線で結んだ理由を簡単に説明しなさい。

もったいない

ゴミの削減　再利用　再資源化　地球資源に対する尊敬

環境の改善　資源の分配　テロ/戦争の抑止

---

内容質問8の後に、もったいない運動がテロや戦争の抑止につながるというマータイさんの考えに賛成か反対かも話し合うとよい。賛否がほどよく分かれるようであれば、討論形式で話し合ってみる。また、意見を言う表現を使わせるように指示する(p.141、p.328 参照)。

---

この部分をスキャニング(情報取り)してマータイさんについてどんなことが分かったか話し合う。

グリーンベルト運動が貢献したことについて話し合う。
・土地の砂漠化の防止
・貧困からの脱却
・女性の地位の向上
・ケニアの民主化
これらを自分の言葉ややさしい言葉に置き換えたり、具体例を挙げたりして説明させる。
また、この後で内容質問9について話し合う。

**p.348**

25　活動を開始しました。植林活動というのは、地球環境の保護のた
　　めに砂漠などに木を植えて、森林を作る活動のことです。「グリー
　　ンベルト運動」は環境の保護だけでなく、土地の砂漠化の防止、
　　貧困からの脱却、女性の地位向上、ケニア社会の民主化にも大き
　　く貢献しました。これまでアフリカ大陸全土で4000万本を超え
30　る木を植えており、植林の参加者は女性を中心にのべ10万人にな
　　るそうです。この運動によって、マータイさんは環境分野で初めて、
　　そしてアフリカの女性としても初めてノーベル賞を受賞しました。
　　マータイさんは今も世界中を飛び回って「MOTTAINAI」を広め

グリーンベルト運動
写真提供：毎日新聞社

　　る活動に努めています。「MOTTAINAI」という日本語は、いつか世界中の辞書に載るようにな
35　るかもしれません。

　　あなたも「MOTTAINAI」に参加してみませんか。ケニアに行かなくても植林活動
　　「グリーンベルト運動」に参加できます。

▶ MOTTAINAI クリック募金　http://mottainai.info/click/
40　バナーをクリックするだけで、あなたも「グリーンベル
　　ト運動」に無料で1円募金をすることが出来ます。

▶ MOTTAINAI キャンペーン
　　オフィシャルTシャツ　モッタくん
　　モッタくんのTシャツを着て、グリー
　　ンベルト運動を広げよう！　Tシャツの
45　売り上げの一部は「グリーンベルト運
　　動」に寄付されます。インターネット
　　で注文できます。

デザイナー：寄藤文平

▶ MOTTAINAI
　　キャンペーンロゴ

MⓄTTAINAI

© MOTTAINAI キャンペーン

参照資料：MOTTAINAIキャンペーンオフィシャルホームページ　http://mottainai.info/

| 植えて | 森林 | 防止 | 募金 | 無料 | 寄付 |
| う | しんりん | ぼうし | ばきん | むりょう | きふ |

内容確認として以下のような正誤問題をさせる。
1.「もったいない」は環境活動の3Rと人に対するRespectを表している言葉だ。（○）
2.マータイさんは「もったいない」の精神が世界に広がれば、テロや戦争をなくすことが出来ると考えている。（○）
3.マータイさんは日本の「もったいない」という言葉を世界に広めた。（○）
4.マータイさんは家がお金持ちだったので、十分な学校教育を受けることが出来た。（×）
5.マータイさんはケニアの他にアメリカやドイツの大学でも勉強したことがある。（○）
6.グリーンベルト運動というのは、地球環境を守るために、木を切らないようにする活動のことだ。（×）
7.グリーンベルト運動は環境保護や貧しい女性達を助けることに役に立っている。（○）
8.マータイさんは、グリーンベルト運動を進めたことによって、アフリカ人女性として初めてノーベル賞を受賞した。（○）

## 討論 【pp.351～352】

### ▶目的

- もったいない運動や4Rについて知る。

### ▶授業のヒント

- 本文の音読をさせる時は、3人グループでそれぞれの役を決めて読み進めると会話の流れがよく分かるのでよい。

- 会話に出てくるキーワードの意味を確認する。先に本文にある例を挙げさせてから、自分達がしていることを具体例を交えて自分の言葉で説明させるとよい。[⇨内容質問2]

　　　4Rとは何か？　→　削減（減らす）／リデュース：

　　　　　　　　　　　　再利用／リユース：

　　　　　　　　　　　　再資源化／リサイクル：

　　　　　　　　　　　　修理／リペア：

　　　　　　　　　　　　＋無駄遣いをなくす

- 本文を読んだ後、内容質問1（p.354）や「みんなで話してみよう」の2、3をするとよい。

- 本文を読んだ後で、『もったいないばあさん』の絵本を紙芝居のように見せながら、読み聞かせをすると、内容や語彙の復習にもなってよい。時間があれば、絵を見ながら、ストーリーを自分達の言葉で作り直すという作業をすることも出来る。「紙がくしゃくしゃ」などの例は、実際に実物を作ってみせると分かりやすい。

> 補助教材：もったいないばあさん［絵本］真珠まりこ(作) 講談社

## 会話練習

- 討論（pp.351～352）を読んだ後、丁寧度☆の会話練習をする場合は、第14課の会話練習2（p.327）とディスカッション2（p.329）に進む。

- ディスカッションが出来そうな話題を含む環境4Rに関するニュースや動画を見せた後、それについて話し合いをさせてもよい。

- 討論のトピックの例）
    - 都会の生活 vs. 田舎の生活
    - 特別入学優遇措置（アファーマティブ・アクション）は必要かvs.必要ないか
    - 原発は必要かvs.必要ないか

討論をする場合は対立点がはっきりするトピックを選ぶようにする。また、どちらの立場を支持するチームに加わるかは学習者の意思で決めさせる。以下のような手順で進めると意見交換が活発になる。

討論の手順）
    1. それぞれのチームのリーダーを決める
    2. 同じチームで話し合う：自分達が支持する立場についての良い点や悪い点
    　　　　　　　　　　　　　　相手チームが支持する立場についての良い点や悪い点

3.　全体の討論に移る

チームリーダーには、自分のチームの意見をまとめる、全体の討論で自分のチームの意見を伝える、他のグループメンバーに意見を促すなどして話し合いをリードさせるようにする。意見交換が活発に行われない場合は、意見が出ていないチームに教師が加わり、対立点を引き出すようにしたり、ディスカッションの方向づけをしたりするとよい。

## 後作業／発展練習

- 「自分の国が100人の小さな村だったら」というテーマで短い文を書かせ発表させると、学習者独自の視点が表れて面白い。

- 読み物1で完成した円グラフで、問題だと思うことを更に掘り下げ、解決法を考えさせることも出来る。

- 自分の国で問題になっていることを挙げさせ、その問題を解決するために何が出来るかを話し合ってもよい。その際、「{自分／地域／国}が{1年／10年}で何が出来ると思いますか」という聞き方をすると、具体的な意見が出やすい。

- 「みんなで話してみよう」4(p.354)を実施する。このウェブサイトを見て、口頭でレポートをするなどの宿題を出してもよい。

- 「もったいない運動」のように、自分は社会のためにどんな運動をしてみたいか、どうしてか、それによって世界はどう変わると思うかなどについて話し合うことも出来る。

## 言語ノート 【p.361】

- **とびらサイト** の音声教材を聴いて、意味を理解するという聴解練習の宿題にしてもよい。

- 以下のことについて話し合うことも出来る。
    1. 「目玉焼き」は自分の国の言葉では何という名前がついているか。
    2. 「人生山あり、谷あり」に似たようなメタファー表現は自分の国の言葉にもあるか。
    3. 2段落目の①②③の意味について話し合う。辞書を引かないで、メタファーの意味(何がどのようにたとえられているか)を考えてみる。
    4. 3段落目の①〜⑧の言葉を思い出し、メタファーの意味(何がどのようにたとえられているか)を考えてみる。
    5. 4段落目の①〜⑤の言葉をメタファーとして使った例文を考えてみる。また、他にも基本的な言葉がメタファーとして使用されている例を考えてみる。
    6. 慣用句的に使われているメタファーについても例を挙げてみる。「〜ように」を使った直喩は文法も既習で、色々な表現が出やすい。
        例)　羽根のように軽い、風のように速い etc.

**❶ 少なくとも～は**

まず、「少なくとも」がat leastの意味であることをしっかりと理解させる。その後で前件を与え、「少なくとも Number（+Counter）は」「少なくとも Nounは」を使って自分のことについて話す練習をするとよい。

　　例1）　日本語を勉強しているんだから、＿＿＿＿＿＿＿＿＿＿＿＿＿＿＿。

　　例2）　どんなに忙しくても、＿＿＿＿＿＿＿＿＿＿＿＿＿＿。

　　例3）　一生のうちに、＿＿＿＿＿＿＿＿＿＿＿＿＿。

**❸ ～のうち（で）**

既習の「Nounのなか（で）」と同じ意味であるが、「うちで」の方が「なかで」より多少書き言葉的である。文法❹の「後（の）Noun」と併せて導入し、クラスの学生や授業などについて説明させるとよい。

　　例1）　この｛クラス／大学｝の学生のうちで、＿＿＿＿＿＿は＿＿＿＿＿＿。後の＿＿＿＿＿は＿＿＿＿＿。

　　例2）　｛1年／1週間／1日｝のうちで、＿＿＿＿＿は＿＿＿＿＿。後の＿＿＿＿＿は＿＿＿＿＿。

**❹ 後（の）Noun**

「後のNumber（+Counter）」「後Number（+Counter）」と「後のNoun」の形があることを確認する。「後の残り（は）」という表現もよく使うので、教えておくとよい。

**❻ ～に従って**

・「Nounに従って」の形で、「指示・規則などの通りに（行動する）」という意味を表すことを確認する。

・「Xに従って」のXに入る名詞が限られているので、例文にあるような学習者がよく使いそうな表現を与え、文を作らせてみるとよい。

　　例）　　～のアドバイス
　　　　　　～の意見
　　　　　　～で決まったこと　　　｝に従って、
　　　　　　～の規則・法律
　　　　　　スケジュール

　　　　　　　　　　　　　　　　　　　　～ています
　　　　　　　　　　　　　　　　　　　　～ようにしています
　　　　　　　　　　　　　　　　　　　　～なければなりません
　　　　　　　　　　　　　　　　　　　　～ことにしました　　　　　　etc.

・「～に従って」には「～につれて」（第13課文法⑥）と同じように、「ある事態の変化／推移に合わせ、他の事態も変化／推移する」という意味もあるが、ここでは扱っていない。学習者のレベルによっては、この用法に触れておいてもよい。

　　例）　コンピュータが普及する｛○ に従って／○ につれて｝、オンラインショッピングをする人が増えてきた。

**❼ たった（の）Number（+Counter）**

数量が少ないことを強調する表現であることを確認する。例文4「たった二日しか休めなかった」のように文の述部が動詞の場合、「たった～しか～ない」の文型を用いないと不自然になる。以下のような誤用が多く見られるので、注意を促す。

　　例）　このクラスで日本に行ったことがある学生は｛× たった（の）一人いる。
　　　　　　　　　　　　　　　　　　　　　　　　　　○ たった（の）一人だ。
　　　　　　　　　　　　　　　　　　　　　　　　　　○ たった（の）一人しかいない。

**❽ ～て｛しかたがない／しようがない／しょうがない｝**

・話し手の感情や感覚、欲求が強くて自分でコントロールできない状態を表す表現であることを確認する。「～てしかたがない」＞「～てしようがない」＞「～てしょうがない」の順によりくだけた言い方になることも説明しておく。

・「しかたがない」の前にはいつも動詞、形容詞のテ形が来る。しかし、テ形の否定形は来ないので、気をつけさせる。

　　例）　× 夜になっても、眠くなくてしかたがない。

- 「しかたがない」と結びつきやすい感情や感覚を表す形容詞、動詞を一緒に提示し、接続の形を確認しながら、導入するとよい。「心配(する)」は動詞と形容詞があるが、「心配してしかたがない」ではなく、「心配でしかたがない」の形を使うことも言っておくとよい。

> 例) 感情を表す語：さびしい、楽しい、いや、心配、気になる etc.
> 感覚を表す語：痛い、暑い、寒い、眠い、緊張する etc.
> 欲求を表す語：〜たい、ほしい、〜てほしい etc.

**❾ 〜以来**

- 「X以来」のXにはある時点や出来事を表す表現が入り、「その時からずっと何かを{している／していない}」或いは、「その時から何かを{するようになった／しないようになった}」という意味を表すことを説明する。「Verbて以来」「Noun以来」「{それ／あれ}以来」の三つの形をすべて練習した方がよい。

- 「以来」は近い過去を表す表現とは一緒に使わないので、気をつけさせる。その場合は、「〜からずっと」が使われることが多い。

> 例1) 昨日{× 以来／○ からずっと}、誰にも電話をかけていない。
> 例2) 夕方家に帰って{× 以来／○ からずっと}、コンピュータを使っている。

- 「X以来Y」のY部分には継続や変化を表す表現が来ないと不自然な文になるので、練習する際にはそういった表現を提示し、「以来」とセットで使わせるようにした方がよい。

> 例) 〜以来　＋　┌ ずっと＿＿＿＿＿＿＿{ている／ていない}。
> │ ＿＿＿＿＿＿＿ようになった。
> └ {A-stem く／ANa に} なった。

**⑪ かえって**

例文を使って、予想や意図とは反対の結果になることを表す表現であることを確認する。例えば、例文1なら、「頭が痛かったので薬を飲みました。薬を飲んだら普通はどうなりますか。」といった質問をし、普通なら薬を飲めばよくなるのだが、それがひどくなったという状況を理解させる。

**⑫ *i*-Adjective stem+ み**

接尾語「さ」「み」はともにイ形容詞の語幹に付いて形容詞を名詞化するが、「み」はかなり限られた語にしか付かない。このレベルでは意味が分かればよいが、「楽しみ」「悲しみ」「苦しみ」「痛み」などはよく使うので、使えるように練習しておくとよい。

**⑬ 〜と同時に**

- 「Xと同時にY」には二つの意味があることを説明する。

> (1) Xの動作や出来事と同時、或いは直後にYが起きることを表す。(例文1〜3)
> (2) XとYの状態や性質などが共に存在していることを表す。(例文4、5)

- Xには動詞、形容詞、名詞が入るが、それぞれの接続の形に気をつけさせる。

- 導入練習として絵を見せて文を作らせ、「〜と同時に」の二つの意味を確認するのもよい。

> 例1) 「卒業する／引っ越す」の絵
> → この大学の学生達は、たいてい卒業と同時に引っ越す。
> 例2) 「演奏が終わる／拍手する」の絵
> → クラシックのコンサートでは、演奏が終わると同時にみんなが拍手する。
> 例3) 「マンガを読んでいる絵」に「楽しみ」「日本語の勉強になる」の吹き出しを入れる
> → 漫画を読むことは楽しみであると同時に日本語の勉強にもなる。

⑭ **Sentence っけ**

- 「っけ」は疑問文に用いる「か」とは違い、はっきりと記憶していないことを誰かに確認する時（或いは自分に確認するような気分で独り言を言う時）に使う表現であることを確認する。したがって、話し手は「聞き手が自分が知りたいことの答えを知っているだろう」と思っている時にしか使わない。

- 文型aとdのパターン「行くんだっけ」「大きいんだっけ」「上手じゃないんだっけ」が、それぞれ「行くっけ」「大きいっけ」「上手じゃないっけ」になってしまう誤用が非常に多く見られるので、これらはよく練習する必要がある。

- 練習では、はっきりと覚えていない授業のスケジュールやクラスメートのことについて確認するといった状況を与え、短い会話を作らせてみるとよい。

⑮ **Verb-*masu* っぱなし**

- 「〜っぱなし」はある状態が変わらずに続いていることを表す表現で、例文1、3、4、5のように、たいていはその状態が続いている（あるいは変わらないまま放置してある）ことに対する不満や非難などのマイナスの評価が含まれることを説明する。英訳にkeep 〜 ingとあるためか、単に何かをし続けるという意味で「〜っぱなし」を使う誤用が見られるので気をつけさせる。

  例）　地球温暖化のことを {? 考えっぱなしだ／○ 考え続けている}。

- 「〜っぱなし」の文型には色々なパターンがあるので、下の例のようにあるシーンを色々な文型を使って描写させるなどして、文型の違いをしっかりと理解させる。文型c「（〜を）〜っぱなしにする」は他動詞のみが用いられるので、そのことも言っておくとよい。

  例1）　（電気がついている部屋の絵を用いて）

  　　　これは○○さんの部屋です。部屋の電気がつけっぱなしです。（状態）

  　　　○○さんが電気をつけっぱなしにしました。（○○さんの行為）

  　　　○○さんは電気をつけっぱなしで、出かけてしまいました。

  　　　電気{が／を}つけっぱなしの部屋は、電気がもったいないです。

  例2）　（疲れた様子の絵を用いて）

  　　　今日は一日中座りっぱなしでした。

  　　　コンピュータを使いっぱなしだったから、目が疲れました。

- 不満や非難を表すのが典型的な使い方なので、ルームメートのことで困っている状況を誰かに説明するといった練習をさせるとよい。

  例）　A：私のルームメートはいつも皿やコップをテーブルの上におきっぱなしにして、なかなか洗いません。それに、時々テレビをつけっぱなしで寝てしまいます。だから、ちょっと困っています。

  　　　B：そうですか。大変ですね。皿やコップはおきっぱなしにしないで、すぐに洗うように言った方がいいですよ。それから、電気をつけっぱなしにしておくと、電気料金が高くなると言ったらどうですか。

## Lesson 1

### Reading

#### ■ The Geography of Japan

Do you know the names of Japan's four large islands? Japan is an island nation located to the east of the Eurasian continent, and 70 percent of the country is mountainous. Japan has many cities, like Tokyo, which are well-known world-wide. What cities have you heard of? Let's try searching for them using the map below.

<Map of Japan>

The territory of Japan consists of four large islands called Hokkaido, Honshu, Shikoku, and Kyushu, and over 6000 small islands. Its entire size is about $1/25^{th}$ (of the size) of the United States, $1/21^{st}$ (of the size) of Australia, and about the same size as New Zealand and the United Kingdom.

Japan has 47 prefectures (*to-dō-fu-ken*): one *to*, one *dō*, two *fu*, and 43 *ken*. One *to* refers to Tokyo-*to* (the capital), one *dō* is Hokkai-*dō*, two *fu* are Osaka-*fu* and Kyoto-*fu*, and the other prefectures are all *ken*, such as Shizuoka-*ken* and Hiroshima-*ken*. Shizuoka Prefecture is famous for tea and Mt. Fuji, and Hiroshima Prefecture has the Atomic Bomb Dome, which conveys the horror of war and the importance of peace.

Japan is a country that is long from north to south, so the climate varies greatly from south to north, and sometimes it happens that it is snowing in Hokkaido when people are able to swim in Okinawa or Kyushu. Furthermore, the gap in temperatures between Okinawa and Hokkaido on the same day may be greater than 40 degrees centigrade. Because of this, the time when Japan's beloved cherry blossoms bloom varies depending on the location. In Okinawa, they begin to bloom at the end of January, but in Hokkaido they don't bloom until May. When the cherry blossom trees bloom, people enjoy "cherry-blossom viewing," doing things like drinking and singing under the trees.

Japan also has many famous old sites. For example, Himeji Castle in Hyogo Prefecture is said to be the most beautiful castle in Japan; it was chosen as a World Heritage site by UNESCO in 1993. Its white walls still remain after 400 years, and the building's shape looks like the bird called *shirasagi* (white egret) resting with spread wings, so it is also called Shirasagi Castle (or Hakuro Castle). Himeji Castle is often used when filming period films and television dramas.

When speaking of Japan's famous sites we shouldn't forget to mention its hot springs. Japan has many volcanoes, so there are hot springs throughout Japan. Many people go to hot springs for the purpose of sightseeing or leisure, where they do such things as bathe in large hot spring baths, eat delicious food, and relax wearing *yukata* (informal summer cotton kimono). Japanese people love taking hot spring baths, and outdoor baths, where they can bathe while viewing the scenery, are particularly popular.

Of the many hot springs in Japan, the Dogo Hot Springs in Matsuyama City, Ehime Prefecture, is said to be the oldest, with a 3000-year history. Natsume Soseki, who wrote novels such as *Bocchan* and *Kokoro*, is said to have gone there often, and the third floor at one of the *ryokan* (traditional inn) at Dogo Hot Springs has a room called "Bocchan's Room."

What kinds of things would you like to do if you go to Japan? Where would you like to go? Before you go, research Japan's geography carefully in order to have an enjoyable trip. Then, do things such as visit castles and bathe in hot springs, and bring many travel anecdotes back with you.

### Dialogs

#### ▶ Asking questions/Raising questions about something that has been said

**Dialog 1: *Monica asks Professor Morita questions about Japanese folk tales.***

Monica: How do you do? I'm Monica West and I'm majoring in literature. I'm here today to ask you some questions. Could you please help me? (lit. Please don't be hard on me.)

Morita: The pleasure is mine. (lit. Same here.)

Monica: First of all, I'd like to ask you about your area of specialty, folk tales.

Morita: Certainly. Go ahead.

Monica: I've heard that there are many folk tales in Japan.

Morita: Yes, there are various folk tales from each *chihō* (region).

Monica: Professor, I sometimes hear the word *chihō*; does it mean "rural areas"?

Morita: It can mean rural areas, but we also use it as in Kanto *chihō* or Kansai *chihō*.

Monica: Does Kanto *chihō* mean Tokyo?

Morita: No, not just Tokyo, but also the areas around Tokyo, such as Yokohama and Chiba. Kansai *chihō* refers to Osaka, Kyoto, Kobe, and their surrounding areas.

Monica: I see. What are most folk tales about?

Morita: Well, let me see. There are a lot of stories related to famous places, place names, and local specialties of the region. Also, things such as *dentōteki na gyōji* (traditional events).

Monica: Ur, what is *dentō*…? Could you please repeat it?

Morita: Oh, I said "*dentōteki na gyōji*." *Gyōji* (event) means "something special people do during a particular time of year or season." And, *dentōteki* (traditional) means "existing from a long time

time ago." So *dentōteki na gyōji* means "events existing from a long ago."

Monica: I see. Well then, does that mean that New Year's is a traditional event?

Morita: Yes, of course. So are *Hinamatsuri* (Doll's Festival), *Kodomo-no-hi* (Children's Day), and *Tanabata* (Star Festival).

Monica: I see. I understand. You said that folk tales are related to famous sites and place names, but are the stories known only to people from those regions?

Morita: No, not necessarily. There are many commonly-known stories as well. For example, *Momotarō* and *Tsuru no Ongaeshi*.

Monica: Oh, I've seen the story of *Momotarō* as a *kamishibai* (a story told through pictures). I can sing the song, too. *Momotarō-san, momotarō-san...*

Morita: Oh, really? You know it, too? Japanese children learn folk tales through *kamishibai* and picture books.

Monica: I'd like to know more folk tales.

Morita: Well then, why don't you try looking folk tales up on the Internet? There are various websites that introduce folk tales through pictures or comics, and they're a lot of fun.

Monica: Yes, I'll try that. Thank you for telling me about so many things today. I learned a lot.

Morita: You're welcome. Please come again if there's anything else you'd like to know.

Monica: Yes, thank you very much. Please excuse me.

**Dialog 2:** *Mike asks his friend Yuta about his birthplace.*

Mike: Hey, Yuta, where are you from?

Yuta: I'm from Hokkaido. It's rural, but it's a great place, with a lot of nature.

Mike: Hmm… I heard that Hokkaido has a rough climate, though.

Yuta: Yeah, in the winter there's a lot of snow and it's really cold. But the summers are cool and feel great. There's no *tsuyu* either.

Mike: Huh? There's no what? Sorry.

Yuta: Ah, *tsuyu*. It's the season when a lot of rain falls. On Honshu, it rains a lot from about the end of May to the beginning of July, and they call that *tsuyu*. It's very humid, and it's not a very pleasant season, but we don't have *tsuyu* in Hokkaido.

Mike: Hmm, really? By the way, what's Hokkaido's local specialty? It said in a magazine that the ramen are good.

Yuta: Yeah, the ramen are great. Besides that, things like sushi, fish, meat, and potatoes are also good.

Mike: That's cool. It sounds like everything's delicious.

Yuta: If you're going to Hokkaido in the summer, you should also go to the Tohoku region and try seeing the Three Great Festivals.

Mike: Wow, what kind of festivals are those?

Yuta: The Kanto Festival in Akita, the Tanabata Festival in Sendai, and the Nebuta Festival in Aomori. All of these festivals are on an incredible scale! They're really popular festivals. Many tourists come every year, not only from Japan but also from abroad.

Mike: Wow, they sound interesting. I'd like to see them, too.

Yuta: Yeah, I absolutely recommend it!

## Grammar notes

**❶ Noun {で/から} できる**

1. Cheese and yogurt are made from milk.
2. Plastic is made from petroleum.
3. This plate is made of plastic and this cup is made of paper.
4. Wine is made from grapes, but sake is made from rice.
5. In Japan, most houses are made out of wood, but houses in this country are usually made out of stone.

**❷ Adjective-stem ＋ さ**

1. How heavy do you think this bag is? / I wonder how heavy this bag is?
2. Mt. Fuji is 3776 meters high.
3. I don't think there's anyone who wouldn't understand the merit of this story.
4. I was surprised by how useful Japanese cell phones are.

**❸ {Noun の / Verb} ように**

1. This looks like chocolate, but it's an eraser, so you can't eat it.
2. The kitten's meowing sounds like a baby crying.
3. Like our teacher says, I don't think you can become skillful at a language unless you practice every day.
4. As you can see from these photos, there are many famous places in London.
5. You can make delicious dressing if you follow the recipe in this book (lit. make it as it's written in this book).

**❹ ～は～で {有名だ / 知られている}**

1. Egypt is famous for its pyramids and sphinx.
2. This temple is famous for its old cherry tree(s).
3. Bears are known for hibernating, but do bears in zoos hibernate, too?

**❺ Verb-*masu*; *i*-Adjective-stem ＋ く**

1. Yesterday I ate dinner at a restaurant with a friend, and after that we went to see a movie.
2. Smith studies at college during the day and does part-time janitorial work at a hospital at night.
3. Unlike my older brother, I'm not very good at sports.
4. In this area, there's lots of snow during the winter, and it's very hot in the summer.
5. That library didn't have many Japanese books, and it didn't have any Japanese newspapers either, so I only went there once.

**❻ Verb-non-past こと {が / も} ある**

1. I usually eat dinner at home, but there are times when I go out to eat with friends, too.
2. Sometimes I can't understand the grammar even when I read the explanation. When that happens, I

make it a habit to go ask my teacher.

3. Hawaii is warm all year round, but I hear that there are times when it snows in the high mountains.

4. I usually go back to my parents' home on the weekends, but sometimes I'm too busy to go home.

⑦ **{Noun₁/Question-word 〜か／〜かどうか}は Noun₂に{よって違う／よる}**

1. Personalities vary from individual to individual.

2. It seems that the age at which you can get your driver's license differs depending on the country.

3. For me, whether a reading is difficult or not depends on the amount of kanji.

4. How much tuition you have to pay differs depending on the university.

5. Where (lit. at what university) I study abroad depends on how big a scholarship I can get.

⑧ **Verb-*masu* 始める**

1. In this region it starts to snow in November.

2. My little brother started walking when he was one year old. He started talking when he was one and a half.

3. Because I have practice at chorus club every night, I always start studying after 10:00.

⑨ **Noun₁＋Particle＋の＋Noun₂**

1. a present for a friend

2. a job in Japan

3. a meeting with a teacher

4. a party which starts at eight

5. a *Shinkansen* (bullet train) ticket to Kyoto

⑩ **〜はSentenceと言われている**

1. It's generally said that the longest river in the world is the Nile, but there are some who say that it's the Amazon.

2. Akihabara used to be called "Electronics Town," but now it's called "*Otaku*(nerd) Town."

3. They say it's good to take lots of vitamin C when you get a cold.

⑪ **〜と言えば**

1. A: This is a folk tale picture book, isn't it?
   B: Yes. Oh, speaking of folk tales, yesterday I saw a *kamishibai* performance of *Momotarō*!

2. A: I'm meeting up with Michiko tonight.
   B: Oh, really? Speaking of Michiko, I heard that she's getting married to Mr. Tanaka next month. Is it true?

3. A: My parents are living in Hong Kong now.
   B: Wow, that's cool. Speaking of Hong Kong, I hear that the view at night from the top of the hill (lit. mountain) is wonderful.

⑫ **〜とか（〜とか）**

1. On the weekends I usually do things like laundry and cleaning.

2. I want to try studying a language not many people learn, like Finnish or Turkish.

3. When you memorize kanji, it is good to do things like making flash cards and writing the characters over and over.

⑬ **〜というのは{Nounのこと／Nounということ／ Sentenceということ／Sentenceという意味}だ**

1. *Pasokon* means "personal computer."

2. A: Um, excuse me, what does *gakuseishō* mean?
   B: It means "student ID."

3. *Ryūgaku suru* means to study in a foreign country.

4. *Hanaseru* means "to be able to speak."

⑭ **〜だけ{でなく（て）／じゃなく（て）}、〜も**

1. To study Japanese, you have to memorize not only *hiragana* but also *katakana* and kanji.

2. *Sumimasen* doesn't just mean "I'm sorry"; it can also mean "Excuse me."

3. Kyoto is famous not just for its old temples, but also for its beautiful scenery.

4. Not only is this apartment conveniently close to the train station, but the rent's cheap, too, so I've decided to rent it.

5. Not only is the movie interesting, the film's music is good, too.

⑮ **Noun って**

1. What foods don't you like, Mr. Tanaka?/What foods doesn't Mr. Tanaka like?

2. Hayao Miyazaki's anime are great, aren't they?

3. Where are you from, Michiko?/Where's Michiko from?

4. Kanji are like that—you forget them almost as soon as you've memorized them, don't you?

⑯ **〜って{いう／聞く／書く／etc.}**

1. Mr. Tanaka said he'd be here at 5:00, but he hasn't shown up yet, has he?

2. I heard there's no test tomorrow. Is it true?

3. Can't you see the sign here that says "Please Be Quiet"?

4. My name's Tsutomu, but my friends call me Tom.

5. Do you know (lit. Have you heard of) the story *Momotarō*? It's an interesting story.

---

## Lesson 2

### Reading

#### ■ Japanese Speech Styles

Have you already studied *keigo* (Japanese honorific language)? Have you learned the casual speech (an informal way of speaking) used when talking with family and friends? You know that Japanese has various speech styles. In fact, in Japanese these styles are very complex and there are a variety of rules and customs in both speaking and writing. Let's learn about them in this lesson.

**1. The proper use of speech levels (degrees of politeness)**

Japanese is a language in which speech levels are very important, so sometimes we have to change our way of speaking depending on whom we are speaking to. The proper use of speech levels—for example, *sayōnara* (goodbye) and *shitsurei shimasu* (formal goodbye) or *misete ne* (show me) and *misete itadakimasen ka* (could you please show me?)—is said to be one of the most difficult things for people studying Japanese. Among the speech styles, there are many different levels, from "very informal speech" to "very polite speech," but which parts are different? Let's consider this while looking at the following sentences.

①      *Aitsu, doko, sunderu?* (often used by men)
         Where does that guy live? (*very informal*)
②      *Ano hito, doko ni sunderu no?* (often used by women)
         Where does that person live? (*informal*)
③      *Ano hito wa doko ni sundeimasu ka.*
         Where does that person live? (*polite*)
④      *Ano kata wa dochira ni sunde irasshaimasu ka.*
         Where does that person live? (*very polite*)

Which of these ways of speaking have you studied so far? Comparing these four sentences, first of all we can tell whether a sentence is informal speech or polite speech from the words used at the end of the sentence. But the differences do not appear only at the ends of the sentences. If you change *doko* (where) to *dochira* (polite "where"), the phrase becomes more polite. You can also say *ano kata* or *aitsu* instead of *ano hito*. Also, if you drop the *i* sound saying "*doko ni sunderu no?*" or drop the *ni* saying "*doko sunderu no?*", it makes the sentence more informal. In order to be able to speak naturally, you should talk to many different Japanese people in various situations and watch Japanese films and dramas, observing closely what ways of speaking are used in what situations, by whom, and toward whom. Please look at the table "Various Speech Levels" on the next page and compare the different ways of saying things.

## 2. The differences between male and female speech

When reading a Japanese novel, we can sometimes tell right away if a character is a man or woman by the character's way of speaking. Especially in informal speech, we can see differences between the speech of males and females. Try to figure out whether the speakers in the following dialog are male or female.

A: Ah, I'm so hungry.
B: I'm hungry, too. There's a good pork cutlet restaurant around here. Shall we go eat? My treat.
A: No, not pork cutlets! Too high in calories.
B: What?! Well, then, I'll go by myself.
A: Wait! (The food in) that restaurant is delicious, right? I'll go after all!
B: Well, then, let's go!

What do you think? The word usage is very different. It isn't obvious from the words, but the intonation is also very different. When speaking to friends, boyfriends/ girlfriends, or family, men refer to themselves as *boku* or *ore* (I), and women usually use *watashi* (I). These days,

the male-female gap has become smaller, and women who use *wa* and *wa yo* and men who use *ze* and *zo* at the end of their sentences, as in the example above, have become less common, but if a woman said "*ore mo hara hetta*" or a man said "*iya yo*" they would be met with a surprised reaction. Even though the differences in speech styles have lessened, you should know that there are phrases that you should not use.

## 3. The omission of sentence endings and contracted forms of words

When considering Japanese speech styles, you should also know the style where a sentence is left unfinished. In Japanese conversations, we can see many instances of speech where a sentence ends with *kedo* (but), *kara* (because), or *shi* (and), as in the examples below.

> "I don't know how to read this, but…" (can you please tell me?)
> "I've called many times, but I still haven't been contacted, so…" (I'm in trouble.)
> "I am also busy, and so…" (I can't do it.)

This is a way of talking without clearly saying something that is difficult to say. For example, when you have been invited to a party and want to refuse, rather than saying "This Saturday is inconvenient for me, so I can't go," it is less likely to make the other person feel bad if you don't say it very clearly, as in "this Saturday is a little…" With the "…" part, you let the person understand that you are requesting or refusing something. This is one way where the Japanese way of thinking, which values people's feelings, is expressed in Japanese language. So if you learn to use "…," your conversations will sound more natural (lit. skillful).

Furthermore, in spoken language, a speech style where words are simplified and shortened is commonly used. The following are examples (of shortened forms):

> *Yunesuko to iu no wa, nan desu ka → Yunesuko tte, nan desu ka* (What's UNESCO?)
> *wasurete shimatta → wasurechatta* (forgot)
> *nonde shimau → nonjyau* (drink the whole thing)
> *katte oita → kattoita* (bought ~ ahead of time for later)
> *misete ageru → misetageru* (I'll show ~ to you)

In English as well, sometimes "I want to go" becomes "I wanna go" and "Ask him" becomes "Ask'im." For foreigners who cannot speak English well, this way of speaking is difficult until they get used to it. In the same way, it takes time to become able to use Japanese contractions.

## 4. The inversion of sentences

Inverted sentences are also common in Japanese conversations.

"Sorry. Not to have contacted you..."

"I can't go to tonight's party. I have homework."

"I don't have an umbrella. It's started to rain, though."

The speakers in the sentences above are saying what they want to say most at the beginning of the sentence, and then afterwards they explain the reason or situation. This way of speaking is one of the characteristics of the Japanese language. Examples of this can also be seen in 2. The differences between male and female speech. Go back to the dialogue in 2. to see what examples are there.

### 5. Styles of written language

Just as there are many styles in spoken Japanese, there are also many styles in written Japanese. In order to become skilled at Japanese, it is necessary to study which styles should be used when writing. For example, when sending a short message to your friends by cell phone, you might use informal expressions as if you were speaking (directly) to them. When writing a letter, *desu-masu* style is usually used, and when writing a composition, there are times when *desu-masu* style is used and there are also times when *da* style is used. Furthermore, when writing a paper or thesis, *da* style/ *de aru* style is often used. Since it is necessary to use different written styles depending on what you write and who your reader is, it is not only important to choose which style, but also to choose which words you use. For example, in a paper or thesis written in *da style/de aru* style, it is better to write *taihen kyōmibukai* (very interesting) than to write *sugoku omoshiroi* or *totemo omoshiroi*. This is because *taihen* and *kyōmibukai* are more typical of written language than *sugoi, totemo,* and *omoshiroi*. Be sure to remember that when writing there are certain words and phrases used just for written language, and when speaking there are certain words and phrases used just for spoken language.

## Dialogs

### ▶ Apologizing

**Dialog 1:** *Company worker Daisuke Kimura calls the home of his girlfriend, Kumi Kobayashi, and speaks with her mother.*

Kobayashi: Hello?

Kimura: Hello, is this the Kobayashi residence?

Kobayashi: Yes, this is Kobayashi speaking, but... (who is this?)

Kimura: Ah, my name is Daisuke Kimura. May I speak to Kumi?

Kobayashi: Oh, it's Daisuke? Thank you for always taking care of Kumi.

Kimura: Oh, no, *I* should thank *her*. Um, actually, I've left messages on Kumi's cell phone several times, but I haven't been contacted yet, so... (I don't know what to do.)

Kobayashi: Oh, is that so? I'm sorry. I heard that she dropped her cell phone somewhere yesterday.

Kimura: Really? Is she there now?

Kobayashi: Well, right now she's gone out for a little bit, but...(what should I do?)

Kimura: Oh, I see. Then, I'll try calling again later. Thank you very much.

Kobayashi: Is that all right? I'm sorry about that.

Kimura: Goodbye now.

Kobayashi: Goodbye.

**Dialog 2:** *Kumi calls Daisuke's cell phone.*

Daisuke: Hello?

Kumi: Oh, Daisuke. Sorry I couldn't contact you today.

Daisuke: No problem. Sorry that we ended up not being able to see each other.

Kumi: That's okay. Are you busy with work?

Daisuke: Yeah, because my section chief suddenly told me to prepare the data for the meeting by tomorrow.

Kumi: Really? That's too bad.

Daisuke: Yeah. I'm still at work. It's probably past 11:00 already, right?

Kumi: Yeah, you should go home.

Daisuke: Right. But I still have a few things that I have to do.

Kumi: Really? Don't push yourself too much.

Daisuke: Yes. I'm really tired, but I'll do my best.

Kumi: Can we meet tomorrow night? Shall we go eat something good somewhere?

Daisuke: Well... I don't know yet. But I'll call you if it looks like I'll be able to leave work early.

Kumi: But I don't have a cell phone now...

Daisuke: Oh, right. Well then, give me a call around 5:00.

Kumi: OK, got it. I'll give you a call around then.

Daisuke: OK. I'll talk to you tomorrow.

Kumi: Yeah. Good luck with work!

Daisuke: Thanks!

## Grammar notes

**❶ ～なければ{いけない／ならない}；～なくては{いけない／ならない}**

1. All citizens have to pay taxes.
2. What you insert within this ( ) must be a particle.
3. I've got something I need to look up, so I'm going to the library.
4. I've gotta run to the post office, so wait here for a sec.
5. This morning I overslept and ended up being late for class, so I've gotta wake up earlier tomorrow.

**❷ ～など**

1. When it comes to (lit. among) Japanese food, I like sushi and tempura, etc.
2. This semester I'm taking Japanese (language) history and Asian history (and some other classes).
3. I'm thinking of going to Italy and Greece (and other places around there) over summer vacation.
4. Kanji like 生 and 日 have a lot of different readings and it's hard to memorize (all of them).
5. In Japanese, there are various honorific expressions,

like *irasshaimasu* and *meshiagarimasu*.

### ❸ 〜は〜の一つだ

1. Learning kanji is one of the most important things in studying Japanese.
2. It is said that Arabic is one of the hardest languages to learn.
3. Reading is one of my favorite things.
4. Mozart is one of the most popular composers.

### ❹ Noun にとって

1. Who is the person that's most important to you?
2. One place that I'll never forget is the café where I first met my girlfriend.
3. My cat is the most important thing in the world to me, but for my cat it seems like the most important thing in the world is food.
4. Despite losing his hearing, which is the most important thing for a composer's work, Beethoven wrote his famous Ninth Symphony.

### ❺ Noun の代わりに

1. Please write in pencil rather than pen.
2. My mother was ill, so I made the dinner instead.
3. If you want to make friends with young Japanese, you should use casual speech instead of the *desu/masu* form.
4. Recently, many people have begun using cards in place of cash in Japan, too.

### ❻ 〜ため（に）　【purpose】

1. To maintain my health, I make a habit of taking the stairs instead of the elevator.
2. I'm thinking of buying a JR Pass so that I can travel around Japan cheaply.
3. This is a site created to help people practice their *keigo*.
4. I want to work at a Japanese company in the future. To do that, I have to get better at Japanese.

### ❼ 〜ため（に）　【reason; cause】

1. Because my computer was broken, I wasn't able to write the report.
2. I'm busy with my studies, so I don't have time to see my friends.
3. Because Tom is good at Japanese, sometimes people ask him to interpret for them.
4. There hasn't been much snow this year. Because of that, we can't go skiing.

### ❽ AかBか

1. I haven't decided yet whether I'm going to go from Tokyo to Kyushu by bullet train or by plane.
2. I'll either e-mail you or call you sometime this week, so please be waiting for that.
3. Do you remember if (the food at) that restaurant was good or bad?
4. Cell phones these days are so complicated that it's hard to say whether or not they are really useful.
5. I drink juice or water every morning.

### ❾ 〜{でしょ（う）/だろ（う）}

1. Tom, you studied hard last night, so I guess your Japanese test today was easy.
2. Don't you think this cake is great? I bought it at a famous shop. It was expensive.
3. You saw that movie, Mr. Tanaka? I saw it last week, too. Wasn't it great?
4. A: You're going with me to the concert tomorrow, right?
   B: I told you that I've already got plans, so I can't go. Did you forget?

### ❿ Noun が見られる

1. You can see changes recently in the way young people are using language.
2. One can observe cultural differences in the way people greet each other, too.
3. This is a mistake you often see in first-year students' work.

### ⓫ Verb ようになる

1. Since I started going to the gym, I've begun waking up early each morning.
2. Since I made a Japanese friend, my speaking skills have improved.
3. If you use this Japanese practice site, I think you'll have a much better understanding of grammar.
4. Since my father got sick, he's stopped drinking.
5. When he was a baby he used to cry a lot, but since he turned four he doesn't cry so much any more.

### ⓬ また（〜も）

1. Shikoku was really nice, so I think I'd like to go there again.
2. I overslept again, and again I was late for class.
3. You can buy this dictionary at the university bookstore. You can also borrow it from the library.
4. Tomatoes are delicious and can be used in lots of different dishes. What's more, they're good for you, too.

### ⓭ 〜必要{がある/はない}

1. You have to get a passport before you travel overseas.
2. If you live in the dorms, you can eat at the cafeteria, so you don't need to cook on your own.
3. In my country, people don't need a visa to travel to Japan.

### ⓮ 〜場合（は/には）

1. In case we don't find the dog tomorrow, let's go look for it at the pet rescue center.
2. If you ever come to Tokyo, let me know. I'll come and see you.
3. If it's too difficult to do alone, it's all right to work on your homework with your classmates.
4. In the event of rain there will be no tennis match. In that case, you'll be able to use your tickets for the next match.
5. In the event of a fire or an earthquake, please refrain from using the elevator.

### ⓯ A{では/じゃ}なく（て）B

1. What I'm taking is Japanese, not Chinese.
2. You need to say "*Shitsurei shimasu*" to a teacher, not

"*Jā, mata.*"

3. This is a book about the US, but it's written in Spanish, not English.
4. A: Is this the room for the Japanese class?
   B: No, it's not here; it's over there.
5. A: Do Japanese people use *keigo* when they speak to their parents, too?
   B: No, they use casual speech, not *keigo*.

⑯ {何／いく}＋Counter＋か

1. I hear that there were a few people who didn't come to class today because of the snow.
2. I bought a few T-shirts as souvenirs.
3. If you need a place to park, there's space for a few cars in front of my house, so feel free to park there.
4. Someone gave me a few delicious Japanese tangerines.

# Lesson 3

## Reading

### ■ People and Robots

Japan is famous for its advanced robot technology. If you visit a robot event site, you can see robots that draw portraits, robots that take orders and serve drinks, robots that can walk on ceilings and walls like spiders, and robots that perform surgery, among others. There are also many robots that are already actually playing an active role in society, doing various jobs in place of humans, such as house-sitting, carrying heavy objects, and making cars in factories. Furthermore, in addition to robots that work, there are also robots that are (lit. were) made to live together with people. Let's read stories about people who are living with robots.

**My interesting family member**

Right now I am living in a "care home" where elderly people reside. Together with friends of a similar age, we are living like a family. Where I live, there is one rather interesting family member named "Paro." When I say rather interesting, it's because Paro is actually not a human but a robot. Paro is a seal-shaped robot with white fur on his body; he's very pretty and feels good to the touch.

Moreover, because Paro moves his hands, feet, and neck and makes very cute sounds when you touch or praise him, there are always many people gathered around him. I am allergic to animals, so I've never owned a dog or a cat, but with Paro, it's OK to touch him. Oh, but Paro is an important member of our family, so we don't think of him as a robot. I heard that Paro appears in the Guinness Book (of World Records) as the world's most therapeutic robot. A member of our family is in the Guinness Book! Don't you think that's amazing?

**My dog**

I love dogs. But, when I was a child, my family lived in an apartment house and I couldn't own a dog. This is because there was a rule that you weren't allowed

to have animals there. Time after time, I annoyed my parents, saying, "I want a dog!" and crying. When I passed my high school entrance exams, my parents said, "Congratulations, we've bought you the dog you wanted since you were a child," and gave me a celebratory gift. Inside there was a dog-shaped robot called an AIBO. The AIBO was the first pet robot to be produced in the world. While at first I was disappointed that it wasn't a real dog, I immediately grew fond of the AIBO.

At first, the AIBO couldn't do anything except stand, but soon he started to walk and continued to learn many different things. First of all, he learned (and remembered) the name I gave him, "Pochi," and my parents' and my faces. After that, he started to stand up and walk around and he came to understand what I said. Every day when I came home from school, I talked and played with Pochi. It seems that when I wasn't home, Pochi was playing with a ball or sleeping in my room by himself. Even when the time came for me to enter university and leave home, I thought that if I was with Pochi I wouldn't be lonely, so I brought him with me. Three years ago Pochi stopped moving, but he is with me even now. I heard that AIBOs are no longer being made, which is unfortunate, but I think that in the future more pet robots of all kinds will be born and will entertain people.

Paro and the AIBO are pet-like robots that can live with you, but, besides those, human-like robots are being made that can do various things like walk dogs, dance, and play musical instruments. In addition, it is said that although they are not in human form yet there are robots that can think and learn on their own. In the near future, the day may come when we will live together with human-shaped robots, laughing, watching TV, eating meals, and talking like we do with our friends. Of course, it would be perfect if those robots could clean and do laundry for us, too.

## Dialogs

### ▶ Making requests/Expressing gratitude

**Dialog 1: *Sean Smith's home-stay host family's older sister is asking him to check her English.***

Older sister: Hey, Sean, I've got a favor to ask you.

Sean: Oh, O-nē-san, what is it?

Older sister: I wrote a report for my English class. Can you look at this part for me?

Sean: Sure. You're always teaching me Japanese, after all…

Older sister: Thank you. If the grammar's wrong, could you fix it?

Sean: Yes, got it. It's a report about Japanese cars, right?

Older sister: Yes. Oh, and I don't quite know what to say for things like "hybrid car" or "eco car" in English, either. Could you check that, too?

Sean: Ah, Japanese *katakana* words are difficult, aren't they? I'm also bad at them.

Older sister: Oh, really? But a lot of them are English words.

Sean: But the pronunciation of *katakana* words is completely different from their English pronunciation. So, even though a word originally came from English, there are often times when I have no idea what it means. Actually, *katakana* words are very difficult for foreigners, for example, words that are shortened, like *ensuto* (stalled engine).

Older sister: Huh, really? I didn't know that.

Sean: So, looking at your report helps me, too.

Older sister: Really? It's a big help for me. Please (will you do it?).

Sean: Sure.

Older sister: By the way, Sean, your Japanese has gotten really good lately.

Sean: Is that so? I wonder if it's because I've been trying to think in Japanese instead of English.

Older sister: That's great. I've got to work hard, too.

**Dialog 2:** *After class, Sean Smith goes to speak to his teacher about his presentation topic.*

Smith: Do you have a moment, Professor?

Teacher: Ah, Mr. Smith, what is it?

Smith: Well, I've decided on a topic for my next presentation, but…(I'd like to discuss it with you.)

Teacher: Oh, I see. What sort of topic are you considering?

Smith: Japanese *katakana* words. The other day when I read my host family's older sister's report, there were a lot of words I didn't quite understand, like *handoru* (steering wheel), *bakku mira* (rear-view mirror) and *kānabi* (car navigation system). So then, I thought I would try to research what kind of words become *katakana*…(and that's how I chose it.)

Teacher: That sounds interesting. There are many words from English that became Japanese *katakana* words. In addition, there are also many English words or phrases that were coined in Japan, so why don't you look into that? Words like "American coffee" or "paper driver," for example…

Smith: I know what "American coffee" means, but what does "paper driver" mean?

Teacher: That is what you call someone who has a driver's license but doesn't drive a car at all. It means something like "a driver only on paper."

Smith: I see. That's interesting.

Teacher: When you do research, you should make a point of asking people from different generations as much as possible, because the way people say things sometimes varies depending on their generation.

Smith: Yes, I will do that. Thank you very much for all your advice.

**Dialog 3:** *Sean Smith is asking his friend Tanaka to help him read an article.*

Sean: Tanaka, do you have a moment?

Tanaka: Sure, what?

Sean: Um, sorry, but can you help me read this article?

Tanaka: Sure. Which one?

Sean: This one. I'm reading it for a presentation for class, but there are too many words I don't know, and I can't read it. I was going to look them up in the dictionary, but I don't know how to read the kanji (…so I couldn't look them up).

Tanaka: This is an Internet article. Well, why don't you use a site like Popjisyo.com or Rikai.com?

Sean: What's Popjisyo.com?

Tanaka: It's a really convenient site. When you hold your cursor over a word you don't know, it tells you all the meanings of the word. You'll be surprised when you see it. I'm using it when I read English, but there's also a Japanese to English version, so you should be able to figure out how to read the kanji, too. Shall we try it together?

*(The two read the article using Popjisyo.com.)*

Sean: It's true. This is amazing. With this, I'll be able to read any news. Thanks for showing me such a good website.

## Grammar notes

**❶ ～他に(も)；～他(に)は**

1. Are there any other students in this class who can speak Korean besides Kim-san?
2. In Japanese, in addition to casual speech there's also *keigo*, so (learning Japanese is) pretty hard.
3. Besides studying Japanese, I'd also like to travel around while I'm in Japan.
4. I took a college course over summer break. In addition to that, I also worked part-time and went to Japan.
5. I had a lot of homework this weekend, so I wasn't able to do anything besides study.
6. Aside from going to class, I don't have any plans today.

**❷ (～と)同じ{ぐらい/くらい}**

1. The apartment I'm living in right now is about as big as this room.
2. The apartment I'm moving to is about the same size as this room.
3. Prices in Tokyo are about as high as they are in New York.
4. That robot can ride a bike about as well as a human can.
5. I think Tanaka-kun is about the same age as we are.

**❸ Noun +型**

1. *Doraemon* is actually a cat-style robot. Did you know that?
2. My dad has a 1950 (model) classic Cadillac.
3. My blood type is A, but my mother's is AB, my father's is O, and my little brother's is B.
4. I hear that they don't have a vaccine for the new strain of influenza yet.

**❹ それに**

1. When I first started studying Japanese, I had to

memorize *hiragana*, *katakana*, and then kanji, so it was really hard.  I'm glad I didn't give up, though.

2. I'd like a steak, a salad, and some rice as well, please.
3. This apartment is light and spacious. On top of that, it's close to school.
4. That part-time work isn't hard and, what's more, the pay is good.

### ❺ 〜（の）なら
1. If you're going to drive, you can't drink.
2. If you like her, why don't you just ask her if she'll go out with you?
3. Why don't you put on a sweater if you're cold?
4. You can't use a check, but you can use a credit card.
5. A: Could you call me at 2 o'clock?
   B: I'm sorry; 2 o'clock won't work for me.  I could phone at 3, though.
6. If you're going to Japan, you'd better get a JR Pass beforehand.

### ❻ 〜として
1. Himeji Castle is known as one of the most beautiful castles in Japan.
2. Not only can you use this cell phone to make calls, you can also use it as a camera.
3. Next week, I'm participating in a speech contest as the representative from my school.
4. My friend works in France as a fashion model.

### ❼ Verb-non-past ことになっている
1. It's against the rule to have pets in my apartment building.
2. We're supposed to let the teacher know if we're going to miss a class, but I forgot.
3. At my house, the rule is that you wash your own plate after a meal.

### ❽ 〜をしている；〜をした Noun
1. Elephants have long trunks. In addition, they have big ears.
2. This opera singer has a really pretty voice, don't you think?
3. French bulldogs have short legs.  They also have funny faces.
4. I hear that there is a robot that is shaped like a snake and can swim.

### ❾ 〜てくる；〜ていく
〜てくる
1. It's gotten a little warmer recently.
2. After using it for a week or so, I'm getting used to the new textbook.
3. With the development of technology, life has become very convenient.
4. Because this area is in the north, in the summer it starts to get light here before 4:00 a.m.
〜ていく
1. It'll get even warmer from this time on.
2. If you practice, you'll get even better at speaking. Good luck!
3. Golden retrievers are big dogs, so he'll grow even bigger.

4. Robots will likely become even more helpful in people's lives (as time passes).

### ❿ Verb-non-past ことになった
1. It's been decided that I'll be working in the Japanese office, so I'll be moving to Japan.
2. In an effort to improve the environment, it's been decided that as of next month we'll begin a recycling campaign.
3. It's turned out that I'm going to receive a scholarship, so I'll be attending graduate school.

### ⓫ 〜ように｛頼む／言う｝
1. My parents always tell me to come home early.
2. When we had the party, the people next door came over and told us to be quiet.
3. I'm sick and can't go to class, so I asked a friend to turn in my homework for me.
4. Shall we ask the waiter to bring us the dessert menu?

### ⓬ 〜て｛くれる／くれない／もらえる／もらえない｝？ 📖
1. This is the first cake I've ever made. Will you try a bit (and tell me if it's alright)?
2. Could you grab that book for me?
3. I'm studying right now, so could you be a little bit quieter?
4. If you have time, could you come and get me at the airport tomorrow?

### ⓭ Verb-non-past ようにする
1. I'm sorry I was late for class today, Professor.  I'll try my best to leave home earlier from now on.
2. I'm trying to learn five new kanji before going to bed every night.
3. For the sake of the environment, please try to recycle paper.
4. Since they're good for you, I'm making an effort to eat lots of vegetables and fruit.
5. It's bad for you, so you should try not to smoke.

### ⓮ 〜かな（あ）📖
1. I wonder what I should do for spring break?
2. This apartment seems nice, but I wonder if it's a bit too expensive.
3. I wonder how my host mom in Hokkaido is.  I'll give her a call tonight.
4. This doesn't look like the Japanese restaurant I came to with Sato-san last year, but I'm not sure.

### ⓯ なるべく
1. It's a good idea to speak as much Japanese as possible outside your Japanese class as well.
2. Do your best to use as many kanji as possible when writing your essays.
3. I'm on a diet, so I'm trying to eat as few sweets as I can.
4. Try to read this article using your dictionary as little as possible.

### ⓰ 〜ようとした｛が／けれど／ら｝
1. I tried to make a cake, but there weren't any eggs, so I couldn't.
2. I was going to do my homework, but my friend came over, so I decide not to (do it).

3. Just as I was about to get on the train, the doors closed in my face.
4. When I was about to leave the house, it started to rain.

## Lesson 4

### Reading

#### ■ The Spirit You Learn through Sports

Present-day Japanese people enjoy many different sports, such as baseball, soccer, golf, and skiing. Not only young people but (people of all ages) from children to the elderly enjoy sports, and there are all types of sports, such as ocean, mountain, summer and winter sports, one-person sports, team sports, and sports for health. On television, as well, a variety of sports programs can also be viewed almost every day, but particularly popular (lit. representative) are baseball, soccer, golf, tennis, and sumo wrestling. You can view in real time not only games within Japan but also games such as America's MLB (professional major-league baseball), where Japanese baseball players play; the soccer World Cup; and the Olympics. Watching sports is very popular.

In Japan, while winning at sports matches is thought to be important, maturing as a person by playing sports is thought to be almost as important. For example, in Japan's national sport, sumo wrestling, after a sumo wrestler defeats an opponent, it is frowned upon if he smiles or raises his fist in triumph inside the ring. Therefore, whether a sumo wrestler wants to shout for joy at winning or is frustrated at losing, he rarely expresses that feeling while he is in the ring or talks glibly about it in interviews after a match. Of course, laughing at or making mocking gestures toward an opponent is absolutely forbidden.

In judo, kendo, karate, aikido, and other martial arts that have existed for centuries in Japan, the concept of "beginning and ending with a bow" is the first to be taught as important. Even though martial arts have come to be enjoyed as sports throughout the world, this way of thinking has not changed. For example, before martial arts learners enter the training hall, they bow first toward the hall. Then, before they begin practice, they bow toward their teacher. When they practice with a partner, they begin after bowing to each other, and bow again when they are finished. And, they also must bow when they leave the hall. This bowing is not done just as a greeting but also has the meaning of expressing respect and feelings of gratitude toward your opponent. Because of this, some parents send their children to martial arts training schools so that they grow up to be courteous human beings.

In Japanese sports, the idea of *shin-gi-tai* (spirit, technique, and physical strength) is very important as well. *Shin* (spirit) means emotional strength, *gi* (technique) means athletic technique and ability, and *tai* (physical strength) means physical endurance; it is thought that no matter what the sport, without these three things, a person won't become skilled. Besides the meaning "powerful emotional strength," *shin* also means the "human spirit" that all of us must have as human beings. One baseball player who played professional baseball in Japan for nine years and is now active in American Major League Baseball said in an interview that he is surprised whenever he sees a batter breaking his bat after being struck out or a pitcher throwing his glove at his locker after (a batter) hit his pitch. He said that when he thinks about the people who made those bats and gloves, there is no way he could do something like that. He said that after a game or a practice ends the first thing he does is care for the bats, gloves, and spikes that he's just used. To him, it's not only playing baseball that's important, but probably it's also all the things and people behind him that allow him to play that are important. Additionally, in Japanese professional baseball when a batter is hit by a pitch, the pitcher removes his hat and apologizes to the batter. We could say that this is another example of the importance of "spirit."

When training young players, judo's Yamashita Yasuhiro, winner of a gold medal in the 1984 Los Angeles Olympics, is said to say something like this: "When riding on a bus or train, if an elderly person or a woman holding a baby gets on, you immediately stand up and give them your seat; if someone is carrying a heavy object, you carry it for him; if someone is in trouble, you help him without hesitation. Using what you have learned through judo in this way is the spirit of judo." Yamashita calls this way of thinking "the spirit of judo," but in fact we could say his words express in easy-to-understand terms a general way of thinking about Japanese sports. For Japanese people, the important part of sports is not only winning matches or becoming healthy, but also learning how to think about etiquette and spirit.

### Dialogs

#### ▶ Talking things over

**Dialog 1:** *Miller (male) is talking with his friend Takahashi (male) at the university.*

Miller: Takahashi, I have something I'd like to talk over with you.

Takahashi: Huh? What do you want to talk about?

Miller: Actually, it's about club activities. I'm thinking about joining the karate club; what do you think?

Takahashi: Hmm, let's see... It's a Japanese sport, so I think it's good.

Miller: Yeah. But, I've heard that in Japanese school clubs, the superior-subordinate relationship between seniors and juniors is strict, so I'm a little worried about that...

Takahashi: Yeah. That might be true. But, in the case of karate, I think the relationship between junior and senior students is strict no matter what training school you go to.

Miller: I see...

Takahashi: When you go back to America, you won't be able to do karate often, so why don't you have the experience while you're still in Japan?

Miller: You're right. Well then, I guess I'll try joining.

Takahashi: Yeah. I think it's a good idea. Good luck!

Miller: Thanks.

**Dialog 2:** *Miller comes to the training hall of the karate club and asks the manager, Kimura, for permission to join the club.*

Miller: Excuse me, do you have a moment?

Kimura: Yes, what is it?

Miller: Um, I'm Miller, an international student, and I'm here because I want to join the karate club.

Kimura: Oh, you want to be a new member? I'm Kimura, the manager of the karate club. Nice to meet you. Right now our captain is in the middle of practice, so can you please wait here for a little bit?

Miller: Yes, certainly.

*(During a break in practice)*

Captain: Hey, sorry to keep you waiting. I'm the captain, Yamada.

Miller: My name is Miller. Pleased to meet you.

Captain: Same here. So, you want to do karate?

Miller: Yes. By all means.

Captain: This club is different from recreational clubs, you know. We have practice every day. Are you OK with that?

Miller: Yes, of course. Please let me do it!

Captain: OK, got it. Well, then, ask the manager, Kimura, about the details first.

Miller: Sure.

Captain: When do you think you can start coming to practice?

Miller: From tomorrow on is OK. Also, if possible, may I please watch practice today?

Captain: Oh, that's fine. Watch from over there. After practice, I'll introduce you to the other members.

Miller: Thank you very much.

**Dialog 3:** *Miller speaks with club member Sato after viewing the karate club's practice.*

Miller: Mr. Sato, may I ask you a question?

Sato: Sure. Please ask anything.

Miller: How long have you been doing karate?

Sato: Actually, I just started learning it, too. I started when I entered the university, so it's only been about half a year. That's why I'm still a white belt.

Miller: White belt? Oh, Captain Yamada's belt is black, isn't it?

Sato: Yes, the color of your belt varies depending on your skill. White is the lowest level and black is the highest level. People with black belts move swiftly. They're really amazing.

Miller: I see. So then I am also starting with a white

belt. Why did you begin doing karate?

Sato: Let's see. I actually wanted to join the kendo club, but kendo equipment costs money, so I went with karate, which I can enjoy without equipment.

Miller: Oh, so that's how it was. Is the relationship strict between seniors and juniors here?

Sato: Yes. But the seniors are all good people, so you don't have to worry. After practice, we go together for meals or drinks.

Miller: Really? That sounds fun.

Sato: Yes, it's really fun. Why did you think of doing karate, Mr. Miller?

Miller: I wanted to experience Japanese sports while I am studying here in Japan.

Sato: Ah, really? That's good.

Miller: Well then, Mr. Sato, I look forward to seeing you starting tomorrow.

Sato: Same here. Let's try our best together.

## Grammar notes

**❶ 毎～のように**

1. I like movies, so I go to see one almost every week.
2. When I was a child, we went to the ocean almost every year during summer break.
3. My computer freezes almost every time I access this website.

**❷ Sentence と {考えられている／思われている}**

1. In general, the Japanese are considered to be polite.
2. People think of Japanese food as being healthy, but in fact there are many dishes, like *tempura* and *tonkatsu*, that use lots of oil and are high in calories.
3. It is thought that in the future humans may be able to live even in outer space.

**③ ～など（は）／～なんて**

1. I had no idea there was a quiz (or anything) today.
2. I've never heard of such a thing as a Japanese person who doesn't like sushi.
3. (Stuff like) Rollerblading is easy. I think skating is harder.
4. Words like *sugoi* and *kawaii* are expressions young people use a lot.
5. Who in the world said that such awful food tastes good?

**❹ まず**

1. When I get up in the morning the first thing I do is drink some coffee.
2. The first thing I do when I get home is wash my hands and gargle.
3. Today we'll be making miso soup. First of all, please prepare the following ingredients.

**⑤ Verb-*masu* 合う**

1. Please talk about this problem in your group.
2. When there's a big disaster, it's important for everyone to help each other.
3. When I was in high school, my friends and I used to take pictures of each other and show them to each

other for fun.

### ❻ Verb-non-past ように
1. I practice every day so that I'll become good at Japanese.
2. The teacher explained using simple words so that her students could understand.
3. Please speak loudly so that everyone can hear you.
4. I'll set my alarm clock so that I don't oversleep.
5. If you want to work in Japan, you should practice your Japanese harder so that you can get a job at a Japanese company.

### ❼ ある Noun
1. Suddenly one day, I was able to understand the everyday Japanese that Japanese people speak.
2. A few years ago, I met a celebrity in New York.
3. Once upon a time, in a far away land, there lived an old man and an old woman.

### ❽ Sentence{の/ん}{ではないだろうか/ではないでしょうか/じゃないかな}
1. I think that global warming will become an even bigger problem in the future, don't you?
2. There're quizzes and tests every day in that class, so I would guess that it's pretty tough.
3. This apartment's big enough that two people could probably live in it, I think…

### ❾ ～ず（に）
1. I want to get to the point where I can read the newspaper without using a dictionary.
2. I wrote this composition by hand; I didn't use a computer.
3. Please use a pencil, not a pen, for this test.
4. I made the decision to study abroad without consulting with my parents.

### ❿ {そう/こう/ああ}いう Noun
1. The Japanese are polite and kind. I often hear that.
2. Something interesting and invigorating—that's the kind of book I'm looking for.
3. I hear that three baby pandas were born at the zoo. This kind of news makes me happy.
4. Tom: The *sempai/kohai* relationship in Japanese sports clubs is interesting, isn't it?
   Yamada: Yeah, I guess you don't see that kind of relationship much in other countries.

### ⓫ Sentence と言える{だろう/でしょう}
1. It would be safe to say that Nara is one of Japan's most historic towns.
2. It'd probably be safe to say that the number of foreigners studying Japanese has been increasing.
3. One could say that we've entered an era where it's hard to live without computers.

### ⓬ X は Y（という）ことなの{である/だ}
1. To learn a foreign language is to learn another country's culture.
2. I wonder if money can truly make a person happy. (lit. I wonder if becoming rich leads a person to become happy.)

3. She gave you chocolate on Valentine's Day; that means she likes you.

### ⓭ ～ん{だけど/ですが}
1. I'd like to take the bullet train to Osaka. How much would that cost?
2. Professor, I don't really understand this grammar… (Could you explain it to me?)
3. I want to send my friend a present for her birthday. What do you think is good?
4. I like to watch baseball. What sports do you like, Tom?
5. This movie looks interesting. Do you want to go see it with me?

### ⓮ それで
1. I had two tests today, so I couldn't go to the concert yesterday.
2. I loved anime when I was a kid, and that was what made me think of studying Japanese.
3. It was cold yesterday and the weather was really bad. Because of that, not many people came to see the game.
4. A: Spring break starts tomorrow.
   B: Oh, so that's why everyone looks so cheerful.

### ⓯ Question Word ～ても
1. No matter where in the world you go, you can always eat McDonald's.
2. No matter how many times I memorize this kanji, I forget it immediately.
3. He's really good at guitar—name a tune and he can play it.
4. No matter how bad you feel about losing a match, you mustn't cry.
5. No matter how hard I think about this problem, I can't figure out the answer.

### ⓰ ～うちに
1. I want to travel around the country while I'm in Japan.
2. Please eat it while it's still hot.
3. You should take the dog for a walk before it gets (too) hot out.
4. I hear that if you study a foreign language while you're still a child, your pronunciation is better.
5. My parents have decided to take a trip abroad while they're still feeling up to it.

### ⓱ できれば；できたら
1. If possible I want to become a doctor, but the tuition is high, so it might be difficult.
2. Mr. Smith, could you possibly edit the English here? It'd really help me out.
3. If possible, it'd help if you could return the book I lent you last month by tomorrow.
4. I'll bake the cake. Yamashita-san, if possible, could you bring some fruit?

### ⓲ ～たばかり
1. I just ate, and I'm so full that I really can't eat another bite.
2. This building has just been built, so everything

(inside) is new and very clean.

3. Just after I arrived in Japan, I had trouble because I didn't understand Japanese customs very well.
4. Last week, there was an orientation for students just starting their first year.

## Lesson 5

### Reading

#### ■ The Story of the Invention of Instant Ramen

Instant ramen: a food widely popular among people throughout the world. According to data from the World Ramen Association, the amount of instant ramen consumed in the entire world in 2008 was 93 billion 600 million servings. The country where the most instant ramen is eaten is China with 45 billion 170 million servings; following that is Indonesia's 13 billion 700 million servings, Japan's 5 billion 100 million servings, the US's 4 billion 320 million servings, Vietnam's 3 billion 910 million servings, and South Korea's 3 billion 340 million servings. The country with the greatest consumption amount per capita is South Korea, with one South Korean eating approximately 69 servings of instant ramen per year. In Japan, one person eats about 40 servings of instant ramen per year.

Instant ramen comes in either packages or cups, but cup ramen is eaten in greater volume. You must have eaten cup ramen at least once before. Cup ramen, which can be eaten after pouring hot water into the cup and waiting three minutes, is particularly popular among young people because of its low price, ease of preparation and number of varieties—one hears that there are some Japanese students living by themselves who rely on (lit. are indebted to) cup ramen almost every day.

Cup ramen is currently eaten in over 80 countries throughout the world, from Southeast Asia to South America, Europe, and Africa, but did you know it was first made in Japan? Cup ramen was invented over 30 years ago by a person called Ando Momofuku. The first cup ramen Ando made was (lit. is) called "Cup Noodle."

Ando is also the first person in the world to come up with the idea of instant ramen in a pouch, which was thirteen years before he invented Cup Noodle, so he is called "the father of ramen." After seeing people making long lines in front of ramen stalls after the war when people didn't have much to eat, it is said that Ando, who was born in 1910, thought that he wanted to make ramen which could be eaten at home just using hot water. He failed countless times, but at the age of 48 he finally succeeded in commercializing an instant ramen in a pouch called "Chikin Ramen," and it became a big hit. But, because other companies, after seeing Ando's success, began to make instant ramen as well, within about two years the number of companies making instant ramen had greatly increased and the competition had become intense. Because of this, Ando switched his focus (lit. turned his eyes) from Japan to the world.

Ando, who believed "deliciousness knows no national borders," thought that instant ramen would surely become an international product. However, as cultures vary, so do eating habits. For example, Japanese people eat ramen with chopsticks, but some people live in countries where chopsticks are not used. Ando, who thought that he couldn't market outside Japan (lit. go beyond the border) without understanding differences in culture, traditions, and customs, went to the United States in 1966 to look for hints on how to spread instant ramen throughout the world. He created cup ramen five years later, based on a hint he had gained on this trip.

Well then, let's read the continuation of the story in manga form as to how cup ramen was born.

### *Manga* section

#### ■ Cup Noodle

If you pour hot water into the cup and wait three minutes, delicious ramen with meat, vegetables, and egg will be ready! In September 1971, Japanese consumers were surprised by the appearance of Cup Noodle. Who invented Cup Noodle, the original cup ramen, which is eaten around the world today? How was the instant ramen (that was invented) before Cup Noodle born? Here begins the story of the birth of Cup Noodle…

*(p.106, right-hand side)*
*(Frame 1)*
*Man:* "Cup ramen sure is convenient."
*Man:* "What an amazing inventor! I wonder who it was."

*(Frame 2)*
*Cup Noodle:* "My father was a person named Ando Momofuku."

*(Frame 3)*
*Caption:* Osaka just after the war

*(Frame 4)*
*Caption:* Ando had succeeded in business and become very wealthy.

*(p.106, left-hand side)*
*(Frame 5)*
*Caption:* But, he was deceived by a very bad person and lost all his money.
*Ando:* "All that's left is my house."

*(Frame 6)*
*Ando:* "No need to be disappointed. I'm just back again to the poor lifestyle I experienced after the war."

*(Frame 7)*
*Ando:* "That scene from just after the war…"

*(Frame 8)*
*Ando:* "Everyone used to eat ramen from street stalls."

*(Frame 9)*
*Ando:* "I wonder if there's a way to make ramen easily at home. I wonder if I could make something that could be eaten right away, that's cheap, keeps well, and is convenient."

*(Frame 10)*
Ando:    "What if I tried drying the noodles? I wonder what kinds of methods there are."

*(Frame 11)*
Wife:    "Here's dinner."
Son:    "Yay!"
Ando:    "Isn't there a good method, I wonder?"

*(Frame 12)*
Ando:    "Oh, tempura?"

*(Frame 13)*
Ando:    "That's it! This method!"

**(p.107, right-hand side)**
*(Frame 14)*
Ando:    "I can deep fry the noodles with oil. Yes! I made it!"

*(Frame 15)*
Ando:    "I'll deep fry the noodles in oil and make them round."

*(Frame 16)*
Ando:    "Just as I thought, the soup should be chicken flavored."
Ando:    "Besides, my kid doesn't like chicken, so if possible I'd like to make it so that he can eat chicken."

*(Frame 17)*
Ando:    "It seems that if the noodles are wavy, they are not easily broken."

*(Frame 18)*
Caption: On August 25th, 1958, Ando succeeded in commercializing the world's first instant ramen.
Caption: He named it Chicken Ramen, and he decided on Nisshin Foods for the name of his company.

**(p.107, left-hand side)**
*(Frame 19)*
Caption: Because it was cheap, delicious, and quick to make, Nisshin's Chicken Ramen became a huge hit!
Caption: An early TV commercial [Lysine added; Nisshin Chicken Ramen]

*(Frame 20)*
Caption: But, other companies began to make and sell instant ramen as well. Over 100 companies competed to sell chicken ramen.

*(Frame 21)*
Caption: However, the taste and quality of most of the ramen was bad. Because of that, people had the image that instant ramen was bad for you and Nisshin Foods also suffered great damage.

*(Frame 22)*
Caption: Also, Nisshin Foods' ramen was a hit in the Kansai region, but in the Kanto region, other companies' ramen sold better.

*(Frame 23)*
Caption: In 1966, Ando had the idea of selling instant

ramen in the US and decided to visit there.

*(Frame 24)*
Ando:    "America is the country of fast food. I bet I'll be able to get some kind of new idea."

**(p.108, right-hand side)**
*(Frame 25)*
---

*(Frame 26)*
Ando:    "This is Nisshin's instant ramen."
Man (in English): "Noodle?"

*(Frame 27)*
Man (in English): "How should I eat this?"

*(Frame 28)*
Ando:    "Do you have anything like a big bowl here…?"

*(Frame 29)*
---

*(Frame 30)*
---

*(Frame 31)*
Ando:    "!?"

*(Frame 32)*
Ando:    "I've got it!"

**(p.108, left-hand side)**
*(Frame 33)*
Ando:    "I can use a cup! If you use a cup, you can cook the noodles in it and it also replaces the bowl. It's Cup Noodle!"
Man:    "It's my noodle…"

*(Frame 34)*
Ando:    "But, a cup has no lid."
Ando:    "I wonder what I could make the lid out of."

*(Frame 35)*
Flight attendant:    "Here are some macadamia nuts."

*(Frame 36)*
Ando:    "!?"

*(Frame 37)*
Ando:    "This is it!"
Ando:    "I can make a lid from this aluminum foil!"

*(Frame 38)*
Ando:    "What should we make the cup out of?"
Men:    "What about plastic? Glass is better! How about pottery?"

*(Frame 39)*
Ando:    "Bamboo's no good and neither is paper."

**(p.109, right-hand side)**
*(Frame 40)*
Caption: A fish dealer

*(Frame 41)*
Ando:    "What's this?"

*(Frame 42)*
Ando: "That's it! Styrofoam!"

*(Frame 43)*
Ando: "Now, the container has been decided, but the chicken ramen doesn't taste good in it. I wonder why."

*(Frame 44)*
Ando: "Let's make it so the hot water can enter both above and below the noodles, surrounding them with hot water."

*(Frame 45)*
Ando: "I wonder how thick the noodles should be."
Caption: Ando failed repeatedly.

**(p.109, left-hand side)**
*(Frame 46)*
Ando: "Let's put food with appetizing colors together with the ramen."
Ando: "Red from shrimp, yellow from eggs, green from scallions and brown from meat."
Ando: "Let's freeze-dry them."

*(Frame 47)*
Caption: Then, five years later, in September 1971, Cup Noodle, the world's first snack noodle, made its debut at last!
Captions:
aluminum cap
The cooking time is 3 minutes!
The cup design is still the same today! But, it doesn't feel outdated at all!

*(Frame 48)*
Caption: In those days, 100 yen for a cup of ramen was a little expensive, but Cup Noodle was a big hit among young people. The catch phrase, "Anytime, anywhere—as long as you have hot water" was also hugely popular. A new food culture spread throughout the nation, and then throughout the world.

*(Frame 49)*
Cup Noodle: "That is the story of how I was born, although it was a little simplified."
Man: "You've exceeded three minutes!"

## Dialogs

### ▶ Explaining things/Stating your thoughts

**Dialog 1:** *Mike is talking about Japanese fast food with his friend Yuta.*
Mike: What's Japanese young people's favorite food?
Yuta: Hmm, well, probably fast food just like America.
Mike: Oh, really? So, things like hamburgers or pizza?
Yuta: Yeah, young people like that kind of thing.
Mike: Huh, so it's the same with Japanese people, too. Are the hamburgers in Japan the same as American ones?
Yuta: They're roughly the same, but there are also menu items that you don't see at American restaurants, like burgers that use shrimp or tofu instead of meat, or rice burgers that use rice in place of a bun.
Mike: Wow, using rice instead of a bun—that's so like Japanese people.
Yuta: Yeah. Unlike America, Japan is the country of rice, after all. Fast food made from rice is also popular.
Mike: Like rice balls?
Yuta: Yeah, rice balls, too, but there are also chain restaurants all over the country for *gyūdon*, like hamburger restaurants.
Mike: What's *gyūdon*?
Yuta: *Gyūdon* is a food with cooked beef, onions, and other stuff on top of rice. A bowl of rice with something laid on top of it is called "*donburimono.*" Japanese people like this style of eating, for example, *tendon* (a bowl of rice topped with deep-fried prawns), *katsudon* (a bowl of rice topped with pork cutlet), and *oyakodon* (a bowl of rice topped with chicken and eggs).
Mike: Wow, really? What other kinds of Japanese style fast food are there?
Yuta: Well, if you go by the keywords "cheap and fast," you could also say that soba, *udon* (thick white noodles), and ramen are Japanese fast foods, I guess.
Mike: That makes sense. I love ramen, so I wish they would open more ramen shops in America, too.

**Dialog 2:** *Tom and Michiko, Tom's friend's older sister from Japan, are talking at the counter of an American sushi restaurant.*
Michiko: It's crowded, isn't it? And on top of that, the customers are almost all American. So, sushi is popular in America, too…
Tom: That's right. Lately, I feel I see the letters SUSHI more often. There are more supermarkets selling packaged sushi, as well.
Michiko: What do you think the reason is for sushi's popularity, Tom?
Tom: Well, first of all the fact that it's delicious and healthy, I guess. Also, another reason for its popularity is probably the fact that if you sit at the counter and order, they'll make the sushi you want right before your eyes.
Michiko: That's true. There aren't many other restaurants where the people making the food prepare it while talking with the customers.
Tom: Yes, it's fun to be able to watch them making it.
Michiko: That's also true for Japanese people.
Tom: Also, I have a feeling that another reason for its popularity is the fact that they have American-style sushi with interesting names, like "dragon roll" or "spider roll."
Michiko: I see. The fact that uniqueness is valued is very American.
Tom: Is sushi expensive in Japan?
Michiko: Before, it was a little expensive, but, since the appearance of *kaitenzushi*, it's become possible

to eat cheap and delicious sushi.

Tom: What? What's *kaitenzushi*?

Michiko: Plates with sushi on them come toward you on a conveyor belt. Then, when the sushi you like comes in front of you, you take it and eat it. *Kaiten* means that something rotates.

Tom: Wow, that sounds so high-tech and interesting. I'd like to try going there to eat. I wonder if they have *kaitenzushi* in America.

Michiko: The other day on TV they were introducing *kaitenzushi* restaurants here in California and New York.

Tom: Really? Well then, sushi might soon become an American fast food, too.

Michiko: Do you think so? Actually, it's said that in Japan in the Edo period, sushi was a fast food.

Tom: Oh, is that so? How interesting!

## Grammar notes

### ① Number + Counter 当たり

1. I worked a part-time job for a month over summer vacation and got 150,000 yen. That comes to 5,000 yen per day.
2. There are ten children. We have thirty tangerines, so how many can each child eat?
3. They say that marathon athletes run at a pace of about 16 seconds per 100 meters. Running for 42.195 kilometers at that speed is pretty amazing, isn't it?

### ② Sentence のは X の方だ

1. Where he/my boyfriend wants to live is Kanto, but Kansai is where I want to live.
2. As to who's taller, it's my little brother, but I'm the one who runs faster.
3. Between *hiragana* and *katakana*, *katakana* is the harder of the two.
4. That restaurant is quiet. But I think this restaurant has better food.

### ❸ Number(+Counter)は; Noun(だけ)は

1. I'm trying to swim at the pool at least once a week.
2. You can't live without a car in this town, so every house has at least one or two.
3. Even if you are busy at work, at least eat lunch, OK?
4. I invited as many as 30 people to the party, so I imagine at least about 10 will come.
5. I'm still not very used to casual speech, but at least I can use it to some extent now.

### ④ Noun をはじめ

1. Japan has four big islands, chief among them, Honshu.
2. In my family, everyone loves spicy food, including my dad.
3. When I was studying in Japan, a lot of people helped me out, starting with my host family.

### ❺ ～以上／～以下

1. I've heard that to be healthy, it's best to get six hours or more of sleep every day.

2. I can't eat any more than this.
3. In the United States, only people 18 or older can see R-rated films.
4. I don't have much money, so I think I'll buy a present for fifty dollars or less.
5. We need five students or more to offer the course. If enrollment is lower, the course will be cancelled.

### ❻ Noun さえ Verb ば

1. As long as I have love, I'm happy.
2. If I could just find a roommate to live with, I could move any time.
3. As long as I have good friends, there's nothing else I want.
4. As long as it doesn't snow, driving isn't scary.
5. You can drink and eat whatever you want as long as you don't drink alcohol.

### ❼ ついに

1. I spent four years studying hard, and now graduation day has finally come. I'm happy, but it's kind of a sweet yet sad feeling.
2. At last, in the summer of 2007, children were able to read the final installment of the Harry Potter series.
3. My older brother gave it his best for years and years, but in the end he gave up on his dream of becoming a pro-football player.
4. The car I'd been driving for such a long time finally stopped running.

### ❽ {Noun/*no*-Adjective} 化(する)

1. It's been decided that that famous novel will be adapted for the screen.
2. This university has many foreign students and internationalization (of the campus) is progressing.
3. The manga "Death Note" has been made into both an anime and a video game.
4. It's not a good idea to make a generalization based on what just one person has said, you know.
5. When you turn English into *katakana*, there are times when you can't even recognize the original word. Words like *tēma* "theme" and *awā* "hour" are examples of this.

### ❾ ところが

1. I went to my professor's office during her office hours, but she wasn't there.
2. The weather forecast said that it would rain today, but we ended up having beautiful weather.
3. I drank lots of coffee, thinking I would stay up all night studying for the test, but I ended up falling asleep immediately.
4. Yamada: How was your trip?
   Tanaka: Well, I went to the airport, suitcase in hand, but my flight was cancelled and I ended up not being able to go.

### ❿ ～に違いない

1. Mr. Smith lived in Japan for ten whole years, so he must be good at Japanese.
2. Those two were always so close; I'm sure they got

married after graduation.

3. There are a lot of college students living in that apartment, so it must be noisy.

4. My younger brother had a lot of friends over yesterday, so I'm sure they were the ones who broke the game.

⑪ **～をもとに（して）**

1. Professor Kato wrote a book based on a thesis he wrote when he was in graduate school.

2. There have been a lot of anime and video games based on Japanese manga.

3. That constitution was created based on the concepts of freedom and independence.

4. This is a novel I wrote based on my elementary school experiences.

⑫ **Noun と｛同じで／違って｝**

1. Like my mother, I'm allergic to shrimp, so I can't eat them.

2. You have to study formulas when you study physics, just like when you study math.

3. Unlike skiing, you slide on a snowboard without using poles.

4. Unlike most countries, you can't vote in Japan until you turn twenty.

⑬ **Noun らしい**

1. Kendo is a sport that represents the essence of Japan.

2. Ms. Tanaka lived in the US for a long time, so she isn't like other Japanese people.

3. Summer this year has been cold day after day; it doesn't feel summery at all.

4. I don't like words like "manly" and "womanly" very much. Shouldn't people live just as they are?

5. Not completing the sentence is a typical Japanese way of talking when there's something that is hard to say.

⑭ **Noun＋的**

1. Kyoto and Nara are traditional towns with many historic buildings.

2. After it was decided that it would host the Olympics, that country has become more cosmopolitan.

3. I don't understand technological things very well, so you should ask someone else.

4. It's generally thought that Japanese is a difficult language to learn, but it's really not.

5. This book is written in a colloquial style, so it's very easy to understand.

⑮ **Sentence たらいいのに（なあ）** 📱

1. I wish it were easier to memorize kanji.

2. I wish the dorm were quieter. It's so noisy that I can't study.

3. I'm so lonely. If only I had a sweetheart…

⑯ **ほとんど**

1. There was a lot of food, but I was hungry, so I ate almost all of it.

2. I was tired yesterday, so I slept almost all day long.

3. The food was good, but I had a stomachache, so I could barely eat anything.

4. It keeps me from sleeping, so I almost never drink coffee.

5. He's famous at this school. Almost everyone knows him.

6. The questions on the test today were almost the same as the ones from the homework.

⑰ **～（ような）気がする**

1. Recently, I've felt like I can speak Japanese better than I could before.

2. I felt like I understood it when I heard the professor's explanation, but, when I went home and reviewed it, I got lost again.

3. I think someone may have just knocked on the door, so could you go check?

4. I get the feeling that this area isn't very safe.

5. I feel like third-year Japanese is easier than second-year.

⑱ **Verb ところ**

1. I'm just about to go to the park to play soccer.

2. I was surprised because my friend showed up just as I was calling her on her cell phone.

3. My friend called just when I had finished studying.

4. You can see the penguins swimming underwater from here.

5. I took a picture of the puppy napping. I could take a very cute picture.

## Lesson 6

**Reading** 1

### ■ Japanese Life and Religion

In Japanese, there's a phrase "Men pray to the gods only when they are in trouble." It means that when there is an agonizing or troublesome situation, people pray very hard, saying, "Gods, Buddha, please help me," but they don't think very much about the gods or the Buddha when they have no problems. Furthermore, there are some people who have both a household Shinto shrine and a Buddhist altar in their homes and pray to both Shinto gods and the Buddha in the morning and evening. (This means that) Shinto and Buddhism coexist in everyday life. When people from monotheistic religions, who believe in one god alone, hear about this, they may wonder how people can deify Shinto gods and the Buddha simultaneously.

When you look at Japanese people's lives, you will probably notice that besides having Shinto shrines and Buddhist altars, they have a variety of other religious customs and events. First of all, on New Year's Day people go to visit shrines or temples and receive good-luck charms and talismans; this is called *hatsumōde*. Then, they put these charms and talismans in their cars or inside their wallets, wishing for bad luck not to happen and for happiness to come. In February, there is an event called *Setsubun,* when people scatter beans while shouting in a loud voice, "Devils out! Fortune it!" This is an event when people pray for good luck to come inside the house and bad luck to go outside. Then, during the equinoctial weeks in spring and autumn and *Obon* (the Festival of the Dead) in August, many people visit graves in order to honor their deceased ancestors.

Besides that, there is an event called *Shichi-go-san* (Seven-five-three), when parents take their children to Shinto shrines—for boys, at the ages of three and five and for girls, at the ages of three and seven. The parents thank the gods that their children have grown up to be healthy and pray to the gods that they continue to grow up in good health in the future, too.

In December, people enjoy Christmas events. Even people who are not followers of Christianity celebrate Christmas, doing things such as decorating Christmas trees or exchanging Christmas presents. Furthermore, when they get married, some people hold their ceremony in a church, while others hold their ceremony in a temple or shrine. Finally, after someone dies, they are usually buried after having a Buddhist funeral.

We wonder why various religions can coexist in Japan like this. We may understand this if we think about Shinto, which has existed in Japan since ancient times. Shinto is a polytheistic religion, and in Japan it has long been believed that there are gods in many different things and places around us, such as the sea, mountains, trees, and stones. There are many stories about those gods in *Nihon Shoki,* an old history book which was written in the year 720 A.D. The gods of these myths are very human-like, doing things like singing and dancing merrily or becoming angry and fighting. There are many shrines devoted to these kinds of gods throughout Japan, and Japanese people visit the shrines of these gods on various occasions.

For example, people go to (the shrine of) the land gods when constructing a house or a building, to (the shrine of) the exam gods when they want to be accepted into a good high school or university, and to (the shrine of) the matchmaking gods when they want a sweetheart. The gods they visit differ depending on their purpose. Recently, it is even said that a god dedicated to IT business, called the "IT God," has appeared.

In this way, Shinto is thought to have formed the Japanese religious consciousness, in which gods exist everywhere, such as in nature, places, and things. Therefore, even though other religions and new gods entered Japan from abroad, that might explain why they were accepted naturally. And, just as Shinto has continued to be alive within people's daily lives, so too have Buddhist events, Christian events, etc., become a part of Japanese people's daily lives.

In a survey on religion, the percentage of people who answered "yes" to the question "Do you devoutly believe in any religion?" was only 9% of all Japanese citizens. If that is so, does that mean 91% of the people do not believe in religion at all? Actually, even though Japanese people do not have any awareness of believing strongly in religion, during everyday life they still value religious customs and events, such as visiting temples and shrines, praying, and celebrating. We could say that this kind of daily life is what forms a society in which religions such as Shinto and Buddhism can coexist.

## Reading 2

### ■ The Japanese Myth "The Rock Door of Heaven"

In Japanese mythology, just as in Greek mythology, many interesting stories remain in which many human-like gods appear and play active roles. Among these, there is a famous story about the goddess called *Amaterasu-ōmikami*. Let's read and see what kind of story it is.

------------

Long ago, in ancient times in Japan there was a sun goddess called *Amaterasu-ōmikami*, who was the highest ranking of all the gods and who ruled over ancient Japan, which was called *Takamagahara. Amaterasu-ōmikami* had a younger brother god named *Susano'o-no-mikoto*, but because *Susano'o* was very violent and did nothing but bad things, the people were very troubled.

One day, *Susano'o* killed *Amaterasu's* lady attendant by mistake. *Amaterasu*, after finding out about this, became angry at her brother's violence and hid herself away inside a rock (cave) so that the world, which had been in daylight, suddenly became as dark as night. Because *Amaterasu*, the sun goddess, hid inside the rock (cave) and did not come out, several days of complete darkness continued in the world. The other gods, who were at a loss, tried to get *Amaterasu* to come out by drinking, singing, dancing, and making a great noise in front of the rock door where she was hiding. They thought that by doing so *Amaterasu* would wonder what everyone was doing and come outside. The gods sang, danced, and laughed with utmost effort in complete darkness.

Thinking the great noise outside was strange, *Amaterasu* opened the rock door only a little bit; then, a mighty god, who had been waiting for that moment, opened the rock door all the way and pulled *Amaterasu* out of the rock. Because *Amaterasu* came outside, the world was said to have become bright, and daylight returned once again.

------------

It is said that this story was probably a myth that ancient people created to explain a solar eclipse. To ancient people who did not know anything about them, solar eclipses must have been very frightening things. In addition, as we understand from this myth, since early times the gods, who did things like laugh, get angry, and fight like human beings, were approachable to Japanese people.

There are said to be around 18,000 shrines throughout Japan dedicated to *Amaterasu-ōmikami*, and every year many people go to visit them. This means that even today in the 21st century *Amaterasu-ōmikami* is very busy!

▶ **Explaining things using a graph/Stating your own opinion**

**Dialog 1:** *Haruka and Monica are talking about religion at a party.*

Haruka: Right now I'm doing research on the topic of religious events and religious faith, so is it all right if I ask your opinion, Monica?

Monica: Yes, of course, if I'm able (lit. good enough).

Haruka: There are a lot of people who say that they go to a Shinto shrine and worship when they have a baby and (say they) have a Christian-style wedding ceremony, and will have a Buddhist funeral when they die. What do you think about that, Monica?

Monica: Hmmm…let's see. I don't know if it's OK to say this, but actually I think that is very strange, because in my country it would be unthinkable for someone who isn't a Christian to have a wedding ceremony at a Christian church.

Haruka: Oh, you think so? That's what I expected. I think it's strange, too, but, even among my friends, there are quite a few who think that they absolutely want to have their wedding in a church even though they're not Christian.

Monica: Oh…why?

Haruka: Because it's romantic, and because wedding dresses are pretty…

Monica: Wow, really? I think kimono are prettier, though…

Haruka: So, do you want to wear a kimono and have a Shinto wedding ceremony?

Monica: Hmmm… that's a little… My parents are devout Protestants, so they would absolutely not allow it.

Haruka: That's what I expected. I wonder if the Japanese custom of mixing various religious events together is special.

Monica: Well, I don't know if that's necessarily true. In my country, too, there are religious events that are enjoyed regardless of peoples' faith, like Saint Patrick's Day, Easter, and Halloween.

Haruka: Oh, is that so? Well, could you tell me about those in a little more detail?

Monica: Sure.

**Dialog 2:** *Monica consults Professor Morita about her research presentation.*

Monica: Professor Morita, I'm thinking about giving a research presentation on "The Religions of Japan," but there is something that I don't understand. Could you please help me (lit. tell me about it)?

Morita: Yes, certainly. What is it?

Monica: According to a survey done by the Agency for Cultural Affairs in 2008, it says that the total religious population of Japan is about 211,000,000. But this number is about two times the population of Japan. Why is that?

Morita: You've noticed something interesting, haven't you? Because there are many Japanese people who participate in various religious events, the religious population becomes greater than the population of Japan.

Monica: Now that you mention it, it seems that my host family goes to visit a Shinto shrine on New Year's Day for their first visit of the year and they go to visit their (family's) graves during the equinox. Does it mean that they believe in both Shintoism and Buddhism?

Morita: It appears that going to shrines for the first visit of the year or visiting graves on the equinox are customarily done as yearly events. People probably aren't aware that these are religious events.

Monica: Really? Does that mean that Japanese people aren't religious (lit. don't have religious minds)?

Morita: No, I don't think that's the case. This is my personal opinion, but I think there are a fair number of people who believe in the existence of gods, even if they don't believe in any religion in particular. There may be people who oppose this idea, but I think that's the case.

Monica: Oh, I agree with you. I feel that in Japan religious thoughts and customs exist naturally in people's daily lives. As though there are gods in various different places…

Morita: I think so, too. For the next presentation, I think it would be interesting if you introduce Japan's religions using various data and graphs.

Monica: I agree. I'll try my best. Thank you very much.

**Dialog 3:** *Monica gives a presentation on the religions of Japan.*

The pie chart in Figure 1 shows the results of a survey on Japan's religious population conducted by the Agency of Cultural Affairs in 2008. According to the survey, the number of people who believe in religion in Japan turns out to be 211,000,000, or about two times the population of Japan. From this survey, we know that there are many Japanese people who believe in more than one religion.

Furthermore, regarding the number of believers, first, Shinto believers represent about 50% or half of the population; next, Buddhist believers represent 44%, and Christian believers represent about 1%. The percentage of believers of other religions is 5%. From these results, we can assume that there are probably many people who believe in Shintoism and Buddhism simultaneously.

I think that this pie chart clearly indicates the Japanese religious thinking (lit. consciousness) that there is more than one god.

## Grammar notes

❶ ～に気がつく
1. After the test was over, I realized that I had written the wrong answer.
2. It was when I returned home that I first realized that

my wallet had disappeared from my bag.

3. Before I moved in, I didn't realize that the street in front of the apartment was this noisy.
4. It's when people fail that they first realize that what they'd done was wrong.

② **Verb-non-past ように（と）{願う/祈る}**

1. I'm hoping that my children can lead happy lives.
2. Many people hope that we'll have a peaceful world soon.
3. I pray every day that my little brother will pass his university entrance exams.
4. I make it a habit to go to a shrine every year on New Year's Day and pray to the gods that I'll be able to avoid any major illness during the year (lit. this year, too).

③ **Noun も Verb ば、Noun も Verb**

1. There are people who like sushi and people who don't like it.
2. With this textbook, you can practice conversation as well as learn about culture.
3. At this resort you can swim in an unpolluted ocean as well as hike in the mountains.
4. In Professor Tanaka's office there are dictionaries from more than a hundred years ago as well as DVDs of recent films.

④ **～のだろうか**

1. When I practice kanji, I always wonder why there are so many of them.
2. Why doesn't he love me back when I love him so much?
3. Mr. Tanaka's been coughing all day long. He also seems to have a fever. I wonder if he shouldn't go to the hospital?

⑤ **{そんな/こんな/あんな}Noun**

1. A: They say Ms. Smith's dream is to work at a Japanese company in the future.
   B: Really? I had no idea she had a dream like that.
2. I wonder if there really are people who never get mad. I definitely don't think they exist.
3. I want a shirt like the one Mr. Tanaka was wearing yesterday.
4. Listen to this for a sec. I hear this kind of music is popular lately.

⑥ **それぞれ**

1. School let out and the children each returned to their own houses.
2. Everyone, it's buffet style here, so get your favorite food and start eating.
3. Each country has its own culture and customs.

⑦ **～らしい**

1. I heard that Professor Yamada is getting married next month.
2. I heard that there was a big earthquake in Japan yesterday. Is your family all right, Ms. Tanaka?
3. I hear that Mr. Smith's host family in Japan was very good.
4. According to my *sempai*, that professor's class is

really hard.
5. Michiko seems a bit aloof, but I hear that she's actually quite a kind person.

⑧ **Verb-*masu* 続ける**

1. If you want to be good at a foreign language, it's important not to give up and to keep studying every day.
2. I'm continuously looking at a computer screen from morning till night, so my eyes have gotten bad.
3. The baby kept crying until morning, so its mother got no sleep.

⑨ **～ばかり**

1. I hear that Takeshi spends all his time playing computer games and doesn't study at all.
2. My little brother eats nothing but meat; he doesn't try to eat vegetables and fruit at all.
3. Spending all your time studying and never exercising isn't good for your health.
4. My roommate sleeps all day long every day. I wonder if it's OK that he doesn't go to class.
5. The baby cries all the time, so Yoko, who's just become a mother, is at wits' end.

⑩ **真（っ）+ *i*-Adjective-stem/Noun**

1. The evening sun, brilliant red, is sinking into the sea.
2. From the bridge, if you look straight down at the river, it's really scary.
3. Yesterday my neighbor had a party until late into the night, and it was so loud I couldn't sleep at all.

⑪ **～わけだ**

1. Tokyo is a city where the trains, subways, and buses are convenient, which means that people can get by without a car.
2. A: I'll be studying in Japan for half a year, from January to June.
   B: So you'll be coming back to the US for summer break, right?
3. Ah, the heater's quit! No wonder it's so cold.
4. A: Smith lived in Japan for 20 whole years, you know.
   B: I see—that's why he's so good at Japanese.
5 A: This is where we check the products that the robots have produced.
   B: Oh, so it's humans who do a final check after all.

⑫ **Noun でよければ**

1. Here. You can use this dictionary if it helps.
2. I'm busy today, but I can go with you next Sunday if that works for you.
3. I don't have much of anything, but if coffee's all right, I can make it quickly. Would you like some?

⑬ **結構**

1. This dictionary site is pretty useful, so I use it a lot.
2. The drama that started last week is pretty interesting.
3. By the time children become around five years old, they can do quite a bit by themselves.

⑭ **なかなか Adjective**

1. This cell phone commercial is pretty funny. The dog's talk is so cute.

2. The trip I took the other day was quite fun.  The hotel I stayed at was quite nice, and the food wasn't bad either.

3. I'm not very good at painting, but I think this turned out fairly well.

### ⑮ そう言えば

1. A: Tanaka missed class today, didn't she?
   B: Come to think of it, yesterday she said that her stomach hurt.  She might be sick.

2. A: I went to my friend's birthday party yesterday.
   B: Ah, that reminds me that tomorrow's my mother's birthday.  I forgot!

3. A: Look, haven't we seen that person over there somewhere?
   B: Now that you mention it, I do get the feeling that we've met him somewhere before.

### ⑯ ～ということ

1. If you read this book, you'll understand clearly that ancient Greece, like Japan, also had a variety of different gods.

2. In Japanese class, we learned that in Japan there are a lot of religious customs and events, but not many fervent believers in religion.

3. This university is known as a high-quality institution.

4. Fast food has a variety of characteristics.  First, we can say that it is quick and cheap.

5. In order to receive a scholarship, you must write an essay on why you want to study in Japan.

### ⑰ ～は～となっている 🎤

1. The movie is scheduled to start at 7:00 p.m.

2. According to the survey, it turns out that 25% of this university's student population are graduate students.

3. The rule is that only foreigners who have not lived in Japan for more than a year can participate in the speech contest.

## Lesson 7

### Reading 1

#### ■ The God of Manga: Tezuka Osamu

Currently, throughout the world, fans of Japanese popular culture, such as Japanese manga, anime, games, pop character merchandise, and Japanese pop music, are increasing in number.  Overseas, manga refers to Japanese comics, and anime refers not to animation such as Disney's but to Japanese animation.  Also, TV games, which originated in Japan, have spread throughout the world as video games.  Japanese popular culture has influenced the economy, culture, and fashion of many different countries, and those products create (lit. become) a big market from a business standpoint as well.

So, what is the origin of this pop culture?  We could say it is Japanese story manga (manga which tells a story).  Right now, Japanese story manga are enjoyed throughout the world: they are translated into many

different languages, such as those of Asia, Oceania, and Europe; made into books; and read by a growing number of readers.  Also, because many anime, television programs, games, and other things are made based on original manga, the fans of manga, anime, film, television dramas, and games all influence each other and thereby bring in new fans.  Japanese story manga, as an example of media content, have become a big business.

(Graph: Japan's anime market) (Graph: The game software market (estimated))

On top of that, Japanese manga are even changing the way that Europeans and Americans read books.  In the US, a Japanese manga weekly for young boys was published in 2002, and a (Japanese) manga weekly aimed at young girls was published in the following year.  Until then, European and American books and magazines were generally read by flipping the pages from right to left, but, because of requests from manga fans who said, "We want you to make them in the same style as Japanese manga, reading from top right to bottom left," the Japanese manga magazines sold in the US began to be made in the style in which the pages open from left to right, the same as in Japan.

What is the appeal of Japanese manga, then?  The first thing that comes to mind when thinking about that subject is the name Tezuka Osamu.  Long ago, even in Japan, manga was thought of as something for children, but Tezuka established it as a method of presenting a story similar to a novel or film, and changed it so that even adults could read and enjoy it.  He created the prototype for the Japanese story manga of today.

After World War II, Tezuka Osamu graduated from medical school and received a Doctor of Medicine degree, but he became a manga artist instead of becoming a physician.  When he died in 1989 at the age of 60, he left over 700 manga stories.  His real name was Osamu (written with the character meaning "healing") but it is said he decided on his pen name, Osamu (written with the characters meaning "healing" and "bug"), because he had liked insects since his childhood.  His trademark was his beret and his round glasses on his round nose, and figures resembling him often appear in his manga.

(Photo of Tezuka Osamu) (Manga self-portrait by Tezuka) (*Tetsuwan Atomu* (*Astro Boy*))

The first of his manga to become a television animation was a science fiction manga about a young boy robot called "*Tetsuwan Atomu.*"  In the 1960's, it became popular with children and also triggered the subsequent boom in science fiction anime.  It was broadcast on television in countries in Asia, Europe, and the US as well, so there are probably many people who know of it.  Besides that, there are many other Tezuka works which were made into anime or films and translated into various languages all over the world, including *Janguru Taitei* (*Kimba the White Lion*), *Ribon no Kishi* (*Princess*

Knight), *Dororo, Hi no Tori* (*Phoenix*), *Budda* (*Buddha*), *Burakkujakku* (*Black Jack*), and *Adorufu ni Tsugu* (*Adolf*).

Tezuka's manga contain various themes including religion, philosophy, medicine, the arts, history, science fiction, the universe, and nature; they teach about the value of life, the greatness of nature, the meaninglessness of war, and the future of mankind through interesting and entertaining drawings and easy-to-understand language, instead of difficult language or theories. When laughing while reading a manga full of Tezuka's characteristic onomatopoeia, the reader is also made to think deeply about the fact that humans live and die.

Tezuka was wonderful because not only did he draw manga, he also nurtured the manga artists who would follow him. He took care of the young people who gathered around him dreaming of becoming manga artists by helping them find places to live or jobs; he trained many of them to become manga artists and then sent them out into the world. And, the following generation of manga artists grew up reading the manga of Tezuka and those artists he had trained. There is probably no Japanese manga artist today who has not been influenced by Tezuka. People call Tezuka Osamu "the God of Manga" with love and respect and also with the feeling that he was a person with talent surpassing that of a human. If Tezuka Osamu had not existed, we may not have had the current boom in anime and manga. We wonder what Tezuka, up in the sky, would be thinking about the fact that the things he left behind are now having an impact throughout the world.

## Reading 2
### ■ Japanese Onomatopoeia

Have you heard the interesting phrases *Ame ga zāzā furu* (rain pours down) or *akachan ga yochiyochi aruku* (the baby toddles) before? Have you used this kind of phrase before? Words such as *zāzā* and *yochiyochi*, which express sounds or appearances, are known as onomatopoeia. There are three types of Japanese onomatopoeia: *giseigo*, or words that express human or animal voices; *giongo*, or words that express the sounds of objects, and *gitaigo*, which express actions (movements) and appearances. Which category do you think the following phrases fit into?

1. *Inu ga wanwan (to) hoeru.* (The dog barks.)
2. *Chaimu ga pinpon to naru.* (The chime rings.)
3. *Onaka ga suite pekopeko da.* (I am starving!)
4. *Mizu o gokugoku (to) nondeiru.* ((Someone is) gulping water.)
5. *Matasarete iraira shita.* (I was irritated at being made to wait.)
6. *Doa ga batan to shimatta.* (The door closed with a bang.)

It is said that Japanese is the language with the most onomatopoeia in the world. Why do you think so many are used? Actually, Japanese is a language which has few verbs to start with; for example, in Japanese, there are no other verbs corresponding to the verb *warau* (to laugh,

smile), but in English there are many: "laugh," "smile," "giggle," "grin," and "guffaw." If we express each of these words in Japanese, they are *nikkori/nikoniko warau* (smile), *kusukusu warau* (giggle), *niyari to warau* (grin), and *geragera warau* (guffaw), respectively; that is, we express them by adding onomatopoeia (when necessary) before the verb *warau*. Onomatopoeia words are used in order to give variation to verbs. Furthermore, there is a tendency for onomatopoeia not to be used very often when speaking in formal situations or when writing.

By the way, the place where a lot of onomatopoeia is used is Japanese manga. Think about what state each of the onomatopoeia in the manga on the following page represents. *Shīn* is a word that represents a state of silence, and it is said that the manga artist Tezuka Osamu created the word. When looking at how the word *shīn* is translated in the popular manga *One Piece*, which is read in 16 countries around the world, it is said that it is written as "hmmmmm" in the English edition, giving it a completely different meaning, and that nothing is written in the Spanish edition. What could be written in Chinese, Korean, or Arabic? If you were to express the word *shīn* in your own country's language, what word would you want to use?

Onomatopoeia words appear to be interesting and simple, but actually, there are very complex rules for how they are used. For example, look at the examples given earlier. There are various examples, such as those where *to* comes before the verb and those where it is not necessary, those which are used with *suru,* those written in *hiragana*, and those written in *katakana*. Furthermore, the image changes depending on whether a sound is unvoiced or voiced, and the feeling changes a lot if there are prolonged sounds or glottal stops (small *tsu*). What differences do you sense between the examples on the right and left below?

Examples:
*korokoro* vs. *gorogoro*
*shīn* vs. *shin*
*sarasara* vs. *zarazara*
*būbū* vs. *bubbu*
*shitoshito* vs. *jitojito*
*wahhahha* vs. *hahaha*

If you become skilled at using onomatopoeia, your Japanese speech will sound more natural. And, when you cannot find the right phrase, by replacing the image with a sound, you can express what you want to say to your listener. If you have the chance, try using onomatopoeia actively (*dondon*).

.......................................................................................

Actual examples of onomatopoeia in manga:

1) What state or sound do you think each manga's onomatopoeia represents?
2) For the manga in 1b, 2b, 3a, and 4a, do you have to start with the left-most or the right-most frame?

## Dialogs

▶ **Explaining a difficult situation/Making complaints and stating grievances**

**Dialog 1:** *Mike explains the situation of the room he is renting to his landlord.*

Mike: Landlord, do you have a moment?

Landlord: Oh, Mike, good evening. What's up?

Mike: Um, there's something that's troubling me…

Landlord: Did something break again?

Mike: No, it's not that…oh, well, there is that too, but… Actually, the student who moved into the room next door last week is loud late at night, and I can't sleep.

Landlord: Oh, Kobayashi, right?

Mike: Yes, his friends come every evening and talk loudly and boisterously until late at night, play loud music (lit. their music is loud), and run noisily up and down the stairs. I gave him a warning once the other day, but he hasn't been quiet at all…

Landlord: Wow, he looked serious, though… (I'm surprised).

Mike: He's not serious. Even though he's still a student, he drinks often. He smokes a lot, too.

Landlord: Oh, really. I'll have to caution him.

Mike: In any case, could you please tell him to be quiet at night?

Landlord: I understand. I'll give him a good warning. By the way, weren't you saying that something broke?

Mike: Oh, it's the toilet. It's not that it's broken, but I can hear a strange gurgling sound coming from the pipe. It also looks like the water doesn't flow well.

Landlord: Oh, I see. Something might be clogging it, so I'll have a look at it tomorrow.

Mike: Yes, thank you. I'm sorry for making requests all the time.

Landlord: No, it's fine. You pay the rent on time every month and keep your room clean, so I think I'm renting the room to a good tenant.

Mike : Really? Thank you very much. Well, I'm sorry to bother you, but thank you for your help.

**Dialog 2:** *Monica, who was reading a Japanese magazine, asks Haruka a question.*

Monica: Hey, Haruka, what's your blood type?

Haruka: What? …my blood type? It's Type A. Why do you ask such a thing?

Monica: I was just reading an article called "Personality Traits by Blood Type."

Haruka: Oh, so that's why.

Monica: It's interesting to think that you could know someone's personality from his or her blood type, isn't it? But, can you tell by that? It says here that Type A people are serious and work well with others, Type B people are optimistic and do things at their own pace, Type O's are broad-minded and hate to lose, and Type AB's

have a strong personality and have a tendency to have two personalities (e.g., they can behave in different ways on similar occasions). I wonder if it's true.

Haruka: Well, I don't believe it at all, but I think there may be quite a few people who do. Things related to blood type are really popular in Japan, after all.

Monica: Really? What kind of things?

Haruka: For instance, things like fortune-telling by blood type. This tells which (combination of) blood types make a good or bad couple, and things like that. On top of that, I've heard there are books like *How to Get Along with a B-type Person*, and even blood type rankings.

Monica: Really? Rankings for what?

Haruka: Anything! For example, I heard that in the case of men, for the blood types that are popular (with women), the first is Type O, the second is Type A, the third is Type AB, and the fourth is Type B. Other than that, I've heard there are blood-type rankings indicating things like which people are able to become rich in the future or which people easily catch cold.

Monica: No way! That's weird, isn't it? You can't tell that kind of thing from your blood-type.

Haruka: Yeah, I agree. There's no way that there are only four types of human beings, right?

Monica: Yeah, you're right. The other day, a friend of mine told me that I must be Type O.

Haruka: Really…why?

Monica: Because I hate losing, she said. It kind of ticked me off.

Haruka: It's not that you hate losing, but you *are* a hard worker, and, on top of that, you're broad-minded.

Monica: Really…I don't know. But, I sort of want to know which blood type I am.

Haruka: They say that right now anything relating to blood type makes money (lit. becomes business). It seems that Japan's blood-type fortune-telling is also quite popular in Asian countries.

Monica: Oh, really… Maybe in the future, blood-type fortune-telling will become a part of Japanese pop culture.

Haruka: Oh, maybe you're right! That's a good point, Monica.

## Grammar notes

❶ **Sentence。{では / それでは / じゃ}、Sentence。**

1. A: Excuse me, Professor. I have a job interview this Friday and have to miss class, so I won't be able to take the test.
   B: Is that so? Well then, please come to my office on Thursday, that is, the day before to take it.
   A: Sure. I'll come to your office on Thursday, then.

2. Japan's *"otaku* (nerd) culture" has spread throughout the world, and there are even some who say that it has

become one of the representative cultures of Japan. So, what could be the reason for the *otaku* culture's global spread?

### ❷ その上 🍸

1. Exercise is good for your body. What's more, it's good mentally, too.
2. The recent cell phones let you not only take pictures, but send e-mail, too. On top of that, you can also access the Internet and watch TV. This is not a phone anymore.
3. Japanese kanji have both *on*-readings and *kun*-readings, so they're hard to memorize. Moreover, there are character combinations that have special readings, like *hitori* and *kyō*, so learning kanji takes a lot of time.

### ❸ Noun（Particle）さえ 🍸

1. I'm so busy, I don't even have time to sleep.
2. I hear Tom loves Japanese food. Apparently he even eats *nattō*.
3. I love traveling and I've traveled all over the world. I've even been to Antarctica.
4. That person can understand what animals say. He can even communicate with cats and dogs.
5. This conference drew people from all over the world. There were even participants from Russia, which is the furthest from here.

### ❹ 〜向け

1. This site is designed for cell phone access, so it's hard to view on a computer.
2. There are lots of films that, although made for children, are still enjoyable for adults to watch.
3. In papers like *Nihon Keizai Shinbun* and *The Wall Street Journal*, many articles are written with businessmen in mind.
4. The Silver Seat found in Japanese trains and buses is a seat for elderly and for weak-bodied people.

### ❺ 〜である 🍸

1. The philosopher Pascal said that man is a thinking reed.
2. With this many people reading it, it must be an interesting book.
3. People used to think that that story wasn't true, but it turned out recently that it is.
4. You often hear of people growing to like food they didn't like as children.
5. I'm using an older-model cell phone, so I can't send e-mail with it.

### ❻ Verb-*masu* 出す

1. In the middle of the picnic it suddenly started to rain.
2. The baby burst out crying, so its mother hurried to give it milk.
3. The inventor of instant ramen is a man named Ando Momofuku.
4. I was happy when I finally found the book after spending about an hour at the library searching for it.

### ❼ 〜ない〜は｛ない／いない｝

1. There are no students in this class who don't do their homework, and no students who don't let the teacher know if they're going to be absent, either.
2. There's no young person who likes anime who hasn't seen Hayao Miyazaki's films.
3. Every living being on earth needs oxygen and water.
4. All storms (lit. rain) eventually cease. Don't be depressed. Cheer up.

### ❽ X は Y に当たる；Y に当たる X

1. The Japanese Ministry of the Environment is the equivalent of the American Environmental Protection Agency.
2. There are no words in English that correspond to the Japanese *itadakimasu* and *gochisōsama*.
3. She's my mother's older sister's daughter, so that makes her my cousin.
4. In Japanese, the word that corresponds to the English "president" is *shachō* for the president of a company, *gakuchō* for the president of a university, and *daitōryō* for the president of the United States. There are different words depending on the position, so be careful (which you use).

### ❾ Sentence（という）ことになる

1. The fact that the e-mail bounced must mean that this address is no longer in use.
2. The rent's gone up, so it ends up that I'll have to move.
3. If I don't take the time to study now, I might end up unable to graduate later on.

### ❿ 〜（という）傾向が｛ある／見られる｝

1. Japanese students study hard through high school, but they have a tendency to slack off once they enter college.
2. Japanese people tend not to say good things when talking about their family members.
3. People who first learned to speak Japanese through casual speech have a tendency to make frequent mistakes with particles.
4. You can see that young people tend to eat fast food more often than their elders.

### ⓫ （もし）Sentence としたら、

1. Suppose you had a time machine, what time would you want to go back to and who would you want to meet?
2. If I were to pick one among these dictionaries, after all I'd probably decide on the electronic one.
3. If you don't understand this question, that means that you didn't study much.

### ⓬ Noun が〜する

1. The desk is wobbly, so it's hard to write on.
2. The stars are twinkling. They are so pretty!
3. Before the interview, I was so nervous my heart was pounding.
4. My tooth is throbbing. I have to see a dentist, but I hate going.
5. When I think that summer break starts tomorrow, I

feel really happy.

### ⑬ 〜くせに

1. My older brother doesn't cook (himself), and yet he always complains about what I make.
2. Even though she gets scared and can't sleep, my little sister always watches horror films.
3. Even though Tom doesn't have much money, he drives around in an expensive gas-guzzling sports car.
4. In the past, people used to say things like "men shouldn't cry" and "you're too strong for a woman," but I think there are fewer and fewer people who think like that now.

### ⑭ 話し言葉の縮約形（contracted forms）📻

1. I'm in the middle of writing the report now—would you mind looking at it when I'm done?
2. This room would be too small. There's no way we can have a party here for thirty people.
3. I've gotta take a friend to the airport, so I need to get up early tomorrow.
4. If you don't write down what the professor says, you end up forgetting it, you know.
5. I bought the drinks, so you don't have to bring anything.
6. I've gotta go turn in my homework, so I'll turn yours in for you also, Mike.

### ⑮ 〜（という）わけ{ではない／じゃない}

1. Although I say that kanji is my weak point, that doesn't mean I can't write them at all.
2. You can't count on getting good grades just because you score well on tests. Homework and projects are important, too.
3. The money isn't the only reason I work, but I'd rather have a high salary.
4. It's not that this food isn't good; it's just that it has a lot of oil in it, so I can't have much.
5. It's not that I dislike him, but I don't think I want to go on a date with him.

## Lesson 8

### Reading

#### ■ *Kyogen* Plays and Laughter

In Japanese, laughter is expressed using a variety of expressions. For example, when someone laughs loudly, it's expressed as *geragera warau* (guffaw), and when someone laughs in a shy, quiet manner, it's *kusukusu warau* (giggle). Besides these, people also laugh in ways such as *kyakkya* or *wahaha*. That said, do you know that laughter like this has a mysterious power? In fact, laughter is deeply connected to human health, and, what's more, this effect has been scientifically proven.

Diabetes is a disease caused by a rise in sugar levels in the blood. (Regarding that,) one scientist did an experiment that compared the blood sugar levels of patients after they had heard a funny story with those of patients after they had heard a difficult lecture. Then, the results, it is said, were that the patients' blood sugar levels, which rose by as much 123 milligrams on average after listening to the difficult lecture, only rose by 77 milligrams on average after listening to the funny story and laughing.

Furthermore, there are uniquely-named cells called "natural killer cells" within the blood. As their name indicates, these cells have the power to destroy viruses or cancer cells, and the more the natural killer cells increase, the fewer the bad cells. It was found that laughter had an effect of increasing the number of natural killer cells, too.

Well, now, laughter is an important act for the health of human beings, and when speaking of traditional Japanese arts that take in (this concept), the best example that can be provided is *kyōgen*. *Kyōgen* are plays where words are dominant and there isn't much singing or dancing. The form of these plays was fully established around the 14th century. In *kyōgen* plays, various characters, such as masters and servants, parents and children, and *yamabushi* (itinerant Buddhist monks), appear, but all of the characters are ordinary people who can be seen anywhere, and there are no superhuman hero characters like Superman. Furthermore, there are also no characters like the main character of a tragedy. A *kyōgen* play is something that expresses humorously, through words and actions, the state of these ordinary people, who fail, tell lies, and get into trouble.

Additionally, in *kyōgen* there is amusement of a satirical nature, in which the positions of strong people and weak people become reversed in the middle of the story. For example, in *kyōgen* a master is easily deceived by his servant; and there are many stories in which an arrogant parent is teased by his child or a *yamabushi*, who ought to have superhuman powers, is in reality powerless and weak.

In old Japan, the gap in social positions was large, and there were strict superior-subordinate relationships. However, in many *kyōgen* stories we see that high-ranked people, who are thought to be admirable, do foolish things and are laughed at by low-ranked people. The people of long ago probably felt amused by the fact that powerful or superhuman people were portrayed as ordinary people no different from themselves.

Let us introduce a representative *kyōgen*, a story called *Busu*. One day, a master left his house after telling his two servants never to go near a bucket with a horrible poison called *busu* in it while he is out. However, the two servants, who really wanted to see it even more after being told "Don't look," couldn't stand it any longer and opened the lid of the bucket (to see what was inside). When they did this, a sweet, delicious smell came from inside the bucket. In fact, the contents of the bucket had not been horrible poison, but sweet and delicious brown sugar. Of course, the two ate all of it.

Now, do you think that the two apologized to their master? No, on the contrary, the two did things like tear their master's prized hanging scroll and break his expensive bowl. And, when their master came home, they cried while saying to him, "We did very terrible things, so we tried to kill ourselves by eating *busu*, but we weren't able to die." The master had tried to deceive his servants by telling them that the brown sugar was poison so that they wouldn't eat it while he was out. However, contrary to his intention, all his brown sugar was eaten by his servants, and on top of that his precious hanging scroll was torn and his expensive bowl was broken as well.

What parts of this story do you think are funny? Did your body's natural killer cells increase in number? In this way, laughter is an active element (lit. alive) in traditional arts, too. Also, both the laughter within the arts and the laughter occurring in everyday life have the same effect. Won't you try viewing laughter in a new light as a handy health-maintenance method?

## Dialog

▶ **Telling a story**

**Dialog: *Yuta talks to Monica about the kyōgen play "Kusabira."***

Monica: Yuta, what are you looking at?

Yuta: Oh, Monica. This is a photograph book of *kyōgen*.

Monica: You mean *kyōgen*, the Japanese traditional art?

Yuta: Yeah.

Monica: If I'm not mistaken, *kyōgen* plays are old Japanese comedies, right?

Yuta: Well, they're certainly comedies, but I also feel like they're a little bit different.

Monica: Hmm. But they're funny stories, aren't they?

Yuta: Yeah. They *are* funny, but I have a feeling that the laughter has some deep meaning.

Monica: Hmm. Laughter with depth to it?

Yuta: Yeah, for example, the story in this photo called *Kusabira* is about a *yamabushi* (itinerant Buddhist monk) and mushrooms.

Monica: What's *yamabushi*?

Yuta: To put it simply, a person who trains and practices Buddhism in the mountains. They're thought to have Superman-like powers because of that training.

Monica: Wow. So, what kind of a story is that?

Yuta: Well, a villager, who is having trouble because mushrooms are growing out of control in his house, goes to a *yamabushi* to ask him for help.

Monica: Hmm, then what?

Yuta: Then, the *yamabushi* tries to remove the mushrooms through his power of prayer, but the more he prays, the more the mushrooms multiply.

Monica: What? That's the opposite…

Yuta: Yeah, it is. So then, the story goes that, in the end, the *yamabushi* is chased by those mushrooms which have increased due to his praying, and he runs away.

Monica: What? The mushrooms chase him?

Yuta: Yes, that's right. In fact, the mushrooms are not ordinary ones—they have eyes, noses, and even arms and legs.

Monica: Wow… It's like science fiction.

Yuta: Yeah. The appearance of the *yamabushi* praying, and the mushrooms that increase more and more every time he prays, and the scene where he is chased away by the mushrooms are all really funny and laughable.

Monica: It really does sound funny.

Yuta: But after thinking about it carefully, I started to feel bad for the *yamabushi*, who failed even though he was so full of confidence.

Monica: Yeah, that's true.

Yuta: I think that having confidence in yourself is important, but it made me think that knowing your real strength is also important.

Monica: Hmmm… After listening to the story, I want to watch it now.

Yuta: Yeah, you should absolutely try watching it, because there should be a DVD of it.

Monica: That's true. I'll try looking for it. Thanks.

**Explaining a story: *Monica makes a presentation on the story of the kyōgen play "Kusabira."***

Today, I would like to introduce you to a story called *Kusabira,* an example of *kyōgen*, one of Japan's traditional arts. This is a story in which a villager, who is in trouble because mushrooms have sprouted up one after another in his house, tries to get a *yamabushi* to remove them for him. A *yamabushi* is a person who is training and practicing Buddhism in the mountains, and the characters are the villager, the *yamabushi*, and the mushrooms. Now, I will begin.

One day, suddenly, mushrooms began to spring up rapidly inside a villager's home. The villager, surprised, tried his utmost to pull up the mushrooms, but every time he pulled one up, new mushrooms rapidly sprouted again. The villagers, who were troubled, decided to ask a *yamabushi* to help him. The *yamabushi*, who believed that he had special powers, said, "I will pray and remove the mushrooms for you," and came to the home of the villager.

However, these mushrooms were not ordinary mushrooms—instead they had something resembling eyes, noses, arms, and legs. The *yamabushi* was very surprised after seeing this, but he began to pray *"boronboro, boronboro"* in order to remove the mushrooms. However, the more the *yamabushi* prayed, the more the mushrooms, which were supposed to disappear, increased in number. The *yamabushi* prayed with all his might, but the mushrooms continued to increase, and finally the house became filled with mushrooms. When the *yamabushi* continued to pray in spite of this, the mushrooms then began to move and started to chase the *yamabushi* saying, "We're going to bite you! We're going to bite you!"

The *yamabushi* was so scared that he couldn't remain praying. And, finally, he ran out, saying, "Help me, help me!" The end.

## Grammar notes

**❶ Noun は Noun {と / に} 関係がある**

1. The economy is deeply connected to politics.
2. Books related to that topic are in this aisle.
3. Let's try not to ask questions unrelated to the class.
4. That's got nothing to do with me, so I don't know.

**❷ ～(こと)によって**

1. Due to the increase in hybrid cars, the town's air has become cleaner.
2. I've heard that, as an effect of global warming, the ice in the Arctic is melting.
3. You can find out what is going on all over the world right now by looking on the Internet.
4. One learns a language by speaking, reading, and writing it.
5. The Law of Universal Gravitation was discovered by Newton.

**③ すると**

1. If we mix the blue and yellow tubes (of paint) together, we get green.
2. The tortoise ran as hard as he could. Then, he saw the hare sleeping along the way.
3. Please click this icon. Then, the text on the computer screen becomes larger.
4. A: Mr. Tanaka says he won't be able to attend the meeting tomorrow.
   B: Then, that means that someone else will have to attend.

**❹ ～通り (に)**

1. I made it just as my mother taught me, and the cake turned out great.
2. In karate club, if you don't do as your *sempai* say, they'll get mad at you.
3. Employees at Japanese family restaurants all repeat the lines straight out of the training manual—they're like robots.
4. Please write your answers here as indicated by the instructions.

**❺ ～ば～ほど**

1. The more you speak a foreign language, the better you become. And the more you read, the more your vocabulary increases.
2. The more you work out, the healthier you become and the more weight you can lose, so exercise kills two birds with one stone.
3. The closer you get to the station, the more expensive the apartments are; conversely, the further you get from the station, the cheaper they are.
4. It seems that the more upstanding the parents are, the more pressure their children feel.
5. The better the college, the harder it is to get in.

**⑥ さて**

1. We understand from the video we've just watched that *bunraku* and *kabuki* became popular among the common people, too, during the Edo Period. Now, the next thing I'm going to introduce is the tea ceremony,

which also became popular among commoners during the Edo Period.
2. One day, the tortoise and the hare had a race. So, which do you think won?
3. Well then, it's gotten late, so I'll excuse myself now for today.

**❼ Noun を中心 {と / に} する**

1. Ancient Europe developed with Rome at its center.
2. The Earth, Mars, Jupiter, Venus, and the other planets all revolve around the sun.
3. The most fervent followers of religions center their lives around religious activities.
4. Due to the approaching typhoon, heavy rain is falling, centered in Kyushu.
5. Recently, I've been doing research on language, focusing on the language used by young Japanese.

**❽ 逆～**

1. Night and day in Japan are the opposite of what they are in my country. Right now, it's nine in the evening here, but in Japan it's ten in the morning.
2. My ideas and my parents, ideas are always opposite. Why do we have such different opinions on things?
3. When I started exercising to lose weight, I got hungry and ate a lot, so I gained weight contrary to my intention.
4. Try counting backwards from 100 in Japanese, please.
5. I went against traffic, not realizing it was a one-way street, and ended up getting pulled over by the police.

**❾ ～はず**

1. That movie must be interesting because my friend majoring in film studies told me that he'd seen it three times.
2. That book? They should have it at the university library—I've borrowed it before.
3. Mr. Tanaka hasn't replied to my e-mail. I'm sure I sent it, but it looks like it didn't reach him.
4. I know I already paid my rent for this month, but my landlord told me he hasn't gotten it yet. How weird.
5. That baseball player said that if one thinks about the people who made the equipment, he'd never be able to do something so callous as break a bat or throw a glove.

**❿ ～点**

1. Could I ask you to explain this point one more time?
2. The fact that this study abroad program provides students with the opportunity to do a homestay is one of its selling points, isn't it?
3. The fact that you can shop without going to the store is one of the factors contributing to online shopping's popularity.
4. With respect to service, Japanese department stores are the best.
5. This car is good for the environment in that it can run without gasoline, but it is expensive.

**⓫ ますます**

1. The more kanji you learn, the more your vocabulary increases and the better you can understand Japanese.
2. With the approach of the typhoon, the wind has gotten

increasingly stronger.

3. I've come to like him even more since we started dating.

4. After the singing ended, the dancing began, and more and more people gathered around.

**⑫ Verb-*masu* 直す**

1. Please do your rewrite of this composition by computer and turn it in next Monday.

2. When you don't understand something, it helps to read it one more time.

3. I didn't understand the Japanese in the video, so I watched it over again, and this time I got it.

4. I'm a little busy right now, so I can't talk on the phone any longer. Can I call you back later?

**⑬ 〜ことは〜（が/けれど）**

1. Akira Kurosawa's *The Seven Samurai* is an interesting enough movie, but I think it's a little too long.

2. I *have* written my composition, but there are still lots of errors and I need to do a rewrite.

3. I *do* play tennis, but I'm not very good at it.

4. It's true that this apartment is close to the station and is convenient, but the rent is really high.

5. Sure, he's a good person, but he's a little stubborn.

**⑭ おかげ；せい**

1. Because of the help I got from my friend, I finished my work early.

2. It is due to my elder brother, who pays my tuition, that I'm able to go to graduate school.

3. Yesterday on the way to school I was in a traffic accident; however, thanks to my seat belt, my life was saved.

4. I drank too much last night, so my head has been throbbing since this morning.

5. Because I use a computer all day long, my eyesight has gotten worse.

6. A: The team lost because the pitcher's no good.
   B: That's not true. It wasn't just the pitcher's fault.

**⑮ どんどん**

1. Since we started using *Tobira*, the students' Japanese has been getting better by leaps and bounds.

2. I hear that due to global warming the ice around Greenland is melting at a fast pace.

3. As I watched the solar eclipse, the sky got rapidly darker and darker and finally became pitch black.

4. If you don't understand, don't hesitate to ask questions. Don't be afraid to give me feedback, either, OK?

**⑯ 〜たびに**

1. I've been to Japan as many as five times now and, each time I go there, I come back with new knowledge.

2. Before I went off to college, Pochi was still just a puppy, but every time I come home for break he's gotten so much bigger.

3. My university's team loses every match they have. I wish they'd get better.

4. My mother's sick, so every time we have a break I try

to go home.

5. He takes me to a good restaurant every time we go out on a date.

**⑰ とうとう**

1. My doctoral dissertation is finally complete. It took me five whole years.

2. I've been practicing ever since I was a child, and now at last I'm getting to compete in the Olympics.

3. He spent hours thinking about that math problem, but he couldn't come up with the answer, so in the end he gave up.

4. He ignored the doctor's advice and kept smoking, and eventually he ended up with lung cancer.

5. I'm really sad because the dog I've had for 15 long years has finally died.

## Lesson 9

### Reading

#### ■ The Present State of Japanese Education

What kind of system is the education system in your country now? What kinds of good points and problems does it have? Are you satisfied with the education you have received? In this lesson, let's think about education. First, the Japanese education system and its present state will be introduced. Afterwards, please discuss the education (system) in your country.

------------------

Japan's education system is called a 6-3-3-4 system: elementary school is 6 years, junior high school is 3 years, senior high school is 3 years, and university is 4 years. Each level has public and private schools. Elementary school and junior high school are compulsory education, but (education is) optional from high school onwards (lit. it is all right either to attend or not). However, the rate of those attending high school is 98%, so in actuality there are almost no people who do not attend high school. The rate of those attending four-year universities is about 50%, but if we include junior colleges and vocational or technical schools, nearly 80% of high school students go on to higher education. Although Japan has a high rate of school attendance even after compulsory education, there are still (lit. also) many problems with the present state of education. Particularly, the following three can be mentioned (as major problems).

(1) "the academic background society" and "the entrance exam war"
(2) "bullying" and "refusal to go to school"
(3) "deviation-score education" vs. "less demanding education"

The "entrance examination war" in (1) means that the competition to pass the entrance examinations of junior high schools, senior high schools, and universities is like a war. Entrance examinations can usually be taken only once a year. Students study with utmost effort for this one chance, doing things like after regular school going to cram schools as well. And, many high school students who have failed university entrance exams become *ronin-sei* in order to try the next year's exams once again. *Ronin* originally meant "a samurai without a master," but today it refers to people who are studying for entrance exams while doing things like going to university preparatory schools because they weren't able to enter the university they had hoped to enter. Besides these phrases, there are phrases that express the harshness of entrance examinations, such as *yontō goraku* (four=pass, five=fail) and *juken jigoku* (entrance examination hell). The former means that if you study with only four hours of sleep every day you can enter university, but if you sleep for five hours or more, you fail the exam. The latter means that suffering through entrance examinations is like hell. In households with students preparing for examinations, their families also cooperate in every possible way. They create an environment in which it is easy for the students preparing for exams to study, giving up the television programs they want to watch and preparing night meals for their children, who study until the middle of the night. Furthermore, the family members are also careful not to use words like "slip" and "fall" (also meaning "to fail"), which are unlucky phrases for entrance exams, and they go to shrines devoted to the entrance examination gods and pray that the students pass.

Well then, why has such a harsh entrance examination situation come into existence in Japan? One reason that can be given is "the academic background society." In Japan, graduates of famous universities tend to have an easy time finding employment at good companies, get promoted quickly, and receive a high salary. On the other hand, graduates of universities that are not very famous or those who have not attended a university have a hard time getting their abilities recognized, no matter how competent they are. In other words, an academic background society is a society in which a person's life is decided based on which school s/he graduated from or a society in which a person's chances of becoming happy in the future increase if they enter a good university. So, parents send their children to cram schools and try to get them into escalator-style elementary schools or junior high schools, from which they can enter famous private universities without taking entrance exams. According to 2008 statistics from the Ministry of Education, Culture, Sports, Science, and Technology (shortened to *Monkashō*), about 37% of elementary school students, about 62% of junior high school students, and about 43% of high school students attend cram schools.

While this kind of situation does exist, there are many Japanese people who do not think that an academic background society like the current one is a good thing. There are many people who worry that children are too busy studying at school and cram school and don't have time to play outside as children should do, and many people who think it is bad that people's competence is judged solely based on their academic background. In the past in Japan, the people who became prime ministers were almost all alumni of the University of Tokyo (*Tōdai*), but recently people who are not *Tōdai* alumni sometimes become prime ministers. The reason there are many people who welcome this is probably because they think that an academic background society is not good at all.

The second problem is "bullying" and "refusal to go to school." With bullying, in severe cases, there are even times when children who were bullied end up committing suicide. Refusal to go to school means that children stop attending school for reasons such as being bullied or not being able to keep up with their schoolwork. The causes of these problems are many and are complex. But, it is said that the main causes of bullying and refusal to go to school are feelings like "I'm expected to be the same as other people" or "being different from others is frowned upon," and the pressure of entrance examination education.

Because of the problems given above, *yutori kyōiku* (less demanding education) was adopted in the 1980's with the intention of re-examining Japan's educational system. However, this ended up giving rise to a another major problem. *Yutori kyōiku,* which was started with the idea of "education free from pressure which allows a child's spirit and mind to develop further" in contrast to "education aiming to raise the student's deviation score (a number expressing their academic ability)," ended up causing Japanese children's academic abilities to decline. Japan's academic abilities, which in the past had been at the top level in the world, had now become very low, falling as low as 4th or 5th place among Asian countries. Because the amount taught in schools was reduced by *yutori kyōiku*, a phenomenon emerged where children who had received *yutori kyōiku* did not know even common-sense things that everyone ought to know. For example, with *yutori kyōiku* it began to be said that it is OK to remember 3 for *pi*, although *pi* is generally (taught as) 3.14. Because of this, parents who worried about their children's decline in academic abilities thought that they could not rely on compulsory education alone in order to be accepted into good universities, and increasingly sent their children to cram schools. We could say it was a vicious circle. So, in 2007 it was decided that *yutori kyōiku* should be re-examined, and new educational methods are now being discussed at the Ministry of Education.

As stated above, there are various problems in Japanese education, but there are good points as well. (For one thing), as long as they are Japanese citizens, everyone can receive compulsory education, no matter who they are, where they live, or what their situation is. There are almost no Japanese people who can't read or write, even though reading and writing Japanese is very difficult, and the number of people who can't calculate (numbers) is also close to 0%.

Also, all textbooks used for compulsory education are inspected by the national government, so in terms of the basic education given to Japanese citizens, there is no large gap based on things such as where people live. The fact that anyone can receive an equal education is one of the wonderful points of the Japanese education system. Although it has various problems, we could probably say that, as a whole, Japan's educational level is high.

------------------

Problems with education are some of the most difficult problems in any country, and it seems that it is not easy to find a good way to solve them. Taking this opportunity, why don't you try re-examining your country's education, listing its good points and problems, and, if possible, thinking about how you should resolve the problems.

## Dialogs

▶ **Giving compliments/Receiving compliments**

**Dialog 1: *Haruka Suzuki and Yuta Takahashi, who are in the same year in school, are talking in the classroom before class.***

Haruka: Takahashi, I heard that your younger brother was accepted into Kyoto University's medical school. How great!

Yuta: Well, even though you say it's great, after all, he *did* wait one year for another chance to enter.

Haruka: Even after waiting for another chance, it's still difficult to get into Kyoto University's medical school.

Yuta: But I heard that my brother's classmate was accepted straight out of high school last year without waiting for another chance to get in, so if you compare it to that…

Haruka: But, it *is* impressive. Your parents must be happy as well, right?

Yuta: Yeah, they are. Well, Kyoto University is a public school, so the tuition is cheaper than if he went to a private school…so it was good, I guess. But, since he was able to enter after a lot of effort, I hope he'll (make use of that and) become a good doctor in the future.

**Dialog 2: *Haruka is talking in the university cafeteria with Michiko Nishikawa, who is in the same year in school as she is***

Michiko: Hey, Haruka, have you decided what you're writing about for the next report for the seminar?

Haruka: Yeah, I'm thinking of writing about the differences between the US and Japanese educational systems.

Michiko: Oh, yes…because you've been to America before, you know a lot about that.

Haruka: Even though you could say I've been there, I only did a homestay for one month during summer vacation, so it's not that I know it that well. I have to look up a lot of different things, so it's a lot of work.

Michiko: Oh, really? By the way, I like that bag of yours—it's stylish.

Haruka: Oh, this? I got it on sale last week.

Michiko: What, on sale? That color is so nice. It seems like it would go well with any outfit.

Haruka: Yeah. I can also fit a lot of books inside it, so it's convenient, I guess. But, it's a little heavy. That sweater of yours is nice, too, Michiko. It really suits you.

Michiko: Do you think so? This is actually my older sister's, but I borrowed it. My older sister is working, so she has a lot of clothes. Thanks to that, I can dress up a little. But they're not my own, so I can't wear them very freely.

**Dialog 3: *Robert, who has come back from studying in Japan, is talking with his Japanese teacher.***

Teacher: Robert, you became very good at Japanese while you were there (lit. You became good at Japanese and came back.).

Robert: No, I've still got a long way to go. When I had just arrived in Japan, I wasn't able to speak as I wanted at all, and I had a lot of problems.

Teacher: Is that so. I've also read the composition you wrote about your experience in Japan. Your writing has improved, too.

Robert: Really? I'm happy to hear that coming from you. I owe you a lot. I'll keep working hard, so… (please continue to teach me).

**Dialog 4: *Emily, who returned from studying in Japan, is talking with her Japanese teacher.***

Teacher: Emily, you've become quite good at Japanese, haven't you?

Emily: Oh, really? Thank you very much. Because I studied here at this university, I was able to enter the highest level Japanese class at the university in Japan, as well.

Teacher: Really? That was good. I believe you were told (lit. praised with) that you speak Japanese well. while you were in Japan, right?

Emily: Yes, often… But, I didn't quite know how to respond, so I found it a little difficult.

Teacher: I understand. How to answer after you've been praised is difficult, isn't it? How did you reply, Emily?

Emily: At first I used to say, "No, I still have a long way to go." But I thought it was strange to say that kind of thing even though I'd entered the highest level class, so halfway through I tried to change the way I answered depending on the person I was talking to.

Teacher: That's a good thing to do. Conversations change greatly depending on the situation or on who you are speaking to.

Emily: Yes, they do. Speaking of that, I actually noticed one thing.

Teacher: What was that?

Emily: When Japanese people are praised, first of all they are usually humble, but there are also times when they are not humble and express their gratitude. But, I've found that even at those times, they usually express a feeling of modesty by adding on something slightly negative about the thing they were complimented on.

Teacher: You've noticed something interesting. You are right. People won't deny a compliment right away because somebody (in trying to please them) has complimented them, so first of all they accept the person's words of praise. But, people also want to express a feeling of modesty, so they add on something that's a little negative.

Emily: It does seem that way. Whenever I compliment someone, although that person may say thank you, they always say something that's not good about what they were complimented on, so I thought it was a little strange, but lately I've gotten to understand Japanese people's sense of modesty.

Teacher: It seems like you learned a lot of things while you were in Japan, Emily.

Emily: Yes, I really am glad I was able to study in Japan.

## Grammar notes

### ❶ ～ても～なくても

1. It doesn't matter whether or not you memorize the way to write this kanji.
2. Whether or not you understand what's written, try to read all the way to the end.
3. Dogs go to the toilet outside, so whether it's nice out or not you have to take them for a walk every day.
4. The rent for this apartment is cheap, so whether it's quiet or not I'm thinking about renting it.
5. Whether you're a kid or not, you can enjoy this film.

### ❷ 前者は～、後者は～。

1. Among the traditional performing arts representative of Japan are noh and *kyogen*. The former is tragedy and the latter is comedy.
2. When it comes to Japanese castles, Himeji Castle and Osaka Castle are famous. The former is in Hyogo Prefecture and the latter is in Osaka Prefecture.
3. Among the manga Tezuka Osamu wrote, *Kimba the White Lion* and *Black Jack* are popular. The former is the story of a white lion and the latter is the story of a doctor who can cure any disease.

### ❸ ～といったNoun

1. There are many international students from Asian countries such as Korea, China, and Taiwan at this university.
2. In order to improve one's skill in speaking Japanese, it is necessary to practice speech styles in a variety of different registers, from polite speech to casual speech to honorific speech.
3. No matter what language, the higher the level of politeness, the longer the sentence tends to become.

### ❹ 一方（で）、；Sentence 一方（で）

1. Compulsory education in Japan is made up of six years of elementary school and three of middle school. On the other hand, in my country only elementary school is compulsory, and schooling is optional from middle school on. Still, most students go on to middle school.
2. *Katakana* is used to write foreign loan words and certain nouns such as animal and flower names. *Hiragana*, on the other hand, is used mostly for particles, sentence endings, and *okurigana* (i.e., *hiragara* that follow kanji when they represent a single word, as in 大きい ).
3. While I think I want to study in Japan, I feel uneasy about living in a foreign country.
4. While children's academic skills decline, the entrance exam wars become more and more fierce.
5. While I'm busy with my studies, at the same time I have to work a part-time job to pay my tuition, so every day is a real struggle.

### ❺ あるいは

1. I think it'd be nice if I can work in Europe or Asia in the future.
2. At this university, senior theses are expected to be written in either Japanese or English.
3. You may either send an e-mail or call me. Either way is fine, but you must contact me somehow.
4. Right now I'm torn between looking for work and going on to graduate school to continue my studies.

### ❻ なかなか～ない

1. The bus just won't come. It looks like I'll be late for class. What should I do?
2. When I was a first-year student I had a hard time remembering kanji, but now I can memorize them without spending too much time.
3. I've been practicing piano for ten whole years now, but I still can't play very well.
4. The concert is taking forever to begin, so the audience has started to get angry.
5. This year it just hasn't gotten cold even though it's already December. I wonder if it's because of global warming.

### ❼ つまり

1. Next week, my mother's younger brother—that is to say, my uncle—is coming to visit from China.
2. My parents got married 20 years ago—that is, in the year that I was born.
3. So, in other words, the Japanese traditional performing art *kyogen* is Japan's old (form of) comedy, right?
4. In other words, the term "entrance exam war" describes the war-like academic competition to get into a good school.
5. In other words, "school refusal" means students' refusal to go to school due to bullying or some similar reason.

### ❽ そこで

1. We're sure students want to speak Japanese not only with their teachers, but with ordinary Japanese as well. Because of this, we've decided to set up a party

第8章 各課の英訳

for them with a group of students from Japan.

2. I'm thinking that I want to become an elementary school teacher in the future, so I've decided to try teaching children on a volunteer basis.

3. It'll be Christmas pretty soon, so I'd like to send my host family in Japan some kind of present. What do you think I should send?

4. I worked my hardest to hunt for a job, but I wasn't able to get a job at a Japanese company, so I decided to continue on to graduate school.

**❾ 〜以外 {の Noun / に}**

1. Except for sea urchin, I can eat any sushi.

2. A: Is Friday fine for our next meeting?
   B: Oh, I'm sorry, Friday's not good for me. Could we make it another day?

3. I hear that, except for Ms. Tanaka, no one in this class has been abroad.

4. Besides studying, I do things like play tennis and watch movies on the weekend.

5. I've never played any instrument but the guitar.

**❿ 決して〜ない**

1. No matter how hard it gets, there's no way I'll give up studying Japanese.

2. The test today was by no means easy, but everyone did very well.

3. He's not a bad person by any measure; he's just a little selfish.

4. It's dangerous, so you absolutely must not enter into this fenced area.

**⓫ Sentence という理由で 👤**

1. There are students who skip school because they're too busy with their part-time jobs.

2. Because there were too few students registered for it, that class ended up being cancelled.

3. I hear that this game console is selling well due to its low price and user-friendliness.

4. Apparently, there are cases in Japan where foreigners cannot rent an apartment because they're foreigners. It's unbelievable.

**⓬ 〜ら**

1. We need to discuss these problems more.

2. I intend to examine those points again.

3. I don't really understand what are saying. I wonder if they are disagreeing with our idea.

**⓭ 〜に対して**

1. It seems that in contrast to *otaku* culture, which mostly boys are interested in, *kawaii* culture is more popular among girls.

2. Whereas the difficult part of Japanese is its grammar, the difficult part of Chinese is its pronunciation.

3. While approximately 60% of middle schoolers go to cram school, around 40% study at home.

4. It is said that people with blood type B are optimistic, whereas people with blood type A are serious.

5. In Japan, people mostly send e-mail with their cell phones. In contrast, most people in the United States send e-mail by computer.

**⓮ 〜限り**

1. As far as I know, there's no Japanese dictionary that's easy for non-native speakers to use.

2. It'll be pretty difficult to translate all of this report by tomorrow, but I'll do the best I can.

3. You won't be able to take upper-level classes until you pass the placement test.

4. As long as you're a student here, you have to abide by the university's rules.

**⓯ 〜にもかかわらず**

1. Despite the fact that it began to rain hard, the soccer match continued.

2. Although the questions were difficult, I did well on the exam.

3. Although she's a foreigner, she loves Japanese culture more than Japanese people do.

4. Although the boy who cried wolf was telling the truth, no one believed him because of all the lies he had told before.

**⓰ せっかく**

1. I've spent three whole years studying Japanese, so I'd really love to visit Japan once.

2. I went to all the trouble to bake a cake but no one would eat it—it was so disappointing.

3. It was too bad that I went all the way to Japan and wasn't able to do a homestay.

4. The baseball game we'd been looking forward to ended up being called off due to rain.

5. A: Would you like to come to my house tonight for dinner?
   B: Thank you. I hate to pass up such a kind invitation, but I'm afraid I'm rather busy with work today.

**⓱ 〜{と / って} 言っても**

1. It's technically spring, but it's still so cold that I'm wearing sweaters.

2. I say I can read kanji, but I can read only about 300, so I can't understand newspaper articles at all.

3. Although I say that this grammar is difficult, that doesn't mean I don't understand it at all.

4. Even if its location is close to the university, the rent for this room is too high for me to rent it.

5. You shouldn't underestimate him just because he's a child.

**⓲ 思うように〜ない**

1. The schedule is not going as planned and I'm having a lot of trouble.

2. In front of other people I can't express my thoughts the way I'd like to.

3. When I was young I practiced piano as hard as I could, but I wasn't able to play as well as I wanted, so I ended up quitting.

### Reading

#### ■ Japan, the Vending Machine World Power

You walk through the city of Tokyo. One after another, vending machines with colorful designs come into view. It is said that foreigners who visit Japan are surprised at the vending machine scene in the city. In the United States, vending machines are usually inside buildings and are almost never placed outside, but in Japan there are vending machines everywhere, to such an extent that they are placed not only in cities but also along country roads where no one seems to travel, and even in the mountains.

It is not true that vending machines are widespread in all countries: throughout the world, the only countries with more than 1 million machines are the US, Japan, and Germany. According to data from 2005, the United States had the most in the world (7 million 830 thousand machines) and Japan was in second place (5 million 580 thousand machines), but, if the country's population and size are considered, we can say that Japan has the most machines in the world in terms of population and territory. Japan is also first in the world in sales from vending machines, and it is said that the busiest vending machine in Japan sells 25,000 bottled drinks per month from a single machine, with sales reaching as high as 3 million yen.

Things like "When I bought some tea, it was warm" and "I was surprised when the vending machine spoke" are often heard from foreigners. Japanese vending machines serve drinks according to the temperature by chilling or warming them, such as cold drinks in the summer and hot drinks in the winter. Furthermore, there are some vending machines that talk. For example, the Chatting Vending Machine, which a certain drink maker places in the Kansai region, is said to speak using Kansai dialect. It is said that when a customer stands in front of the vending machine, instead of saying "Irasshaimase" (Welcome), it says "Maido!"; and when it does not have change, it says "Sunmasen. Ima, tsurisen kirashitemasu nen." (I'm sorry; we're out of change), speaking just like a person from the Kansai region.

Besides the above, there are machines that make coffee from freshly-ground beans, machines that serve frozen food after warming it in a microwave oven, and machines that serve cup ramen after putting the hot water in. Japan's vending machines are surprisingly clever. There are also many different goods sold in vending machines: food and drinks, needless to say, but there are also cigarettes, manga, weekly magazines, CD's, flowers, nail art (decorated false fingernails), stockings, toys, and even business cards.

So, why have vending machines proliferated this widely in Japan? The biggest reason is probably because Japan is safe, with little crime. To a burglar, an unmanned vending machine seems to be saying "There's money in here! Please steal it." Therefore, in dangerous areas with a lot of crime, vending machines are quickly broken open and the cash inside stolen. Although it is said that Japan has become less safe than it was in the past, if you compare it with many other countries, it is still not very dangerous. Therefore, even if vending machines are placed outside, they are hardly ever broken into.

Mr. Tsutomu Washizu, the author of the book entitled *The Cultural History of Vending Machines*, gives two reasons why Japan has become a vending machine giant: a sense of trust in technology and a society that prefers automation. Japan's high technological power is certainly recognized by the world, and things made in Japan, whether automobiles or refrigerators, are high performers and do not break down easily. Therefore, (people's) trust in technology is high. Furthermore, it is also probably true that Japanese people like automated things. When you ride in a taxi, the doors automatically open and close; when you insert a train ticket in the automatic ticket gate, you can pass quickly through the gate; there are even lamps that turn on when you clap your hands.

When thinking about it from a business standpoint, another reason that vending machines have proliferated is the fact that the (overall) cost is low. That is, vending machines can sell things 24 hours a day without attendants, and, on top of that, they are helpful for product promotion because the machines are placed in the midst of a city. (However,) Interestingly, it is said that on the main streets of Paris, there is not one single vending machine. Things such as the special characteristics of Japanese society and Japanese people's way of thinking may have had a great influence on Japan's becoming a vending machine world power.

While vending machines can be used any time and are convenient, there is also criticism that they are a waste of energy and that even minors are able to buy things like alcohol and cigarettes from them. However, various countermeasures are already being taken in response to these criticisms. For example, a canned beverage vending machine known as Eco Vender is a representative countermeasure for energy-saving. EcoVender is an energy-saving type of vending machine, which, during the summer (July-September), pre-chills beverages in the morning and stops chilling them in the afternoon when energy consumption is at its peak. Today these machines are used throughout most of Japan. Because of the introduction of this system, the machines' annual energy consumption is said to have decreased by 10 to 15 percent. To avoid selling alcohol or cigarettes to minors, there are measures being taken such as regulating sales late at night or making it impossible to buy these things without an ID card or a special IC card.

Vending machines are everywhere in Japan and can be said to be one of the special characteristics of Japan. According to one survey, more than 80% of Japanese people answered that vending machines are necessary for their everyday life. Recently, it is said that "charity vending machines," which allow you to donate money when you buy a beverage, are also increasing. Vending machines are not only convenient; they are also fun and useful for society! Japanese vending machines will probably continue to evolve rapidly from now on, too. We look forward to seeing what kind of vending machines emerge in the future.

## Dialogs

### ▶ Asking for information/Conveying information

**Dialog 1: *Mike is talking with his friend Yuta on campus.***

Yuta: I heard from the teacher that you're going to do an internship in Japan, right?

Mike: Yeah, I am.

Yuta: You've been saying that you wanted to work in Japan. Congratulations.

Mike: Thanks.

Yuta: You're looking forward to it, right?

Mike: Yeah, the job at least. But, it looks like I'll end up living by myself, so I'm a little worried about that…because I can't cook at all.

Yuta: No need to worry, because, in Japan, you have the convenience store—the powerful ally of people living on their own.

Mike: What? …convenience stores? All that American convenience stores sell are sandwiches and hot dogs.

Yuta: Yeah, that's true. But, if anything, a Japanese convenience store is more like a supermarket. It's a small store, but it sells anything, from groceries to daily commodities, magazines, CD's, and even movie tickets.

Mike: Wow, that's completely different from the U.S.

Yuta: Yeah. From what I heard, one convenience store carries about 3000 products.

Mike: Gosh, that's amazing. What sells the most?

Yuta: They say the most popular things are *bentō* (boxed lunches) and rice balls.

Mike: Is *bentō* a lunch box with rice and side dishes inside?

Yuta: Right. There are many different types, they're delicious, and they've got both Western and Japanese food, so I don't think you'll have a problem.

Mike: Oh, that's great. In that case, maybe I won't have a problem even though I can't cook.

Yuta: Are you relieved? In Japan nowadays, when students or unmarried male company workers search for apartments, they say the most important thing is having a convenience store in the neighborhood.

Mike: I get it. But, aren't supermarkets cheaper?

Yuta: It's true that supermarkets may be cheaper, but many convenience stores are open 24 hours, and there's also original merchandise that is only available in convenience stores. They're convenient because you can buy the things you want right away, so there are a lot of people who say "an expensive but nearby convenience store is better than an inexpensive but faraway supermarket."

Mike: I see…I hope there's a convenience store near the apartment where I live, too.

**Dialog 2: *Mike is talking with Professor Morita about convenience stores.***

Mike: Professor, I've heard that convenience stores in Japan are *very* convenient.

Morita: Yes, but they aren't just convenient, they're also quite interesting. In fact, when I was a student, I worked part-time at a convenience store.

Mike: Really? What kinds of jobs did you do?

Morita: Things like standing behind the cash register, rearranging the merchandise many times a day, ordering merchandise that was sold out, and cleaning. I was busy.

Mike: I see… A part-time job at a convenience store means doing many different things, doesn't it?

Morita: Yes. Actually, convenience stores are stores that have researched human psychology thoroughly.

Mike: Oh, is that so? What sorts of things, for example?

Morita: Well, for example, Japanese convenience stores are more brightly lit than normal stores. Why do you suppose that is?

Mike: Is it because things look pretty when they're bright?

Morita: That may be true, too, but they say that humans tend to gather at light places…the same way that fish or bugs collect in bright places. The convenience stores are taking advantage of that trait.

Mike: Is that so? I didn't know that. A minute ago, you said that you rearranged the merchandise several times a day. Is that also related to consumer psychology in some way?

Morita: Yes, it is. In the store where I worked, we changed the merchandise line-up on the shelves four times a day: morning, noon, evening, and midnight.

Mike: Is that because the merchandise sold out?

Morita: No, it's because at convenience stores the customers vary depending on the time; for example, male office workers and high school students in the morning, and young women, especially female office workers, around noon.

Mike: That makes sense. So it's better to change the merchandise display on the shelves, because with different customers the items that sell vary.

Morita: Exactly.

Mike: So, if you think about it from a business perspective, you have to learn a lot to work at a convenience store. I've learned a lot. Thank you very much.

## Grammar notes

❶ ～ほど～

1. We were so tired we couldn't even speak.
2. This curry is so spicy it brings tears to your eyes.
3. It's surprisingly easy to edit photos when you use Photoshop.

4. I love chocolate to death. I could eat it every day.
5. I can speak Japanese all right, but not well enough to act as an interpreter.
6. I'm good enough at Japanese, but I'm not as fluent as Mr. Smith.
7. I've never seen a picture as great as this.

## ② Sentence という。 🗣

1. It's said that the British Museum in London has around seven million pieces in its collection.
2. They say that Prince Shotoku could listen to eight people talking at once and understand all of them.
3. It's said that France is the most popular tourist destination in the world, with more than seven million visitors a year.

## ❸ Noun に合わせて ; Noun₁ に合った Noun₂

1. A variety of medicines are used depending on the condition of the patient.
2. The housing styles have changed in order to match the change in people's lifestyles.
3. You can choose products from this list in accordance with your budget.
4. You should give children books that are suitable for their age.

## ❹ まるで〜よう {に / な / だ}

1. During the winter, frogs remain motionless as if they were dead.
2. It's still spring, but today is so hot it seems almost like summer.
3. This robot can walk such a way that it almost looks like a human.

## ❺ 言うまでもない; 〜は言うまでもなく、〜も 🗣

1. Needless to say, there will be grammar questions on tomorrow's test.
2. It goes without saying that you need to be quiet in the library.
3. Anime is a given, but fashion and music are also a part of the Japanese pop culture popular around the world.

## ❻ Noun まで (も) 〜

1. There are Japanese toilets that wash your bottom with warm water and even those that have self-opening lids.
2. In this textbook, you can learn not only kanji and grammar, but also contemporary Japanese culture and even history.
3. Recently, there are even robots that not only walk but also play soccer.

## ❼ Noun₁ でも Noun₂ でも

1. To be healthy, you must eat in a balanced way, whether it's meat or vegetables or something else.
2. From *My Neighbor Totoro* to *Nausica and the Valley of the Wind*, (no matter the choice) all of Hayao Miyazaki's anime are superb.
3. Everyone from children to adults can enjoy this game.
4. They've got everything at convenience stores, from everyday essentials to food to magazines and newspapers.

## ⑧ したがって 🗣

1. It's a rule that the Olympic Games are held once every four years. Accordingly, the next Olympics will be four years from this Olympics.
2. English is one of the most widely-used languages in the world. As a result, many countries have made the English language a part of their compulsory education.
3. There's a lot of caffeine in coffee. Because of this, if you drink too much you won't be able to sleep.

## ⑨ 〜(という)のは事実だ 🗣

1. It's a fact that once we started using this textbook, the students' Japanese improved rapidly.
2. The fact is that Tokyo is a hard place to live in, not only because the prices are high there but also because the land is small (i.e., there are too many people for the land).
3. It's true that I like him, but it's not that I'm thinking about marrying him in the future.

## ⑩ Noun という点から考えると 🗣

1. From an educational standpoint, there are both good and bad things about manga.
2. From a convenience standpoint, this apartment is the best.
3. From the standpoint of being interesting, this novel is not very interesting, but you can learn some things about history, so it is informative.
4. From the point of view of equality in education, there are problems with the current educational system.

## ⑪ Sentence 上に 🗣

1. They say that children these days not only don't play outdoors, they don't even read books.
2. In addition to having a test every month, there's also a lot of homework for this class, so it's really tough.
3. Tokyo's not just crowded, it's also expensive. That makes it a hard place to live.
4. This hotel's not just quiet; it also has excellent service.
5. I've heard that in addition to being a physicist Einstein was also a superb musician.

## ⑫ 〜ことに

1. Happily, I ended up being able to get a scholarship.
2. Sadly, since I graduated from college, I haven't been able to see my college friends.
3. Unfortunately, our team lost in the last match.
4. Fortunately, even though I've gotten older, at least my body is healthy.
5. To my surprise, it seems that this bird can speak human language.

## ⑬ Sentence₁。だが、Sentence₂。 🗣

1. I think I'd like to study Japanese literature. My parents, however, want me to become a doctor.
2. Wikipedia is really useful when you want to look something up, but it has a lot of inaccurate information, so you've got to be careful.
3. YouTube is interesting, but there are also a lot of

problematic video clips.

### ⑭ Noun に対して

1. We need to think about how to deal with earthquakes, which are unpredictable as to when they will hit.
2. In Japanese, it's very rude to address your superiors as "*anata*."
3. Paying taxes is a citizen's responsibility to his country.
4. After I studied Japanese, my interest in Japanese history became even stronger.
5. Studying Japanese and Chinese has changed the way I look at Asian countries.

### ⑮ Verb-non-past こと（は）ない

1. The next train will come soon, so we don't need to rush. Let's take our time.
2. Because we can just order it on the Internet, there's no need to go to the store to get it.
3. You studied hard, so you shouldn't be surprised that you got a perfect score./You studied hard, so you shouldn't be surprised if you get a perfect score.
4. You don't have to be down just because you broke up with your boyfriend. You'll meet someone much better in no time.

### ⑯ ～かというと

1. Mr. Smith is good at Japanese. As to why, it's because he lived in Japan for a long time.
2. I like spicy food, so if I had to pick, I'd say I like Korean food more than Japanese food.
3. A: When's the next meeting?
   B: Let's see, the next meeting is...here we go, next Wednesday.
4. As for how much memory this computer has, it's around 2GB.
5. The next presenter is…um… It's Ms. Tanaka.

### ⑰ それなら

1. A: My head aches.
   B: If that's the case, you should go to bed right away.
2. A: I think I want to eat out at a restaurant with good food tonight.
   B: Oh, if that's so, why don't you try that new Japanese restaurant? It was pretty good.
3. My parents tell me almost every day to study hard so I can get into a good university. If that's what they want, I want them to tell my little brother and sister to be quiet while I'm studying.

## Lesson 11

### Reading

#### ■ The History of Imports in Japan

There are many different examples of culture and traditional customs in Japan, but are they all things that originated in Japan? The answer is "no." Among those things generally thought of today as traditional Japanese customs or culture, there are quite a few that entered Japan originally from other countries and were adapted to become typically Japanese(lit. and changed in a Japanese way). For example, *hiragana* and *katakana* were created by Japanese people based on *kanji* that entered Japan from ancient China, and *tempura*, a typical Japanese dish, is also something that came to Japan and was transformed from a Portuguese deep-fried dish called *tempero*. In this lesson, we will use Japanese history to see how the Japanese have adopted foreign culture and made it into something unique to Japan.

.......................................................................................................

We may be able to say that the first thing the Japanese imported from other countries was rice. The birthplace of rice is said to stretch from Yunnan, China, to Assam, India. According to Japanese period names, during the late Jōmon Period (about 4,000 years ago), the method of making rice is said to have spread through China and the Korean Peninsula to Japan. Then, after the start of the Yayoi Period, it spread across the country and became the main staple of the Japanese people. And, not only had rice become a main staple; much later, it started to be collected as tax or paid to samurai as salary, and it became an essential part of the Japanese economy. (It is known that) Japanese people pay a lot of attention to changes in season and climate. This is said to be related to the fact that the Japanese considered rice growing to be very important, and that the way of producing rice efficiently has greatly influenced their lifestyle and way of thinking.

From the Kofun Period, which followed the Yayoi Period, and into the Nara Period, Japan was greatly influenced by China and Korea, and it imported their laws, as well as (styles of) architecture, clothing, and cooking, from these countries. It was also in this Kofun Period that Buddhism spread to Japan and greatly changed Japanese religion, which had been dominated by Shinto until then. According to a Japanese history book, the start of Buddhism in Japan was said to be the time when the king of a country called Baekje on the Korean Peninsula (*Kudara* in Japanese) sent a Buddha image and Buddhist texts to Japan.

The Heian Period, which followed the Nara Period, was the time when Japan's exchange with other countries became almost nonexistent and when the various things that had spread to Japan were transformed to become typically Japanese. This was the Period in which *hiragana* was created. The Heian period was also the period in which Chinese-style clothing changed to *kimono*, new schools of Buddhism emerged, and the *Tale of Genji*, which is said to be the oldest and longest love story in the world, was written using *hiragana*.

By the way, have you heard of the word Zen before? Zen is a Buddhist school called *Zenshu,* and there must be many people who think of Japan when they hear the word Zen. However, the fact is that Zen began not in Japan but in China, and was introduced to Japan around the end of the Heian Period by a monk named Eisai, who had studied in China. At that time, the custom of drinking tea was imported to Japan along with Zen, and that developed into the tea ceremony, a representative example of Japanese culture.

The Kamakura Period, which came after the Heian Period, is the period in which *samurai* became powerful, and, because they liked Zen and tea, Zen and the custom of drinking tea spread throughout Japan. And, later, the tea ceremony was established by Sen no Rikyu, and, changing little by little, it became the tea ceremony of the present day.

So, from ancient times up to the Muromachi Period, Japan was strongly influenced mainly by Asian countries. However, when it went from the Sengoku Period, in which many feudal lords fought throughout Japan, to the Azuchi-Momoyama Period in the late 16th century, Portuguese and Spanish people began to visit Japan for the purpose of propagating Christianity and trading. And, Europe's influence began to appear in Japanese culture. Because the Japanese at that time called these people *Nanbanjin,* meaning "savage people who live in the south," their culture was known as *Nanban* culture. In present-day terms, it would mean Western culture.

It is said that during the Sengoku Period a feudal lord named Oda Nobunaga, whose goal was to unify Japan, was interested in *Nanban* culture (lit. a person named Oda Nobunaga, who aimed at unifying Japan, was a feudal lord who was interested in *Nanban* culture) and actively incorporated Western lifestyles into his life, allowing the propagation of Christianity, drinking wine, and wearing a cloak. Nobunaga was also the first to use rifles from Europe to fight with other feudal lords.

In the following Edo (Tokugawa) Period, due to a national isolation policy, except for a place called Dejima in Nagasaki, foreigners were not allowed to visit Japan freely, and Japanese people were not allowed to import foreign goods and other things. The Edo Period continued for (as long as) about 250 years, and it is said that Edo (present-day Tokyo) at that time was the most populated city in the world, had developed its own aesthetic style (lit. artistic culture), was clean, and had a highly sophisticated culture.

When the Edo Period ended and the Meiji Restoration started, Japan aspired to modernization, actively adopting European and American things, systems, and culture, such as clothes and shoes, postal systems, and laws. One of those things was the custom of eating meat. In Japan, because of the influence of Buddhism, from the Heian to the Edo Period, eating meat was prohibited except for special cases. However, the Meiji government believed that Japanese people ought to eat meat like Europeans and Americans did, and encouraged the citizens to eat meat. In such circumstances, *sukiyaki*, a representative Japanese dish using beef, was born.

In this way, Japan has been influenced by a number of countries during its long history. Even among the things that look like uniquely Japanese customs or culture there are many whose origins are actually from foreign countries. Presently, things like Christmas and Valentine's Day have become general Japanese events, these, too, are celebrated in a uniquely Japanese way while incorporating European and American customs.

Sometimes Japanese culture is criticized, being said to be full of imitations and without any original aspects (lit. culture). However, culture and things that were imported into Japan were transformed over a long period of time in a Japanese way, and have become (a part of) Japanese traditional culture, history, and customs. In the future, too, Japanese people will probably continue to import culture and items from many countries and develop them, adding a Japanese flavor. And, it is expected that Japan will begin to export new aspects of its culture to the world, just as Japanese sushi is already eaten around the world, and just as things like anime, manga and (video) games are greatly influencing the world's youth culture.

## Dialogs

### ▶ Talking about past occurrences

**Dialog 1: *Yuta, Yuta's father, and Mike are talking about Oda Nobunaga at Yuta's house.***

Yuta's father: Yuta said that you like history, Mike.

Mike: Yes, I do. I read things like historical novels a lot.

Yuta's father: Is there anyone you like from Japanese history?

Mike: I don't know much about Japanese history, but the name Oda Nobunaga came up the other day in Japanese class.

Yuta: Wow, you study things like that in Japanese class?

Yuta's father: Speaking of Oda Nobunaga, he's well-known as the person who tried to unify Japan in the Sengoku Period.

Mike: Is that so. What kind of a person was Oda Nobunaga?

Yuta's father: It's said that he was someone with a very modern way of thinking for a person of that time.

Mike: Oh.

Yuta's father: Judging from *Shinchō kōki*, a document written about Nobunaga, when he was young he was said to be an *utsuke,* or a juvenile delinquent in today's terms.

Yuta: It isn't a very good word, but *utsuke* means something like "fool," I guess.

Mike: Is that right?

Yuta's father: But, when his father died and Nobunaga became the feudal lord of a small country about where Nagoya is today, he expanded his country rapidly, doing things like using rifles in battle and introducing a free market economy.

Mike: It seems like Nobunaga was fond of new things, doesn't it? It said in my textbook that he drank wine.

Yuta: Yeah. He loved new things, but it seems that he was a very cold person, so if there was anyone who didn't agree with his opinions or ideas, he killed him immediately.

Yuta's father: As in "*Nakanu-nara, koroshite-shimae, hototogisu.*" (If it doesn't sing, kill it, the little cuckoo.")

Mike: What?, What does that mean?

**Yuta's father:** It's a haiku that's often cited when talking about Nobunaga's personality. *Hototogisu* is the name of a bird, and, simply put, I guess this haiku means something like if you have someone who is opposed to what you do or who is useless, it's better to kill him.

**Mike:** Really? Nobunaga was quite an interesting person.

**Yuta:** I agree. He is one of the most popular historical figures among Japanese people (today), along with Toyotomi Hideyoshi.

**Yuta's father:** If Nobunaga had unified Japan, the history of Japan would have been completely different, I guess.

**Mike:** Wow, is that so? That is interesting. I've heard the name Toyotomi Hideyoshi before, too. I'd like to know a little bit more about them, so I'll try looking them up on the Internet. If I find something I don't understand, would you please teach me?

**Dialog 2:** *Mike and Yuta are talking at the Nikko Toshogu Shrine.*

**Mike:** So, this is Nikko Toshogu, which is devoted to Tokugawa Ieyasu. It's pretty, isn't it?

**Yuta:** Yeah, it's very luxurious, and doesn't feel like a shrine, does it? I heard that this was chosen as a UNESCO World Heritage site in the 11th year of Heisei.

**Mike:** Wow, that's amazing. According to my research on the Internet, Ieyasu was a very patient person. Am I right?

**Yuta:** Yes, so it's said, because (he said) "*Nakanu-nara, nakumade matō, hototogisu.*" (If it doesn't sing, I'll wait until it does, the little cuckoo.)

**Mike:** Ah, that's really similar to Nobunaga's haiku.

**Yuta:** Yeah, Nobunaga kills the cuckoo if it doesn't sing, but Ieyasu waits for it to sing.

**Mike:** Hmm, I see… Well, how about Toyotomi Hideyoshi, then?

**Yuta:** Hideyoshi's goes "*Nakanu-nara, nakasete-miseyō, hototogisu.*" (If it doesn't sing, I'll make it sing, the little cuckoo.)

**Mike:** Wow, so Hideyoshi doesn't kill the cuckoo, but doesn't wait for it either, and makes it sing by himself.

**Yuta:** Yeah, these haiku weren't actually made by those three people, but they're said to show their personalities well.

**Mike:** The other day, when we were talking with your father, he said that if Nobunaga had unified Japan, Japan's history would've probably been different, right?

**Yuta:** Yeah, he did.

**Mike:** Why couldn't Nobunaga unify Japan?

**Yuta:** He was killed by one of his own men, (a man) called Akechi Mitsuhide. That fight was called *Honnōji no hen*; Nobunaga was trying to meet the *shōgun* of the Muromachi government to

unify Japan, and he was staying in a temple called Honnōji in Kyoto. There, Akechi came to attack Nobunaga. Because there was no way to escape (lit. he was about to be killed), he committed ritual suicide and died. Before his suicide, he danced a Noh dance in the burning temple.

**Mike:** Wow, how cool.

**Yuta:** Yeah, we don't know if it's true or not, though. That scene is often performed in TV dramas.

**Mike:** Wow, I'd like to see that. Why did Akechi try to kill Nobunaga?

**Yuta:** Akechi is said to have been a very wise and warm-hearted man. So, I guess he couldn't forgive Nobunaga for killing so many people.

**Mike:** Did Akechi unify Japan after Nobunaga died?

**Yuta:** No, right after *Honnōji no hen* he was killed by Hideyoshi, who was a subordinate of Nobunaga, and, in the end, Hideyoshi unified Japan.

**Mike:** Hmmm, really? Hideyoshi's the person who made Osaka Castle, right? I'd like to go to Osaka Castle next time.

**Yuta:** That's a great idea. I've never been there either, so let's go together next time.

**Mike:** Yeah. Absolutely, because I'd like to know more about Hideyoshi.

## Grammar notes

**❶ 少なくない**
1. There are more than a few students who think that kanji are difficult.
2. I hear that there are also a considerable number of foreign students at this university.
3. Although my salary's not bad, I wonder why I haven't been able to save up much money.
4. There were more than a few earthquakes when I was living in Japan, so I made sure not to sleep near the bookshelf.

**❷ Noun を通して**
1. You can get all sorts of information over the Internet.
2. Through sports, the children became good friends.
3. I learned of Japan's old-time, beautiful culture through its traditional performing arts.
4. It was from one of his friends that I heard that he likes me, which made me very happy.
5. You can get computer viruses not just through the Internet and by e-mail, but also from DVDs and CDs, so be careful.

**❸ Noun₁ から Noun₂ にかけて**
1. We had lots of rain from last night through this morning.
2. I traveled in Europe from year end and into the new year.
3. There are supermarkets and restaurants lined up along the road from here to the next town, so the road gets so crowded.

**❹ Noun で言うと**
1. The temperature right now is 50 degrees Fahrenheit, so that would be around 10 degrees Celsius.

2. In terms of Japanese history, the Italian Renaissance corresponds to the Kamakura and Muromachi Periods.
3. 2000 AD corresponds to the 12th year of Heisei.
4. I'm 6 feet tall or, going by the metric system, around 180 centimeters.
5. The expression "*O-daijini*," which is said to sick people, corresponds to the English "Please take care."

**⑤ 各 +Noun**
1. The e-mail address for each instructor and the classroom for each section are written here.
2. It's been decided that a student chosen from each class(i.e., first-year, etc.) will take part in the speech contest.
3. In the United States, the rules concerning the legal drinking age are different in each state.
4. Representatives from various countries gathered for a meeting on terrorism.

**⑥ X ばかりでなく Y（も）** 👤👤
1. That restaurant's not only cheap; it's also delicious.
2. I studied as hard as I could, and not only did I get better at Japanese, but my grades also improved.
3. Tourists come to Kyoto not just from other parts of Japan but from all over the world.

**⑦ Noun+ 風**
1. I like Western-style hotels as well as Japanese-style inns with hot springs.
2. How much does this *samurai*-style doll cost?
3. A: Was there someone here just now?
   B: Yes, a little while ago someone who looked like an office worker came by.

**⑧ Noun と共に** 👤👤
1. Fires and tidal waves accompanied the earthquake.
2. Since my parents died, my older brother and I have helped each other (and managed) to get by.
3. Language changes with the times.
4. As computers became widespread, the number of people using e-mail increased.

**⑨ ～ずつ**
1. I make it a rule to memorize five kanji a day.
2. Please don't all talk at once—take turns and speak one at a time.
3. I'd like each one of you to take two sheets of this Japanese paper and fold two cranes.
4. The number of people using the *Tobira* website increases little by little every day.
5. I tried a little of each of the different kinds of food at the hotel buffet.

**⑩ Noun₁ から Noun₂ に至るまで** 👤👤
1. *Samurai* were active in Japan from the 12th century all the way through the 19th century.
2. You can see the same NHK news at the same time from Hokkaido all the way to Okinawa.
3. Anyone can enjoy this game, from children (all the way) to adults.

**⑪ Noun + 同士**
1. Please talk amongst your friends and make a decision.

2. At this site, iPod users can exchange opinions with each other.
3. Each year at *Obon*, we (my siblings and I) get together and go to visit our parents' grave.
4. The next match is between two strong teams, so I have no idea which will win.
5. A fight between the children also caused the relationship between the two sets of parents to sour.

**⑫ Verb べき**
1. If there are things you can do by yourself, you should.
2. You shouldn't use your cell phone on the train or at the hospital.
3. This restaurant's popular—we should've made a reservation yesterday.
4. I think he never should have married her.
5. I've got so many things I have to do that I never have enough time to get through them all.

**⑬ Noun からすると** 🖼
1. Judging from how the sky looks, it'll probably rain this evening.
2. Judging by the way she speaks, I'd say she probably grew up in the Kansai area.
3. The smell from the kitchen makes me think we're having curry tonight.
4. Judging from its content, this is probably a manga written with adults, not children, in mind.

**⑭ Verb ぬ** 👤👤
1. I'm surprised to get such an unexpected result.
2. You know what they say: "Asking a question makes for momentary embarrassment; not asking makes for a lifetime of shame." Ask as many questions as you like.
3. Since nature doesn't speak, I would like to speak on its behalf about its importance.

**⑮ Noun の上で；Noun 上（で）**
1. People think of Japan as having a small landmass, but when you look at the numbers, that's not quite the case.
2. Mistakes in translation resulted in a misunderstanding between the two countries.
3. On a map this park looks close to the house, but when you walk there it takes quite a while.
4. Mr. Tanaka resigned due to health problems.
5. The Meiji Restoration is very significant in Japanese history.

**⑯ Noun と並んで**
1. Arabic, along with languages like Japanese and Russian, is said to be a difficult language to learn.
2. I hear that the business school at this university, just like the medical school, is hard to get into.
3. Nara, like Kyoto, is a city with a long history and used to be the capital of Japan.

**⑰ おそらく～（だろう）**
1. I can probably go to Japan next year.
2. As long as the religious problems remain unresolved, it's unlikely that this war will end.
3. There's going to be a new building going up on the

lot next door, so it'll probably get noisy around here.

4. I've seen this exact picture at a museum before, so this is probably a copy.

**⑱ まったく**

1. His idea and mine are exactly the same.
2. This report is no good at all. I think it'd be best to rewrite it.
3. I think the measures this country is taking to deal with its educational problems are way off track.
4. This curry is so hot that I can't eat even a bite.
5. There was absolutely nothing interesting about that movie. It was a waste of time.
6. I don't like *nattō*, but it's not that I can't eat it at all.
7. It's not that I have no idea who she is, but we haven't talked much.

## Lesson 12

### Reading

#### ■ Messages from *Washi*

Do you know the word *washi*? The character *wa* of *washi* has various meanings, and one set of meanings is "Japan," "Japanese style," or "Japan-made." For example, *washitsu*, which you know well, means a Japanese-style room with *tatami* mats (Japanese straw flooring), and *wafuku* means Japanese clothing—i.e., *kimono*. Therefore, *washi* means Japanese paper. So, what kind of paper is *washi*, that is, Japanese paper?

It is believed that paper was invented in China (sometime) around 176-141 B.C. This method of paper making was introduced to Japan from the Korean Peninsula the Nara Period. The reason why paper that was invented in China came to be called *washi* is that the raw materials and methods for making it were altered in a Japanese way, for example, using plants only available in Japan as raw materials and using a method unique to Japan called *nagashisuki* in making the paper.

The primary characteristic of *washi* is that it is thin and strong. In an anecdote having to do with its strength, there is a story that during a fire, one merchant in Edo hid an important account book in a well so it wouldn't be burned, and when the fire was extinguished, he retrieved it from the well, dried it out, and used it again. In short, that means that the *washi* was so strong it didn't tear even when it got wet, and once dried it could be used just as before. This would be unimaginable for the paper that we use in our everyday lives today.

*Washi* has not only strength but also flexibility and warmth. Since ancient times, Japanese people have made good use of these characteristics of *washi* and have made various things necessary for everyday life, from small daily goods such as baskets and plates, to large furniture such as chests of drawers. Baskets, plates, and chests of drawers made with bamboo or wood combined with *washi* are all light, sturdy, and, on top of that, they feel nice to the touch and you can sense the warmth of *washi*

from them. Furthermore, because light shining through *washi* becomes soft and gentle, it is used in *shōji* (sliding doors made of paper and wood) and lamps. Also, *washi*'s characteristics of strength and flexibility are both put to good use in umbrellas and paper fans, which we must open and close countless times.

The uses of *washi* have become more diverse as time passes. For example, engineers trying to develop a new use for *washi* improved the thinness and strength further and created something called "electrolytic-capacitor paper." It is said that this electrolytic-capacitor paper is something that is essential to the televisions, video players, cellular phones, and computers that we use every day, and that most electronics would probably not work without it.

In fact, interestingly enough, the character *wa* in *washi* also has the meaning "to get along well" or "to blend well." Both in the past and today, *washi*, which is Japan's distinctive paper and has the meaning of "to get along well, to blend well," has been skillfully blended with other things and reborn in different forms while making good use of its special characteristics. When thinking about these ways in which *washi* is used (lit. is made good use of), doesn't it feel as if *washi* is sending us a message of *chōwa* (harmony)?

*Captions:*
Daily commodities made of bamboo and *washi*
An electric lamp
Paper fans
The making of handmade paper
Electrolytic-capacitor paper
*Shōji* screen

### Dialog

#### ▶ Explaining how to make things

**Dialog: *Yuta and Monica are talking about how to fold origami cranes and about strings of 1000 paper cranes.***

Monica: Yuta, what are you doing? Oh, *origami*?
Yuta: Yeah. I'm folding a *tsuru*.
Monica: Oh, what's *tsuru* in English?
Yuta: (It means) Crane.
Monica: Now that you mention it, it does look like a crane, doesn't it? Can I try to make one, too?
Yuta: Sure. Use this paper then.
Monica: Thanks. Hey, this paper's sort of different. I kind of feel the touch is different from ordinary paper.
Yuta: This is called *washi*; it's traditional Japanese paper.
Monica: Oh. Is it all right for me to use it, too? I've never folded *origami* before.
Yuta: Of course. I think paper has value (lit. meaning) only when you use it, not when you just look at it.
Monica: Yeah, I guess that's true.
Yuta: So, shall we fold it while looking at the diagrams for folding *origami*? First of all, for

Number (1), we fold the paper in half to make a triangle, and then fold that in half again to make the shape in Number (2).

Monica: OK. Like this?

Yuta: Yeah, like that. Then, next, we open up (A), and bring the ends of (B) and (C) together.

Monica: This way?

Yuta: Right. Then, if you turn Number (3) over and do the same thing to (D), you'll end up with the shape in Number (4), right? Next, in order to make the lines (E), (F) and (G), we'll fold them once and then unfold them again. Now there are lines like in Number (4), right? The next step is a little difficult, but you raise (H) up while following lines (E) and (F) in order to make a shape like Number (5). Can you do it?

Monica: Umm, that's a little complicated. Do it one more time... Ah, I did it!

Yuta: Next, if you fold the other side in the same way, you'll make a shape like Number (6). The side that is divided into two parts becomes the head and tail, and the side that is not divided becomes the wings.

Monica: OK.

Yuta: Next, you fold both parts (I) and (J) of the divided part towards the center. Try folding the place where the lines are in the picture.

Monica: Like this?

Yuta: Yeah, you bend part (I) and make it into a tail. Then, you bend (J) and make the head.

Monica: Wow, I did it! What do you think?

Yuta: Yeah, it looks pretty good. It's the first time you folded one, right? That's great. Last, if you spread the wings out and blow air into it at part (K) to inflate it, it'll be done!

Monica: Amazing—it's a crane! Thanks for teaching me. But, why are you making so many?

Yuta: In Japan, there's a tradition called *senbazuru* (1000 cranes), which says that if you fold 1000 cranes, it will make a serious illness well. I don't know why that is, though.

Monica: Oh, then…are you folding them for someone?

Yuta: Yeah. Actually, my friend from high school was hospitalized, so my classmates decided that we'd all fold 1000 paper cranes so that he'll get well soon. When we've finished 1000, we'll connect them with string and take them to the hospital.

Monica: I see.

Yuta: Also, strings of 1000 paper cranes are a symbol of peace as well.

Monica: What? Why a symbol of peace?

Yuta: There was a girl named Sadako Sasaki, *who was exposed to the atomic bomb in Hiroshima when she was two years old and she died when she was twelve.

Monica: Oh...

Yuta: In her hospital room, she continued to fold paper cranes the whole time, wishing that she

(lit. her illness) would get better.

Monica: Hmm.

Yuta: Then, after Sadako died, this story became known to everyone, and, after that, strings of 1000 paper cranes began to be folded not only to cure illness, but also to wish for world peace... that's what I heard.

Monica: Oh, I see. So you fold strings of 1000 paper cranes for people who are suffering from illness, or (you fold them) for peace, right? Anyone can fold a crane, and no matter how small it is, doing what you can for some purpose is nice, isn't it.

Yuta: Yeah. I think so, too.

Monica: Hey, let me help out, too.

Yuta: Yeah, of course. Use these pieces of *washi*, too.

*Captions:*

The Children's Peace Monument: The 1000 Paper Cranes Tower

A string of 1000 paper cranes

*Sadako Sasaki: Born in 1943. At the age of 2 she was exposed to the atomic bomb in Hiroshima. At age 11, she developed atomic bomb sickness and died at age 12.

## Grammar notes

### ① いったい Question word

1. You lost so much weight! What on earth happened to you?

2. What in the world were you thinking, doing something like that?

3. It's already been more than three hours since the meeting began. When on earth will it end?

### ② Sentence とされている

1. It's thought that the destruction of the ozone layer is one of the causes of global warming.

2. There are things that used to be considered fine but now are considered bad. Tobacco is one of these.

3. This painting is believed to have been painted by Monet, but his signature doesn't appear on the canvas.

### ③ 第一（の / に）

1. The first thing I always do when I get home is check my e-mail.

2. The primary reason I passed the test is that all the words and kanji I memorized were on it.

3. My first impression of her was bad, but for some reason she and I became really good friends.

4. My motto is "health first."

### ④ Noun に {関する / 関して}

1. There are many books related to the economy of Asia in this university's library.

2. It seems that the information Wikipedia has on this person is incorrect.

3. I learned something really interesting when I did some research on the ways of using Japanese paper.

4. When it comes to knowledge about computers, I think

5. This site is really useful, but it has a lot of security issues.

**❺ 考えられない**
1. I feel that life without computers is unthinkable to people today.
2. I never imagined when I first started studying Japanese that I'd ever be able to write as many as 800 kanji.
3. It's not inconceivable that, in the future, anyone can take a spacetrip.

**❻ 生かす**
1. In the future, I want to work at a company that puts my skills to good use.
2. The Japanese put the "service first" mindset to work in all aspects of business.
3. Many products make use of the various unique characteristics of plastic.
4. I intend to make the most of my experience studying abroad in Japan and become a study-abroad adviser at a university.

**❼ Sentence ことから** 📕
1. Because eco cars don't pollute the air and they keep people from spending a lot of money on gas, you could say that they are environment-friendly.
2. From the fact that there are vending machines wherever you look, some say that Japan is a safe country with low crime rates.
3. Based on the fact that fish bones and shells were unearthed here, we've learned that long ago this place used to be under the sea.

**❽ Noun なし**
1. Soon I want to be able to read a newspaper without a dictionary.
2. I can't even imagine life without computers now.
3. That restaurant is busy on weekends, but it's Wednesday today, so we should be all right without a reservation.
4. I'm on a diet, so I'll pass on dessert today.

**❾ こそ**
1. A: I'm pleased to meet you.
   B: The pleasure is mine.
2. I really want to go to Japan to study this year.
3. You can't understand how interesting soccer is just from watching it on TV.  It's only when you go to a stadium and watch it in person that you can really understand its appeal.

**❿ Verb-*masu* 込む**
1. I was startled by the loud noise and accidently swallowed my gum.
2. Please write your name and address in this document.
3. In Japan, station attendants (lit. announcements) often say (through loudspeakers), "Please refrain from rushing aboard your train."
4. Yesterday I ended up staying up all night talking with a friend I hadn't seen in a long time.

5. I don't really want to talk with someone who's completely convinced that he's right.

**⑪ ～さ (あ)** 📕
1. A: Oh, what'd you do to your leg?
   B: Actually, I fell down some stairs yesterday and ended up breaking it (lit. the bone).
2. I reserved a table at the restaurant, so be there at 7, OK?
3. So I hear that Kim's not just fluent in French, she's also really good at Japanese.  Isn't that cool?

**⑫ Noun でもある**
1. Leonardo da Vinci was a scientist as well as an artist.
2. My brother's three years younger than I am, but we were born on the same date, so today is both his birthday and mine.
3. Kyoto is not only home to many ancient temples; it is also the center of traditional Japanese culture.
4. The apartment I'm living in is in an area that's not just quiet; it's also safe, so it's popular among students.

**⑬ ずっと**
1. It's been raining ever since this morning.
2. This war's been going nonstop for years and years.  Whenever will it end?
3. I've liked him ever since elementary school.

**⑭ Number₁、Number₂ + Counter**
1. I'm off to the library to study for two or three hours.
2. That car's been parked in front of my house for three or four whole days.  Who on earth does it belong to?
3. I've met that person five or six times, but we haven't talked even once.

**⑮ ～まま**
1. If things keep going like this, global warming won't come to an end.
2. If I had just stayed in Japan, I probably would've gotten better at Japanese.
3. This sweet is better when you warm it up in the microwave instead of just eating it as it is (without warming).
4. I was tired, so I fell asleep with the lights still on.  I left my tie on, too.
5. Did you know that it's against the rules to enter a Japanese house with your shoes on?

# Lesson 13

**⟨ Reading ⟩ 1**
**■ My Teachers and I**

Ishinomori Shotaro
Manga artist

(Center Leader in bold)
I think it was the four seasons in my hometown that cultivated my sensitivity to everything around me.

At the end of the war, I was a first-year elementary school student. There weren't enough school buildings, so we studied in open-air classes.

The thing that stands out in my memory was Miss Kikuchi, a female teacher who was my homeroom teacher when I was in fourth and fifth grade.

She was a small, gentle teacher in her 20's. I think she wore women's work pants, and often when she happened to pass by my house, she would look in and talk to me.

The lingering evening glow after an autumn sunset—I wrote about that scenery in a composition once and also about the smoke from the kitchen fire (lit. from the evening meal) while the sun slowly set and the surroundings changed from purple to orange. I described nature changing moment by moment as it grew dark.

Miss Kikuchi (lit.teacher) complemented me greatly, saying, "You observed closely and described it well." The hand that patted my shaved head was warm. I still recall it.

Selfishly, I only remember being praised. Because of that, I became interested in writing. My compositions were often read in the classroom, so I began to dream of becoming a novelist (lit. my dream became "In that case, I'll become a novelist.")

After entering middle school, I once acted up and was made to stand holding buckets in both hands. All that I remember is that I was scolded, and I don't have any memory (lit. impression) of having gained anything from that teacher.

After graduating from high school and coming to Tokyo, I went to Mr. Osamu Tezuka in order to become a manga artist. At first, I was told, "You are cosmopolitan." These were the greatest words of praise, meaning that (my work) would be understood no matter which country I released it in.

I had just come from the country, and I was uneasy about my Tohoku accent and had an inferiority complex, but that (compliment) turned everything right side up for me.

I guess that the changing of the four seasons was another of my teachers. Next to my house, a small stream flowed. In spring, there were rice fish, crucian carp, and also catfish. In autumn, fallen leaves floated down, which was very pretty. In winter, the river froze over, and we did things like splitting bamboo to make skates and (then) skated.

I recall a scene I saw on my way home from school, a scene of migratory birds forming a single horizontal row and flying away. In my heart, I think I was cheering them on saying, "Fly steadily away!"

I guess that children grow up through contacts with nature, such as nature's harshness and their sympathy toward other (living things). I think it was the four seasons in my hometown that cultivated my sensitivity to everything around me.

I think that Miss Kikuchi looked warmly at us (lit. the children) running around the fields and hills. I guess I think my whole hometown, including her, was my teacher.

*Caption under picture:* Shotaro Ishinomori

1938-1998. Birthname: Shotaro Onodera. He took his pen name from his birthplace, Ishimori, Nakada-cho, Miyagi Prefecture. After graduating from high school, he went to Tokyo and trained under Osamu Tezuka. His main works include *Cyborg 009*, *Kamen Rider*, and *Manga Nippon Keizai Nyūmon*, among others.

## Reading 2

### ■ Haiku: The World's Shortest Poems

Have you made or appreciated haiku before? Haiku, which are made with only 17 syllables, are the shortest poems in the world. They are enjoyed not only in Japanese but also in the languages of various countries. They are also introduced in elementary and junior high school textbooks in various countries of the world. They have become so common that there are even people who do not know that haiku were originally from Japan. Some of you probably wrote haiku in your language during elementary or junior high school. Lately, more people who are studying Japanese are making haiku in Japanese. Listed below are examples of haiku made by American university students in Japanese class.

> It's quiet;    the sound of the snow    is all I hear.
> Like mother and child    calling to each other
>   the cicadas chirp.
> The song of autumn    is written on
>   the fallen leaves.
> A spring afternoon    homeless people
>   taking a nap

What do you think? What kind of visual scene comes to mind from each haiku? What kind of feeling of the writer can you sense? What season is depicted (lit. composed) in the haiku? When you think that these are the haiku of young people studying Japanese, just as you are, don't you feel that you could make a "somewhat good haiku" as well?

There are several rules when making haiku, but the main ones are the following three:

(1) ha = Incorporate the sensation of being unexpectedly moved by something (*hat-to suru kandō*), the joy of discovery, or the delight in imagining.

(2) i = when (*itsu*): Using *kigo* (seasonal words), express the natural phenomena of a season or the feeling of a season.

(3) ku = construction (*kumitate*): Express (the above) in 17 syllables of 5-7-5.

The word *hat-to suru* in (1) is onomatopoeia meaning "to suddenly become aware of something," "to be surprised or startled by something," or "to be moved by something." Expressing *itsu* (when) in (2) is the most important element in making haiku, and there are words particular to haiku called *kigo*, which express the seasons. There is a rule that you must always put one *kigo* in haiku, and you can group *kigo* roughly into the following four categories. Which seasons do you think the words inside the parentheses represent?

1) Directly indicate the seasons (the spring sea, entering

summer, early evening in autumn)

2) Natural phenomena (lingering snow, a desolate field, fine weather in early summer (lit. in May), a north wind)

3) Animals/plants (red dragonflies, cats' love, budding leaves, maple leaves)

4) Events/life (rice planting, carp-shaped streamers, New Year's Day)

The (sound) rhythm of 5-7-5, the important point in (3) construction, seems to be well-suited to the structure and tone of Japanese sentences, and it is used not only in haiku; *tanka* (31-syllable Japanese poems) are also composed using a 5-7-5-7-7 rule, and the 5-7-5 rhythm is often used for proverbs, song lyrics, and slogans, as well. Furthermore, one often sees the words *kana, keri,* and *ya* in haiku. They are called *kireji,* words unique to haiku. *Kireji* are like rests in the rhythm of haiku, and using them is optional, but just as *kigo,* they can only be used once.

[Examples of the haiku form]

*Furuike ya (kireji)    kawazu (kigo) tobikomu,*
  *mizu no oto*                            Matsuo Basho
(An old pond, a frog jumps in, the sound of water)

*Yuki (kigo) tokete    mura ippai no*
  *kodomo kana (kireji)*          Kobayashi Issa
(The snow has melted; the children fill the village.)

Matsuo Basho and Kobayashi Issa were both haiku poets of the Edo Period, and their haiku are so widely popular even today that many Japanese people can recite several of them. Basho was the person who invented the modern haiku form and established the haiku as a highly artistic form of literature by expressing in haiku the mind of *wabi-sabi* in people's lives. The (first) haiku above reflects the *wabi-sabi* of an old, quiet pond in the mountains and, in contrast, a feeling of being moved by the birth of new life. On the other hand, many of Issa's haiku are composed with gentle feelings toward small or weak things, such as children or animals, and the (second) haiku above is one example of this. In your heart, what kind of scenery comes to mind from Issa's haiku? What feelings of Issa's do you sense?

We could say that because haiku uses very few words, comprehending and interpreting them is very difficult. Because the interpretation of poetry, including haiku, is by nature something that is free and relies on the individual's sensitivity, it may be appreciated in any way; however, whether or not you can understand the author's intended meaning is also very important.

So, when we appreciate haiku, what kinds of things should we pay attention to and on what basis? The following are points that we should pay attention to when appreciating haiku.

1) What kind of place or scenery do you see (lit. comes to your eye)?

2) What season is it? Which word lets you know this?

3) What things is the author looking at or listening to?

4) What do you think moved the author?

5) What feelings of the author are conveyed to you?

6) What aspect of the author's personality comes out?

7) What kind of metaphors are used?

8) Are there any expressions you thought were interesting or well done?

This method of appreciating haiku can also serve as a reference when making your own haiku. In Japan, haiku have been popular since the old days, and various people, men and women of all ages, have been writing and enjoying them. Some young people have fun by sending haiku back and forth using cellular phones, and sometimes foreigners present their own haiku that are more wonderful than those of Japanese people.

Taking this as an opportunity, why don't you try appreciating various haiku? And, try making your own as well. We think that by appreciating what is interesting about "the world's shortest poems," you'll have another reason to have fun and enjoy learning Japanese.

Dialog

▶ **Developing a conversation (Asking additional questions/stating your feelings)**

**Dialog:** *Mike and his homestay host father (Kato) are talking about senryū.*

Mike:  I learned about haiku in school today. Haiku are very interesting, aren't they? Whose haiku do you like?

Kato:  Ah, haiku. Actually, I prefer *senryū* to haiku, but…

Mike:  What? What's *senryū*?

Kato:  You could call them humorous haiku, I guess. They express in 17 syllables and in a humorous fashion things such as social satire and things that are happening around you.

Mike:  Oh, do they have rules the same as haiku?

Kato:  Yeah, they're 5-7-5, just like haiku, but you don't have to worry as much about rules as you do with haiku. You don't have to use *kigo,* and you make them using spoken language. What's more, it's OK if you're a little under or a little over 17 syllables. That's called *jiamari* (too many characters) or *jitarazu* (not enough characters). It's not that you never have *jiamari* or *jitarazu* with haiku as well, but you try to make haiku according to form as much as possible.

Mike:  Wow, so *senryū* are easier to make, aren't they?

Kato:  Yeah, that's right. *Senryū* also have just as long a history as haiku, and have been loved by common people since the old days. I feel that, for common people with no power, *senryū* were the sole means of criticizing the social circumstances of the time.

Mike:  Hmm, really? Do you know any interesting *senryū*?

Kato:  No, I can't remember any although I remember a lot of haiku. Huh, that's odd.

Mike:  That's strange—even though *senryū* seem easier.

Kato: Perhaps because a lot of *senryū* incorporate (societal) happenings at that time or personal feelings, they don't stay in your memory for long. Shall we check what kind of *senryū* are on the Internet?

Mike: Yes, let's do it. Ah, there's an interesting one here. "I am being crushed    by my homework.    I may die."    --A student of Japanese
I really understand the feeling.
"I ask my grandchild    What does a *deji-kame* (digital camera; *kame*: turtle) eat?"    --Urashimataro. (excellent piece, 15th Daiichi-seimei Sararīman Senryū Contest)
This makes me laugh. The pen name is also perfect.

Kato: Do you know *Urashimatarō*, Mike?

Mike: Yes, my teacher showed us a *kamishibai* (paper play) in Japanese class.

Kato: Oh, is that so. Look, this *senryū* site is also interesting. They're even funnier if you read them together with their pen names.
"When told she resembles her dad, she bursts into tears; my daughter."    --A husband with a beautiful wife (excellent piece, 10th Daiichi-seimei Sararīman Senryū Contest)
"In the meeting room sneezes are more plentiful than opinions."    --Hay Fever (Prize winner, 1st Hay Fever Senryū Contest)
"An idiot who thinks 'I'll do it tomorrow.'" (Japanese pun)    --A person who can't do things right away (*Tobira* website)

Mike: I just thought of something, Dad.    What about saying that haiku are about nature and *senryū* are about humans?

Kato: Oh, I see. You've said something pretty good. There's one more thing, Mike. It's not just haiku and *senryū*. A lot of slogans or catch phrases are also made using 5 or 7 syllables. For example, everybody knows traffic slogans like "If you drink, don't drive; if you drive, don't drink" or "Don't rush out; cars can't stop suddenly."

Mike: Oh, with those, even children can memorize them easily, can't they?

Kato: Yes, those slogans have a good rhythm, too.

Mike: Dad, I'm going to look a little more for *senryū* and slogans on the Internet.

Kato: OK. Let me know if you find another interesting one.

## Grammar notes

### ❶ 〜代

1. He started his company in his twenties and became a very rich man in his thirties.
2. I got married in my teens and had a child right away, and in my forties my first grandchild was born and I became a grandma.
3. Japan's economy from the latter half of the 1980s through the beginning of the 1990s is referred to as a "bubble economy."

### ❷ 〜(の)姿

1. When fall comes in Japan, you start to see more students in suits on their way to job interviews.
2. Looking at women in Japan today, I feel like they've really become strong.
3. As I watched my mother suffering from her illness, I determined to myself that I would become a doctor in the future.

### ❸ Verb ては、Verb

1. I struggled with my composition (lit. I couldn't write my composition well), and while I was writing and deleting over and over again, (before I realized,) it had become morning.
2. When I take my dog for a walk, he stops every few feet, sniffing this and that, and it's hard to move on.
3. The weather's horrible today; it's been raining off and on since this morning.

### ❹ Verb たものだ

1. When I was a child, I used to go swimming at the shore with my family every year during summer vacation.
2. When I was in college, I used to party hard, study hard and play a lot of sports.
3. Back before there were cell phones, it often happened that I caused my friends to wait for me or my friends caused me to wait for them, but now we can get in touch right away, so it's really convenient.

### ❺ だんだん

1. If you keep trying to speak Japanese every day, you'll get better little by little.
2. Spring has come, and it's gradually gotten warmer.
3. I put in four whole years studying Japanese, but I haven't used it much since I graduated from the university, so now bit by bit I'm forgetting it.
4. When I took in this abandoned cat, it was close to dying, but little by little it's gotten healthier.

### ❻ 〜につれて

1. As it becomes warmer, the snow is melting and the trees are turning green.
2. As my Japanese improves, I've become less embarrassed when talking with Japanese people.
3. As technology advances, our lives have become more convenient.

### ❼ Verb-*masu* 上げる

1. I have to finish this report by the end of the day.
2. This bag is too heavy for anyone to pick up, but if we had a machine we'd be able to lift it easily.
3. The Japanese students started up a Japanese blog site on their own.
4. The robber tied up the convenience store attendant, took the money from the register, and left.

### ❽ Verb-*masu* がけに

1. Let's stop at the bank on the way to work and withdraw some money.
2. When I was in high school, I used to do things like

see movies with friends and go to the bookstore on the way home from school.

**❾ ～だけで**

1. When I get to Japan, I'm going to try not to use English and to get by the best I can with just Japanese.
2. All you have to do for this plant is water it once every two weeks. It's easy to take care of.
3. Mr. Smith has come to the point where he can speak Japanese just by studying on his own.
4. There are vending machines where you can get hot ramen just by putting in some money and pushing a button.
5. You'd better not trust an advertisement that says something like "Just drink this medicine and you'll lose weight."

**❿ あまりに（も）** 👕

1. There are so many kanji in this reading, I can't make heads or tails of it.
2. The party next door was so loud that I called the police.
3. I think that too convenient a lifestyle spoils people.

**⓫ ～には**

1. Making flash cards is the best way to memorize kanji.
2. To get from Tokyo to Kyoto, the bullet train is a fast, convenient way.
3. In order to view this information, it is necessary to install this software.
4. Getting lots of vitamin C and plenty of sleep is effective in preventing colds.
5. This suitcase is useful for traveling overseas.

**⓬ だいたい**

1. After listening to my teacher's explanation, I understood the meaning of this word more or less, but I still can't use it well.
2. At this university, most students work part-time.
3. We have approximate figures, but we'll have to do some research to get an accurate count.
4. It appears that around 20% of the first-year class has been to Japan.
5. Please fill the pot about two-thirds full with water.

**⓭ Noun に｛おける／おいて｝** 👕

1. Resolving the disputes in Asia regarding history looks difficult.
2. In 1964 the Summer Olympics were held in Tokyo and in 1998 the Winter Olympics were held in Nagano.
3. We'll be holding a student meeting at 7 o'clock in the university's auditorium.
4. It is not that in the past no one has given a thought as to how to deal with the problem.

**⓮ ～もまた** 👕

1. I don't like hot weather, but I'm not a fan of cold weather, either.
2. It's important to be able not only to speak Japanese but to read and write it as well.
3. In addition to haiku, *tanka* is also well known as a literary style representative of Japan.

**⓯ なんだ** 📻

1. A: Hey, did you hear? Prof. Tanaka's getting married next year!
   B: You didn't know? Everyone knows that. Prof. Tanaka told us last week in class.
   A: Oh, really? I missed class last week, so [I didn't know].
2. Wait, you already ate? But I wanted to eat together...
3. Oh, you're not done with your homework yet? Hurry up; class is about to start.

**⓰ ほら** 📻

1. Here, take a look at this. It's a picture of Lily when she was a puppy. Isn't she cute?
2. See? It's just like I told you.
3. Come on, there's only one more kilometer to the goal! Hang in there!
4. Be quiet for a sec! Listen—I hear birds chirping!

---

## Lesson 14

**Reading**

### ■ The Conditions for Becoming a Politician

Can you name the current Prime Minister of Japan? What about the names of other Japanese politicians? Unfortunately, many foreigners probably don't know the names of many Japanese politicians. It seems that, except in parts of Asia, Japanese politicians are almost unknown outside Japan. Why are only a few Japanese politicians known internationally? Two reasons for that come to mind. The first reason is that, although in foreign countries there is interest in Japan's economic situation, interest in Japan's politics is low, so the media doesn't report much about Japanese politics. Another reason is that Japanese politicians' interests are often directed toward domestic issues, and there is no one who is capable of taking leadership in world problems, such as global warming or the education of children in poverty-stricken regions. That is to say, there are no politicians who attract attention at the international level.

So then, what kind of people become politicians or can become politicians in Japan? The basis of Japanese politics is a parliamentary democracy, and the National Diet is composed of the House of Representatives and the House of Councilors. The best method of being recognized as a politician by the people is to be chosen as a member of the House of Representatives or the House of Councilors in an election. However, becoming a member of the National Diet like this is very difficult; one must win the "election battle," i.e., a harsh fight to get elected.

So, what can one do to win this fight? In Japan, it has been said from long ago that in order to win an election, three things are important: *jiban, kanban* and *kaban*. First of all, *jiban* (ground) refers to the region where one announces his/her candidacy, and it means that a candidate can win an election if he/she has *en* (connections) such as territorial ties or blood relationships in that place. The word *en* means "ties to something," and *jiban ga aru* means to have a strong network in that region, through one's hometown, alma mater, acquaintances, friends, and relatives. Next, *kanban* means a sign or placard, and it means a personal condition that appeals strongly to the citizens, such as having celebrity status or having a good educational or career history. For example, the reason that television personalities, athletes, and university professors often run for election is because they have a strong *kanban*. And, last, *kaban* (bag) refers to the money inside one's bag, that is to say, the money one is able to spend for the election. The money that a candidate is able to spend towards an election is decided nominally by law; but, in actuality, more money than that is necessary. In the past, there was a saying, *nitō ichiraku* (two-win one-lose), which means "one wins with 200 million yen and loses with 100 million yen." Today, the election system and laws have been reformed, and it doesn't cost as much money as it did in the past; but, even so, it is a fact that a lot of money is necessary.

There may be some of you who think something is strange after reading this far. This is because policy, which should be the most important thing to the citizens, is not among the conditions for winning an election. Of course, candidates speak in their campaign speeches about what ways they want to be engaged in politics (lit. what kind of politics they want to do) if they become members of the Diet, or what they are aiming for as a politician. Unfortunately, however, in the end, what influences the result of a Japanese election is the strength of a candidate's 3 *ban* rather than his/her policies.

Because of this, when a famous member of the Diet who has the 3 *ban* and has been elected many times quits being a politician, often his/her children follow in his/her footsteps and announce their candidacy, and these people are called "second generation Diet members." Furthermore, among members of the Diet, there are not only second generation members, but also some hereditary Diet members. For example, in the case of Ichiro Hatoyama, who became Prime Minister after the war (WWII), his child and grandchildren became politicians as well, and recently Koizumi Jun'ichiro, who served as Prime Minister the longest, was also an example of a hereditary Diet member, as both his grandfather and father were politicians. Surprisingly, there is even data which states that about 70% of the members of the House of Representatives elected in the year 2000 were second generation or hereditary members.

However, with the arrival of the 21st century, the importance of policy has finally become an issue in Japan as well. Because of that, political parties and their candidates have begun to fight for election by presenting their manifestos. A manifesto is a concrete plan for executing their policies, which promises citizens in an easy-to-understand way where they will get the money and by when a plan will be executed, showing their goals with numbers. Recently, these manifestos have

begun to be presented not only in national elections, but also in regional elections, in which governors or mayors announce their candidacies.

In this way, the method and content of the election activities of Japanese politicians has changed little by little. However, it is a fact that even now there are quite a few candidates who rely on *jiban, kanban,* and *kaban.* Every election, celebrities with no political experience, such as television personalities or athletes, become candidates, and children of retiring members of the Diet announce their candidacies for their parents' places. And, every time, there is news of election violations related to money. This is how much Japanese elections are tied to *jiban, kanban,* and *kaban.*

Of course, even among second generation and hereditary Diet members, or even among people who go from being celebrities to Diet members, there are many great politicians (lit. many great people as politicians). But, because politicians control the lives of the citizens, if these people can become politicians just because their fathers or family members were members of the Diet or because they became famous on television, that is quite a problem. Also, from the perspective of electing Diet members, it is important to rethink the attitude of voting for someone just because the person is the child of a politician or because he/she is famous. If the current situation continues as it is, in the future Japanese politics will become something for only a small portion of the people and will become more and more removed from the people.

Because Japan is a democracy, which is something you cannot take for granted, each citizen must elect politicians responsibly. In order to expect that someday Japanese politicians will emerge who are respected and whose names are known throughout the world, each Japanese citizen probably should change his/her way of viewing the country's politics (lit. change his/her consciousness).

## Discussion

▶ **Giving opinions/Agreeing/Disagreeing**

**Topic:** *On elections*
*Participants: Miller (moderator), Yoshida, Ichikawa, Hayashi, Nakamura*

Moderator: Everyone, thank you very much for getting together today for my report on Japanese politics. Soon there will be a House of Councilors election, so I would like to ask you many things about Japan's elections.

Everyone: It's my pleasure.

Moderator: I'm an American, so I don't have the right to vote in Japan. Do all of you have the right to vote?

Ichikawa: I'm still 19 years old, so I don't have the right to vote. In Japan, you can't vote until you're 20.

Moderator: Besides Ichikawa, do the other three of you

have the right to vote?

The other three: (nodding) Yes, we do.

Ichikawa: What about your country, Moderator Miller?

Moderator: In my country, it's age 18.

Ichikawa: Wow, that's early. So you can vote from the time you're a university freshman?

Moderator: Yes, that's right. Um, recently, as the (Japanese) election approaches, I often hear the phrase "political independent." Is that what you call young people who aren't interested in politics?

Yoshida: That may be one of the meanings, but usually I think it refers to people who are interested in politics but don't have a political party they want to support, so their votes are affected by mass media coverage. Elections are something like a popularity contest (lit. popularity voting), you know. That's why people like pro wrestlers become elected.

Nakamura: Really? My idea is a little bit different. Actually, I am a political independent, but every election I seriously consider which candidate I ought to vote for. I do refer to media coverage to some extent as well, though.

Hayashi: Is that so? So, do you talk about the election with other people?

Nakamura: Yes, we sometimes talk about it as a family, but my parents strongly support a certain political party, so we disagree and always end up arguing… When the time comes for an election, the atmosphere becomes bad in my family.

Everyone: (Laughter)

Hayashi: It seems to me that political independents are divided into two groups. One group is people who are not very interested in politics and think that whether they go to vote depends on the weather that day, and the other is people who decide their vote not based on political parties, but based on the individual candidate's personality, way of thinking and manifesto. I think that in either case, they aren't only just young people.

Moderator: Really? Then, "political independent" doesn't just have a negative meaning. By the way, how about Japan's voting rate?

Nakamura: In big cities, it's low. It seems that the more rural the area, the higher the vote is, but there are more political independents in big cities. I believe that voting in elections is a citizen's duty, however.

Yoshida: Elections are not interesting, because every political party says nothing but similar things. People aren't attracted to any of the political parties or to candidates.

Hayashi: I think so, too, but I wonder if it's necessary for elections to be interesting. I don't think it's very good for elections to become like shows.

Ichikawa: Is that so? I think that if they're interesting, everyone's interest in them will increase, so it's good.

Moderator: I see. There's that way of thinking, too. Then, what do you think about people like television personalities or pro wrestlers becoming politicians?

Hayashi: I don't think it is a good thing. I wonder what people who don't know much about politics can do if they go to the National Diet. Pro wrestlers should be fighting in the ring.

Everyone: (laughter)

Ichikawa: Hayashi, you're prejudiced.

Hayashi: Am I?… I wonder, is it prejudice?

Nakamura: Well, this is my personal opinion, but I think that if only political pro's are doing politics, the voice of ordinary people will not be reflected in politics.

Ichikawa: I agree with Nakamura's opinion. I think that in order for people to participate more and more in politics, it is a good thing for people of various professions to become members of the National Diet. What about your country, Miller?

Moderator: In my country, there are some people who have gone from being movie stars or athletes to being politicians, but their evaluations vary. Among them, there are people who did fine jobs as politicians.

Yoshida: But, because members of the Diet represent the citizens and engage in politics using tax money, I think that, after all, for television personalities to become politicians is…(not good).

Moderator: It's a difficult point whether politics should be practiced by professionals or whether they don't have to be professionals.

Ichikawa: Well, what people are pro's at politics? Does that mean people who were born into families of politicians?

Hayashi: Hmm, that's a good question. I guess that political pro's are people who have *jiban*, *kanban*, and *kaban*.

Yoshida: Hayashi, that is old-fashioned. Right now, I think I would say that people who can clearly show their own political goals to the citizens using things such as a manifesto are political pro's.

Nakamura: So, that means that even television personalities are OK, as long as they have a proper manifesto, right?

Ichikawa: That may be true, but how can a person who doesn't know politics at all learn how to make a manifesto?

Hayashi: The thing that politicians ought to do is not only (to prepare) a manifesto. A manifesto is something that represents concretely what someone who wants to be a politician would do if he/she were chosen in an election, so it is not a goal. I think that the goal is whether or not the contents of the manifesto can really be put into practice, and also whether the citizens support those results or not.

Nakamura: That is certainly true.

*(The discussion continues)*

## Grammar notes

### ① ～を除いて
1. Aside from my parents, no one knows that I have a serious disease.
2. With the exception of guide dogs and other service dogs, no dogs are allowed inside the hospital.
3. While I was studying in Japan, I travelled everywhere but Okinawa.

### ② すなわち 🏃
1. Around the 25th year of Showa, that is, 1950, the war had just ended and everyone in Japan was poor.
2. The *otaku* "holy land," i.e., Akihabara in Tokyo, is also an "Electric Town," where you can get electronic goods cheaply.
3. My new part-time job pays me twice what I've been getting up until now—that is to say, 3000 yen per hour.

### ❸ 一応
1. We're supposed to work the reception desk for the time being.
2. There are still problems we need to discuss, but we're out of time, so we'll end the meeting here for now.
3. We've managed to fix the computer-freezing problem, but we still have the e-mail text encoding problem to deal with.
4. I've sort of finished the report (although not perfectly), but I still need to do an English spell check.
5. I've pretty much finished with the party prep. All that's left is to put out the drinks.
6. With this camera, anyone should be able to take a decent picture.
7. I think I've memorized everything written in this notebook, but I'll take another look, just in case.
8. It should be fine to use a word processor to write the composition, but let's ask the teacher, just in case.

### ④ 左右する 🏃
1. My internship experience in Japan will probably have a big impact on my life.
2. I think I don't want to be swayed much by other people's opinions.
3. There are quite a few people whose moods are influenced by the weather.

### ⑤ Noun₁、Noun₂ 共 (に) 🏃
1. This winter it wasn't very cold in either January or February.
2. There are a lot of foreigners in both Tokyo and Osaka.
3. Every year in both summer and winter I make it a habit to enjoy a break at my grandparents' house.

### ⑥ ［期間の表現］に入る
1. Since the Internet age began, people's shopping habits have changed.
2. Since the rainy season began, it's been uncomfortable, with no sunny days and lots of humidity.
3. Starting in the Edo Period, haiku began to be more popular than *waka*.
4. The Vietnam War began right as we entered the 1960s and lasted 15 whole years.
5. Since he hit puberty, he's really started to rebel against his parents.

### ⑦ ～を問題にする；～が問題にされる；～が問題になる
1. With respect to environmental problems, we should first address the issue of how to reduce the amount of garbage.
2. When thinking about the future of the Earth, global warming is the issue that must be addressed before anything else.
3. Currently, the issue receiving the most attention in that country is how to provide all children with equal opportunities to education.
4. Recently, the overuse of cell phones by children has become a problem.

### ⑧ 未だに
1. My mother still lives without having a cell phone.
2. It's been five years since that murder (case), but the killer still hasn't been caught.
3. I still can't forget the horrors of the atomic bomb.

### ⑨ いかに～か 🏃
1. Through this research, I've learned just how much energy we're wasting.
2. We all need to discuss how we should solve this problem.
3. There are no words to describe just how delicious my mother's cooking is.
4. When I began living abroad, I realized for the first time just how important it is to study a foreign language.

### ⑩ しかしながら 🏃
1. It's a good thing to study hard in college. It's not good, however, to spend all your time with homework and research and not make any friends.
2. I think this is an excellent paper. However, there are a few points with which I cannot agree.
3. I believe that everyone knows that war is not good, but they still continue to occur nonetheless/but it still continues nonthless.

### ⑪ かなり
1. The last test was pretty hard, but I did well on it.
2. This curry is pretty spicy, but not to the extent that I can't eat it.
3. We've already walked quite far, but we still haven't reached our destination. I wonder if we're lost.
4. I talked fairly slowly for her sake, but it doesn't seem that she really understood what I said.
5. He's an elementary school boy, but he's pretty tall. I

thought he was a middle schooler.

⑫ **Verb{れる/られる} [polight passive]**
1. You play the piano very well. When did you start learning?
2. You're not ready to leave yet, *sempai*? (lit. Aren't you going home yet, *sempai*?)
3. So you play tennis, Professor. I didn't know that.
4. Wow, you lived in Shikoku when you were in Japan? It's a nice place, isn't it? The weather's warm and the sea's beautiful, too.
5. I hear that Prof. Smith knows Prof. Mori, my Japanese teacher.

⑬ **Noun 次第**
1. Whether I get a good grade in this class or not depends on my final paper.
2. What type of apartment I rent depends on the rent.
3. The picnic this Sunday is dependant on the weather. I hear that if it rains, it'll be postponed until next week.
4. Studying kanji doesn't have to be hard, depending on how you memorize the characters.
5. This project may change, depending on what the president thinks.

⑭ **～とは限らない**
1. It's not necessarily the case that one knows kanji well just because he/she is Japanese.
2. It's not always true that expensive restaurants serve good food.
3. Having a lot of money won't necessarily make you happy. There are a lot of people who are poor but happy.
4. Parents and teachers aren't always right, but it's a good idea to get their advice anyway, just in case.
5. Even if you don't have a strong player, it doesn't necessarily mean you'll lose. There are cases where teamwork wins games.
6. Not all Japanese teachers are Japanese. There are a lot of excellent non-native teachers, too.

⑮ **ちゃんと；きちんと**
1. You need to clean your room properly and put things in their proper places every day.
2. When writing kanji, write each dot and line precisely, keeping in mind the character's overall balance.
3. If you don't speak clearly, you won't be able to convey your message to others.
4. For your health, you'd better eat a proper breakfast every morning and sleep at least six hours every night.
5. I follow the dorm's rules to the letter.

## Lesson 15

### Reading 1

#### ■ What If the World Were a 100-person Village

Where will I be living and what will I be doing 20 years from now? 50 years from now, what will our country be like? What will the world be like in the future? Everyone has probably had questions like this at least once. However, answering these questions is not easy. Some people predict a bright future while others predict a dark future. The future is not already decided, but it could become bright or dark, depending on our actions today. In this lesson, through three readings, we will consider the problems around us while we think about the future of our own countries and of the world, and also think about the possibilities for the future.

------------------------------

### *What If the World Were a 100-person Village*

– abridged edition

Kayoko Ikeda and Magazine-House [Author/Editor]
(excerpt)

There are 6.7 billion people in the world, but what would happen if we shrank that down to a village of 100 people?

Out of the 100 people, 50 are female. 50 are male.
28 are children, and 72 are adults. Out of those, 7 are seniors.
90 people are heterosexual, and 10 people are homosexual.
83 people are non-Caucasian, and 17 people are Caucasian.
60 people are Asian. 14 people are African, 14 people are South and North American, 11 people are European, and the others are from the South Pacific Ocean region.

33 people believe in Christianity, 20 people believe in Islam, 13 people believe in Hinduism, and 6 people believe in Buddhism.
5 people believe that there are spirits in all of nature, such as trees and stones.
23 people believe in various other religions or do not believe in anything.

17 people speak Chinese, 8 people speak English, 8 people speak Hindi, 7 people speak Spanish, 4 people speak Russian, and 4 people speak Arabic. This is barely half of the people in the village. The other half speaks languages such as Bengali, Portuguese, Indonesian, Japanese, German, and French.

In this village, where many different people live, it is important for you to understand people who are different from you, to accept others as they are, and most of all, to know this (that there are many different people living in the same village).

In addition, please imagine this (lit. try to think this way). Out of the 100 people who live in the village, 14 are malnourished (lit. have insufficient nutrition) to the extent that one is about to die. On the other hand, 14 are overweight.

Out of all the wealth, one person owns 40%, 49 people own 51%, and 50 people share only 1%. Out of all the energy, 19 people use 54%, and 81 people share 46%. 82 people have an adequate supply of food and a place to stay dry. But, this is not so for the other 18 people. 18 people cannot drink clean, safe water.

Out of the villagers, one person has a university education and 18 people use the Internet. However, 20 people cannot read.

If you are able to do or say things according to your principles, faith, or conscience without fear of harassment, arrest, physical torture or death, you are more blessed than the 48 people for whom that is not so. If you are not frightened of slaughter by aerial bombings, raids, or landmines, or by rape or abduction by an armed group, you are more blessed than the 20 people for whom that is not so.

Every year, one person in the village dies. However, every year two babies are born, so next year there will be 101 villagers.

If you are able to read this e-mail now, in this moment your happiness will increase by two or three times. This is not only because there is someone who thought of you and sent it to you, but because you are able to read.

But, more than anything, it is because you are alive.

Kayoko Ikeda and Magajin-hausu [Author/Editor] (2008). *Sekai ga Moshi 100-nin no Mura Dattara—soshu-hen.* (*What If the World Were a 100-person Village* – abridged edition). Magajin-hausu-bunko, pp. 9-45.

## Reading 2
### ■ The 100 Fellows of Japan Village

Hiroshi Yoshida

If Japan were a small village of 100 people, what would it be like?

For example, if there were 100 people living in Japan Village, it would mean that there would be about 4700 people living outside the village. There would be 37 people in South Korea Village, 989 people in China Village, 213 people in America Village… See! If you change your perspective just a little bit, many different things become clear (lit. you begin to understand many different things clearly).

Out of the 100 people who live in Japan Village, 49 are male and 51 are female, and 14 are children. Young people and those in the prime of life number 67. There are 19 elderly people. Japan Village is a village with many elderly people. Japan Village has the greatest longevity of any village in the world. It was given the name "Country of Elderly People" by the United Nations because life expectancy since the beginning of the 21st century has extended to 79 years for males and 86 years for females.

To the question "What is the most important thing for you?" most grandmas in both Japan Village and other villages here and there in the world answered, "family." What did they answer to the question "What is the second most important thing for you?" In the villages outside of Japan Village, we received the response "religious faith." However, the reply from the grandmas in Japan Village was "socialization with neighbors."

"Do you think that our society in the 21st century will be a hopeful one for human beings?"

We asked this to high school students in Korea Village, China Village, America Village and Japan Village. 60% of the high school students in Korea Village and America Village, and 90% of the high school students in China Village answered "yes." However, high school students who answered this way in Japan Village amounted to only 30%. To the question "Is enjoying the present more important than (thinking about) the future?" only 30% of high school students in Korea Village and China Village answered "yes." But, 60% of the high school students in America Village and 90% of the high school students in Japan Village responded, "Yes, yes, it's fine if the present is enjoyable."

In Japan Village, there are as many as 65 people who say they feel worried or uneasy in their (daily) lives. For both males and females, many of these people are in their 40's and 50's, and what they worry about includes things like life in old age, their own health and their family's health, and their income and property. The longer the residents of Japan Village live, the more they become worried about their health, and the more enriched their lives become, the more and more anxious they are that they will lose their current comfortable lifestyle.

Because the villagers of Japan Village had a very industrious and sincere character, they strived hard at work and strived hard to save money, and at last they gained both longevity and wealth. This is the first time this kind of thing had happened since Japan Village began. The sense of fellowship among the villagers made all the villagers happy. In the past, it had never happened that all the villagers were (lit. could become) happy. This village is (now) safe and hygienic, and every possible thing, from A to Z, is equal. Japan Village has become a very comfortable village to live in.

However, in societies that do not starve or go thirsty and have no danger of perishing in war, depression and suicide are increasing. Japan Village has gone from an "age of materialism," where it sought materials in order to become enriched, to an "age of the mind," where it worries conversely because many needs and desires (lit. many things) have been satisfied. Right now Japan Village is worrying, suffering, and wandering inside a maze.

In Japan Village the problems are piling up, but the

villages outside Japan have many more serious problems. However, the people in Japan Village are not trying to look at these (outside) problems seriously. Right now, what Japan Village needs to do may be to direct its eyes more toward the world.

Currently, there are nearly 6.5 billion people in the world, and there are over 100 million people living in Japan. What one human out of these 100 million people can do all by him/herself is very small. However, what would happen if Japan were a village of 100 people? One person's voice should reach all the villagers. If it were 1 out of 100 million, a small voice might not be heard, but if it were 1 in 100, someone would surely listen to it. And, if that voice reached the ears of the 100 people in Japan Village and those 100 people also spoke out, this time the voices would reach 1000 people outside the village. And, someday, those voices would surely reach the people of the world.

The most important thing for Japanese people as residents of Japan Village is that each person absolutely must not forget that while they are residents of Japan Village, they are also members of the World Village. We could say that the most important thing now, in order for Japan Village to regain the health of its spirit, is to turn its eyes to the world.

Note: The social background mentioned in this text is based on Japan in 2002.

Hiroshi Yoshida (2002) *Nihon-mura 100-nin no Nakama-tachi*. (*The 100 Fellows of Japan Village*).  Nihon-Bungeisha.  (Revised for this textbook.)

## Reading  3

### ■ Ms. Maathai's MOTTAINAI Campaign

### The *Mottainai* movement spread by the Nobel Peace Prize recipient.

Ms. Wangari Maathai is a Kenyan woman who was awarded the first Nobel Peace Prize in the field of environmental protection in 2004. When Ms. Maathai visited Japan in 2005, the word that most moved her was the Japanese word *mottainai.*

"The three R's of the environment + Respect = *mottainai*"

*Mottainai* is a word that not only expresses the 3 R's of the environmental movement, Reduce, Reuse and Recycle, in a single word; it also incorporates Respect for our precious natural resources. Ms. Maathai decided to promote this beautiful Japanese word MOTTAINAI as a common world slogan to protect the environment. It is said that she thought that if the spirit of *mottainai,* which has existed from early times in Japan, was spread to the world, it would be useful not only for the improvement of environmental problems; it would also equalize the distribution of resources and would even lead to the deterrence of terrorism or war. Thanks to Ms. Maathai,

the word *mottainai,* which originated in Japan, has become MOTTAINAI, a password to unite the world.

Ms. Maathai was born in 1940 to a farming family in Kenya. She was one of 6 siblings and her family was far from wealthy, and like many other females in Africa, she was not in an environment where she could receive schooling. However, her older brother persuaded her parents to let her go to school, and in 1960 she was chosen as a governmental exchange student. After that, she acquired a master's degree from the University of Pittsburgh in the United States. After studying abroad in Germany, in 1971 she acquired a PhD in bioanalysis at the University of Nairobi.

At the same time, Ms. Maathai felt distress about the poverty and environmental damage in her homeland, and in 1977 she began the "Green Belt Movement," a forestation movement, along with poor women. A forestation movement is a movement in which forests are created by planting trees in deserts and other areas for the purpose of protecting the global environment. The "Green Belt Movement" not only contributed to environmental protection; it also contributed greatly to the prevention of the desertification of the land, relief from poverty, improvement in the status of women, and the democratization of Kenyan society. So far, it is said that over 40 million trees have been planted throughout the entire African continent, and the tree-planting participants, mainly women, number 10,000,000 in total. Because of this movement, Ms. Maathai was awarded the first Nobel Prize in the field of environmental protection, and also this was the first award for an African woman. Ms. Maathai is still traveling around the world and working hard in the movement to spread MOTTAINAI. The Japanese word MOTTAINAI may someday appear in dictionaries throughout the world.

*Caption*:
Ms. Wangari Maathai
Former Kenyan Deputy Minister of the Environment. PhD in Biology.  Environmental protection activist. The person who began the MOTTAINAI Campaign. In 2002, she was elected for the first time to the Kenyan National Congress. She was appointed Deputy Minister of the Environment in 2003. In 2004, her many years of contribution to the environment and to human rights were evaluated and she received the Nobel Peace Prize.

Won't you participate in MOTTAINAI as well? You can participate in the forestation movement, the Green Belt Movement (a forestation movement) without going to Kenya.

▶MOTTAINAI Click Contribution
  http://mottainai.info/click/
You, too, can make a free 1-yen contribution to the Green Belt Movement just by clicking on the banner.

▶MOTTAINAI Campaign Official T-shirt Motta-kun
Let's spread the Greenbelt Movement by wearing a Motta-kun T-shirt! A part of (the profit from) the sales of this T-shirt is donated to the Green Belt Movement. You can order the T-shirts on the Internet.

▶MOTTAINAI Campaign Logo

## Discussion

### ▶ Giving opinions/Agreeing/Disagreeing

**Topic: *On the Mottainai Movement***
*Participants: Mike, Haruka, Michiko*

Haruka: Oh, that T-shirt's a Mottainai Movement T-shirt, right?

Michiko: Yeah, isn't it great? I got it on the Internet.

Mike: Hey, what's the Mottainai Movement?

Haruka: It's a movement to increase the amount of greenery on the earth. The person who got the Nobel Peace Prize…what was her name?

Michiko: Wangari Maathai? From Kenya.

Haruka: Yes, yes, it's the campaign that Ms. Maathai started. Mike, you know the meaning of *mottainai,* don't you?

Mike: Of course I do! Everyone uses it a lot in Japan, so I learned it right away after I got to Japan. But, what did this Ms. Maathai do?

Michiko: Well, she thought that the word *mottainai* contained hints for solving the world's current environmental problems. So, she thought of making this T-shirt to spread the "*mottainai* spirit" throughout the world.

Haruka: *Mottainai* is the 3 R's, they say. Reduce, Reuse, Recycle.

Mike: Hmm.

Haruka: Reduce means reducing garbage, Reuse means to use (things) again, and Recycle means to remake (things) into new materials.

Mike: Oh, that's good. It's also easy to remember. But what's the difference between reusing and recycling?

Haruka: Hmm, for example, using the other side after using one side of a piece of paper instead of just throwing it away (is an example of reuse). Or, if a younger sister wears her older sister's clothes, that's also an example of reuse…although, because of this, when I was a child, I was always given my older sister's hand-me-downs. Recycling would be doing things like collecting old paper, turning it into pulp and making new paper again.

Mike: Oh, I see.

Michiko: Lately, I've heard that "Repair" has been added to the 3 R's and they've become the 4 R's because, they say, we should fix things and use them again even if they break.

Mike: But, I wonder if that kind of movement will

be effective. Everyone ignores things like that, throwing out papers they've just used once without any concern.

Haruka: That's not true. Because global warming has become a problem, everyone's thinking about trying not to waste things, at least with energy, don't you think?

Mike: Even if they're thinking about it, I think that few people are actually practicing that.

Michiko: I am putting it into action. Things like turning up the temperature of the air conditioning in the summer, and not leaving the lights on or the water running.

Mike: That's just ordinary.

Haruka: How harsh! Well, then, are you doing more things than that, Mike?

Mike: Me? I'm joining the 4 R's Movement starting today.

Haruka: Don't be so glib. You'll make *Mottainai* Grandma angry.

Mike: What? Who's *Mottainai* Grandma?

Haruka: She's an old lady who appears when children do wasteful things. If you do something that is *mottainai,* you'll get your face licked (by her).

Michiko: Ah! My younger brother's got that picture book, too. If you do something that is *mottainai,* she appears, saying, "*Mottainaaaai, mottainaaaai.*"

Mike: Oh, how interesting! I'd like to meet her, too.

Haruka: Forget it, you're saying nothing but twisted things. Do as you like!

## Grammar notes

### ❶ 少なくとも～は

1. I'm studying Japanese, so I'd like to go to Japan at least once.
2. No matter how busy you are, you should get at least 6 hours of sleep.
3. Next year, I have to take at least three classes.
4. If someone does something for you, at the very least, you should thank him for it.
5. It would be a good idea to talk about this to your teacher, at least.

### ② ～も Verb ば、～も Verb

1. Some people want to go to the beach and some want to go to the mountains, so it's been impossible to plan this trip.
2. Your life can be enjoyable or painful depending on how you view things.
3. This work is both dangerous and difficult, but somebody has to do it.
4. When we were children, I used to play with my siblings a lot, and I used to fight with them, too, sometimes.

### ❸ ～のうち（で）

1. I go to my part-time job three days a week.
2. I heard that about 30% of the students taking Japanese are engineering majors.
3. Out of the classes I'm taking this semester, the only one with no homework is dance.

4. Twenty percent of my monthly salary goes towards paying rent.
5. Out of the 12 students in this class, 8 are male and 4 are female.

**❹ 後(の) Noun**
1. There are fifteen students in this class. Twelve are undergraduates, one is a graduate student, and the remaining two are high school students.
2. We plan to spend three days of our weeklong trip in Tokyo and the other four in Kyoto.
3. This is mine, but the rest of these things are my roommate's.
4. I'm going to do my Japanese homework tonight, but I'll do the rest of my homework tomorrow.

**❺ 何より(も)**
1. I love this textbook. More than anything else, the way it makes it easy to remember vocabulary and kanji is good.
2. What's more important to me than anything else is my family's happiness.
3. I like reading at home more than anything else.

**❻ ～に従って**
1. When I studied in the way my teacher suggested, my grades got better.
2. Please carry this project forward in accordance with what was decided at the meeting.
3. Following my *sempai*'s advice, I decided to take classes this summer instead of working.
4. Those living in university dorms must comply with dorm rules.

**❼ たった(の) Number (+Counter)**
1. Because of the heavy snow yesterday, only four students showed up for class.
2. Instant ramen takes just three minutes to make, so it's really convenient.
3. I hear that you can get coffee for just 200 yen at that coffee shop.
4. Last month was busy; I could take only two days off.

**❽ ～て{しかたがない/しようがない/しょうがない}**
1. I can't help being distracted by the music from the room next door. It's a little too loud.
2. I only got four hours of sleep yesterday, so I'm very sleepy.
3. I can't even tell you how happy I am because I can go to Japan next year.
4. I've had a terrible headache since yesterday. Maybe my glasses aren't good.
5. That teacher's class is unbearably boring.

**❾ ～以来**
1. I haven't seen my high school friends even once since I started college.
2. Pay phones have become less prevalent since the advent of the cell phone.
3. Since 9/11, security checks at airports have become extremely strict.

4. My father passed away ten years ago. Since then, my mother has reared my brother and me on her own.

**❿ 何から何まで**
1. Every single part of this product can be recycled.
2. They just finished building this apartment, so everything in it is brand new.
3. I was tricked by someone I trusted, and now I can't trust anyone or anything anymore.

**⓫ かえって**
1. I took some medicine because I had a headache, but that just made it worse.
2. I took a taxi because I was in a hurry, but the roads were crowded and I ended up even later (than I would've been otherwise).
3. Dull knives are actually all the more dangerous, you know.
4. I had a huge fight with my friend, but afterwards we ended up that much closer.

**⓬ *i*-Adjective stem+ み**
1. One of the things I enjoy is a quiet read alone at night.
2. I don't think anyone understands how sad I feel.
3. Red, yellow, and orange are warm colors.
4. This chocolate isn't very good—it's too sweet. I like much bitterer chocolate.

**⓭ ～と同時に**
1. People poured out of the train as soon as the doors opened.
2. The new game software sold out as soon as it was released.
3. As soon as December began, it suddenly got cold.
4. This picture book is an enjoyable read, and, at the same time, it makes you think.
5. This car was designed with both functionality and safety in mind.

**⓮ Sentenceっけ**
1. (I forget…) How do you read this kanji?
2. (I forget…) What was the name of the university where Mike's doing his study abroad?
3. This tofu looks old. When did we buy it?
4. This politician—is he in the House of Representatives or the House of Councilors?
5. How much was this electronic dictionary again?
6. I don't remember—was that restaurant good?

**⓯ Verb-*masu*っぱなし**
1. You don't get to sit down at that job, so it'll definitely tire you out.
2. Our team is on a winning streak. We haven't lost a game this season.
3. I was tired, so I fell asleep without turning off the TV.
4. I almost started a fire when I forgot about the kettle I had put on and fell asleep.
5. My roommate left for school again without cleaning up his dishes.

# 参考文献

庵功雄・高梨信乃・中西久実子・山田敏弘　2001.『中級を教える人のための日本語文法ハンドブック』
　　スリーエーネットワーク
泉原省二　2007.『日本語類義表現使い分け辞典』　研究社
市川保子　2007.『中級日本語文法と教え方のポイント』　スリーエーネットワーク
市川保子編著　2010.『日本語誤用辞典―外国人学習者の誤用から学ぶ日本語の意味用法と指導のポイント』
　　スリーエーネットワーク
木村宗男　1982.『日本語教授法―研究と実践―』　凡人社
坂本正監修・大塚容子　2002.「よくわかる中級の教え方―中級の読解指導」pp.68-71『月刊日本語』9月号
　　アルク
坂本正監修・小山悟　2002.「よくわかる中級の教え方―初級から中級への橋渡し」pp.66-69『月刊日本語』
　　5月号　アルク
鈴木壽子　1999.「中級指導きそのきそ：テキストを使った授業（1）」pp.48-53『月刊日本語』5月号　アルク
瀬戸賢一　1995.『メタファー思考』　講談社
近松暢子　2003.「外国語としての読み・読解研究」pp.20-51 畑佐由紀子編『第2言語習得研究への招待』
　　pp.67-85　くろしお出版
因京子・市丸恭子・栗山昌子　1993.「中級学習者の話し方の問題点とその指導法に関する考察」『九州大学留学
　　センター紀要』5 pp.107-132　九州大学
徳弘康代　2008.『日本語学習者のためのよく使う漢字2100』　三省堂
水谷信子　1980.「中・上級の話しことば教育」『中・上級の教授法』　国立国語研究所
森田良行　1989.『基礎日本語辞典』　角川書店
Makino, Seiichi and Michio Tsutsui. 1995. *A Dictionary of Intermediate Japanese Grammar*, Tokyo: The Japan
　　Times.
Swender, Elvira. (Ed.) 1999. *ACTFL oral proficiency interview tester training manual*, New York: American
　　Council on the Teaching of Foreign Languages.

【参考ウェブサイト】（2011年5月5日参照）
国際交流基金日本語国際センター「みんなの教材サイト」http://minnanokyozai.jp/

# 著者略歴

## 近藤　純子

**現職** ミシガン大学アジア言語文化学科専任講師

**最終学歴** コロンビア大学大学院日本語教授法修士課程修了

**教歴** マドンナ大学非常勤講師を経て現職

**著書・論文** "An Analysis of Japanese Learners' Oral Narratives: Linguistic Features Affecting Comprehensibility" 『世界の日本語教育』14（国際交流基金, 2004）; "Zero-marked Topics, Subjects, and Objects in Japanese"（共著）*Japanese/Korean Linguistics* 14, T. Vance編（スタンフォード大学CSLI, 2006）;『上級へのとびら』（くろしお出版, 2009）;『きたえよう漢字力』（くろしお出版, 2010）ほか

## 岡　まゆみ

**現職** ミシガン大学アジア言語文化学科日本語プログラムディレクター, ミシガン大学夏期日本語教授法コース主任講師

**最終学歴** ロチェスター大学大学院教育学修士課程修了

**教歴** 上智大学非常勤講師, コロンビア大学専任講師, プリンストン大学専任講師, ミシガン大学専任講師を経て現職

**著書・論文** 『中上級者のための速読の日本語』（ジャパンタイムズ, 1998）;「メタファー指導が日本語教育にもたらすもの」『言語教育の新展開』鎌田修他編（ひつじ書房, 2005）;『上級へのとびら』（くろしお出版, 2009）;『きたえよう漢字力』（くろしお出版, 2010）;『日英共通メタファー表現辞典』（牧野成一と共著, くろしお出版, 2012（予定））ほか

**その他** 米日本語教師学会理事（2007-2010）

## 筒井　通雄

**現職** ワシントン大学人間中心設計工学科教授, 科学技術日本語プログラム・ディレクター, ドナルド・ピーターセン・プロフェッサー

**最終学歴** イリノイ大学大学院言語学科博士課程修了

**教歴** カリフォルニア大学デービス校客員助教授, マサチューセッツ工科大学助教授を経て現職

**著書・論文** 『日本語基本文法辞典』(1986);『日本語文法辞典〈中級編〉』(1995);『日本語文法辞典〈上級編〉』(2008)（全て牧野成一と共著, ジャパンタイムズ）; "The Japanese Copula Revisited: Is *Da* a Copula?" *Japanese Language and Literature* 40:1 (2006);「連体修飾節「$N_1$の$N_2$」の意味解釈―格解釈の視点から―」『言語教育の新展開』鎌田修他編（ひつじ書房, 2005）;『上級へのとびら』（くろしお出版, 2009）;『きたえよう漢字力』（くろしお出版, 2010）ほか

**その他** 米日本語教師学会理事（1990-1993, 2009-2012）

## Junko Kondo

**Current position** Lecturer, Department of Asian Languages and Cultures, University of Michigan

**Highest degree** M.A. in Japanese Pedagogy, Columbia University

**Teaching history** Part-time Instructor, Madonna University

**Major publications** "An Analysis of Japanese Learners' Oral Narratives: Linguistic Features Affecting Comprehensibility," *Sekai no Nihongo Kyooiku*, Vol.14, (Tokyo: Japan Foundation, 2004); "Zero-marked Topics, Subjects, and Objects in Japanese" (coauthor), *Japanese/Korean Linguistics* Vol. 14, T. Vance (ed.) (CSLI, Stanford University, 2006); *TOBIRA Gateway to Advanced Japanese* (Tokyo: Kurosio Publishers, 2009); *Power Up Your Kanji* (Tokyo: Kurosio Publishers, 2010)

## Mayumi Oka

**Current position** Director, Japanese Language Program, Department of Asian Languages and Cultures, University of Michigan; Head Lecturer, Japanese Pedagogy Course, Summer Language Institute, University of Michigan

**Highest degree** M.A. in Education, University of Rochester

**Teaching history** Part-time Lecturer, Sophia University, Japan; Lecturer, Columbia University; Lecturer, Princeton University; Lecturer, University of Michigan

**Major publications** *Rapid Reading Japanese - Improving Reading Skills of Intermediate and Advanced Students* (Tokyo: The Japan Times, 1998); "The Benefits of Including Metaphors in Japanese Language Instruction," *Nihongo-kyooiku no Shin-tenkai*, O. Kamada, et al. (eds.) (Tokyo: Hituzi-syobo, 2005); *TOBIRA Gateway to Advanced Japanese* (Tokyo: Kurosio Publishers, 2009); *Power Up Your Kanji* (Tokyo: Kurosio Publishers, 2010); *Bilingual Dictionary of Similar Metaphors in English and Japanese* (with Seiichi Makino, Tokyo: Kurosio Publishers, (to appear in 2012))

**Other** Board Member, Association of Teachers of Japanese (2007-2010)

## Michio Tsutsui

**Current position** Professor, Department of Human Centered Design and Engineering, University of Washington; Director, Technical Japanese Program; Donald E. Petersen Professor

**Highest degree** Ph.D. in Linguistics, University of Illinois at Urbana-Champaign

**Teaching history** Visiting Assistant Professor, University of California at Davis; Assistant Professor, Massachusetts Institute of Technology

**Major publications** *A Dictionary of Basic Japanese Grammar* (1986); *A Dictionary of Intermediate Japanese Grammar* (1995); *A Dictionary of Advanced Japanese Grammar* (2008) (co-authored with Seiichi Makino, Tokyo: The Japan Times); "The Japanese Copula Revisited: Is *Da* a Copula?" *Japanese Language and Literature* 40:1 (2006); "Interpretation of the Noun-Modification Structure "$N_1$ no $N_2$": From a Case Interpretation Perspective," *Nihongo-kyooiku no Shin-tenkai*, O. Kamada, et al. (eds.) (Tokyo: Hituzi-syobo, 2005); *TOBIRA Gateway to Advanced Japanese* (Tokyo: Kurosio Publishers, 2009); *Power Up Your Kanji* (Tokyo: Kurosio Publishers, 2010)

**Other** Board Member, Association of Teachers of Japanese (1990-1993, 2009-2012)

## 花井　善朗

| 現職 | ウィスコンシン大学オシュコシュ校外国語外国文学学科助教授，日本語プログラム主任 |
| 最終学歴 | 名古屋外国語大学大学院国際コミュニケーション研究科博士課程修了 |
| 教歴 | ウェスタンワシントン大学非常勤講師，名古屋外国語大学非常勤講師，エモリー大学専任講師，ミシガン大学専任講師を経て現職 |
| 著書・論文 | 「モダリティーを表す副詞の類義性と多義性─「やはり」「さすが」「しょせん」を中心に」『ジャーナルCAJLE』5（2003）；「「新書ライブラリー」を使った授業の実践報告」（水田澄子と共著）『外国語学習における独習型読解支援システムの開発と利用に関する基礎的研究，1999年度～2002年度科学研究費助成金基盤研究（B）研究成果最終報告書』鈴木庸子編（2003）；『上級へのとびら』（くろしお出版，2009）；『きたえよう漢字力』（くろしお出版，2010）ほか |

## Yoshiro Hanai

| Current position | Assistant Professor, Department of Foreign Languages and Literatures, University of Wisconsin Oshkosh; Coordinator, Japanese Program |
| Highest degree | Ph.D. in Japanese Linguistics and Japanese Pedagogy, Nagoya University of Foreign Studies |
| Teaching history | Part-time Lecturer, Western Washington University; Part-time Lecturer, Nagoya University of Foreign Studies; Lecturer, Emory University; Lecturer, University of Michigan |
| Major publications | "Modaritii o Arawasu Fukushi no Ruigisei to Tagisei: 'Yahari,' 'Sasuga,' 'Shosen' o Chuushin ni," *JOURNAL CAJLE* Vol. 5 (2003); "'Shinsho Library' o Tsukatta Jugyoo no Jissen-hookoku" (with Sumiko Mizuta), *Basic Research on the Development and Utilization of a Self-study System for Reading in a Foreign Language, Final Report on Japan Society for the Promotion of Science Grant-in Aid for General Scientific Research (B)(2)*, Y. Suzuki (ed.) (2003); *TOBIRA Gateway to Advanced Japanese* (Tokyo: Kurosio Publishers, 2009); *Power Up Your Kanji* (Tokyo: Kurosio Publishers, 2010) |

## 石川　智

| 最終学歴 | ウィスコンシン大学マディソン校東アジア言語文学科日本語修士課程修了 |
| 教歴 | プリンストン大学専任講師，北海道国際交流センター夏期日本語集中講座コーディネータ，ハーバード大学専任講師，アイオワ大学アジア・スラブ言語文学科専任講師，ミシガン大学アジア言語文化学科専任講師 |
| 著書・論文 | 「文末表現『けど』のポライトネス─OPIから見た母語話者と学習者の使用状況─」『言語教育の新展開』鎌田修他編（ひつじ書房，2005）；「中級レベルの読解教科書の分析─National Standardの Cultureの視点から─」*Proceedings of the Eighteenth Annual Central Association of Teachers of Japanese* （2006）；『上級へのとびら』（くろしお出版，2009）；『きたえよう漢字力』（くろしお出版，2010）ほか |

## Satoru Ishikawa

| Highest degree | M.A. in Japanese Linguistics, University of Wisconsin at Madison |
| Teaching history | Lecturer, Princeton University; Preceptor, Harvard University; Coordinator, Intensive Summer Language Program, Hokkaido International Foundation; Lecturer, Department of Asian and Slavic Languages and Literatures, University of Iowa; Lecturer, Department of Asian Languages and Cultures, University of Michigan |
| Major publications | "Politeness and the Sentence Final Expression 'Kedo': Native and Non-Native Speaker's Use of 'Kedo' in OPI," *Nihongo-kyooiku no Shin-tenkai*, O. Kamada, et al. (eds.) (Tokyo: Hituzi-syobo, 2005); "An Analysis of Intermediate Reading Textbooks From National Standard Culture's Point of View," *Proceedings of the Eighteenth Annual Central Association of Teachers of Japanese* (2006); *TOBIRA Gateway to Advanced Japanese* (Tokyo: Kurosio Publishers, 2009); *Power Up Your Kanji* (Tokyo: Kurosio Publishers, 2010) |

## 江森　祥子

| 現職 | ウィスコンシン大学オシュコシュ校外国語外国文学学科専任講師 |
| 最終学歴 | ウィスコンシン大学マディソン校大学院東アジア言語文学科日本語修士課程修了；ライト州立大学大学院英語英文学科修士課程修了 |
| 教歴 | ライト州立大学非常勤講師，ミシガン大学専任講師を経て現職 |
| 著書・論文 | "The Japanese Discourse Particle: Maa"『ジャーナルCAJLE』4（2001）；「「なるべく」と「できるだけ」の違いについて」*Proceedings of the Twentieth Annual Meeting of Southeastern Association of Teachers of Japanese*（2005）；『上級へのとびら』（くろしお出版，2009）；『きたえよう漢字力』（くろしお出版，2010）ほか |
| その他 | ミシガン大学アジア言語文化学科日本語プログラム主任（2001-2005） |

## Shoko Emori

| Current position | Lecturer, Department of Foreign Languages and Literatures, University of Wisconsin Oshkosh |
| Highest degree | M.A. in Japanese Linguistics, University of Wisconsin-Madison; M.A. in TESOL, Wright State University |
| Teaching history | Part-time Lecturer, Wright State University; Lecturer, University of Michigan |
| Major publications | "The Japanese Discourse Particle: Maa," *JOURNAL CAJLE* Vol. 4 (2001); "'Narubeku' to 'Dekirudake' no Chigai ni Tsuite," *Proceedings of the Twentieth Annual Meeting of Southeastern Association of Teachers of Japanese* (2005); *TOBIRA Gateway to Advanced Japanese* (Tokyo: Kurosio Publishers, 2009); *Power Up Your Kanji* (Tokyo: Kurosio Publishers, 2010) |
| Other | Coordinator, Japanese Language Program, University of Michigan (2001-2005) |

## 制作協力者

■ 英語翻訳
Christopher Schad
Alexa Cowing

■ 英語校正
Sharon T. Tsutsui

■ 教材作成協力
渡会尚子
平川永子

■ 装丁デザイン
スズキアキヒロ

■ 本文デザイン
市川麻里子

上級へのとびら

# 中級日本語を教える教師の手引き

**2011年9月19日　　第1刷 発行**

[主筆]　　　　　　近藤純子，岡まゆみ
[英訳・文法監修]　筒井通雄
[副筆]　　　　　　花井善朗，石川智，江森祥子

[発行]　　　　くろしお出版
〒113-0033　　東京都文京区本郷3-21-10
Tel：03・5684・3389　　Fax：03・5684・4762
URL：http://www.9640.jp　Mail：kurosio@9640.jp

[印刷]　　　シナノ書籍印刷